탁월한 스토리텔러들

이 책은 관훈클럽정신영기금의 도움을 받아 저술 출판되었습니다.

탁월한 스토리텔러들

초판인쇄 2020년 12월 24일
초판발행 2020년 12월 24일

지은이 이샘물 박재영
펴낸이 채종준
기획 · 편집 이아연 유나영
디자인 서혜선
마케팅 문선영 전예리

펴낸곳 한국학술정보(주)
주 소 경기도 파주시 회동길 230(문발동)
전 화 031-908-3181(대표)
팩 스 031-908-3189
홈페이지 http://ebook.kstudy.com
E-mail 출판사업부 publish@kstudy.com
등 록 제일산-115호(2000. 6. 19)

ISBN 979-11-6603-261-5 03070

GREAT STORYTELLERS

미국 기자들의 글쓰기 노하우

이샘물 ㅣ 박재영 지음

이담
Books

요즘 독자들은 '읽을 만한 기사'가 별로 없다고들 한다. 이슈를 막론하고 비슷비슷한 기사들이 쏟아지고, 소셜 플랫폼에는 기사보다 재미있는 콘텐츠가 넘쳐난다. 많은 독자들은 뉴스를 접하지만 그저 정보를 얻는 데 그치며, 재미와 감동은 다른 무언가에서 얻는다. 기자들 상당수가 취재한 정보를 충실히 정리해서 알리는 것에 만족하며, 밋밋한 기사들을 생산해낸다.

기사는 항상 천편일률적이고 딱딱한 '정보 정리형'이어야 할까? 국내 언론계에선 대다수가 "그렇다"고 답할지 모르지만 미국 언론계에선 그렇지 않다. 미국에선 '정보의 전달' 못지않게 '스토리텔링'을 중시하며, 기자들은 뉴스에 스토리를 입혀 매력적으로 전달하는 '스토리텔러'로 통용된다. 인상 깊은 기사를 쓴 기자들에게 흔히 붙는 수식어도 '탁월한 스토리텔러'다.

취재 소재 발굴은 중요하지만, 같은 소재라도 누구의 손에 있느냐에 따라 전개 방식은 판이하게 달라진다. 동일한 이슈를 다루더라도 어떤 기사는 금세 잊히고, 어떤 기사는 독자들에게 오래도록 기억되며 두고두고 회자된다. 스토리텔러의 역량에 따라 전달력이 천차만별이라는 것이다. 정보의 발굴 못지않게 취재 결과물을 매력적으로 가공하는 것도 중요한 이유다.

그렇다면 어떤 스토리텔링이 기사의 전달력을 극대화할 수 있으며, 기자들은 어떻게 뉴스를 효과적으로 전달하고 있을까? 그것이 바로 이 책을 쓰게 된 배경이 됐다.

필자들은 한국 신문사에서 일한 뒤 미국에서 현지 언론계를 가까이서 엿보며 스토리텔링 기법을 배우고 연구했다. 한국과 미국의 언론계는 여러모로 다르다. 기자들의 언어나 문화도 다르고, 채용 시스템과 업무 방식을 포함한 토양도 다르다. 하지만 책이나 영화, 예술작품에 국경이 없듯이 스토리텔링의 본질은 다르지 않다. 뛰어난 스토리텔링을 구현하는 기자들의 일하는 방식과 철학, 업무 시스템을 짚어보면 시사점을 얻을 부분이 있을 것이다.

미국 언론계가 완벽하니 무조건 따라야 할 모델이라고 주장하는 것은 아니다. 미국에도 저널리즘의 기본과 원칙을 지키지 않는 사례가 분명히 있다. 어느 기자나 매체도 완벽하지 않으며, 언론계 어디에도 아무 흠결이 없는 '슈퍼 히어로'나 오차 범위 0%의 '정답' 같은 것은 없다. 수많은 예시를 통해 참고하고 차용할 것을 판단해 발전하는 것만이 있을 뿐이다.

미국에서 양질의 저널리즘을 위해 애쓰는 기자들을 유심히 관찰해왔다. 이 책은 훌륭한 기자가 되기 위해 고민하고 실천하는 사람들이 가진 자세와 철학, 최고의 결과물을 내놓기 위한 '산업계 표준'에 대한 것이다. 좋은 저널리즘, 탁월함을 지향하는 시스템과 사람들의 이야기다.

2020년 12월

이샘물, 박재영

목차

PART 09 # 전달 방식을 '기획'하라

GREAT
STORYTELLERS

PART 01

제대로 된
'스토리'가

기사를 이끈다

기사를 스토리로 만들어라

미국 저널리즘 스쿨에서 피처(feature) 기사 과제를 부여받은 적이 있다. 피처 기사를 한국에서 쓰는 용어에 빗대자면 뉴스에 스토리를 입힌 심층 보도 혹은 기획 기사라고 할 수 있는데, 에디터는 아이템 제출에 대한 가이드라인을 공지하면서 이렇게 강조했다.

"주제(Topic)가 아닌 스토리(Story)를 제안하라: 당신이 흥미로운 주제를 발견했다면 그건 훌륭한 일이다. 이제는 그것에 대해 이야기할 스토리를 찾아라."

에디터가 왜 '스토리'에 밑줄까지 그으며 강조하는지를 이해하기는 어렵지 않다. 미국 언론계에서는 기사를 대개 '아티클(article)'이 아닌 '스토리'라고 부른다. 기사는 스토리로 통용되니, 스토리가 빠진 기사는 핵심을 상실한 기사나 매한가지다.

스토리를 영한사전에서는 '이야기'로 풀이하지만, 옥스퍼드 영영 사전에서는 '상상 속의 것 혹은 실제 사람과 일어나는 일에 대해 재미를 위해 이야기되는 설명' 또는 '누군가의 삶에서 과거에 일어났던 일이나 무언가의 진전에 대한 설명'으로 정의하고 있다. 스토리는 단순히 어떤 정보에 대한 설명이 아니라, 무언가 흥미로운 이야깃거리가 포함된 것이다.

미국의 신참 기자들이 에디터와 기사를 논의할 때 종종 언급되는 이슈가 '스토리 대(對) 주제'다. 무언가에 대해 쓰려고 할 때 주제가 선명해도 이야깃거리가 부실할 때 그것은 스토리가 아니라 주제라며 반려당하는 것이다. 〈프로퍼블리카〉 기자 파멜라 콜로프(Pamela Colloff)는 기자생활 초기에 에디터에게 기사를 제안할 때면 "그건 주제이지, 스토리가 아니다"는 이야기를 듣곤 했으며, 두 가지의 차이를 구분하는 데 수년이 걸렸다고 말한 바 있다.[1]

〈LA타임스〉에 ≪너무 많이 비행한 단골 비행 고객들≫이라는 제목으로 실린 기사[2]를 보자. 아메리칸항공이 고가의 '무제한 탑승권' 제도를 도입한 뒤 이를 남용하는 손님들 때문에 골머리를 앓고 있다는 내용이다. 기자는 이를 스티븐 로스타인(Steven Rothstein)과 재퀴스 브룸(Jacques Vroom)이라는 손님들의 이야기를 앞세워 '스토리'로 풀어냈다.

---

1   Paige Williams(2013). Annotation Tuesday! Pamela Colloff and the innocent man, Part1. Nieman Storyboard,
https://niemanstoryboard.org/stories/annotation-tuesday-pamela-colloff-and-the-innocent-man-part-1/

2   Ken Bensinger(2012). The frequent fliers who flew too much. Los Angeles Times,
https://www.latimes.com/travel/la-xpm-2012-may-05-la-fi-0506-golden-ticket-20120506-story.html

단골 비행 고객들이 있고, 스티븐 로스타인과 재퀴스 브룸 같은 사람들이 있다.

두 남자 모두 아메리칸항공에서 평생 1등석을 무제한으로 탈 수 있는 탑승권을 샀다. 이것은 마치 전용기를 소유하는 것만 같았다.

탑승권을 손에 쥔 채, 로스타인과 브룸은 사업을 위해 비행했다. 그들은 즐거움을 위해 비행했다. 그들은 단순히 비행기 안에 있는 것을 좋아했기 때문에 비행했다. 긴 줄을 우회했고, 날씨가 바뀔지 모르니 예비용 탑승권을 예약했고, 취소 수수료에 대해 결코 걱정하지 않았다. 승무원들은 그들의 이름과 그들이 좋아하는 음식들을 외웠다.

이들은 무제한 A에어패스와 누군가를 데리고 탈 수 있도록 허용한 동승자 티켓을 구매하기 위해 아메리칸항공에 각각 35만 달러 이상을 지불했다. 두 사람 모두 이것이 지금껏 구매한 것 중 자신들의 삶을 완전히 재정의한 최고의 것이라는 점에 동의했다.

– 중략 –

하지만 그들과 64명의 다른 무제한 A에어패스 소지자들이 축적한 마일리지 총합은 아메리칸항공이 예상한 것을 크게 넘어섰다. 몇 년 전부터 재정이 악화되기 시작하면서 항공사는 A에어패스 프로그램을 면밀히 살펴봤다.

항공사는 브룸과 로스테인 같은 상습 이용자들로 인해 수백만 달러의 비용이 든다고 결론을 내렸다.

– 하략 –

미국에서 '스토리텔링'은 '정보의 전달'과 함께 취재보도의 양 축으로 꼽힌다. 미국 신문의 역사를 다룬 책 『Discovering the News』(Schudson, 1978)는 이를 '스토리의 이상'과 '정보의 이상'이라고 부른다.[3] 정보를 전달함과 동시에 스토리를 통해 전달력을 높이고 읽는 즐거움도 주라는 것이다.

좋은 주제가 있더라도 스토리를 찾아야 하고, 중요한 정보가 있더라도 이야깃거리가 있어야 한다. 그것이야말로 독자들이 기사를 '읽도록' 하고 주제를 효과적으로 전할 수 있기 때문이다.

스토리의 힘은 강력하다. 기존에 널리 알려졌던 소재라도 새롭고 신선한 스토리가 있으면 흥미로운 기사가 된다. 누군가의 삶이 담긴 '이야기'는 따분하고 추상적일 법한 소재를 피부에 와 닿게 한다. 이야깃거리는 독자를 기사 속으로 끌어오는 핵심적인 매개체다.

또 다른 예시를 보자. 미국에선 지역 언론사들이 경제 사정이 열악해 폐간하는 경우가 적지 않다. 언론사가 없는 도시도 많아 이런 지역을 지칭하는 '뉴스 사막'이라는 용어까지 회자되고 있다. 사실 지역 언론사 부족 현상은 수십 년에 걸쳐 발생해왔고, 언론사의 폐간 소식도 수도 없이 들려왔다. 그런데 2019년, 자칫 진부할 수 있는 그 소재를 두고 〈AP〉는 대럴 토드 모리나(Darrel Todd Maurina)의 이야기를 발굴해 아래와 같은 기사[4]로 풀어냈다.

---

3   Michael Schudson(1978). Discovering the News. Basic Books, p.89.

4   David Bauder and David A. Lieb(2019). Decline in readers, ads leads hundreds of newspapers to fold. The Associated Press,
https://www.apnews.com/0c59cf4a09114238af55fe18e32bc454

제대로 된 '스토리'가 기사를 이끈다

대럴 토드 모리나는 5분 늦게 회의실에 들어가 노트북 전원을 꽂는다. 그는 테이블에 와이파이 핫스팟을 놓고 디지털 녹음기를 켠다. 왼쪽 귀에 꽂힌 이어폰은 바지 주머니에 있는 무전기와 연결돼 있다.

그는 넥타이를 맨다. 모리나는 전문가 정신을 고집한다.

그는 언론, 그 자체다.

모리나는 자신이 하는 일을 페이스북에 올리는데, 그는 풀라스키 카운티 법원에 와서 위원들이 무슨 일을 하는지 주민들에게 알려주는 유일한 사람이다. 그리고 위원들의 숙고, 특히 연방비상관리국을 어떻게 만족시켜서 2013년 홍수 당시 침수된 도로의 보수비용을 내게 할 것인지에 대한 토론을 보도할 유일한 사람이다.

지난 9월, 웨인스빌은 통계가 됐다. 노스캐롤라이나 대학에서 수집한 데이터에 대한 〈AP〉의 분석에 따르면 그곳 신문 〈데일리 가이드〉가 문을 닫으면서 미주리 중부 오자크 언덕에 있는 사람 5,200명은 지난 15년간 미국 전역에서 뉴스를 잃은 다른 1,400개의 도시 및 타운에 합류하게 됐다.

– 하략 –

사실관계라고 해서 딱딱하고 건조하게 전달하라는 법은 없다. 미국의 저널리스트 아담 호크차일드(Adam Hochschild)는 종종 자신이 쓴 논픽션 책의 독자로부터 "당신의 소설을 읽는 것을 얼마나 즐겼는지"에 대한 편지나 이메일들을 받는다고 한다. 그는 소설을 쓴 게 아니기에 "잠시만요, 제 책엔 850개의 주석이 달렸는데 보지 못했나요? 저는 어떤 것도 지어내지 않았어요"

라고 답장을 하고 싶을 때가 있다고 말했다.[5]

미국 기자들은 독자들이 흠뻑 빠져들어 즐길 수 있는 '스토리'를 통해 기사에 대한 관심을 이끌어내고 주제를 효과적으로 전달한다. 탁월한 스토리텔러가 치밀하게 취재해 그려내는 현실은 소설보다 더 소설 같을 수 있다.

---

5   Adam Hochschild(2015). Reporting and writing historical narrative: Author Adam Hochschild on accessible prose + scene/setting + character + plot. Nieman, https://nieman.harvard.edu/stories/reporting-and-writing-historical-narrative-author-adam-hochschild-on-accessible-prose-scenesetting-character-plot/

제대로 된 '스토리'가 기사를 이끈다

스토리의 의미를 전달하라

스토리가 있어야 기사가 된다는 것은 흥미로운 이야깃거리 자체가 기사가 된다는 의미는 아니다. 기사에는 스토리가 있어야 하지만, 그것이 드러내는 의미 역시 있어야 한다.

〈샬롯 옵저버〉 기자 출신 작가인 토미 톰린슨(Tommy Tomlinson)은 스토리텔링을 할 때 그 스토리가 '무엇에 대한 것인가'와 '정말로 무엇에 대한 것인가'를 답해야 한다고 말한다.[6] 스토리가 무엇에 대한 것인지는 누가 주인공이며 당사자가 도달하려는 목표와 마주하는 장애물은 무엇인지와 같은 '사실관계들의 조합'이라고 할 수 있다. 스토리가 '정말로' 무엇인가는 스토리로부터 이끌어내야 하는 보편적인 의미나 교훈과 같은 '핵심'에 대한 것이다.

톰린슨은 영화 ≪록키≫를 빗대 설명한다.[7] 스토리는 무명의 복서가 챔피

6   Tommy Tomlinson(2013). Everything you need to know about storytelling in 5 minutes. Nieman, https://nieman.harvard.edu/stories/everything-you-need-to-know-about-storytelling-in-5-minutes/

7   Tommy Tomlinson(2013). Everything you need to know about storytelling in 5 minutes. Nieman, https://nieman.harvard.edu/stories/everything-you-need-to-know-about-storytelling-in-5-minutes/

언과 맞설 기회를 얻어 끝까지 싸우게 되는 과정에 대한 것이다. 주인공은 싸움에서 이기지 못하지만 목표는 상을 받는 것이 아니며, 진짜 장애물은 상대 챔피언이 아니라 자기 의심이다. 스토리는 '정말로' 무엇에 대한 것인가? 어떤 여정을 완수하고 끝까지 갈 수 있다는 것을 입증하는 것 자체가 추구할 만한 가치가 있다는 것이다. 이것이 중요한 이유는 모든 사람이 복서가 아니기 때문이다. 그럼에도 불구하고 누구나 스스로를 의심해 본 적이 있기에 완전히 다른 세계에 사는 복서의 스토리에 공감할 수 있게 된다. 보편적인 의미는 다소 낯설 법한 소재를 독자와 연결해 준다.

〈코스모폴리탄〉에 실린 기사[8]를 보자. 스토리는 무엇에 대한 것인가? 성폭행을 당한 뒤 DNA 증거 수집을 위한 키트를 얻기까지 9시간 동안 3개의 응급실을 거쳐야 했던 여성의 이야기다. 스토리는 '정말로' 무엇에 대한 것인가? 성폭행 키트를 다루는 응급실엔 직원이 부족하고 보험회사와 병원이 책임 전가를 하며, 법 조항이 모호해 빠져나갈 구멍이 많다는 것이다. 성폭행 피해는 소수의 일이지만, 제도의 허점과 현실과의 괴리라는 '의미'는 보편적이다.

---

8 Jillian Keenan(2016). Why Did It Take 9 Hours and 3 Emergency Rooms For This Woman to Get a Rape Kit? Cosmopolitan,
https://www.cosmopolitan.com/politics/a58941/dinisha-ball-rape-kit-texas-emergency-room/?src=longreads

– 앞부분 생략 –

접수 담당자는 망설였다. "가입된 보험이 있나요?" 그녀가 물었다. 디니샤(Dinisha)와 다니엘(Daniel)은 믿을 수 없다는 듯이 서로를 바라봤다. 단지 그것인가? 디니샤의 새 회사는 의료보험을 제공했지만 적용되기까지 90일을 기다려야 했고 고작 며칠이 지났을 뿐이었다.

"성폭행 키트를 요청할 때 그게 저희에게 물어볼 첫 질문이 돼서는 안 됩니다." 다니엘이 말했다. 그의 목소리는 화가 나서 높아지고 있었다. "우리는 돈을 낼 수 있어요."

"무엇이든 하기 위해서는 보험이 필요합니다." 그 담당자는 설명했다. "어떤 보험이라도 갖고 있지 않으면 우리는 그녀를 볼 수 없어요."

– 중략 –

텍사스주 보건 서비스 홍보 담당자 크리스틴 맨(Christine Mann)은 텍사스에서 인가받은 독립 응급실은 지불 능력을 토대로 환자를 거절해서는 안 된다고 말했다. EMTALA(응급 의료 치료 및 노동법)로 알려진 1986년에 통과된 연방 법은 응급실에 들어오는 사람은 돈을 낼 수 있건 없건 간에 누구든 치료를 받도록 하고 있다.

– 중략 –

상원법안 1191은 모든 텍사스 응급실이 기본적인 포렌식 증거 수집에 훈련을 받은 직원들을 둘 것을 의무화하고 있다. 비록 대부분의 응급실 의사들이 성폭행 환자들을 어떻게 특별하게 치료하고 성폭행 키트를 집행하거나 포렌식 증거를 수집하는지에 대한 훈련을 거의 또는 전혀 받지 않음에도 말이다. (사실, 응급 진료 환자들을 위한 표준화된 포렌식 의료 훈련 프로토콜은 없다.) 그들 중에 성폭행 키트를 다룰 수 있는 직원이 없다면 그런 직원이 있는 병원으로 환자가 갈 수 있게 도와줘야 한다. 그러니 디니샤는 최소한 법적으로 검사를 받고 다른 응급실로 이송될 권리가 있었다.

세인트 마이클스 응급실의 최고 재정 책임자 브라이언 올삭(Brian Orsak)은 이메일에서 법은 "허가받은 독립된 응급 의료 시설"이 아닌 "응급실을 갖춘 허가받은 병원들"에 적용되기 때문에 자신들의 시설이 상원법안 1191을 따를 필요가 없다고 말했다. [텍사스주 보건 서비스의 또 다른 홍보 담당자인 크리스 반 드센(Chris Van Deusen)은 상원법안 1191에 대한 올삭의 해석이 맞는다고 말했는데, 이것은 환자 입장에서는 독립 응급실이 병원과 연계된 응급실과 같아 보이기 때문에 심각한 허점임을 시사한다.]

– 하략 –

스토리는 단순히 이야기가 아니라 말하고자 하는 주제와 맥락을 보여주기 위한 장치다. 보도 가치가 있는 중요한 무언가를 흥미롭게 만들어주는 '매개'라는 것이다. 따라서 기자들은 이야기를 전하되, 단순히 이야기만 소개하지 않는다. 누군가가 관심을 끄는 사연을 갖고 있다면 왜 그런 상황에 처한 것인지를 살펴보고, 그 속에 담긴 의미를 드러낸다. 〈볼티모어 선〉 기자 시절 퓰리처상을 수상한 존 프랭클린(Jon Franklin)은 스토리는 내러티브의 각 부분들이 '의미'를 가질 수 있도록 배치하는 것이며, '의미'는 스토리텔링에 있어서 본질적인 것이라고 말한 바 있다.[9]

---

9 Mark Kramer & Wendy Call(2007). Telling True Stories. Plume, p.109.

〈워싱턴포스트〉에 실린 기사[10]를 보자. 시골에서 혼자 환자들을 돌보느라 고군분투하는 68세 의사 에드 가너(Ed Garner)의 이야기다. 그는 왜 그런 상황에 처해 있는가? 시골에 의사가 부족하기 때문이다. 게다가 시골 의사는 평균 연령이 높으며, 의사 부족 현상은 앞으로 악화될 것이다. 스토리는 무엇에 대한 것인가? 혼자서 시골 환자를 돌보는 의사에 대한 것이다. 스토리는 '정말로' 무엇에 대한 것인가? 도시와 시골 간의 의료 불평등에 대한 것이다.

앰뷸런스 사이렌을 듣고 기상했을 때 곧 또 다른 환자가 실려 온다는 것을 알았다. 68세 에드 가너는 의료인 복장으로 갈아입고 트럭을 탔다. 응급실로 운전하며 병원에 전화했다.

"어떤 환자가 올지 좀 아는 게 있어요?" 그가 물었지만, 누구든 확실하게 아는 것은 앰뷸런스가 여전히 환자를 데리러 가는 중이라는 게 전부였다. 응급 구조사들은 종종 몇 분 안에 오지만, 어떨 때는 환자를 이송하는 데 거의 두 시간이 걸렸다. 그들은 종종 가너에게 경상을 입은 환자를 이송했지만, 다른 경우에는 교통사고, 심장마비, 약물 과다 투여 또는 목장에서 사고를 당해 의식불명인 사람들을 데려왔다.

"이제 뭐 좀 아는 것 있어요?" 가너가 몇 분 뒤 다시 물었다. 청진기

---

10 Eli Saslow(2019). 'Out here, it's just me': In the medical desert of rural America, one doctor for 11,000 square miles. The Washington Post,
https://www.washingtonpost.com/national/out-here-its-just-me/2019/09/28/fa1df9b6-deef-11e9-be96-6adb81821e90_story.html

가 백미러에서 달랑거렸다. 무전기를 확인했지만 조용했다. 인근 고속도로에 명백한 사고 잔해는 보이지 않았다.

그는 담뱃불을 붙이고 서부 텍사스의 먼지투성이 목장과 건조한 호수 바닥을 운전하면서 창문을 내렸다. 의대 재학 시절 스트레스를 감당하기 위해 담배를 피우기 시작했는데 시골에서 41년간 가정의학을 해오면서 스트레스가 지속적으로 높아지고 있다. 그는 엘패소 동쪽에 있는 세 개의 외진 카운티들을 돌보는 유일한 현업 의사다.

– 중략 –

의료 사막이 된 미국 시골에서 의사에 대한 접근성보다 더 기본적이고 중요한 것은 없지만 의사들은 점점 더 찾기가 어렵다. 이제 연방정부는 미국 시골의 거의 80%를 "의료적으로 서비스가 충분치 않은 곳"으로 지정한다. 미국 인구의 20%가 사는 곳이지만 의사의 10% 미만이 살며, 보건 전문가들이 "회색 물결"이라고 부르는 것으로 인해 그 비율은 매년 더 악화되고 있다. 시골 의사들은 평균적으로 도시 의사들보다 나이가 세 살 많으며, 절반이 50세 이상이고 4분의 1 이상은 60세 이상이다. 보건 전문가들은 향후 10년 동안 도시 의사들의 수는 고르게 유지되는 동안 시골 의사들의 수는 23% 감소할 것이라고 예측했다.

– 하락 –

세상에는 다양한 종류의 스토리가 있다. 국내에서 『저널리즘의 기본 원칙』으로 번역된 책 『The Elements of Journalism』은 저널리즘을 '목적을 가진

제대로 된 '스토리'가 기사를 이끈다

스토리텔링'이라고 말한다.[11] 저널리즘의 목적은 사람들이 세상을 이해하기 위해 필요한 정보를 제공하는 것이다. 기자들이 흥미로운 스토리를 찾는 이유는 독자가 알아야 하는 무언가를 전한다는 '목적'이 있기 때문이다. 의미야말로 '목적을 가진 스토리텔링'인 저널리즘을 다른 종류의 스토리텔링과 구분되게 한다.

---

11   Bill Kovach & Tom Rosenstiel(2001). The Elements of Journalism. Three Rivers Press, p.189.

탁월한 스토리텔러들

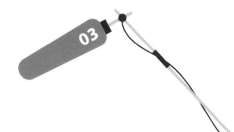

육하원칙의
정보만으로는 부족하다

　미국의 기자 마크 보우덴(Mark Bowden)이 1970년대 초반 〈볼티모어 뉴스 아메리칸〉에서 갓 일을 시작했을 때의 이야기다.[12]

　메릴랜드 앤 아룬델 카운티를 취재하던 중 경찰 지구대장이 카운티의 주요 마약 거래상을 단속할 특별기동대와의 동행 취재를 제안했다고 한다. 취재를 약속하고 새벽 3시에 경찰 본부의 주차장에 나타났는데, 사복 경찰관 모두가 맥주를 박스째 두고 마시고 있더란다. '이게 마약 단속을 하는 방식인가?' 하고 생각했지만 이런 상황이 처음이었기에 일단 기록했다고 한다. 기동대는 이윽고 차를 몰고 나가 정부 임대주택 바깥에 주차했다. 재차 의문이 들었다. '왜 마약 거래상이 이런 시설에 살지? 마약 거래로 돈을 벌지 않나?' 그날 밤, 경찰이 그곳의 문을 두들기고 파자마와 속옷을 입은 사람들을

12　Andrea Pitzer(2010). Mark Bowden on discovering narrative and the value of beginner's mind: "only if you are truly ignorant can you ask the truly ignorant question." Nieman Storyboard, https://niemanstoryboard.org/stories/mark-bowden-at-mayborn-conference-on-black-hawk-down-and-writing-narrative/

끌어내 체포하며 소동을 피우는 것을 지켜봤다.

이튿날 아침, 경찰은 기자들을 초청해 극적인 기자회견을 열었다고 한다. 자신들이 카운티의 주요 마약 거래상을 모두 체포했으며, 몰수한 마약이 80만 달러 상당이라는 홍보였다. 임대주택에서 가져온 마약을 테이블에 펼쳐놓고 기자들이 사진도 찍을 수 있도록 했다. 가난한 사람들의 집을 뒤져 찾아낸 마약을 두고 거창한 거래상을 체포한 것처럼 홍보한 것이다. 보우덴에게는 이상하게 들렸지만, 대부분의 언론사는 "카운티 경찰이 어젯밤 모든 주요 마약 거래상을 급습해 약 80만 달러 상당으로 추정되는 마약을 몰수했다"는 리드로 기사를 썼다고 한다.

보우덴은 경찰 발표가 사실이 아님을 알았다. 당시 신문 문법대로 진실을 전하려면 "경찰이 어젯밤 엄청난 사기를 저질렀다. 임대주택에 사는 수많은 가련한 사람들을 체포하고 그들이 숨겨둔 옹졸한 마약들을 가져다 80만 달러가량의 가치가 있다고 주장했다"라는 식으로 적을 수 있었다. 하지만 당시 22세였던 보우덴은 그럴 배포가 없어서 주차장에서 벌어진 맥주 파티, 집에서 잠이 깬 가련한 사람들, 경찰이 기자회견에서 한 주장 등을 있는 그대로 묘사하며 내러티브로 적었다고 한다. 기사는 엄청난 히트를 쳤고, 독자와 에디터로부터 좋은 반향을 얻었다.

오늘날 미국 기자들은 보우덴처럼 기사의 상당 부분을 딱딱한 정보보다는 '내러티브'로 채운다. 현실을 그대로 묘사하면서도 주제를 흥미롭고 이해하기 쉽게 전할 수 있기 때문이다. 이것은 육하원칙을 담은 핵심 정보부터 앞세우지 않더라도 독자들이 '이야기'를 통해 무엇이 핵심이고 중요한지 스스로 판단할 수 있을 만큼 충분히 현명하다고 가정하는 것이기도 하다.

뉴스는 종종 '약'에 비유된다. 몸에는 좋지만 입에는 쓴 약처럼, 중요한 정보도 날것 그대로 소비하기는 쉽지 않다는 것이다. 세상에는 뉴스보다 재미있는 것이 많으며, 독자들은 복잡한 정보를 이해하기 위해 머리를 싸매려 하지 않는다. 몸에 흡수되지 않는 약은 효력이 없는 것처럼, 읽히지 않는 정보도 가치가 없다. 기자들이 내러티브를 통해 뉴스의 흡수를 돕는 이유다.

'잘 읽히는' 기사일수록 독자가 뉴스를 흡수할 가능성도 높아진다. 이런 까닭에 〈배니티 페어〉 기자 브라이언 버로우(Bryan Burrough)는 "내러티브 저널리즘은 저널리즘에서 눈에 띄기 쉬운 최고의 방법이자, 앞서나가기 위한 최고의 방법"이라고 말한다.[13]

진지한 주제나 어려운 정보일수록 내러티브의 중요성은 커진다. 〈워싱턴 포스트〉 기자로 퓰리처상을 수상한 캐서린 부(Katherine Boo)는 "어떤 소재에 있어서 내러티브를 택하지 않는다는 것은 전혀 읽히지 않는다는 것을 의미한다"고 말했다.[14]

〈디트로이트 메트로 타임스〉에 실린 기사[15]를 보자. 3년 이상 세금을 체납하면 집이 경매로 넘어가는 법안이 시행되면서 디트로이트의 저소득층 집소유자 수천 명이 집을 빼앗길 위험에 처했다는 내용이다. 이것을 "어떤 법

---

13 Andrea Pitzer(2010). Mark Bowden on discovering narrative and the value of beginner's mind: "only if you are truly ignorant can you ask the truly ignorant question." Nieman Storyboard, https://niemanstoryboard.org/stories/mark-bowden-at-mayborn-conference-on-black-hawk-down-and-writing-narrative/

14 Mark Kramer & Wendy Call(2007). Telling True Stories. Plume, p.14.

15 Allie Gross(2015). One Family fights to win their house back in the Wayne County foreclosure auction after being scammed by a sub-subprime entrepreneur. Detroit Metro Times,

으로 인해 무슨 문제점이 발생하고 있다"는 뉴스를 앞세워 전달하면 딱딱
하고 재미없을 것이다. 하지만 기사는 해당 상황에 처한 샤키야 로버트슨
(Shakiya Robertson)이 집을 빼앗길 위기에 처한 날을 묘사하며 '내러티브'로 상
당 부분을 채운다.

이스트 아우터 길에서 서쪽을 향하던 조그마한 고동색 세단이 속도
를 늦추고 집 앞에 주차할 때, 샤키야 로버트슨은 현관 앞에 서 있었다.
금발에 안경을 낀 중년 남성이 다가왔다.
"이 집이 경매에 나온 걸 알고 있나요?" 그가 물었다.
이날은 10월 23일 오후 2시 40분으로, 2015년 웨인 카운티 세금 담
보 경매에서 그녀의 집에 대한 입찰이 끝나기 1시간도 안 남은 때였다.
500달러에서 시작한 가격이 이미 거의 4,000달러까지 올라간 상황이었다.
"네." 그녀가 답했다.
"여기에 머물고 싶어요?" 그가 압박했다.
– 중략 –
지난 2009년, 상체가 풍만하고 광대뼈가 튀어나온 카리스마 있는 31
세 로버트슨은 판자로 막힌 집 앞에서 안내문을 확인했을 때 이웃집을
지나 운전하고 있었다. 'QuitRent.net'이라고 적혀 있었다. 그녀는 되
돌아갔다. 당시 그녀와 두 아들은 몇 블록 떨어진 킬번(Kilbourne) 가

https://www.metrotimes.com/detroit/one-family-fights-to-win-its-house-back-in-the-wayne-county-foreclosure-auction-after-being-scammed-by-a-sub-subprime-entrepreneur/Content?oid=2379234

에 있는 엄마 집에 살고 있었다. 그곳은 여자 형제, 여자 형제의 네 아이들, 남동생도 함께 살고 있는 꽉 찬 집이었고, 그녀 자신만의 집을 소유한다는 것은 놓치기 아까운 것이었다.

집 안에 무엇이 있는지를 본 뒤에도 그 느낌은 줄어들지 않았다. 욕실에 욕조는 있었지만 화장실이나 세면대는 없었다. 부엌에는 두 개의 보관장 외에는 아무것도 없었다. 집에 있는 14개의 창문 중에는 두 개만 멀쩡했다. 이 모든 것에도 불구하고 로버트슨은 가족을 위한 미래를 봤고 15년에 걸친 부동산 계약을 했다. 500달러 아래. 월 295달러였다.

― 하략 ―

내러티브가 결여된 기사는 뉴스로 가득 찬다. 뉴스로 가득 차 있는 것을 영어로는 '뉴시(newsy)'라고 한다. 기사 작성에 있어서 반드시 나쁜 의미로 회자되지는 않지만 항상 바람직한 모델로 회자되지도 않는다. 미국에서 기사 초고를 주요 정보를 둘러싼 사실관계, 즉 '뉴스' 위주로 작성한 적이 있는데, 저널리즘 스쿨 에디터로부터 이런 지적을 받았다.

"기사가 뉴스로 가득 차 있다는 느낌을 받았어요. 제가 바라는 것은 더 내러티브가 있었으면, 더 영화 같았으면 하는 겁니다. 주인공이 어떻게 생겼고 어떤 식으로 일을 하는지 상세하게 묘사해 더 생생하게 느낄 수 있도록 해주세요."

한국에서는 뉴스로 가득 찬 기사가 보편적이다. 기자들은 뉴스를 빠짐없이 챙겼는지, 즉 '사실관계' 위주로 기사를 점검받는다. 초고를 제출하고 나

제대로 된 '스토리'가 기사를 이끈다

면 데스크로부터 흔히 듣는 질문이 "여차저차 한 내용(기사에 필요한 사실관계)은 어디 있느냐?"는 것이다. 정말로 필요한 내용이 빠진 경우도 있지만 해당 정보가 아랫부분에 배치된 경우 마감에 쫓기는 데스크가 기사를 끝까지 읽기도 전에 '뉴스 확인'에 급급해 "그건 어디 있느냐"고 묻는 경우도 많다. 이런 질문을 여러 번 받다 보면 주요 사실관계를 최대한 윗부분에 배치시켜 '안 빠뜨렸다'는 것을 보여주는 게 편해진다. 기자들은 점점 중요도 순으로 정보를 배열하고, 뉴스로 기사를 채운다.

뉴스로 가득 채우는 기사의 대표적인 형식이 '역피라미드형'이다. 가장 뉴스 가치가 있는 내용일수록 윗부분에 배치해 정보를 신속하게 전달하는 것이다. 독자 입장에서는 효율적으로 핵심을 파악할 수 있지만 기자 입장에선 단점이 만만찮다. 독자는 앞부분에서 핵심을 파악해버렸기 때문에 기사를 끝까지 읽지 않아도 된다. 읽히지 않는 글은 생명력이 없으니, 나머지 부분은 괜히 쓴 것이 된다. 뉴스로 가득 찬 기사는 글의 존재 가치마저 무너뜨릴 수 있다.

미국 기사는 뉴스라는 '알맹이'를 품고 있지만 '내러티브'에 의해 주도된다. 참외에 비유하자면 씨가 '뉴스'라면 과육은 '내러티브'다. 과육을 입에 넣으면 씨가 자연스레 삼켜지듯이, 독자들은 기사에 흐르는 내러티브를 통해 뉴스를 흡수한다. 사건 사고 개요나 숫자 등 정보를 앞세울 법한 스트레이트 뉴스까지 내러티브 형식으로 전달하는 것은 그런 이유다.

〈LA타임스〉에 실린 기사[16]를 보자. 고속도로에서 발생한 화재에 대한 기

---

16 Marisa Gerber, Sarah Parvini, Javier Panzar(2015). Flames sweep over freeway; motorists run for their lives. Los Angeles Times,
https://www.latimes.com/local/lanow/la-me-In-fire-in-cajon-pass-20150717-story.html

사다. 현장에서 빠져나온 타야 하트(Taya Hart)의 내러티브로 시작해 사고 상황을 전달한다. 기사를 화재 피해 규모나 상황에 대한 사실관계를 앞세워 썼다면 독자들은 도입부만 읽고 뒷부분을 건너뛰었을 것이다. 그런데 기사는 주인공의 상황을 내러티브로 그려내며 시작하고, 이를 통해 뉴스인 사건 사고 개요와 피해 상황을 소개한다. 독자들은 내러티브를 통해 화재를 더욱 생생하고 현장감 있게 이해할 수 있으며, 도입부를 넘어서 기사를 계속 읽어야 할 이유를 얻는다.

타야 하트는 지갑을 쥐고 차에서 뛰어내렸다. 그녀는 언덕 위에 있는 고속도로에서 도망쳐 나왔다. 심장이 빠르게 뛰었다. 몸은 흔들렸다.

16세 타야는 엄마에게 전화했다.

"엄마 사랑해." 그녀가 말했다. "그런데 아주 큰불이 났어."

금요일 오후, 타야와 축구 팀원들이 카존 패스(Cajon Pass)에서 화재를 마주했을 때, 그들은 토너먼트를 위해 라스베이거스에 있는 집에서 인터스테이트 15에 있는 샌디에이고로 가기 위해 남쪽을 향하던 중이었다.

불은 오후 2시 반 이후에 시작됐는데, 순식간에 3,500에이커로 번져서 양쪽 고속도로를 막아버렸다. 불은 저녁까지 차량 20대와 집을 최소한 네 채 파괴했고, 산악지대 커뮤니티에 접근하고 있었다. 인터스테이트 15에 있는 대부분의 차선은 토요일 오전까지 재개했지만, 소방관 수백 명이 여전히 현장에 있다.

– 하략 –

제대로 된 '스토리'가 기사를 이끈다

뉴스로 가득 찬 기사는 전개 방식이 제한적이다. 사실관계만을 조합해 조직하는 기사는 천편일률적일 수밖에 없다. 재미있게 읽히기는커녕 다른 기사와 차별화하기도 쉽지 않다.

내러티브는 다르다. 누구의 어떤 이야기로 보여줄지에 따라 전개 방식은 무수히 많다. 화재 기사를 예로 들면, 어떤 사람의 내러티브를 앞세우느냐에 따라 기사는 수많은 빛깔이 될 수 있다.

미국의 만화가이자 예술가인 맷 매든(Matt Madden)이 쓴 『99 ways to tell a story』라는 책이 있다. 간단한 일화라도 전개하는 방법이 99가지나 있음을 만화로 보여주는 책이다.

소개되는 이야기는 간단하다. 어떤 사람이 컴퓨터 앞에 앉아 있다가 일어나서 방을 나가고서는 바깥에 있던 사람과 대화를 주고받은 뒤 냉장고를 열어보는 것이다. 책은 이런 간단한 상황을 각기 다른 주체의 관점에서 구성해 전개할 수 있는 방법을 99가지나 보여준다. 한 문단에 담길 수 있는 상황도 그러할진대, 뉴스를 보여주는 스토리는 말할 것도 없다.

탁월한 스토리텔러들

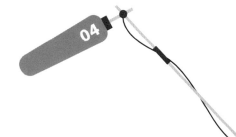

기사에 주인공을 설정하라

미국 기자들이 피처 기사를 쓸 때 가장 발을 동동 구르는 부분 중 하나는 '주인공'을 찾는 것이다. 기사와 관련된 사례자나 인터뷰이를 구한다는 게 아니다. 기사의 주인공은 '캐릭터(character)'라고 불리는데, 단순히 멘트를 제공하는 인터뷰이가 아니라 핵심 주제를 생생하고 극명하게 보여주는 중심인물을 의미한다. 얼마나 많은 사람을 인터뷰했건 간에 사안을 종합적이고 깊이 있게 보여줄 수 있는 '대표 주자'가 없다면 주인공을 못 찾은 것이다.

피처 기사는 대개 주인공을 중심으로 이야기가 펼쳐진다. 기사는 스토리이며, 스토리는 주인공이 겪어나가는 일들로 구성되기 때문이다. 퓰리처상 수상자인 존 프랭클린(Jon Franklin)은 저서 『Writing for Story』에서 "스토리는 공감 가는 주인공이 복잡한 상황을 마주해 맞서고 해결하며 발생하는 행동의 연속으로 구성돼 있다"고 말했다.[17] 기사엔 스토리가 있어야 하고, 스토리엔 주

---

17   Jack Hart(2011). Storycraft. University of Chicago Press, p.10.

제대로 된 '스토리'가 기사를 이끈다

인공이 있어야 한다. 주인공을 찾지 못했다면 스토리를 찾지 못한 것과 같다.

주인공이 유명인일 필요는 없다. 〈오레고니안〉에디터 출신인 글쓰기 코치 잭 하트(Jack Hart)는 내러티브 논픽션의 특징이 "유력자들이나 대중에게 호평을 받는 영웅들의 이야기가 아니라 평범한 삶에서 어려움을 마주하는 평범한 사람들의 이야기를 하는 것"이라고 말한다.[18]

〈뉴욕타임스 매거진〉에 실린 기사[19]를 보자. 경제가 활황이라고 이야기하는 시대에 일을 하고 있지만 임금이 너무 낮아서 생계를 유지하기 어려운 '워킹 푸어' 이슈를 다룬다. 기사는 바네사 솔리반(Vanessa Solivan)이라는 주인공을 통해 시작한다. 아이 셋을 키우며 힘겹게 사는 주인공은 통계에서 드러나는 문제점이 현실에서 어떻게 존재하는지 생생히 보여준다.

---

18   Jack Hart(2011). Storycraft. University of Chicago Press, p.142.

19   Matthew Desmond(2018). Americans Want to Believe Jobs are the Solution to Poverty. They're Not.
The New York Times Magazine,
https://www.nytimes.com/2018/09/11/magazine/americans-jobs-poverty-homeless.html

2015년 6월, 젊은 남자가 골목 인근에서 총에 맞아 죽은 뒤 바네사 솔리반과 세 자녀는 마지막 장소에서 도망쳤다. 그들은 이스트 트렌튼의 노스 클린턴 거리에 있는 친정집에서 잠을 잘 공간을 발견했다. 더 안전하진 않지만 아는 곳이었다. 바네사는 크라이슬러 퍼시피카 2004년형 짐칸에 우겨넣을 수 있는 것만 챙겼고, 남은 짐은 빈대들이 차지했다.

– 중략 –

그녀는 친정 엄마가 무릎과 등이 망가지기 전에 했던 가정 건강관리 일을 한다. 베티 붑 수건과 스니커즈, 붉은 '바야다 홈 헬스 케어' 끈에 달린 사원증이 일할 때 착용하는 유니폼이다. 그녀는 꾸준하게 일하며, 자신의 일을 좋아한다. 병약한 사람들을 목욕시키거나 누군가를 침대 승강기를 활용해 끌어 올리는 것과 같이 힘든 부분까지도 좋아한다고 말했다. "저는 사람들을 도와줘요." 그녀가 말했다. "나이 든 분들과 머물면서 많은 것을 배워요." 시급은 시시각각 변한다. 한 클라이언트에게서는 시간당 10달러, 다른 클라이언트에게서는 14달러를 받는다. 일의 본질과는 상관없이 종종 가장 어려운 경우는 클라이언트의 의료보험 적용 범위에 따라 제각기인 상환율이 가장 낮을 때라고 바네사가 말했다. 바네사는 아이를 키우고 당뇨병도 관리하면서 주당 20~30시간을 일할 수 있고 한 달에 1,200달러가량을 번다. 물론 이는 일이 잘될 때 이야기다.

오늘날 우리는 미국 경제가 강하다는 이야기를 듣는다. 실업률은 낮고 다우존스 산업 평균은 2만 5,000 이상이며 일자리 수백만 개는 공석이다. 바네사 같은 사람들에게 '일자리를 가질 수 있을까?'라는 것은 문제가 아니다(답변은 거의 확실히 '당신은 가질 수 있다'는 것이다). 문제는 교육을 많이 받지 않은 사람들이 어떤 일자리를 가질 수 있느냐다.

제대로 된 '스토리'가 기사를 이끈다

한국에서도 기사에 인물이 등장한다. 하지만 기사에서 다루는 사안의 '사례자'로서 도입부에 단편적으로 몇 문단 등장하다 사라지곤 한다. 대부분의 사례자는 해당 사안이 현실에 존재한다는 것을 입증해 보이는 것으로 역할을 마무리하며, 기사 전체를 관통하며 핵심을 드러내는 경우는 드물다. 반면, 미국 기사의 주인공은 스토리의 중심에 서서 주제를 드러낸다.

〈샌프란시스코 크로니클〉에 실린 기사[20]를 보자. 이는 트럼프 정부의 이민자 추방 명령으로 인해 추방되는 사람이 급증하는 것을 다루고 있다. 간호사로 일하며 아이 셋을 낳고 살아온, 범죄 전과가 없는 이민자 마리아 멘도자-산체즈(Maria Mendoza-Sanchez)는 주인공으로서 스토리의 주축이 된다. 주인공의 상황은 정책의 변화로 인한 타격을 극명하게 보여주고 있다.

---

20 Hamed Aleaziz(2017). Deportation order splits Oakland family and highlights shift under Trump. San Francisco Chronicle,
https://www.sfchronicle.com/bayarea/article/Deportation-order-splits-Oakland-family-and-11746484.php

트럼프 대통령이 "나쁜 사람들"을 몰아세우고 추방하기 위한 정책을 지속하지만 오클랜드 간호사 마리아 멘도자–산체즈는 합법적으로 체류하고 있지 않은 본인과 남편이 자신들의 깨끗한 기록으로부터 보호받지 못할 것임을 알았다.

"우리 삶뿐 아니라 많은 이민자들의 삶이 완전히 바뀔 것임을 알았어요." 네 명의 자녀를 둔 그녀는 선거 당일 밤을 회상했다. "이제 완전히 다른 이야기가 될 것임을 알았어요."

거의 7개월 뒤에 그녀의 두려움은 현실화됐다.

5월 24일, 이민 공무원들은 그들이 23년 전에 떠난 멕시코 고향을 향해 떠날 채비를 할 시간이 3개월 남았다고 말했다. 그들은 원치 않았지만 가족을 나눠서 12세 아들과 멕시코에서 새 삶을 시작하기 위해 화요일에 떠날 것이다. 16, 21, 23세 딸들은 미국에 남겨둔 채 말이다.

과거에는 멘도자–산체즈의 배경이 그녀를 추방으로부터 살려줬다. 그녀는 미국에서 태어난 미국 시민 3명과, 정부의 DACA 프로그램 수혜자 1명의 엄마다. 오클랜드에 집을 소유하고 있으며 범죄 전과가 없고, 하이랜드 병원의 심장 · 종양학과에서 간호사로 일한다.

"국가의 문화에 동화되고 세금을 내고 일하고 대학을 졸업하면 더 나은 기회를 가져야 합니다." 그녀가 말했다. "그렇게 돼야 하는데, 저는 전부 그렇게 했음에도 불구하고 여전히 이런 상황에 있어요. 이해할 수 없어요."

전문가들이 말하기를 이들 가족의 사례는 트럼프 행정부가 들어선 뒤 적절한 체류 문서가 없는 거의 모든 이민자를 제거의 우선순위로 두도록 한 주요 변화의 진행을 조명하는 것 중 하나다. 2월 이후 5만 7,000명이 넘는 사람들이 미국을 떠나도록 명령 받았다. 이것은 2016

제대로 된 '스토리'가 기사를 이끈다

미국 기자들이 나누는 흔한 질문은 "당신 기사의 주인공은 누구냐"는 것
이다. 아무리 문제의식이 뛰어나고 이슈를 뒷받침할 데이터와 전문가 멘트
를 확보했다고 해도 사안을 생생히 보여줄 수 있는 주인공을 확보하지 못한
다면 취재는 미완성으로 인식된다. 기사에서 차지하는 비중을 감안하면 '주
인공' 찾기는 취재의 반이라고 해도 과언이 아니다. 〈패스트컴퍼니〉 기자 척
솔터(Chuck Salter)는 디트로이트의 도시재생에 대해 내러티브를 쓴 경험을 두
고 이렇게 말했다.[21]

"도시재생, 경제발전, 사회적기업가정신은 정책 기사에 있어서 훌륭한 주
제다. 내게 있어서 어려움은 인물들을 찾고 큰 내러티브를 추상적이지 않고
개인적으로 만드는 것이었다. 무슨 일이 벌어지는지를 보여줄 사람들을 찾
아야 했고 독자들은 그들에게 공감할 수 있어야 했다."

주인공은 스토리를 더욱 실감 나게 한다. 사실관계나 통계와 같은 것들이

---

21 Paige Williams(2013). "Detroit: A love story:" Chuck Salter, Fast Company, and a layered, live-
storytelling approach to the tale of a desperate city. Nieman Storyboard,
https://niemanstoryboard.org/stories/detroit-a-love-story-chuck-salter-fast-company-and-a-layered-
live-storytelling-approach-to-the-tale-of-a-desperate-city/

독자들의 삶 속에 더욱 가까이 다가가게 한다. 반대로 말하면, 어떤 숫자나 설득력 있는 문구를 제시해도 주제를 관통하는 인물이 없는 기사는 딱딱한 백과사전이나 공허한 훈계에 불과한 것처럼 느껴질 수 있다.

제대로 된 '스토리'가 기사를 이끈다

주제 인물의 지인을 취재하라

미국에서 어느 자선단체의 신임 사무총장에 대한 프로파일(Profile) 기사를 취재할 때였다. 저널리즘 스쿨 에디터는 사무총장을 따라다니면서 사무실에서 업무 장면을 지켜보는 한편, 다른 단체와 회의하는 모습 등 외부 활동을 참관해보라고 주문했다. 이모저모를 취재해 초고를 제출했는데, 에디터는 '더 많은 사람'과의 인터뷰를 요구했다. '전 직장 동료'로부터 당사자가 무엇을 기여하고 어떤 업적을 이뤘는지 듣고, '사무총장 채용에 관여한 사람'으로부터 왜 그녀를 고용했고 무엇을 이루기를 바라는지를 들어서 기사에 반영하라는 것이었다.

한국에서 프로필(Profile)이라 함은 이름과 출신, 소속과 같은 신상명세를 지칭하는 경우가 많지만, 미국의 프로파일 기사는 완전히 다른 개념이다. 프로파일은 '어떤 대상을 종합적으로 조명하는 것'이며, 프로파일 기사는 당사자를 다각도로 들여다보기 위해 여러 '주변 사람'을 취재하며 입체적으로 작성하는 것이다(박재영, 2019a). 대상이 누구이든 간에 당사자와의 인터뷰만을 토대로 프로파일 기사를 쓰는 것은 난센스로 통용된다. 생존 인물일 경우 당사자 인터뷰는 기본 혹은 일부일 뿐이며, 취재는 당사자뿐 아니라 주변인의 이야기까지 들어가며 해야 한다. 퓰리처상 수상 기자 잭퀴 바나진스키(Jacqui Banaszynski)는 프로파일 취재를 두고 이렇게 말했다.[22]

"인터뷰는 중요하며, 단지 프로파일 대상이 되는 사람과만 하는 것이 아니다. 그 사람 주위에 있는 사람들은 누구인가? 누가 그 사람에 대해 무언가를 드러낼 것인가? 누가 그 사람 인생의 결정적인 순간에 대해 아는가? 당신은 이런 사람들을 인터뷰해야 한다."

〈캘리포니아 선데이 매거진〉에 ≪영원한 포레스트 펜≫이라는 제목으로 실린 기사[23]를 보자. 예술 딜러 포레스트 펜을 조명한 기사로, 그가 록키 마운틴에 가서 값비싼 보물로 가득 찬 상자를 숨겨놓은 것을 둘러싼 이야기다. 기사는 주변 인물의 이야기를 광범위하게 소개하고 있다. 이를테면 펜이 보물을 갖고 가서 산속에서 죽겠다는 아이디어를 작가들에게 제안했을 때 거절당했다는 대목에서는 해당 작가로부터 직접 당시에 대한 설명을 들었다. 당사자의 과거에 대해서는 딸뿐 아니라 1970년대에 함께 일한 갤러리 주인의 이야기도 반영했다.

22 Mark Kramer & Wendy Call(2007). Telling True Stories. Plume, p.66.

23 Taylor Clark(2015). The Everlasting Forrest Fenn. The California Sunday Magazine, https://stories.californiasunday.com/2015-07-05/the-everlasting-forrest-fenn/

– 앞부분 생략 –

"포레스트가 어느 날 점심을 먹으면서 그 아이디어를 이야기했어요."
펜의 오랜 친구이자 그가 가장 먼저 접근한 작가 중 하나인 베스트셀
러 작가 더글러스 프레스톤이 말했다. "그의 계획은 보물과 함께 자기
자신을 매장해 누구든 그것을 발견한 사람은 본질적으로 그의 무덤을
털 수 있는 것이었어요. 저는 '맙소사, 포레스트, 그건 엄청난 스토리
야 – 너야말로 그것을 가져갈 사람이구나!'라고 말했어요." 여전히 프
레스톤은 그 아이디어에 수긍하지 않았고(물론 그는 펜의 축복을 입어
2003년 펴낸 스릴러 『The Codex』에 대해 감사해했다), 다른 어떤 작가
들도 마찬가지였다. "그들은 제가 어떤 나무들 사이에서 죽는 아이디
어를 좋아하지 않았다고 생각해요." 펜이 말했다.

– 중략 –

펜의 도발이 종종 가족의 삶에 교차했다고 말한 펜의 딸 켈리(Kelly)
가 말했다. "한번은 아빠가 제 21살 생일에 손가락 목걸이를 차고 왔어
요." 그녀가 말했다. "그게 뭔지 정확히 몰랐는데 진짜였어요."

하지만 펜은 영업사원으로서 가장 좋은 재능을 갖고 있었다. "남자들
은 그가 텍사스 남자들의 사나이였기 때문에 좋아했어요." 펜과 1970
년대에 함께 일한 산타페 갤러리 주인 린다 더햄(Linda Durham)이 말
했다. "여성들은 그가 사근사근하고 매력적이고 선물을 줬기 때문에
좋아했어요. 그는 보물 등이 담긴 상자를 갖고 있었고, 저는 그가 여성
에게 2,000달러짜리 목걸이를 주는 것을 봤어요. 저는 '와우, 대단해,
저런 선물이라니'라고 생각했죠. 그런데 그다음 그녀의 남편은 5만 달
러짜리 그림 몇 개를 사고 말았습니다." 펜은 자신의 성공이 진정으로
사람들을 좋아하는 데서 기인한다고 말한다. 그는 7명의 예술 박사들

을 고용한 적이 있었는데 그들이 물품을 판매하는 대상보다 물품에 더 많이 관심을 갖는 우를 범해 모두 내보냈다고 말했다. "제가 포레스트로부터 배운 것은 당신이 사는 것은 그림 그 자체가 아니라는 겁니다." 더햄이 말했다. "이것은 경험에 대한 것이기도 합니다. 그는 예술만 판 것이 아닙니다. 그는 그 자신을 팔았습니다."

– 하략 –

한국 언론계에서 인물에 대한 기사는 '인물 기사'나 '인터뷰 기사'로 불리는데, 당사자만 인터뷰하는 경우가 대부분이다. 인터뷰 기사에서 당사자와 관련 있는 또 다른 인물들이 취재원으로 등장하고, 그들로부터 얻은 정보가 녹아 있는 경우는 거의 없다. 인터뷰이가 어떤 말을 하면 그 내용을 제삼자를 통해 교차 확인하지 않고 그대로 옮기는 경우가 비일비재하다.

미국에서는 그런 기사를 보기도 어렵지만, 설령 존재하더라도 제대로 된 기사가 아닌 것으로 여겨진다. 현지에서 취재보도 교과서로 쓰이는 『News Reporting & Writing』(Brooks, Horvit, & Moen, 2020)은 한 명의 취재원만 있는 기사는 최악의 종류이고 발행 가치가 있는 경우가 드물다고 말한다.[24] 책은 개인 프로파일 기사가 "당사자와의 인터뷰보다 더 많은 것을 토대로 해야 한다"면서 이렇게 조언한다.

"기자는 더 전체적인 관점을 얻기 위해 그 대상을 아는 개인들과도 이야기

---

24 The Missouri Group(2019). News Reporting & Writing. Bedford/St. Martin's; 13 edition, p.42.

제대로 된 '스토리'가 기사를 이끈다

해야 한다. 여러 취재원으로부터 정보를 수집하는 것은 좋은 글쓰기와 좋은 소통의 핵심 중 하나다. 이것은 정확성을 확실시하는 최고의 방법이기도 하다. 여러 취재원들을 활용할 때 정보는 확인될 가능성이 높다. 추가적인 취재원들을 확인하는 것은 기사가 정확해질 기회를 높인다."

주변 사람들에 대한 취재가 얼마나 중요하냐면 프로파일 대상자를 전혀 인터뷰하지 않고서 프로파일 기사를 쓰는 것이 가능할 정도다. 〈뉴요커〉에 1945년 실린 프로파일 기사[25]를 보자. 몰리(Mollie)라는 사망한 인물을 발견하고서 쓴 프로파일 기사다. 기자는 몰리와 대화 한번 나눠보지 못했지만, 주변인을 다방면으로 인터뷰하며 망자에 대한 조각을 퍼즐처럼 맞춰나간다.

> 내가 몰리를 처음이자 유일하게 봤을 때, 그는 튀니지 북쪽의 먼지 나는 도로 옆에 죽은 채 누워 있었다. 그것은 1943년 4월이었다.
> – 중략 –
> 1943년 봄 당시 동맹군이 북아프리카에서 마지막 거대 공격을 위해 싸우고 있을 때, 이 형편없는 도로는 중요한 공급 통로였다. 나는 〈AP〉에서 일했던 동료 특파원 할 보일(Hal Boyle)과 함께 지프차를 타고 포레스터스 트랙을 달리고 있었다. 우리는 앰뷸런스에 실리고 있는 9사

25   A. J. Liebling(1947). Quest for Mollie. The New Yorker,
http://archives.newyorker.com/?i=1945-05-26#folio=028

단 60보병대대의 부상자 4명을 보기 위해 지프차를 나왔다. 군인 한 무리도 서서 지켜보고 있었다.

– 중략 –

담요가 그의 얼굴을 감싸고 있었기 때문에 나는 얼굴이 산산조각 났을 거라고 추측했다. 그런데 바닥에는 피가 없었기 때문에 덤불 속에서 죽임을 당해 도로에 운반된 뒤 이송을 기다리고 있는 거라고 판단했다. 크고 사납게 생긴 병사가 그 옆에 서 있었다 – 앞니가 두어 개쯤 나가고 매부리코에 화난 사람이었다. 나는 그에게 죽은 남자가 4명의 부상자들과 함께 순찰을 돌고 있었냐고 물었다. "에이, 아니에요!" 그 병사는 마치 내가 얼굴에 담요를 덮고 있는 남자에 대해 알아야 한다는 것처럼 쳐다보며 말했다. "그는 몰리예요. 몰로토브(Molotov) 동지죠. 브로드웨이의 시장입니다. 그에 대해 들어보지 못했어요? 에이, 이봐요. 그는 혼자서 이탈리아인 600명을 붙잡아서 모두를 되돌려 보낸 적도 있어요. 저격수가 그를 쏘았을 거라고 추측해요. 모르죠, 왜냐하면 그는 프랑스인과 같이 외출했고 언덕에서 죽었거든요. 그는 항상 미친 것들을 하는 걸 좋아했어요 – 혼자서 자신이 가진 쌍안경을 들고 나가서 적군이 지뢰밭에 있는 것을 관찰하거나, 나가서 한동안 대포 정찰을 하거나, 또는 탱크를 모는 거예요. 그는 이런 프랑스인들을 보는 순간, 그들과 함께 떠나곤 했어요."

"그의 이름이 정말로 몰로토브였나요?" 나는 물었다.

"아니요." 그 병사가 말했다. "그는 단지 자신을 그렇게 불렀어요. 그 남자들은 대부분 그것을 몰리라고 줄였죠. 저는 그의 진짜 이름이 뭐였는지조차 몰라요 – 워렌(Warren)일지도 모른다고 생각해요. 칼(Carl) 워렌이요."

– 하략 –

제대로 된 '스토리'가 기사를 이끈다

미국에서는 당사자와의 인터뷰만 갖고 기사를 쓰는 경우도 드물거니와 '인터뷰 기사'라는 말도 존재하지 않는다. 인터뷰라 함은 당사자의 멘트를 얻는 수준의 취재를 뜻하는 것이고, 프로파일이라 함은 당사자를 인터뷰할 뿐 아니라 삶을 관찰하고 주변 사람들도 인터뷰하며 종합적으로 취재하는 것이다. 따라서 당사자가 인터뷰에 동의했다고 해서 프로파일 취재가 순조로울 것이라고 생각하면 착각이다. 당사자에 대한 취재는 기사를 쓰기 위해 필요한 첫걸음이거나 수많은 조각 중 하나일 뿐이다. 취재 대상에 대해 이야기해줄 수 있는 주변 사람들이 누구인지 파악하고, 그들과의 인터뷰도 성사돼야 비로소 입체적인 '프로파일링'이 가능해진다.

프로파일 기사를 제안하는 미국 기자들은 취재 계획을 이야기할 때 당사자 외에 어떤 사람들의 이야기를 들을 것이며, 어떤 현장을 관찰하며 취재할 것인지도 함께 이야기한다. 당사자와의 인터뷰로만 구성하거나 당사자만 취재하는 경우는 기사로도, 취재 계획으로도 접하기 어렵다.

'똑똑한' 인터뷰를 하라

국내 기사에서 주제를 막론하고 자주 등장하는 전문가 이름들이 있다. 기사에서 다루는 사안에 대해 깊이 있게 알지는 않더라도 직함이 그럴듯한 사람 중에 접근성이 높은 인물들이다. 전화를 잘 받고 웬만한 사안을 물어봐도 기사에 넣기 용이한 멘트를 몇 마디 건넨다는 특징이 있다. 기자들은 그들과 '간편한 인터뷰'를 한다. 때문에 각기 다른 사건 사고나 사회현상에 대해 천편일률적인 취재원의 이름이 우후죽순 등장하고, 누구나 할 수 있는 멘트가 보도된다.

적당한 타이틀을 갖고 있고 쉽게 접근 가능한 취재원의 멘트를 따는 게 무슨 문제냐고 생각하는 사람도 있을 것이다. 하지만 미국에선 '진짜 전문가'를 찾으려는 노력을 하지 않는 것이 문제가 있는 것으로 인식된다. 해당 분야의 권위자들과 지속적으로 이야기를 나누며 누가 '정직하고 신뢰받을 수 있는 전문가'인지 찾아서 인터뷰하는 것이 제대로 된 인터뷰이기 때문이다.

〈뉴욕타임스〉 퍼블릭 에디터를 지낸 다니엘 옥렌트(Daniel Okrent)는 이렇게 말했다.[26]

"나쁜 기자들은 대학 홍보팀 직원이나 중개하는 연구 부서들에 전화해 사실상 '전문가를 주세요'라고 말하면서 전문가들을 찾는다. 어떤 학계의 홍보 조직들은 전화번호와 이메일 주소, 전문 분야가 망라된 명부를 배부해 게으른 기자들은 그 첫 전화조차 하지 않는다. 역설적이게도 정말 나쁜 기자들은 조금 더 열심히 일한다: 그들은 자신들이 도달하고 싶은 결론을 알기에 어쩌다 그들에게 동의하게 된 전문가들을 찾는다."

기자에게 중요한 것은 전문가에 대한 '접근성'이 아니라 '인터뷰의 품질'이다. 마감 시간의 압박하에서 접근의 용이함이나 친절한 멘트 제공이라는 달콤함은 오히려 기자에게 독이 될 수 있다. 〈마이애미 헤럴드〉 기자로 일한 제임스 맥네어(James McNair)는 말한다.[27]

"어떤 기업들은 기자들의 취재 대상이 되는 것에 진절머리가 나서 자신들에게 우호적인 견해를 가진 애널리스트들에게로 기자들을 이끌려고 한다. 이것은 새로운 수법이다. 그것뿐 아니라 그들은 애널리스트들이 전화 회신을 하도록 압력을 가한다. 그들은 기자들이 애널리스트들과 통화가 닿는 데에 어려움을 겪고 있다는 것을 안다."

제대로 된 기자라면 인터뷰이를 까다롭게 선정한다. 기술 전문 매체 〈레코

---

26 Daniel Okrent(2004). Analysts Say Experts Are Hazardous to Your Newspaper. The New York Times, https://www.nytimes.com/2004/10/31/weekinreview/analysts-say-experts-are-hazardous-to-your-newspaper.html

27 Nieman Reports(1999). 1999: Reporters' Relationships With Sources. Nieman Storyboard, https://niemanstoryboard.org/articles/1999-reporters-relationships-with-sources/

드〉 창립자로 거물들과의 명인터뷰어로 정평이 난 카라 스위셔(Kara Swisher)
는 자신이 똑똑하다고 생각하는 사람과의 인터뷰가 아니면 인터뷰에 임하지
않는다고 했다.[28] 사안에 대해 잘 알지도 못하면서 의견을 가진 사람이 넘쳐
나지만, 그들과 '쉬운 인터뷰'를 하고 싶지 않기 때문이다.

'똑똑한 인터뷰'는 타이틀이나 학벌이 좋은 사람과 하는 인터뷰가 아니다.
기사에서 다루는 사안에 대한 깊은 경험과 지식을 바탕으로 하는 신뢰할 만
한 이야기를 듣는 것이 똑똑한 인터뷰다. 멘트 한 줄이라도 정말로 사안을
잘 아는 사람이 유의미한 발언을 해줄 수 있다.

〈워싱턴포스트〉에 실린 ≪관료주의의 구멍≫이라는 기사[29]를 보자. 수십
년간 유지되고 있는 연방정부의 후진적인 업무 시스템에 대한 내용이다. 기자
는 수십 년 전인 로널드 레이건 정부에서 일하며 상황의 개선 필요성을 느꼈
던 전직 공무원을 찾아 이야기를 들었다. 기사에서 다루는 사안을 가장 잘 이
야기할 수 있는 인물의 발언을 소개한 것이다. 그게 바로 '똑똑한' 인터뷰다.

---

28 2018년 2월 27일 UC버클리 저널리즘 스쿨 초청 강연

29 David Fahrenthold(2014). Sinkhole of bureaucracy. The Washington Post,
https://www.washingtonpost.com/sf/national/2014/03/22/sinkhole-of-bureaucracy/?utm_
term=.6d8113178410

제대로 된 '스토리'가 기사를 이끈다

서류로 가득 찬 트럭들이 피츠버그 북쪽의 시골길을 벗어나 매일 와서는 입구를 통해 내려온다. 트럭들은 미국 국기로 장식된 지하 철문에서 멈춘다.

문 뒤에 있는 슈퍼마켓만큼 큰 방은 5단 파인 캐비닛과 비즈니스 캐주얼을 입은 사람들로 가득 차 있다. 표면에서 230피트 아래에, 누군가의 책상에서 흘러나오는 듣기 편한 음악이 있다.

이곳은 미국 정부에서 가장 이상한 근무 장소 중 하나다 — 그곳의 위치와 하는 일 모두 말이다.

여기, 오래된 펜실베이니아 석회석 광산 동굴 안에 인사국 직원 600명이 있다. 그들의 임무는 특급비밀이 아니다. 공무원들의 은퇴 서류들을 처리하는 것이다.

하지만 그 시스템엔 극적인 결함이 있다. 여전히 완전히 손으로 직접, 그리고 거의 완전히 종이에다 해야 한다.

이곳의 근로자들은 동굴에서 동굴까지 수천 개의 사례 파일들을 넘기고, 한 번에 한 줄씩 은퇴자의 개인 데이터를 입력한다. 그들은 비밀 때문이 아니라 공간 때문에 지하에서 일한다. 그 오래된 광산의 터널에는 종이 기록을 보관할 2만 8,000개가 넘는 파일 캐비닛을 보관할 공간이 있다.

이 이상한 장소는 커다란 관료주의 시스템의 시간을 낭비하는 오류에서 벗어나기가 얼마나 어려운지에 대한 예시다.

그 모든 종이에 얽매여, 지금 광산에서의 일은 1977년 당시처럼 천천히 운영된다.

"1981년에 자동화의 필요성은 명확했습니다." 로널드 레이건 대통령하에서 은퇴 처리 시스템을 감독했던 제임스 모리슨 주니어(James

W. Morrison Jr.)가 말했다. 올해 전화 인터뷰에서 모리슨은 그 시스템이 모두 종이로 운영된다는 것을 알게 됐을 때 느꼈던 경악을 회상했다. "1년 뒤에 저는 '맙소사. 이걸 고치지 않으면 내 평판이 손상될 거야'라고 생각했어요." 그가 말했다.

모리슨은 그 시스템이 여전히 종이 파일들에 의존하고 있다는 것을 들었다.

"와우." 그가 말했다.

연방 문서로 가득 찬 광산의 존재는 잘 알려지지 않았다. 심지어 연방 공무원 사이에서도 이것은 종종 도시 전설이며, 신화적이고, 반만 믿는 것으로 여겨졌다. "그 미친 동굴." 오바마 대통령의 최고 기술 책임자로 일했던 아니쉬 초프라(Aneesh Chopra)가 말했다.

− 하략 −

한국 언론계에서 기획기사의 3요소로 흔히들 '사례, 통계, 전문가 멘트'를 언급한다(남재일, 2004). 전문가 멘트를 취재 사례와 통계를 뒷받침하는 발언을 해주는 장식품 정도로 생각하는 경우가 많지만, 인터뷰의 품질은 기사의 품질에 직결된다. 진부하고 공허한 멘트는 기사 전체의 힘을 뺀다.

직업적인 타이틀이 관련 있어 보이더라도 최적의 인터뷰이는 아니다. 이를테면 사회학과 교수나 심리학과 교수라고 해서 사건 사고나 사회현상을 설명하는 데 적합한 것은 아니다. 제대로 된 혜안 없이 하는 형식적인 탁상공론을 들을 거라면 굳이 인터뷰를 할 이유가 없다. 취재 사안을 가장 잘 설

제대로 된 '스토리'가 기사를 이끈다

명해주거나 답해줄 수 있는 사람이야말로 가장 좋은 인터뷰이라고 할 수 있다. 〈뉴욕타임스〉 셰릴 게이 스톨버그(Sheryl Gay Stolberg) 기자는 "모든 기자들이 정말로 원하는 것은 실제로 답을 가진 사람으로부터 자신들의 질문이 답해지는 것"이라고 말했다.[30]

〈프로퍼블리카〉에 실린 기사[31]를 보자. 시카고시가 수익을 끌어올리기 위해 자동차에 부착하는 스티커 관련 과태료를 올렸는데, 해당 정책이 저임금 흑인들을 빚으로 내몰고 있다는 내용이다. 기사는 시카고시의 과태료 상승이 어떤 결과를 초래했는지를 자체 분석을 통해 제시하고 있다. 이에 대해 시장실은 불충분한 답변을 제시했지만, 기자는 당시 정책 결정에 관여한 직원인 수자나 멘도자(Susana Mendoza)를 인터뷰해 이야기를 들었다.

> 2012년 시카고의 예산 협상 동안, 새로 선출된 시장 람 에마뉴엘(Rahm Emanuel)과 당시 시청 사무직원 수자나 멘도자는 이미 자동차 소유자들이 시청에서 얻을 수 있는 가장 비싼 티켓 중 하나였던 것의 가격을 대폭 올리는 것에 동의했다. 요구되는 차량 스티커를 부착하지 않은 것에 대한 과태료는 120달러에서 200달러로 올랐다.

30   The New York Times(2008). Talk to the Newsroom: White House Correspondent. The New York Times, https://www.nytimes.com/2008/11/10/business/media/10askthetimes.html

31   Melissa Sanchez and Elliott Ramos(2018). Chicago Hiked the Cost of Vehicle City Sticker Violations to Boost Revenue. But It's Driven More Low-Income, Black Motorists Into Debt. ProPublica, https://www.propublica.org/article/chicago-vehicle-sticker-law-ticket-price-hike-black-drivers-debt

과태료 상승은 멘도자가 제안해 시의회에서 만장일치로 승인됐는데 스티커 가격을 인상하고 상습 위반자들로부터 과태료를 많이 거둬들이기 위한 대안이었다.

멘도자는 과태료 상승이 시에 1,600만 달러를 창출할 거라고 시의회 의원들에게 말했다.

하지만 그런 일은 일어나지 않았다. 과태료 상승이 더 많은 준법을 가져왔는지는 불분명한 가운데 연간 몇백만 달러만 가져왔다. 스티커 판매는 크게 침체됐다.

〈프로퍼블리카 일리노이〉와 〈WBEZ〉의 조사에 따르면 스티커 티켓의 가격 상승은 시카고의 가장 가난한 주민 수천 명, 특히 아프리카계 미국인 동네에 끔찍한 비용을 발생시켰다.

이 티켓 한 종류로 인한 빚은 체납 수수료 및 수금 수수료와 혼합돼 부풀었다. 운전자들은 이제 2012년 이후 발행된 스티커 티켓에 대해 총 2억 7,500만 달러를 빚졌다.

— 중략 —

시장실은 벌금 증가가 흑인 주민에게 영향을 미치는지에 대한 질문에는 대답하지 않았다. 에마뉴엘의 대변인은 대신 답변서에서 재정부가 "법 집행과 수금을 항상 검토하고 있다. 이것은 이 행정부가 주민들이 티켓 값을 더 쉽게 지불할 수 있도록 하는 새로운 지불 계획을 만들어내는 것을 포함한다"라고 말했다.

멘도자는 시카고의 저소득층 흑인 주민들을 희생시켜 스티커 티켓 비용을 인상한 자신의 역할에 유감을 표했다. 이제 주 감사관인 그녀는 시가 티켓 가격을 "재검토"해야 하며, 운전자들이 스티커 요건을 따르면 티켓 빚을 탕감해주는 것을 고려해야 한다고 말했다.

제대로 된 '스토리'가 기사를 이끈다

> "분명히. 지불 능력이 없는 사람들에게 그저 티켓을 주고 또 주고 또 주는 것은 말이 되지 않아요." 멘도자가 말했다. "정책들의 결과가 무엇인지를 보는 것은 중요하죠. … 종종 그것들은 끔찍해요."
> – 하략 –

미국 기자들은 취재원의 목소리를 담기 전에 왜 '그 사람이어야 하는지'를 깐깐하게 판단한다. 기사에는 인터뷰이가 왜 인터뷰에 적합한 인물인지 명기돼 있는 경우가 많다. 어떤 전문가가 '왜 사안에 대해 말할 자격이 있는지'를 설명하는 것이다. 〈마이애미 헤럴드〉엔 청소년 교도소 내 폭력에 대한 기사[32]가 실린 적이 있는데, "17년 이상 청소년 서비스 미주리 지부의 소장을 맡으며 그곳을 국가적인 모델로 탈바꿈시킨 마크 스테워드(Mark Steward)"와 "브로워드 카운티의 최고 청소년 국선변호인 고든 위케스(Gordon Weekes)"등 전문가의 자격이 소개됐다.

〈월스트리트저널〉 기자와 에디터를 지낸 윌리암 블런델(William Blundell)은 이렇게 말한다.[33]

---

32   Carol Marbin Miller and Audra D.S. Burch(2017). Dark secrets of Florida juvenile justice: 'honey-bun hits.' illicit sex, cover-ups. Miami Herald,
https://www.miamiherald.com/news/special-reports/florida-prisons/article177883676.html

33   William E. Blundell, The Art and Craft of Feature Writing: Based on The Wall Street Journal Guide. Plume, pp.50~53.

"가장 미숙한 풋내기는 어떤 사안에 있어서 양쪽 모두의 취재원을 찾아야 한다는 것을 알지만, 취재원들의 수준에 대해서는 별로 생각지 않을 것이다. 그들이 행동하는 사람인지 관찰자인지, 행동하는 사람이라면 그 행동으로 부터의 거리 말이다. 이런 고려가 없다면 기사는 관료, 정치가, 경영자, 싱크 탱커, 길 위에서 너무 멀리 떨어진 채 관여하거나 직접적으로 전혀 관여하지 않는 다른 누군가와 같은 책상머리 사람들 사이에서의 말 많고 성가신 옥신 각신이 되기 쉽다."

제대로 된 '스토리'가 기사를 이끈다

GREAT
STORYTELLERS

PART 02

있는
그대로를
'관찰' 하라

취재원의 삶 속으로
깊이 들어가라

내러티브 기사는 주제를 관통하는 '캐릭터'를 중심으로 펼쳐진다. 캐릭터는 사람인 경우가 많지만 무엇이든 될 수 있다. 퓰리처상 수상 기자 잭퀴 바나진스키(Jacqui Banaszynski)는 캐릭터가 장소나 순간이 될 수 있다고 말했고,[34] 자연과 환경에 대한 기사를 써온 미국의 저널리스트 마이클 폴란(Michael Pollan)은 동물이나 식물도 캐릭터가 될 수 있다고 말했다.[35]

캐릭터가 무엇이건 간에 미국 기자들의 취재 기법은 일관되다. 대상의 세계를 깊숙이 파고드는 것이다. 폴란은 레이첼 카슨의 책 『침묵의 봄』을 예시로 들어 이렇게 설명한다.

"그녀는 정말 중요한 지점까지 대상을 추적했다. 단순히 '이런 유기인제는

---

34 Nieman Reports(2002). Sharing the Secrets of Fine Narrative Journalism. Nieman Reports, https://niemanreports.org/articles/sharing-the-secrets-of-fine-narrative-journalism/

35 Michael Pollan(2007). Natural Narratives. Nieman Foundation, https://nieman.harvard.edu/stories/natural-narratives/

신경독소다'라고 말하지 않는다. 그것은 대부분의 환경 저널리즘에서 찾을 수 있는 따분한 용어다. 말은 맞지만 우리는 그것이 어떻게 작동하는지 알고 싶다. 카슨은 유기인제가 뇌세포에 이를 때까지 찾아가 어떻게 아세틸콜린이 시냅스의 소통을 가능하게 하는지 설명한다. 아세틸콜린은 화학 전달 물질인데 아주 빠르게 사라지게 돼 있다. 세로토닌과도 같은데, 작동하는 순간 시스템에서 사라지게 돼 있고 그러지 않으면 너무 많은 메시지들이 오가게 된다. 그녀는 유기인제가 아세틸콜린이 분해되거나 차지되는 것을 막는다고 쓴다. 이메일을 끝냈는데도 대기 목록에서 결코 이메일을 삭제할 수 없는 것처럼 너무 많은 메시지들을 얻는다. 『침묵의 봄』에서 '신경독소'는 무언가를 의미하게 된다. 당신의 뇌를 손상시키는 혼란을 이해하게 된다."

기자들은 캐릭터의 세계 속에 최대한 '가까이 들어가서' 취재한다. 그것이야말로 대상을 포괄적이고 깊이 있게 파악할 수 있는 방법이기 때문이다. 캐릭터가 인물인 경우 인터뷰만으로 당사자를 제대로 이해하는 것은 불가능에 가깝다. 누군가가 스스로에 대해 설명하는 것은 실제의 일부일 뿐이며, 엄밀히 말하면 '본인이 생각하는 자신'에 불과하다. 그것이 실제와 일치하는지, 아니면 스스로에 대한 바람에 가까운 것인지 또 다른 경로로 취재하지 않고서 어떻게 아는가?

취재원의 세계 속에 들어가면 인터뷰만으로는 알 수 없는 것을 발견한다. 기자들은 취재원의 행동과 삶을 관찰하며, 그것이 당사자가 이야기한 내용과 어떻게 연결되거나 연결되지 않는지 확인한다. 〈워싱턴포스트 매거진〉 기자로 일한 왈트 해링턴(Walt Harrington)은 기자들에게 있어서 어려운 과제가 취재원이 무언가를 말할 때 그것이 무슨 의미인지, 그들의 제스처와 표현이 무슨 의미인지, 그들의 집에 배치된 물건들이 그들에게 무슨 의미인지 아는 것이라고 말했다.[36]

캐릭터의 세계를 깊이 파고드는 기자들은 책상머리 인터뷰에 의존하기는 커녕 경계한다. 퓰리처상 수상자인 〈워싱턴포스트〉 기자 캐서린 부(Katherine Boo)는 취재원을 식당에 데려가 인터뷰를 하는 것이 "저널리스트가 할 수 있는 것 중 최악의 일"이라며 이렇게 말했다.[37]

"그들의 영역에 머물러라. 그들의 세계에서 인터뷰해라. 그들이 '이제 주간보호시설에서 아이들을 데려와서 식료품 가게에 가야 한다'라고 말한다면 '좋아요. 저는 우리가 버스에 타고 있는 동안 글을 쓸 수 있어요'라고 말해라. 나는 단순히 그들의 이야기를 듣고 있는 게 아니라 그들이 살아 있는 것을 관찰하는 것이다. 나는 그들이 말하는 것과 그들이 사는 것 사이의 변증법에서 내 진실을 발견한다."

캐서린 부가 작성한 기사[38]를 보자. 그룹 홈에 분산돼 살아가는 정신지체자들의 열악한 환경을 다루고 있다. 기자는 주인공이 사는 집에서 현실을 밀착 취재해 그려낸다. 단순히 취재원이 이야기하는 것을 전달하는 게 아니라 실제 살아가는 모습을 가까이서 보여준다.

---

36 Paige Williams(2012). "The Power of Storytelling." Part4: Chris Jones on why stories matter, Pat Walters on endings, Walt Harrington on integrity. Nieman Storyboard, https://niemanstoryboard.org/stories/the-power-of-storytelling-part-4-chris-jones-on-why-stories-matter-pat-walters-on-endings-walt-harrington-on-integrity/

37 Mark Kramer & Wendy Call(2007). Telling True Stories. Plume, p.15.

38 Katherine Boo(1999). Forest Haven Is Gone, But the Agony Remains. The Washintgon Post, https://www.washingtonpost.com/archive/politics/1999/03/14/forest-haven-is-gone-but-the-agony-remains/c2e3340a-08c6-4745-abdb-badb334648eb/

엘로이(Elroy)는 이곳에 산다. 반쯤 눈이 멀고 정신지체인 39세 엘로이 말이다. 그를 찾기 위해서는 전화로 집적대는 카운슬러를 지나야 한다. 부서진 의자를 지나면 있는, 바퀴벌레로 얼룩진 부엌과 이 그룹 홈에 방치된 하우스메이트들은 시 당국 서류에 10년간 기록돼 왔다. 엘로이의 싱글 침대로 올라가 본다.

"당신은 잘 관리되고 있습니다." 그의 매트리스 위에 쌓여 있는 올스테이트 보험 포스터에 적혀 있다. 잠을 잘 때 성범죄 가해자가 덮쳐오는 그 매트리스 말이다. 그들 방 사이 문은 경첩에서 떨어져서 그를 쉽게 덮친다. 너무나 끈질기게 덮쳐서 엘로이는 복잡한 사우스이스트 워싱턴 길가에 무턱대고 뛰어들어 자살을 시도했다.

최근 삶을 받아들인 엘로이에겐 대처 방법들이 있다. 완전히 통제할 수 없는 불행에 맞서서 사적인 부적들을 간직하고 있다. 그가 읽을 수 없는 인조가죽 성경과 그가 알지 못하는 가족의 모습이 담긴 노만 록웰(미국의 예술가 – 역자 주)의 달력이 있다.

그리고 마치 타이드(세제 이름 – 역자 주)가 깨끗하게 할 수 있는 것처럼 더러워진 침구를 세탁하기 위해 전구 없는 지하에 또다시 더듬어 들어가기 위한 전략이 있다. "신은 저의 친구입니다." 그가 말했다. 그러나 신의 개입이 없다면, "그저 그들이 말하는 대로 해야 합니다." 단지 비누 파우더를 더하고 또 더한 뒤에 뜨거운 물 버튼을 눌러야 한다. "걱정이 신경을 거스르도록 두지 않을 겁니다."

있는 그대로를 '관찰'하라

10년 전, 지역 정부는 연방 소송에 의해 강제돼 가장 취약한 시민 일부를 상대로 유명한 구제를 실시했다. 이는 엘로이가 성인이 되도록 자란 곳이자 지체된 사람들이 사는 로렐의 악명 높은 쉼터인 포레스트 헤이븐을 폐쇄했다. 그리고 시 당국이 그 자리에 만든 것은 미국에서 지체된 사람들을 위해 가장 많은 돈을 지출한 개혁 노력 중 하나였다: 포레스트 헤이븐에 살던 입주자 1,100명과 시에 돌봄 의무가 상당히 위임돼 있는 다른 사람들을 지역 전역에 흩어져 있는 작은 민간 그룹 홈들로 분산하는 것이었다. 이런 새로운 지역 기반 시스템은 집 같은 환경에서 세심하고 개인화된 돌봄을 제공할 것이었다. 시와 연방 보호기관의 커다란 네트워크에 의해 감시되는 돌봄 말이다.

하지만 오늘날 이 개혁은 실패하고 있다.

– 하략 –

주인공의 삶 속에 들어가려면 인터뷰를 넘어서 '다면적인 밀착 취재'를 승낙 받아야 한다. 논픽션 작가이자 〈뉴욕타임스 매거진〉, 〈뉴요커〉 등에 기사를 써온 아드리안 니콜 르블랑(Adrian Nicole LeBlanc)은 취재를 할 때 취재원들에게 이렇게 말한다고 한다.[39]

"제가 당신의 삶에 대해 영화를 제작한다고 상상해보세요. 오직 당신의 삶을 사람들에게 보여줘야 하기 때문에 카메라를 들고 당신을 따라다녀야 합니다. 당신의 침실을 보고 친구들을 만나고 어떻게 어머니와 함께 있는지 봐

39　Mark Kramer & Wendy Call(2007). Telling True Stories. Plume, p.61.

야 합니다. 당신을 관찰하고, 당신이 하는 행동에 따라 그것을 다르게 볼 것입니다. 당신에 대해 다른 사람들과 이야기를 나눌 것입니다."

미국 기자들은 카메라를 든 감독처럼 취재원의 삶을 가까이서 관찰하는데, 이것은 게이 탤리즈(Gay Talese)가 기자를 '벽에 붙은 파리'로 지칭했던 것과 다르지 않다(Kovach & Rosenstiel, 2014). 벽에 붙은 파리가 꼼짝하지 않듯이 기자도 그렇게 취재원의 일상을 관찰해야 한다는 뜻이다. 글쓰기 코치 잭 하트(Jack Hart)는 이렇게 말했다.[40]

"우리 모두는 낯선 사람에게 경계 태세를 유지한다. 하지만 친숙성은 신뢰 혹은 최소한 무심함을 불러온다. '벽에 붙은 파리' 기술은 그 원리로 작동한다. 무언가가 충분히 친숙해지면 그것은 배경으로 사라진다. 기자가 흥미를 갖고 몰입해 취재하는 대상은 이론적으로는 오로지 그 후에 안심하고 자기 자신이 될 것이다. 몰입해서 하는 취재는 전통적인 저널리스트들에게는 숨겨진 의미의 층을 드러내면서 무언가를 깊게 드러낼 수 있다. 종종 이것은 대상을 알아낼 수 있는 유일한 방법이다."

〈뉴욕타임스〉에 실린 기사[41]를 보자. 플로리다주에 있는 마호리 스톤맨 더글라스(Marjory Stoneman Douglas) 고등학교가 총기난사 사건으로 휴교한 이후 학생들이 수업에 복귀하던 날을 그리고 있다. 기사에는 브룩 해리슨(Brooke Harrison)이라는 여학생이 주인공으로 등장한다. 『News Reporting & Writing』

---

40 Jack Hart(2011). Storycraft. University of Chicago Press, p.149.

41 Jack Healy(2018). Scared but Resilient, Stoneman Douglas Students Return to Class. The New York Times,
https://www.nytimes.com/2018/02/28/us/stoneman-douglas-parkland-shooting.html

있는 그대로를 '관찰'하라

(Brooks, Horvit, & Moen, 2020)에 따르면 기사를 취재한 잭 힐리(Jack Healy) 기자는 부모에게 먼저 다가가 자신이 어떤 기사를 구상하고 있는지 설명한 뒤 브룩과 이야기를 나누며 후속 취재를 시작했다고 한다.[42] 기자는 학생들이 수업에 돌아가는 첫날 기상 시간 전에 브룩의 집에 가볼 수 있는 허락을 받았고, '로드 트립'을 하면서 인터뷰를 했다고 한다. 기사는 브룩이 기상하는 순간과 등교를 준비하는 과정을 집 안에서 지켜본 것을 그려내고 있다.

14세 브룩 해리슨은 수요일 오전 6시 45분 엄마가 문을 두들기며 안아 깨울 때 깊은 잠에 빠져 있었다. "일어나야 돼." 엄마가 말했다. "오늘 학교에 늦길 원하진 않잖아."

2주 전 17명을 죽이고 플로리다 남부 교외에 있는 수천만 명의 삶을 뒤집은 마호리 스톤맨 더글라스 고등학교 총기 난사 이후, 이날은 그녀와 반 친구들이 교실에 가는 첫날이었다.

그 공격 이후 2주간 악몽, 장례식, 플래시백, 철야, 슬픔 상담이 있었다. 그러나 브룩은 준비가 됐음을 느꼈다.

그녀는 2월 14일 오후 우등 영어 수업 시간에 반 친구들과 함께 어려움과 교육에 대한 에세이를 쓰던 중 총이 발사되는 것을 지켜봤다. 그녀의 반에서만 학생 세 명이 죽었다. 그녀는 마지막 숨소리들을 들었고, 유리를 지나 기어간 뒤 부상당한 학생의 가슴에 심폐소생술을 하고는 학교 주차장을 통해 탈출해 코코넛 야자나무가 선을 그은 구획에

42　The Missouri Group(2019). News Reporting & Writing. Bedford/St. Martin's; 13 edition, p.61.

탁월한 스토리텔러들

있는 집에 최대한 빨리 뛰어서 도착했다.

이제 다른 많은 스톤맨 더글라스 학생들처럼 브룩은 단지 일상으로 돌아가고 싶었다. 친구들을 보고, 경찰이 둘러싸고 희미해진 추모 꽃들로 화환 장식이 된 학교를 되찾고 싶었다.

그녀는 초조했고, 반에서 죽임을 당한 알레이나 페티(Alaina Petty)와 종종 점심을 먹곤 했던 마당을 지날 때 울게 될까 봐 걱정했다. 다른 사람들은 많은 빈 좌석을 마주하거나 살해당한 친구가 결코 끝내지 못한 예술 프로젝트를 보는 것을 두려워한다고 말했다.

"얘가 학교에 하루 종일 있을 때에도 괜찮았으면 좋겠어요." 브룩의 엄마 데니스(Denise)는 아침 식사로 커피와 토스트, 베이컨을 만들면서 말했다. "그곳에 있으면서 정신적 외상을 느끼지 않았으면 해요."

하지만 우선 브룩은 엄마가 회색 나이키 한 켤레의 매듭을 푸는 것을 도와주길 바랐다.

"힘이 없어요." 그녀가 전날 입은 것과 같은 버건디 색 스톤맨 더글라스 셔츠를 여전히 입은 채 미소 지으며 부엌으로 걸어갈 때 말했다.

— 하략 —

미국 기자들도 취재원과 인터뷰를 한다. 하지만 가급적 책상머리가 아닌, 다양한 현장에서 한다. 〈탬파베이 타임스〉 기자 레인 디그레고리(Lane DeGregory)는 "그들의 집에서, 가능하면 부엌이나 거실이나 침실에서 인터뷰를 하는 것을 선호한다"며 "그렇지 않다면 현관 앞, 그들의 차를 타는 도중 대화를 나누고, 그들이 개 산책을 시키거나 식료품을 쇼핑하거나 아이들을

있는 그대로를 '관찰'하라

데리러 올 때 인터뷰를 하고, 최악의 경우엔 그들의 사무실에서 인터뷰를 한다"고 말했다.[43]

기자들이 인터뷰를 넘어서 취재원의 삶을 들여다보는 범위는 때때로 놀라울 정도다. 〈LA타임스〉에는 전쟁에 참여한 뒤 외상 후 스트레스 장애를 앓는 전직 군인 남편과 아내에 대한 기사[44]가 실린 적이 있다. 기사의 말미에는 기자와 사진 기자가 주인공의 가족을 1년 반 동안 따라다녔다는 설명과 함께 "법원 공청회, 감옥 방문, 보훈처 캠퍼스, 이웃 수영장, 전당포와 기사에 묘사된 다른 장소들"에서 동행했다고 밝힌다. 한 편의 다큐멘터리를 방불케 하지 않는가?

세계적인 사진작가 로버트 카파는 "당신이 찍은 사진이 충분히 좋지 않다면, 피사체로부터 충분히 가깝지 않았기 때문이다"라고 말했다. 기사도 마찬가지다. 솜씨 좋은 스토리텔러일수록 대상을 최대한 가까이에서 취재한다. 삶 속에 깊이 들어가면 기자가 보고 들으며 취재하는 것, 기사에 더할 수 있는 깊이와 풍성함의 차원이 달라진다. 단순히 누군가의 말만 들으며 취재했을 때와 기사의 품질이 같을 수가 없다. 이런 까닭에 〈오레고니안〉 기자 톰 홀만(Tom Hallman)은 "내러티브 저널리즘은 좋은 글쓰기가 아닌, 좋은 취재에서 나온다"고 말한다.[45]

---

43 Mallary Jean Tenore(2012). How journalists decide whether to interview by phone, email or face-to-face. Poynter,
https://www.poynter.org/reporting-editing/2012/how-why-journalists-are-taking-a-blended-approach-to-interviews/

44 Christopher Goffard(2013). A Soldier's Wife. Los Angeles Times,
https://www.latimes.com/local/la-me-soldiers-wife-20130908-dto-htmlstory.html

45 Tom Hallman(2009). The future of print narratives. Nieman Storyboard,
https://niemanstoryboard.org/stories/the-future-of-print-narratives/

설명하지 말고 보여주라

장면 설정은 스토리텔링에 있어서 핵심적인 요소로 꼽힌다(최수묵, 2011). 독자들의 감각을 끌어들여서 기사에서 언급된 장면이나 상황을 '아는 것' 뿐 아니라 눈에 보이듯이 그려볼 수 있게 하기 때문이다. 마크 크레이머(Mark Kramer) 보스턴대 교수는 그 효과를 이렇게 말했다.[46]

"'그녀에겐 작은 사고가 있었다'라고 하면 독자들은 아무것도 느끼지 못할 것이다. 하지만 '그녀는 아무것도 없는 곳에 발을 디뎌서 계단 아래로 떨어졌다'로 적으면 독자들은 그것을 배 속에서 느낄 것이다. '그녀가 장미향을 맡는다'라고 쓰면 독자는 그렇게 맡는다. '그녀가 밝은 빛에 눈을 깜빡였다'라고 적으면 독자는 눈을 찡그린다. 장면 설정은 독자를 행동과 연결시킨다."

내러티브 기사에서는 "말하지 말고 보여주라"는 조언이 흔히 회자된다. 장면 묘사의 힘을 보여주는 문구다. 〈LA타임스〉 에디터로 일한 릭 메이어

---

46 Mark Kramer & Wendy Call(2007). Telling True Stories. Plume, p.136.

있는 그대로를 '관찰'하라

(Rick Meyer)는 장면이야말로 스토리에서 어떤 행동이 발생하고 플롯이 펼쳐지는 부분이기 때문에 내러티브의 근간이라고 말한다.[47]

〈볼티모어 선〉에 실린 ≪켈리 씨의 괴물≫이라는 기사[48]를 보자. 의사인 토마스 바비 덕커(Thomas Barbee Ducker) 박사가 환자 에드나 켈리(Edna Kelly)의 뇌수술을 진행한 과정에 대한 기사다. 기자는 장면을 상세히 묘사해 현장의 박진감을 생생히 느낄 수 있도록 해준다.

> 메릴랜드대학병원의 뇌수술 책임자 토마스 바비 덕커 박사는 겨울 아침 동이 트기 전 추운 시간에 일어난다. 그의 아내는 와플을 차려 주지만 커피는 주지 않는다. 커피는 그의 손이 떨리게 만들기 때문이다.
>
> 볼티모어 시내 대학병원 12층에서, 에드나 켈리의 남편은 그녀에게 잘 가라고 말한다. 켈리 씨는 두개골을 57년간 그 괴물과 함께 공유해 왔다. 더 이상은 안 된다. 그녀는 겁이 나지만 결연하다.
>
> 오전 6시 반이다.
>
> "전 죽는 게 두렵지 않아요." 그날이 가까워지면서 그녀가 말했다. "저는 시력의 일부를 잃었어요. 온갖 출혈을 겪었어요. 2년 전쯤에는 후각과 미각을 잃었어요. 발작을 하기 시작했어요. 이상한 냄새를 맡았

47   Laurie Hertzel(2005). Six Writing Tips for Crafting Scenes. Nieman Storyboard, https://niemanstoryboard.org/stories/six-tips-for-crafting-scenes/

48   Jon Franklin(1978). Mrs. Kelly's Monster. The Baltimore Sun, https://jonfranklin.com/stories-2/mrs-kellys-monster/

탁월한 스토리텔러들

고 그다음에는 목이 조여왔어요. 이것은 제 다리에 영향을 미치기 시작했고 부분적으로 마비가 오기 시작했어요.

3년 전에 한 의사가 이제 제게 남은 것은 실명, 마비, 그리고 희박한 죽음의 가능성이 있다고 말했어요. 이제 이 괴물이 동맥류를 앓도록 하고 있어요. 저는 죽음이 두려워요···. 그런데 고통 없이 지나는 날이 하루도 없어요. 그리고 저는 이제 지쳤어요. 저는 고통을 참을 수가 없어요. 저는 이런 상태로 더 길게 살고 싶지 않아요."

– 중략 –

이제 오전 7시 15분, 11번 수술실에서 기술자가 뇌수술 현미경을 체크하고 순회 간호사가 붕대들과 기구들을 펼쳐놓는다. 켈리 씨는 스테인리스강 테이블에 가만히 눕는다.

작은 센서 하나가 정맥을 관통해 꿰이고 아랫부분이 그녀 심장의 곁방에 걸린다. 마취과 의사는 그 센서를 7피트 높이의 전자 기기 저장고에 연결한다. 전류 변화를 화면으로 보여주는 장치의 파형이 조성되고 부서진다. 눈금판이 흔들린다. 불빛이 반짝인다. 심장이 한 번 뛸 때마다 스피커가 들을 수 있는 쿵쿵거리는 소리를 발생시킨다. 꾸준히 쿵, 쿵, 쿵 하는 소리는 크지는 않지만 수술실을 감싸고 있다.

– 중략 –

오전 8시 25분이다. 심장 소리는 쿵, 쿵, 쿵, 1분에 70번씩 일정하게 뛴다.

오늘 덕커 박사는 켈리 씨의 인생에 가장 즉각적인 위협을 주는 두 개의 동맥류들을 제거하려고 한다. 이후, 그는 직접적으로 그 괴물로 이동할 것이다.

– 중략 –

오전 9시 20분이다.

끝내 덕커 박사는 뒤로 물러나 감염을 피하기 위해 장갑을 낀 손을 높이 들고 있었다. 다른 사람들이 반짝이는 뇌 위로 현미경을 옮기는 동안, 그 뇌수술 의사는 엑스레이 필름들을 한 번 더 살펴봤다. 심장은 1분에 70회, 1분에 70회씩 강력하게 뛴다. "오늘 우리는 어려운 시간을 가질 거예요." 그 의사는 X-ray를 바라보며 말한다.

— 하략 —

흔히들 기자는 '질문하는 직업'이라고 한다. 하지만 질문하는 것 못지않게 언제 입을 다물고 조용히 대상을 관찰해야 하는지 아는 것도 중요한 기술이다. 퓰리처상 수상 기자 톰 프렌치(Tom French)는 "입을 다물고 눈과 귀와 마음을 여는 것을 배울 때, 우리는 지구에서 가장 숙련된 인터뷰어도 절대 발견하지 못했을 것을 발견한다"며 이렇게 말했다.[49]

"인터뷰는 분명히 취재에 핵심적인 부분이다. 하지만 우리가 침묵과 정적 속에서 취재하는 것을 배울 때, 개입하고자 하는 충동을 억누르고 단순히 장면이 우리 앞에서 펼쳐지도록 허락할 때 강력한 일이 발생하기 시작한다. 우리는 사람들이 이야기하고 속삭이고 서로에게 소리치고 혼잣말을 하고 신과 언쟁을 벌이는 것을 본다. 취재 대상이 단지 질문에 신중하게 가공해 답한

49 Butch Ward(2015). Tips to make you a better storyteller. Poynter,
https://www.poynter.org/newsletters/2015/tips-to-make-you-a-better-storyteller/

것이 아닌 진정으로 자신들의 삶을 사는 것을 반영하는 디테일과 뉘앙스를 본다."

〈오레고니안〉에 실린 ≪가면 뒤의 소년≫이라는 기사[50]를 보자. 얼굴이 기형인 소년 샘(Sam)에 대한 기사다. 기사는 소년을 조용히 관찰해 묘사하는 내용으로 시작한다. 소년이 가족과 함께 집에서 지내는 상황이 어떤 것인지 독자들이 눈으로 보는 것처럼 그려볼 수 있게 해준다.

> 소년은 생각에 빠져서 유약한 손으로 고양이를 두들기며 거실 소파에 앉아 있다. 남동생과 여동생은 바닥에 앉아 수다를 떨며 카드 게임을 한다. 하지만 샘은 혼자 있고자 하는 충동에 사로잡혀 있다. 그는 무릎에서 고양이를 들고 애처로운 울음소리를 무시하며, 오후 햇빛을 받은 얇은 골격으로 불안정하게 비틀거리며 조용히 일어난다.
>
> 그는 엄마가 저녁 식사를 위해 채소를 씻으러 몸을 굽히고 있는 부엌으로 나아간다. 대부분의 14세 소년은 방을 휘젓고 다니고 문설주를 치고 가상의 하프백처럼 가구들을 잽싸게 피한다. 하지만 5피트, 83파운드의 비쩍 마른 소년은 자신에게 결코 관심을 끌지 않는 것을 배웠다. 그는 연기처럼 움직인다.
>
> 그는 부엌으로 향하는 문설주에서 멈춰서 늦은 오후 그림자 속으로 사라진다.

---

50   Tom Hallman Jr.(2000). The Boy Behind the Mask. The Oregonian,
https://press.uchicago.edu/books/hart/Hallman1.html

있는 그대로를 '관찰'하라

그는 상추를 물로 헹구며 콧소리를 내는 엄마를 바라본다. 그는 목을 가다듬고 배가 고프지 않다고 말한다. 엄마는 걱정스럽게 한숨을 쉬고서는, 물을 끄거나 손을 말리지 않은 채 돌아선다. 소년은 자신의 앙상한 팔과 녹초가 되어 문지방에 스스로를 괴어놓은 방식을 바라보는 엄마의 눈을 훑어보며 엄마가 그를 살피고 있다는 것을 안다. 엄마는 그가 몇 달 전에 병원을 떠난 이래 그를 관찰하고 있었다.

"배불러요." 그가 말한다.

그녀는 아들에게 고개를 돌려 말하려고 한다. 그가 말을 자른다.

"정말로요, 엄마. 전 배불러요."

"알았어, 샘." 그녀가 조용히 말한다.

소년은 엄마 뒤로 미끄러져 가서 빛이 있는 곳으로 들어간다.

얼굴 왼쪽에 커다란 혹들이 튀어나와 있다.

형태가 잘못된 보라색 왼쪽 귀는 얼굴 한쪽으로 툭 튀어나와 있다. 턱은 앞으로 돌출돼 있다. 파란색 정맥이 가미된 조직 본체는 구레나룻 부분에서 턱까지 반구형으로 부풀어 있다. 그 혹은 왼쪽 눈을 째지게 하고 입을 거꾸로 된 작은 반달 모양으로 틀어지게 한다. 누군가가 그의 얼굴에 젖은 점토 3파운드를 덥석 갖다 놓아 매달리게 해 그 안에 있는 소년을 묻어버린 것처럼 보인다.

하지만 가면 뒤에 있는 소년은 오른쪽 눈으로 내다본다. 이것은 명확하고 완벽한 형태이며 깊고 예리한 갈색이다.

– 하략 –

현장이 없는 기사는 밋밋하고 단조롭다. 현장이 있음에도 불구하고 내용을 읽었을 때 장면이 그려지지 않는 기사는 현장이 없는 기사만큼이나 밋밋하고 단조롭다. 기사는 실감 나는 장면 묘사를 통해 독자를 현장의 세계로 데려갈 수 있어야 한다.

〈뉴욕타임스〉 에디터로 일한 진 로버츠(Gene Roberts)가 어느 일간지에서 처음 일을 시작했을 때의 일이다.[51] 그곳의 발행인은 맹인이었는데, 매일 아침 신문을 읽어주는 사람이 있었다고 한다. 한번은 발행인이 사무실로 전화를 걸어와 이렇게 불평하더란다.

"로버츠, 당신의 기사를 볼 수가 없어요. 제가 볼 수 있게 해주세요."

『News Reporting & Writing』(Brooks, Horvit, & Moen, 2020)은 이 일화를 소개하며 다음과 같이 조언한다.

"우리 모두는 독자들이 보고 냄새 맡고 느끼고 맛보고 듣도록 하기 위해 노력해야 한다. 그렇게 하기 위한 한 가지 방법은 장면을 최대한 많이 활용해 글을 쓰는 것이다. 장면을 쓰기 위해 당신은 그곳에 있어야 한다. 적절한 디테일을 포착해야 한다. 자신을 무대에 서 있는 내레이터가 아닌 극작가로 생각하라. 무대를 떠나고 독자들이 행동을 보고 대화를 듣도록 하라."

---

51   The Missouri Group(2019). News Reporting & Writing. Bedford/St. Martin's; 13 edition, p.197.

있는 그대로를 '관찰'하라

질문을 자제하라

미국에서는 장면 묘사에 있어서 주요한 취재 기법이 '대화의 관찰'이다. 기자가 질문을 던지며 개입하지 않고, 취재 대상이 자신들끼리 하는 대화나 혼잣말을 관찰하는 것이다.

'대화의 관찰'은 장면 묘사에 핵심적이다. 미국의 저널리스트이자 논픽션 작가인 아담 호크칠드(Adam Hochschild)는 강력한 장면의 핵심 요소로 '정확성, 분위기, 대화, 감정'을 꼽으며, 장면에 등장하는 사람들이 서로 이야기하고 소통하지 않으면 내러티브는 활기가 없다고 말했다.[52]

대화는 다른 형식의 취재에서 포착하기 어려운 날것을 담아낼 수 있다. 기자라는 '매개자'가 개입해 현장의 자연스러운 흐름을 방해하거나 취재원의 발언을 인위적으로 연결 짓는 대신, 인물로부터 직접 이야기를 듣게 한다. 있는 그대로의 취재원은 기사의 중심에 선다.

---

52 Mark Kramer & Wendy Call(2007). Telling True Stories. Plume, pp.132~133.

〈샌프란시스코 크로니클〉에 실린 기사[53]를 보자. 트럼프 정부의 강경한 이민정책으로 인해 본국으로 추방되는 이민자들에 대한 기사다. 기사는 주인공인 마리아 멘도자-산체즈(Maria Mendoza-Sanchez)가 미국에서 추방되기 전날 집에서 가족 및 동료들과 나누는 대화를 소개한다. 동료 간호사가 기도해주는 내용과 엄마가 아이들에게 "강해질 것이라고 약속해"라고 당부하고 아이들이 대답하는 모습이 등장한다. 현실이 보다 생생하고 자연스럽게 전달되지 않는가?

마리아 멘도자-산체즈는 미국에서 추방되기 전 마지막 날을 일상적이면서도 이상하게 보냈다.

그녀는 16세 딸 엘리자베스(Elizabeth)를 고교 2학년 첫날 차로 바래다줬다. 그녀는 짐을 쌌고 사랑하는 사람들과 음식을 먹었다. 그리고 그녀는 미국에 남기고 떠나기로 한 23세 비애니(Vianney)와 21세 멜린(Melin)이라는 두 딸에게 가족의 일을 위임하는 권한을 넘기는 서류에 서명했다.

수요일 오후 8시에 그 가족—떠나는 엄마, 남편, 아들과 남는 딸들—은 오클랜드 집에서 마지막 사진 촬영을 위해 모였다. 그리고 그들은

53　Hamed Aleaziz(2017). For Oakland family split by deportation, an emotional last day in the U.S. San Francisco Chronicle,
https://www.sfchronicle.com/bayarea/article/For-Oakland-family-split-by-deportation-an-11824598.php

하이랜드 병원에서 일하는 멘도자–산체즈의 동료 세 명과 함께 거실에 동그랗게 모여 손을 모으고 기도했다.

"하나님 아버지, 저는 지금 이 가족을 당신께 맡깁니다!" 간호사 중한 명이 외쳤다. "하나님 아버지, 이 소녀들에게 당신의 보호의 손길을 얹어주십시오."

원을 파한 뒤 마리아는 딸들을 팔로 끌어모아 단호하게 말했다. "강해질 것이라고 약속해. 너희 자신처럼 행동해. 올바른 일을 해. 우리는 다시 모일 거야. 스스로에게 약속해."

그녀의 남편은 몇 피트 떨어져서 눈물을 닦고 있었는데, 비애니가 "괜찮을 거야, 괜찮을 거야"라고 반복해 말하는 동안 고개를 젓고 있었다.

몇 시간 뒤, 연방 이민 당국은 추방을 지연시키려는 그들과 다이앤 페인스타인(Dianne Feinstein) 상원의원의 노력을 거절했고, 멘도자–산체즈와 남편 유세비오(Eusebio) 산체즈는 샌프란시스코 국제공항에서 본국 멕시코로의 야간 비행 편을 탔다.

12세 아들 제수스(Jesus)를 데리고 스스로를 돌볼 세 명의 딸들을 뒤에 남긴 채였다.

이 사례는 트럼프 정부의 이민 단속을 들여다볼 창을 제공하며 페인스타인과 다른 지역 정치인들, 하이랜드 병원의 리더들로부터 분노를 촉발시켰다. 부부는 미국에서 20년이 넘도록 살았고 합법적인 체류 자격이 있는 아이들을 길러냈고, 오클랜드에 집이 있으며, 범죄 기록이 없고, 이전에 추방 지연을 보장 받았었다.

— 하략 —

기자들은 날것의 현장 속 대화를 담아내기 위해 다양한 장소에서 취재원들을 관찰하며 취재한다. 심지어 기사에 취재원에게 질문해 얻은 답변은 쓰지 않고, 오로지 대화만 소개하는 경우도 있다. 〈워싱턴포스트〉 기자 엘리 사슬로(Eli Saslow)는 이렇게 말했다.[54]

"나는 기사에서 '내가 누군가에게 질문하고 그들이 X라고 답했다'는 식의 멘트를 거의 절대로 쓰지 않는다. 모두 대화를 쓴다. 독자로 하여금 내러티브에 잠기기를 요청한다면, 대화에서 빠져나와 기자에게 이야기한 직접적인 멘트를 갑자기 보는 것은 삐걱거리는 것이다."

사슬로가 〈워싱턴포스트〉에 쓴 기사[55]를 보자. 제조업 일자리가 멕시코로 이전되면서 중산층이 감소되는 것을 다룬 기사다. 기자는 주인공 크리스 셋서(Chris Setser)가 아이들이 하교할 때 마중하며 운전기사와 소통하는 장면, 아이들과 집에서 대화를 나누는 장면을 전한다. 주인공이 아이들을 다독이며 하는 대화는 현실을 직접 들여다보듯이 보여주고 있다.

54 Andrea Pitzer(2011). Eli Saslow on writing news narratives, creating empathy and characters' defining moments. Nieman Storyboard,
https://niemanstoryboard.org/stories/eli-saslow-washington-post-cammers-interview/

55 Eli Saslow(2016). From belief to outrage: The decline of the middle class reaches the next American town. The Washington Post,
https://www.washingtonpost.com/national/from-belief-to-resentment-in-indiana/2016/05/14/d1642222-16fa-11e6-924d-838753295f9a_story.html

크리스 셋서는 아이들이 잠들었을 때 12시간의 야간 근무를 했고, 아이들이 학교에 있을 때 집을 청소했으며, 그들을 집으로 데려오는 버스를 기다리기 위해 밖으로 나갔다. 그는 종종 했던 것처럼 베란다에 서서 자신이 가꿔온 삶을 살펴봤다. 잔디는 깎여 있었다. 계단은 청소돼 있었다. 칠판에는 주간 가족 일정이 인쇄돼 있었다. 문 가까이에 있는 표지에는 "안정적인 집이 행복한 집"이라고 적혀 있었으며, 스쿨버스는 이제 넓은 인도로 구분된 모퉁이에 있는 방 5칸짜리 집을 향해 미국 국기들이 걸려 있는 도로로 내려왔다.

"제시간이네요." 셋서는 아이들이 버스에서 내릴 때 손을 흔들며 운전기사에게 말했다.

헌팅턴에 있는 셋서와 800명의 다른 사람들이 자신들의 제조업 일자리가 멕시코로 이전될 것이라고 들은 지 두 달이 됐지만, 아직까지 그의 일상은 변하지 않았다. 그는 여전히 유나이티드 테크놀로지스의 3교대 조에서 시간당 17달러를 벌고 있다. 첫 해고는 1년간, 아마도 그 이후에도 발생하지 않을 것이다. "우리는 항상 괜찮았으니 괜찮을 거야." 셋서는 약혼자와 아이들, 무엇보다도 자신에게 반복해서 말했지만 헌팅턴에서 더욱 근본적인 것의 상실이 진행 중인 건 아닌지 궁금해지기 시작했다.

학교에서 공장 노동자들도 멕시코로 이동할 거라는 루머를 들은 10살 조나단(Johnathan)이 집에 왔다. "얘야, 그럴 리 없어." 셋서가 그에게 말했다. "우리는 여기 있을 거야."

14세 애슐리는 학교 현장학습을 위한 비용 명세서를 들고 왔다. "우리도 바우처를 받는 가족들 중 하나가 되나요?" 아이가 물었다.

"걱정 마." 그가 말하면서 지갑에서 20달러를 꺼내 아이에게 건넸다.

— 하략 —

영화나 연극에서는 출연자들의 행동뿐 아니라 서로 간에 나누는 대화나 혼자 하는 말을 있는 그대로 보여준다. 〈오레고니안〉 에디터 출신인 글쓰기 코치 잭 하트(Jack Hart)는 "논픽션 스토리를 쓰려고 나섰을 때 당신 자신을 극작가로 생각해서 나쁠 게 없다"고 말한다.[56] 기자들은 스토리에 등장하는 취재원들을 장면이라는 무대에 세워서 독자들에게 보여주는 사람들이다.

대화는 스토리를 더욱 강력하게 전달한다. 취재원이 기자의 질문에 답한 내용이 아닌, 평소 자연스럽게 하는 말이나 대화는 당사자가 처한 상황이나 느끼는 심경을 더욱 현실감 있게 전할 수 있다. 미국의 저널리스트 제임스 스테와트(James Stewart)는 대화가 "말하기보다는 '보여줘서' 종종 기자가 말할 수 있는 어떤 것보다 훨씬 설득력 있고 확신을 준다"고 말한다.[57]

56 Jack Hart(2011). Storycraft. University of Chicago Press, p.90.

57 James B. Stewart(2012). Follow the Story: How to Write Successful Nonfiction. Simon and Schuster, p.211.

'양파 속 멘트'를
얻어내야 한다

콘텐츠의 세계에서 가장 뛰어난 대표작을 '킬러 콘텐츠'라고 부르듯이, 기사에서는 멘트 중에서 가장 기억에 남을 명구(名句)를 '킬러 멘트(Killer Quote)'라고 부른다(Bloom, 2002). 기자들은 수많은 취재원 중 대표 주자인 '주인공'을 확보했을 때도 기뻐하지만, 주인공을 포함한 수많은 취재원들이 하는 이야기 중 강력한 멘트인 '킬러 멘트'를 확보했을 때도 쾌재를 부른다. 멘트는 기사에서 드러내고자 하는 바를 독자에게 효과적으로 전달하며 깊은 인상을 남긴다. 적지 않은 미국 기사가 마지막 부분을 멘트로 마무리하는 것도 말 한마디의 힘이 크기 때문이다.

멘트는 취재원이 자신만의 언어로 무언가를 이야기하는 것을 보여주는 방법이다. 취재원의 의견을 드러내는 한편, 언어를 사용하는 방식에서 당사자의 성격이나 감정에 대해 포착할 수 있는 단서를 제공한다. 기사의 주제와 함께 주인공의 상황이나 심경을 생생하게 드러내 독자들에게 '사실관계'를 넘어선 무언가를 선사한다면 일석이조다. 〈프로퍼블리카〉에디터 스티브 밀스(Steve Mills)는 "최고의 멘트는 인용되는 사람에 대한 진실을 드러내는 것"이라고 말했다.[58]

〈프로퍼블리카〉에 실린 기사[59]를 보자. 범죄를 저질러 수감됐다가 갑작스럽게 형을 감경 받아 출소한 젊은이들이 집에 오게 되는 순간을 그렸다. 정부에서 당사자들의 출소를 결정했지만, 한 엄마는 혹시나 징크스가 생길까봐 혼자서 조용히 속을 끓이다가 "제가 손으로 그를 감쌀 수 있기까지 제게는 현실일 수 없을 거예요"라고 말한다. 아들이 도착한 뒤에는 "이제 현실인 것처럼 느껴져요"라고 말하고, 아들은 "자유롭게 느껴져요" "저는 제 삶을 바꿀 준비가 됐어요"라고 말한다. 이러한 기사의 멘트를 통해 엄마의 애타는 심정과 아들의 결의를 생생히 느낄 수 있다.

> 물러나는 브루스 로너(Bruce Rauner) 주지사가 예고 없이 형을 감경해주면서 일리노이 남부 청소년 교정시설에서 경미한 위반으로 묘사된 무언가를 저질러 장기간의 성인 징역형을 선고받았던 6명의 젊

58   Steve Mills(2019). Say What? How Reporters Gather and Use Quotations. ProPublica, https://www.propublica.org/article/ask-propublica-illinois-story-quotations

59   Duaa Eldeib(2018). 6 Young Men, Given Adult Sentences for "Minor" Infractions, Are Freed in Illinois. ProPublica, https://www.propublica.org/article/six-young-men-given-adult-sentences-freed-in-southern-illinois

은 남성들이 금요일에 자유를 얻었다.

그 젊은 남성들의 사례는 지난해 〈일리노이 프로퍼블리카〉의 탐사보도로 기록됐는데, 그들은 하루 전에야 자신들이 출소할 것을 알았다.

- 중략 -

앨라배마에 사는 마틴(Martin)의 엄마 팜 올레드(Pam Allred)는 자폐증을 앓는 그녀의 아들이 감옥에 있는 동안 퇴행했다고 말했다.

"저는 그들이 그를 내버려진 존재로 봤다고 생각해요." 그녀가 말했다. "그를 거기에 던져놓고 잊어버리는 거죠."

이제 그가 출소한 만큼, 그녀는 바라는 것의 전부는 아들과 다른 사람들이 새로운 출발을 하는 것이라고 말했다.

샤키라 쿠세트(Shakira Cousett)는 바디 워시 한 병을 두고 티격태격하던 중에 교도관을 주먹으로 때려서 성인 감옥에서 8년 형을 선고받은 19세 아들 제일란 뱅크스(Jaylan Banks)에게 같은 것을 희망한다고 말했다. 그녀는 아들의 사건을 다루는 그룹들과 연락을 하고 있었지만, 그들은 법적으로 안심하려면 수개월이 남았다고 생각했다고 말했다.

그녀가 말하길 또 다른 수감자가 목요일에 전화를 걸어 아들이 다음 날 풀려난다는 것을 알았으면 한다고 말했지만, 그녀는 징크스가 있을까 봐 두려워 누구에게도 그것을 말하지 않았다. 그가 교도소를 떠났다는 것을 확인받은 뒤에도 그녀는 무언가가 아들의 귀가를 방해할까 봐 걱정했다.

저녁이 되면서 그녀는 시카고 교외의 기차역에서 그가 오기를 여전히 기다리고 있었다. 그는 대중교통을 타기 전에 폰티악에서 졸리엣 감옥으로 이송됐다고 그녀가 말했다.

탁월한 스토리텔러들

> "제가 손으로 그를 감쌀 수 있기까지 제게는 현실일 수 없을 거예요." 그녀가 말했다.
>
> 오후 8시에 뱅크스는 기차역에 도착했다. 그의 엄마는 차에서 뛰쳐나가 껴안았고 눈물을 흘리며 무너져 내렸다.
>
> "이제 현실인 것처럼 느껴져요." 쿠세트가 말했다.
>
> 뱅크스는 두 번째 기회를 얻어서 감사하다고 말했다.
>
> "자유롭게 느껴져요." 그가 말했다. "저는 제 삶을 바꿀 준비가 됐어요."
>
> − 하략 −

같은 인물을 취재해도 얻어낸 멘트의 품질은 다르다. 기자들은 '강력한 멘트'를 얻기 위해 다양한 노력을 기울인다. 취재원과 많은 시간을 보내며 삶을 관찰하고 오랜 시간 이야기를 경청하며, 여러 차례 만날 때마다 같은 질문을 미묘하게 다른 방식으로 해보기도 한다. 취재 방식이 어찌 됐든, 취재원을 한 번 만나 공식적인 질의응답을 나누는 것만으로는 제대로 된 멘트를 얻기 어렵다는 게 중론이다. 킬러 멘트는 취재원이 진심을 터놓는 순간에 나온다. 그것이 반드시 기자와 하는 인터뷰에서의 답변일 필요는 없다. 독백이나 제삼자와의 대화일 수도 있다.

〈워싱턴포스트〉에 실린 기사[60]를 보자. 혼자서 아이 사피르(Sapphire)를 키

---

60 Eli Saslow(2015). A Father's initiative. The Washington Post,
https://www.washingtonpost.com/sf/national/2015/05/16/a-fathers-initiative/?utm_
term=.813cf3d30e06

있는 그대로를 '관찰'하라

우게 된 가난한 아빠 폴(Paul)의 구직에 대한 이야기다. 기사에는 폴이 페이스북을 통해 호소한 문구와 함께, 워케샤라는 부유한 도시에서 일하는 것에 대해 카운슬러와 나눈 대화가 등장한다. 그는 "전화기를 빌릴게요." "차가 없지만 버스를 탈게요"라며 구직 의지를 드러낸다. 또 워케샤에서 일하면 딸이 "정원과 커다란 오래된 놀이터가 있는 요양시설 중 하나에 갈 수 있을 거예요." "의사 등이 될 거예요"라고 말한다. 당사자의 절박함과 기대감, 희망을 극적으로 그려내는 멘트들이다. 이런 진심 어린 멘트들은 어디서 얻었는가? 일부는 독백이고, 일부는 카운슬러와의 대화다.

그녀는 그의 첫아이였고, 그는 아빠가 될 것임을 알았을 때 신남과 두려움 모두를 느꼈다. 그는 실업자였고, 파산 상태였고, 싱글이었고, 고교 학위를 따기 위한 과정에 있었다. 그의 엄마가 되지 말라고 경고했던 바로 그 청소년 아빠였다. 그는 딸이 8월에 6파운드 13온스로 헝클어진 머리와 부드러운 피부를 갖고 태어나 첫 병원 검진에서 정상 판정을 받을 때까지 몇 달 동안 엄마에게, 거의 모두에게 임신 사실을 숨겼다. "건강: 좋음." "인종: 흑인." "위험 요소들: 없음."

인생의 첫 위기는 몇 시간 뒤에 왔다. "최대한 빨리 카 시트가 필요합니다." 간호사가 카 시트 없이 아이를 데려갈 수 없다고 설명했을 때 폴이 자신의 페이스북 페이지에 적었다. 그는 전화나 컴퓨터가 없었으므로, 친구와 공유하는 값싼 태블릿을 이용해 페이스북에 로그인했다. "지금 하나가 필요해요!" 그가 썼다. "저는 여전히 시나이 병원에 있어요. 제발 누가 도와주거나 50달러를 빌려주세요. 여기서 그걸 팔거든요. 제발 도와주세요."

그는 친척으로부터 카 시트를 빌리고 친구로부터 차를 빌리고 굿윌에서 몇 가지 아기용품을 산 뒤 아기와 아기 엄마를 침실 한 칸짜리 친구의 아파트로 데려갔다. "저는 이 아이를 위해 최고의 아빠가 될 거예요." 그는 페이스북 페이지에 썼는데, 그다음 달에야 그것이 무엇을 요구하는지 이해하기 시작했다.

"일자리를 얻기 위해 어디든지 걸어가서 무슨 일이든 하려고 한다." 그는 9월에 적었다.

"구직 인터뷰. 계속 기도 중." 그는 11월에 적었다.

― 중략 ―

"그들은 당장 시작할 수 있는 누군가를 필요로 해요." 카운슬러가 말했다.

"약물 테스트도 하나요?" 폴이 타겟과 밀워키 새니테이션에서 소변 테스트에 실패했던 순간을 생각하며 물었다. "아니요." 그 카운슬러가 답했다. 그는 폴의 문신들을 가리켰다. "아마 팔에 있는 마리화나 잎사귀들을 모두 가려야 할지 몰라요, 그것들을 하트들이나 다른 무언가로 바꾸면서요. 하지만 중요한 것은 그녀에게 오늘 밤에 전화해야 한다는 거예요."

"전화기를 빌릴게요." 폴이 말했다.

"아니면 그냥 그곳에 운전해 가서 그녀를 볼 수도 있어요." 그 카운슬러가 말했다.

"차가 없지만 버스를 탈게요."

"워케샤의 외진 곳에 있어요."

"뭐라고요? 그 일자리가 워케샤에 있다고요?" 폴이 말했다. 워케샤

있는 그대로를 '관찰'하라

는 서쪽으로 세 번 버스를 갈아타야 하는 곳에 있으며, 아이들의 83% 가 부모 모두와 살고 가족들의 90%는 중산층 이상이며 성인의 93%는 고등학교를 졸업했고 95%는 고용된, 백인들이 사는 교외였다. "그들 이 제가 워케샤에서 무엇을 하도록 할 건가요?" 폴은 말하면서도 카운 슬러가 이야기하는 계획을 들었다: 문신들을 가려라. 일자리를 잡아라. 일터 근처의 아파트를 빌릴 수 있을 정도로 충분한 돈을 모아서 사피 르와 함께 그녀가 폴이 결코 경험해보지 못한 미국의 모든 혜택을 누 릴 수 있는, 9마일 떨어진 미국인 워케샤로 이사를 가라.

"워케샤." 그 카운슬러가 그 단어를 말하며 고개를 끄덕였다. "바로 그곳에 답이 있을지 몰라요. 아이는 잘 자랄 거예요. 그리고 풍족하게 자라는 친구들을 사귈 거예요."

"그녀는 정원과 커다란 오래된 놀이터가 있는 요양시설 중 하나에 갈 수 있을 거예요." 폴 역시 이제는 고개를 끄덕이며 말했다.

"그녀는 대학에 갈 거예요." 카운슬러가 말했다.

"그녀는 의사 같은 직업을 가질 거예요." 폴이 말했다.

― 하략 ―

기자는 취재원으로부터 정보를 얻는 것뿐 아니라 기사를 더욱 풍성하게 할 '킬러 멘트'를 얻어내야 한다. 매력적인 멘트를 얻는 것도 기자의 취재 기 술이며, 업무 역량이다.

〈뉴욕타임스〉 기자 시절 퓰리처상을 받은 이사벨 윌커슨(Isabel Wilkerson)은 인터뷰를 '양파 까기'에 비유한다. 그는 "공식 인터뷰는 마음을 터놓기에 좋

지 않다"며 이렇게 말했다.[61]

　"양파를 그려봐라. 외부 막은 건조하고 부서지기 쉽다. 외부 막을 까서 던져버려라. 그다음 막은 빛나고 탄력 있고 약하고 종종 녹색 빛을 띤다. 그게 당신이 가진 유일한 양파인 게 아닌 한 역시 사용하지 않는다. 당신은 양파의 중심을 원한다. 이것은 바삭하고 톡 쏘는 맛이 나며 가장 정확하고 진실한 맛을 갖고 있다. 가장 좋은 부분이다. 이미 작고 조밀하기 때문에 조금만 자르면 된다. 크기와 질이 너무 완벽해서 당신이 만드는 것에 바로 넣을 수 있다. 인터뷰 과정도 마찬가지다. 취재원의 입에서 나오는 첫 번째 것은 종종 쓸모가 아주 적다. 이것은 바깥 막이다. 우리는 사람과 마주앉을 때마다 할 수 있는 한 양파의 중심을 갖고 싶어 한다."

61　Mark Kramer & Wendy Call(2007). Telling True Stories. Plume, p.30, 31.

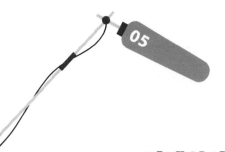

디테일이 생동감을 살린다

미국 기사에 등장하는 인물이나 장소, 상황은 웬만한 소설만큼이나 묘사가 구체적이다. 잘 쓴 소설은 독자가 이야기 속의 세계에 흠뻑 빠져들도록 하듯이, 치밀하게 적어낸 기사 역시 이야기 속의 상황을 눈앞에 있는 것처럼 생생히 그리며 몰입할 수 있게 한다. 묘사의 구체성은 내용의 전달력을 좌우한다는 것이다. 『News Reporting & Writing』(Brooks, Horvit, & Moen, 2020)은 "법률가들에게 악마는 디테일에 있을지 모르지만, 글 쓰는 사람들에게 명확성은 디테일에 있다"고 말한다.[62]

〈LA타임스〉 에디터로 일한 준 카사그란데(June Casagrande)는 '아이템들'이라는 모호한 명사와 '늑대인간들을 잡는 데 사용한 은 총알들'과 같은 구체적인 명사를 비교해보라며 이렇게 말한다.[63]

---

62 The Missouri Group(2019). News Reporting & Writing. Bedford/St. Martin's; 13 edition, p.183.

63 June Casagrande(2019). A Word, Please: Avoid these writing pitfalls that can confuse readers. Los

"머리가 어지러운 독자가 당신이 말하고자 하는 것에 대한 감각적인 이해를 얻으려면 어떤 게 더 도움이 되는가? 항상 찾을 수 있는 가장 구체적인 명사를 찾아라. '사람들'과 '선출된 관리들' 사이에 선택권이 있다면 '선출된 관리들'을 선택하라. '선출된 관리들'과 '상원의원들' 사이에 선택권이 있다면 '상원의원들'을 선택하라."

기자들은 '선택할 수 있는 가장 구체적인 표현'으로 기사를 채운다. 추상적인 표현 대신 구체적인 표현을 택하고, 구체적인 표현은 더 구체적인 표현 방법을 찾는다. 〈샬롯 옵저버〉 기자 출신 작가인 토미 톰린슨(Tommy Tomlinson)은 그 방법을 이렇게 설명했다.[64]

"그냥 여름이 아니라 6월 3일이다. 내레이터의 오빠는 단순히 동생을 괴롭힌 것을 기억하는 게 아니라 캐롤 카운티 사진 쇼에서 등에 넣은 개구리를 기억한다. 기사의 핵심 행동은 단순히 강가에서 발생하는 게 아니다; 이것은 톨라햇치 다리에 있는 촉토 산마루에서 발생한다."

〈워싱턴포스트〉의 기사[65]를 보자. 미국에서 빈곤율이 가장 높은 지역 중한 곳인 히달고 카운티의 건강 문제를 다뤘다. 기자는 살라스(Salas) 가족의 삶을 가까이서 관찰하면서 그들의 삶을 최대한 구체적으로 그려낸다. 아이

Angeles Times,
https://www.latimes.com/socal/burbank-leader/news/story/2019-12-26/a-word-please-avoid-these-writing-pitfalls-that-can-confuse-readers

64 Tommy Tomlinson(2012). The essence of story, in a 358-word song. Nieman Storyboard,
https://niemanstoryboard.org/stories/the-essence-of-story-in-a-358-word-song/

65 Eli Saslow(2013). Too much of too little. The Washington Post,
https://www.washingtonpost.com/sf/national/2013/11/09/too-much-of-too-little/?utm_term=.3c0f2ab5adaf

들이 먹는 음식(체다치즈 맛 포테이토칩과 그래놀라 바와 설탕이 첨가된 시리얼 및 초콜릿 우유), 음식을 사기 위한 예산(월간 430달러의 푸드 스탬프 혜택으로 끼니당 약 1.5달러가량) 등이 가능한 상세하게 묘사돼 있다.

의사와의 약속에 이미 늦었지만, 살라스 가족은 우선 연방정부가 돈을 지불한 또 다른 아침 식사를 위해 부엌에 성급히 들어갔다. 4살 아이는 체다치즈 맛 포테이토칩과 그래놀라 바가 들어 있는 가방을 쥐었다. 9살 아이는 설탕이 첨가된 시리얼을 그릇에 부은 뒤 초콜릿 우유와 함께 벌컥벌컥 마셨다. 엄마 블랑카(Blanca)는 당뇨 치료에 필요한 인슐린을 보관해둔 냉장고 칸에 손을 넣었다. 주사기에 액체를 채우고는 익숙하게 배에 찔렀다.

"가자." 그녀가 부엌에서 황급히 나와 차로 가면서 아이들에게 말했다. "집에 오는 길에 과자가 있는 곳에 들를 수 있어."

건강검진은, 살라스 가족의 두 가지 우려 사항을 해결하길 바랐던 학교 간호사의 주장에 따라 계획됐다. 그들은 영양이 풍부한 음식의 부족과 과도한 식사 모두로 인해 고통받고 있었는데, 이것은 미국 특히 남부 텍사스에서 점점 서로 연관돼 온 역설적인 문제이다.

거의 10년 동안 블랑카는 리프라이드 빈(삶아서 튀겨놓은 콩)을 걸쭉하게 만들기 위해 라드유를 추가하고 인근 달러 스토어에서 인스턴트 수프를 박스째 사면서 월간 430달러의 푸드 스탬프 혜택으로 아이 다섯 명을 부양해왔다. 100달러 이하로 식료품 카트를 채우는 것을 목표로 하면서 "질보다는 양"을 위해 물건을 샀다고 그녀가 말했다.

하지만 정부가 할당한 표준으로 살 수 있는 싼 음식은 끼니당 약 1.5

달러이며, 영양이 부족했다. 이러한 음식엔 방부제, 지방, 소금, 정제설탕이 많이 들어갔다. 이제 13세 딸 클라리사(Clarissa)의 목 주위에는 설탕 과다 섭취로 인한 당뇨의 조기 발병을 나타내는 거무스름한 고리가 있다. 이제 9세 안토니오(Antonio)는 엄마의 콜레스테롤 처방약 복용량을 공유한다. 이제 블랑카는 일을 하기에는 너무 아파서 40세에 장애 수급을 받으며, 의사가 식습관의 결과로 오고 있다고 경고한 뇌졸중을 방지하기 위해 매일 당 수치를 체크한다.

– 하략 –

구체적인 묘사는 구체적인 취재에서 나온다. 표면적인 취재에서는 결코 세밀함이 나올 수 없다. 기사에 언급되는 상세한 묘사들은 치밀하고 꼼꼼한 취재의 산물이다. 〈워싱턴포스트 매거진〉 기자로 일한 왈트 해링턴(Walt Harrington)은 이 같은 취재 방식을 다음과 같이 설명한다.[66]

"우리는 다른 사람은 결코 질문할 것으로 생각하지 않는 이상한 질문들을 하는데, 그 대답들이 스토리의 흐름, 감각적인 질감, 물리적인 분위기를 조성하는 데 필요하다는 것을 알기 때문이다: 죽어가는 여성의 방은 어떤 냄새가 났는가? 그 사제의 얼굴에서 불었던 살을 에는 듯한 바람은 어떤 느낌이었는

---

66   Paige Williams(2012). "The Power of Storytelling." Part4: Chris Jones on why stories matter, Pat Walters on endings, Walt Harrington on integrity. Nieman Storyboard,
https://niemanstoryboard.org/stories/the-power-of-storytelling-part-4-chris-jones-on-why-stories-matter-pat-walters-on-endings-walt-harrington-on-integrity/

가? 평소 몰던 오래된 쉐보레는 어떤 색깔이었는가? 당신 어머니가 만든 스파게티 소스는 맛이 어땠는가? 작은 방 안에서 당신 아들을 죽인 총성은 어떠했는가?"

〈뉴요커〉에 실린 기사[67]를 보자. 노인들이 후견인으로 인해 어처구니없는 방식으로 재산을 빼앗기는 현상을 다뤘다. 기사는 주인공 루디(Rudy)와 레니(Rennie)가 예상치 못하게 집을 빼앗기던 날에 대한 묘사로 시작한다. 주인공이 읽은 것은 단순히 '언론매체'가 아닌 〈라스베이거스 리뷰-저널〉이며, '소설'을 읽은 대목에선 '제임스 패터슨, 클리브 커슬러, 프로이트'라는 저자명이 등장한다. 생각을 메모한 대목에선 "인생: 오래 요리할수록 맛이 더 좋다"라는 메모 내용을 소개하며, 신경 장애로 고통받는 대목은 "다리들을 소시지처럼 느꼈다"고 표현했다.

> 루디 노스(North)는 수년간 오전 9시에 일어나 토스트 한 조각을 먹으며 〈라스베이거스 리뷰-저널〉을 읽었다. 그다음엔 소설을 읽었다 – 제임스 패터슨이나 클리브 커슬러, 또는 더 야심 있다고 느낄 땐 프로이트를 좋아했다. 읽으면서 떠오른 생각을 종잇조각과 법률 관련 메모지에 적었다. "우리 뇌의 이성적인 부분 속 심연은 이상한 것들이 헤엄

---

67   Rachel Aviv(2017). How the Elderly Lose Their Rights. The New Yorker,
https://www.newyorker.com/magazine/2017/10/09/how-the-elderly-lose-their-rights

치는 지하 바다"라고 한 메모지에 적었다. 다른 것은 "인생: 오래 요리할수록 맛이 더 좋다"고 적었다.

결혼한 지 57년 된 아내 레니는 더 늦게 일어났다. 림프종에서 회복하고 있었으며 심각한 신경 장애로 고통받는 다리를 소시지처럼 느꼈다. 그녀는 매일 아침 화장실에서 40년간 사용해온 브랜드의 화장품과 로션을 바르느라 거의 한 시간을 보냈다. 항상 연분홍 립스틱을 바르고 나타났다. 과장하는 경향이 있던 루디는 그녀를 "내 사랑"이라고 부르기를 좋아했다.

2013년 노동절 전 금요일, 레니의 목욕과 옷 입는 것을 도와주려 일주일에 5회씩 방문하는 간호사가 라스베이거스의 "활발한 어른" 커뮤니티인 '선 시티 알리안트'에 있는 그들의 집에 왔을 때 노스 부부는 토스트를 막 끝낸 상태였다. 그들은 방송국 컨설턴트로 은퇴한 루디가 68세이고 레니가 66세였던 2005년에 그곳으로 이사했다. 둘 중 누구도 골프를 치지 않았지만 골프 코스가 보이는 전경에 자부심을 가졌다.

누군가가 문을 두드릴 때, 루디는 부엌에서 간호사와 부엌에서 20분간 수다를 떨면서 결혼과 세탁에 대해 농담을 하고 있었다. 빛나는 검정 머리카락을 가진 다부진 여성이 자신은 '에이 프라이빗 프로페셔널 가디언' 회사의 소유자인 에이프릴 파크스(April Parks)라고 소개했다. 그녀는 이름을 알려주지 않은 동료 세 명과 함께 왔다. 파크스는 노스 부부에게 클라크 카운티 가정법원으로부터 그들을 집에서 내보내라는 명령을 받았다고 말했다. 그녀는 그들을 주거 지원시설로 옮길 것이었다.

— 하략 —

〈월스트리트저널〉에디터를 지낸 윌리암 블런델(William Blundell)은 기사 쓰기를 그림 그리기에 비유해 추상적인 표현을 '방울'에, 구체적인 표현을 '그림 그리는 붓'에 빗대며 이렇게 말했다.[68]

"스토리텔러는 할 수 있을 때 그림 그리는 붓을 사용한다. '문제, 상황, 반응, 혜택' 같은 명사들이 타자기에 무심코 굴러 들어오면, 즉각 멈추고 더 구체적이고 회화적일 수 있는지 스스로에게 묻는다. 무엇이 그가 언급하는 문제, 상황, 반응 또는 혜택인가? 방울을 벗어버리고 바늘처럼 날카로운 의미를 지닌 단어로 대체할 수 있는가? 가끔은 그럴 수 없기 때문에 방울 문구들이 발명됐다. 그런데 만약 단순히 게을렀거나 무심해서 방울 문구를 사용했다면, 도구상자에서 더 나은 용어를 발견하여 기사를 개선할 수 있을 것이다. 만약 더 나은 용어를 발견한다면 기사는 더 날카로워질 것이며 더 확실하게 예리해질 것이다. 그러니 스토리텔러는 처음 봤을 때는 꽤 상세해 보이는 것이라도 사용할 수 있는 모든 명사를 질문한다."

---

68   William E. Blundell, The Art and Craft of Feature Writing: Based on The Wall Street Journal Guide. Plume, p.159.

GREAT
STORYTELLERS

PART 03

최대한
정보를
공개하라

독자는 익명을 믿지 않는다

미국 언론계에서는 실명 보도가 '디폴트'다. 익명은 내부 고발자나 범죄 피해자같이 신원을 모호하게 해야 할 법적이거나 안전상의 이유가 있는 경우 불가피하고 예외적인 사유가 있을 때만 제한적으로 허용된다. 언론사들은 대부분 자체적인 '익명 정책'을 대외적으로 천명하고 있는데, 대개 비슷한 수준으로 깐깐하다. 이를테면 〈텍사스 트리뷴〉의 익명 정책은 다음과 같다.[69]

"우리는 정보가 기사에 중요하고 취재원이 믿을 만하다는 것이 확실하며 그 정보를 얻을 다른 방법이 없을 때만 개인들에게 익명을 보장하며 모든 취재원의 이름을 밝히기 위해 최선을 다할 것입니다. 그들이 이미 기사에 익명으로 인용돼 있으면 누군가가 코멘트를 거절했다고 말하지 않을 겁니다. 취재원이 갖고 있음을 아는 어떠한 편견도 취재 과정에서 가능한 한 최대한 규

69   The Texas Tribune(2020). Code of Ethics. The Texas Tribune,
https://www.texastribune.org/about/ethics/

명할 겁니다. 익명의 취재원들은 기자가 그들의 신원을 해당 정보를 비밀로 유지할 선임 에디터와 공유할 것임을 알아야 합니다."

한국에서는 범죄 피해자나 내부 고발자도 아니고 명백한 안전이나 법적인 이유가 없는 경우에도 익명이 무수히 등장한다. '청와대 관계자', '경찰 관계자'는 말할 것도 없고 '정부 관계자', '업계 관계자' 등 범위를 알 수 없는 익명이 우후죽순 보도된다. 독자들은 그 '관계자'들이 해당 사안에 대해 이야기할 권리가 왜 있으며 어째서 신뢰할 만한지 알 방법이 없다.

익명은 취재 과정에서 기자와 취재원의 편의를 위한 손쉬운 도구로도 활용된다. 기자가 취재원으로부터 멘트를 쉽게 얻기 위해 "이건 관계자로 해드릴게요"라고 제안하기도 하고, 취재원이 책임을 피하기 위해 "이건 관계자로 해달라"고 요구하기도 한다. 심지어 데스크들도 익명에 관대하다. 익명 보도에 길들여진 기자가 연차가 쌓여 데스크가 된 뒤, 현장 기자에게 실명을 요구하기는커녕 "원래 이러저러한 경우엔 실명이 어렵다"며 익명을 용인하곤 한다.

미국은 딴판이다. 기사는 독자를 위한 것이지 취재원이나 기자를 위한 것이 아니라는 것이 출발점이다. 미국기자협회는 "대중은 취재원의 신뢰성에 대해 가능한 한 많은 정보를 얻을 자격이 있으며, 저널리스트들의 가장 중요한 직업적인 소유물은 신뢰성"이라고 명시한다.[70] 언론사들은 심지어 취재원이 내부 고발자임에도 불구하고 최대한 신원의 일부를 드러내기도 한다. 독자가 해당 기사가 믿을 만한 것이라고 판단할 수 있도록 가급적 많은 정보를

---

70 Michael Farrell. Anonymous Sources. Society of Professional Journalists, https://www.spj.org/ethics-papers-anonymity.asp

주기 위해서다.

〈뉴욕타임스〉는 트럼프 대통령의 탄핵을 촉발시킨 내부 고발을 한 취재원의 신원을 두고 "과거 백악관에서 일했고 우크라이나에 전문성을 갖고 있는 CIA 직원"이라고 밝힌 적이 있다.[71] 국가 안보나 정보 분야 직원을 포함한 독자들은 이 정도로 세부적인 정보를 발간한 것이 "잠재적으로 당사자의 삶을 위험에 빠뜨리고 내부 고발을 하려는 사람들의 사기를 저하시킬 수 있다"며 비판했다.[72] 그러자 〈뉴욕타임스〉 편집국장 딘 바켓(Dean Baquet)은 "그가 신뢰할 만한지 그렇지 않은지에 대해 독자들이 스스로 판단할 수 있도록 정보를 제공하고 싶었다"고 말했다.[73]

미국 기사에서는 한국 기사에서 보기 어려운 수준으로 노골적인 실명이 등장한다. 〈뉴욕타임스〉에 실린 ≪좋은 손톱의 가격≫이라는 기사[74]를 보자. 네일아트 산업의 명암을 다룬 것인데, 취재원 대부분의 실명을 밝힌다. 닉네임을 소개하더라도 본명을 적시하고, 당사자의 신원에 대해 최대한 많은 정보를 준다. '중국에서 최근에 온 20세 징 런(Jing Ren),' '호워드(Howard)로 불리

71 Michael D. Shear(2019). White House Tried to 'Lock Down' Ukraine Call Records, Whistle-Blower Says. The New York Times,
https://www.nytimes.com/2019/09/26/us/politics/whistleblower-complaint-released.html

72 The New York Times(2019). Why The Times Published Details of the Whistle-Blower's Identity. The New York Times,
https://www.nytimes.com/2019/09/26/reader-center/whistle-blower-identity.html

73 The New York Times(2019). Why The Times Published Details of the Whistle-Blower's Identity. The New York Times,
https://www.nytimes.com/2019/09/26/reader-center/whistle-blower-identity.html

74 Sarah Maslin Nir(2015). The Price of Nice Nails. The New York Times,
https://www.nytimes.com/2015/05/10/nyregion/at-nail-salons-in-nyc-manicurists-are-underpaid-and-unprotected.html

는 랜 성 선(Lian Sheng Sun), '메리(Mary)로 알려진 68세의 노말성(Mal Sung Noh)'
등이다. 네일아트 산업계 현장에 있는 사람들의 목소리를 직접 들어 작성한
내용임을 확실히 알 수 있지 않은가?

그 여자는 매일 빠짐없이 오전 8시 직전에 도착하기 시작했다. 젊은
아시아인과 히스패닉 여성 무리가 퀸스 플러싱 주요 도로를 따라 거
의 모든 모퉁이에 있을 때까지였다.

마치 신호라도 받은 것처럼 낡은 포드 이코노라인 밴들의 대열이
부르릉부르릉하고 올 때, 그 여성은 끼어들었다. 3개 주(州)에 걸쳐
있는 네일살롱들로 향하는 뉴욕시 손톱관리사 군단의 또 다른 일상
의 시작이었다.

늦은 5월 아침, 중국에서 최근에 온 20세 징 런은 처음으로 그들 사
이에 서서 롱아일랜드 스트립 몰에 있는 살롱에서의 일자리로 향했다.

– 중략 –

인터뷰들에서 어떤 업주들은 자신들이 노동자들에게 얼마나 적은
임금을 주는지를 재빨리 인정했다. 런 씨의 상사인 호워드로 불리는
랜 성 선은 처음에는 어떤 것도 잘못한 게 없다고 부인하다가 이윽고
그것이 사업이 굴러가는 방식이라고 말했다. "살롱들엔 사업을 수행
하는 다른 방식들이 있어요." 그는 말했다.

– 중략 –

스투이버선트 타운 근처 1번가에 있는 소나 네일스(Sona Nails)에서

최대한 정보를 공개하라

한 노동자는 그녀가 하루에 35달러를 벌었다고 말했다. 소나 네일스의 주인 소나 그렁(Sona Grung)은 최저임금 미만을 지불했다는 것은 부정하면서도 새로운 노동자들에게 저임금을 주는 관행은 옹호했다.

– 중략 –

많은 한국인 점주들은 자신의 편견에 대해 솔직하다. 메리로 알려진 68세 노말성 씨는 어퍼이스트사이드에 있는 본인 소유인 로즈 네일스(Rose Nails) 계산대에서 "스페인어를 쓰는 직원들"은 한국인처럼 똑똑하거나 깨끗하지 않다고 말했다.

– 하략 –

미국에도 익명 보도가 불가피한 경우는 존재하고, 익명의 취재원을 인용한 기사들이 있다. 하지만 익명은 해당 보도로 대중이 얻는 이익이 실명을 밝힐 필요를 뛰어넘을 때에 한해 제한적으로 사용된다. 익명 여부를 취재원의 요구나 기자의 재량에 따라 결정하지도 않는다. 에디터가 익명 보도를 해야 하는 사유와 취재원의 동기, 신뢰성, 인터뷰의 디테일 등을 종합적으로 판단해 익명을 수용하며, 보도를 할 때는 다음과 같은 검증과 보완 장치를 병행한다(박재영·이완수, 2007).

첫째, 익명의 취재원이 말한 정보가 사실인지 검증한다. 익명의 취재원 한 명이 확인해준 정보가 보도되기는 쉽지 않다. 해당 사안을 직접적으로 알고 있는 취재원이 최소한 두 명은 있어야 하고, 복수의 취재원을 통해 교차 확인해 보도한다.

둘째, 익명으로 인용하는 것은 의견이나 추정이 아닌 뉴스 보도에 핵심적인 정보여야 한다. 어떤 언론사는 익명으로 얻은 '정보'는 보도할 수 있더라도 '멘트'는 보도할 수 없도록 하기도 한다. 〈뉴욕타임스〉의 경우 기사에 취재원의 이름을 밝히지 않을 때는 직접적인 멘트를 인용하는 것을 의미하는 '따옴표 안 발언'을 여간해선 쓰지 못하게 하고 있다.[75]

셋째, 누군가가 익명으로 정보를 제공하려고 한다면 그 이유가 부적절한 것이 아닌지, 수용할 만한 가치가 있는지를 점검한다. 미국기자협회는 "익명을 약속하기 전에 언제나 취재원들의 의도를 질문하고, 취재원에게 익명을 허락하기 전에 뉴스 가치가 취재원이 이루길 희망하는 것을 정당하게 하는지 분명히 질문하라"고 말한다.[76]

넷째, 익명을 사용하더라도 취재원에 대한 추가 정보를 최대한 많이 제공해 신뢰성을 보존한다. 취재원이 해당 정보와 어떤 관계가 있으며, 익명 보도를 해야만 하는 이유 등을 병기해 보도한다는 것이다. 설령 그것이 익명의 취재원에게 불리한 내용이라도 말이다. 〈월스트리트저널〉은 가이드라인에서 다음과 같이 구체적인 예시를 언급하고 있다.[77]

"개인의 신원이 보호받아야 하는 경우에는 그 취재원의 편견이 거짓말할 지점을 가리키기 위해 노력해라: '경쟁사에서 일하는 한 경영자', '대대적인

---

75   Benjamin Mullin(2016). New York Times cracks down on anonymous sources. Poynter, https://www.poynter.org/ethics-trust/2016/new-york-times-cracks-down-on-anonymous-sources/

76   Michael Farrell. Anonymous Sources. Society of Professional Journalists, https://www.spj.org/ethics-papers-anonymity.asp

77   The Wall Street Journal(2018). About The Wall Street Journal Newsroom. The Wall Street Journal, https://www.wsj.com/articles/about-the-newsroom-1539110913

경영 개혁으로 회사를 떠난 한 중역', '해고된 근로자' 또는 '원고의 가까운 친척'과 같이 말이다."

마지막으로, 보도는 익명으로 하더라도 기자는 취재원의 실명과 연락처를 갖고 있어야 한다. 〈프로퍼블리카〉의 제이슨 그로토(Jason Grotto) 기자는 "나는 결코 이름이 밝혀지지 않은 취재원을 인용해본 적이 없다. 하지만 독자들에게 이름을 밝히지 않은 취재원들은 있었다"고 말했다.[78] 〈프로퍼블리카〉는 에디터들이 이름이 밝혀지지 않은 취재원들의 신원을 알아야 할 의무가 있으며, 이를 통해 그 정보를 사용하는 것의 적합성을 평가할 수 있어야 한다고 명기한다.[79]

미국 기사에는 익명으로 인용한 내용이 등장하지만, 정보를 복수의 취재원을 통해 검증할 뿐 아니라 익명으로 보도한 사유 등 추가적인 문구를 병기한 경우를 자주 볼 수 있다.

〈뉴욕타임스〉에 실린 기사[80]를 보자. 보잉 737 맥스 비행기 사고 발생 후 보잉에서 진행하고 있는 조치를 다룬 기사다. 외부에 공개되지 않은, 보잉 이사회의 소위원회가 작성한 보고서와 규제 당국과의 회의 내용이 등장한다. 기사는 단순히 익명을 기술하는 게 아니라 "보고서가 아직 제출되지 않아 익명을 전제로 해당 사안에 대해 설명한 세 명의 사람", "회의가 비공개였기 때

78 Jason Grotto(2018). How Do We Verify Anonymous Sources? ProPublica,
https://www.propublica.org/article/ask-propublica-illinois-vetting-anonymous-sources

79 Jason Grotto(2018). How Do We Verify Anonymous Sources? ProPublica,
https://www.propublica.org/article/ask-propublica-illinois-vetting-anonymous-sources

80 David Gelles and Natalie Kitroeff(2019). Boeing Board to Call for Safety Changes After 737 Max Crashes. The New York Times,
https://www.nytimes.com/2019/09/15/business/boeing-safety-737-max.html

탁월한 스토리텔러들

문에 익명을 전제로 이야기한, 그날 미팅에서 브리핑한 사람들"이라고 설명한다. 익명이지만 최소한 복수의 취재원으로부터 사실관계를 검증했다는 것과 익명으로 표기한 이유를 알 수 있다.

보잉 이사회의 한 소위원회는 그 항공업계 거물이 더 안전한 비행기를 디자인하고 만들 수 있을지 이해하기 위해 지난 5개월간 회사 직원들과 안전 전문가들, 다른 산업조직의 중역들을 인터뷰해왔다.

보고서가 아직 제출되지 않아 익명을 전제로 해당 사안에 대해 설명한 사람들 세 명에 따르면, 위원회는 발견 결과를 이번 주에 전체 보잉 이사회에 전달하고 회사가 조직되는 방식에 대해 몇 가지 중요한 변화를 요구할 것으로 전망된다.

제안 사항에는 보잉이 안전에 초점을 둔 새로운 그룹을 만들 것을 요구하며 조직 구조 부분을 바꾸라는 것과, 훈련을 적게 받았을지 모르는 새로운 세대의 조종사들을 감당하기 위해 미래 비행기들의 조종석을 바꾸는 것을 고려하라는 권유가 포함됐다.

위원회는 보잉 737 맥스 비행기 사고 두 건을 조사하지 않았지만 그 발견은 346명을 숨지게 한 사고 이후 내부 과정을 가장 직접적으로 변화시키기 위한 노력을 보여준다.

– 중략 –

의회 조사관들은 보잉의 내부 자료 수십만 개를 철저히 뒤지면서 맥스의 개발과 인증에 잠재적인 결함이 있는지 찾고 있다.

최대한 정보를 공개하라

"우리는 보잉으로부터 엄청나게 많은 문서들을 얻었습니다." 데파지오(DeFazio) 씨가 말했다. "하지만 그렇지 않았다면 특별히 협조적이지 않았을 겁니다."

미국 연방항공청과 국제 규제 당국은 비슷하게 보잉에 좌절했는데, 이것은 지난달 회의에서 명백해진 것이었다.

8월에 보잉은 연방항공청과 다른 글로벌 항공 기관들의 당국자들을 만나 맥스의 수리를 완료하기 위한 노력에 대해 설명했다. 규제 당국은 맥스의 항공 제어 컴퓨터 조절에 대해 상세한 질문들을 했는데, 보잉 대표자들은 답할 준비가 돼 있지 않았다.

회의가 비공개였기 때문에 익명을 전제로 이야기한, 그날 미팅에서 브리핑한 사람들에 따르면 회사 대표들은 그 대신 자신들의 노력에 대해 프레젠테이션을 시작했다.

그 지점에서 규제 당국은 회의를 끝냈다. 몇 주가 지났지만 보잉은 여전히 그들의 질문 모두에 대답하지 않고 있다.

미국 언론계는 왜 실명 보도에 깐깐하게 임하는 것일까. 『News Reporting & Writing』(Brooks, Horvit, & Moen, 2020)은 '기사의 신뢰성'과 '취재원의 악용 가능성'을 든다. 독자 입장에선 출처를 밝히지 않고 익명으로 인용하는 정보를 믿기 어렵다.[81] 취재원의 입장에선 익명의 그늘에 숨어 거짓말을 하거나 누군가의 평판을 떨어뜨리려는 동기를 갖고 있을지 모른다. 허위정보를 퍼

---

81 The Missouri Group(2019). News Reporting & Writing. Bedford/St. Martin's; 13 edition, p.108.

뜨리거나 반대편을 공격하고, 개인적인 복수를 하며 공적인 책임을 피하려는 의도를 갖고 있을 수도 있다. 어떤 취재원은 정보를 익명으로 흘린 뒤 여론이 안 좋으면 계획을 철회하는 여론 타진용 조치로 익명을 이용하기도 한다. 이럴 경우 언론은 결과적으로 신뢰하지 못할 정보를 보도한 게 된다.

　기자들은 익명일수록 검증을 철저히 하고, 정보를 신뢰할 만한 근거를 최대한 찾는다. 미국에서 익명은 간편한 취재보도 수단이 아니라 오히려 골치아플 정도로 철저해야 하는 까다로운 영역이다. '익명임에도 불구하고' 기사를 믿을 수 있는 이유를 제시해야 하기 때문이다.

최대한 정보를 공개하라

정보의 출처를 명확히 하라

미국 언론사에서 추구하는 기사의 투명성은 단순히 취재원을 실명으로 보도하는 것에만 그치지 않는다. 취재원이 실명으로 공개적인 발언을 했더라도 그것을 '누구에게' 혹은 '무엇을 통해' 이야기한 것인지 출처를 명기한다. 기자회견에서 한 발언인지, 보도 자료를 통해 말한 것인지, 다른 언론에 말한 것인지, 기자와 직접 인터뷰한 것인지 밝힌다는 것이다. 외부 자료에 등장한 멘트를 출처 표시 없이 보도하는 것은 독자를 눈속임하는 것과 같다. 기자가 당사자로부터 이야기를 듣기는커녕 아무런 직접적인 접촉을 하지 않았음을 숨긴 것이기 때문이다.

한국 기사에 등장하는 취재원 멘트는 발언의 출처가 불분명한 경우가 적지 않다. 어느 기업이 보도 자료를 내고 "○○○ 회장이 무어라고 말했다"는 식의 문장을 넣으면, 기자들은 대부분 "○○○ 회장은 무어라고 말했다"고만 적는다. 기사만 보면 기자가 회장을 직접 인터뷰한 것이 아니라 보도 자료 속에 있는 멘트를 인용한 것임을 알 수 없다. 간혹 기자가 접근하기 어려운 취재원을 단독 인터뷰했을 때 기사에 '본보와의 인터뷰에서'라고 밝히는 경우가 있지만, 제삼자의 자료를 통해 인용한 멘트를 직접적인 인터뷰와 구분하지 않는 경우가 대다수다.

미국 기자들은 보도 자료에 있는 정보를 쓸 경우 출처가 보도 자료라는 설명을 적는다. 일일이 출처를 표기할 경우 기사 전반에 '보도 자료에 따르면'이라는 같은 문구가 반복될 것 같지만, 그럴 일은 없다. 보도 자료에만 의존해서 기사를 쓰는 경우가 거의 없기 때문이다. 보도 자료만 갖고 쓰면 기사는 기사가 아닌 보도 자료가 된다. 미국 기자들은 보도 자료에서 다룬 내용에 제삼자의 발언이나 정보를 더하고, 보도 자료는 자료 내용임을 분명히 밝힌다.

〈뉴욕타임스〉에 실린 ≪소더비가 경매 시즌 2주 전에 CEO들을 교체하다≫라는 기사[82]를 보자. 보도 자료를 인용한 내용은 자료임을 밝히고, 내용에 대한 제삼자의 멘트를 포함시켰다.

---

82 Robin Pogrebin(2019). Sotheby's Switches C.E.O.s Two Weeks Before Auction Season. The New York Times,
https://www.nytimes.com/2019/10/28/arts/design/sothebys-chief-executive-charles-stewart.html

최대한 정보를 공개하라

새로운 상사들은 일반적으로 자신의 사람들을 데려온다. 그럼에도 불구하고 예술계는 소더비의 새로운 오너 패트릭 드라히(Patrick Drahi)가 가을 경매 시즌의 시작을 2주 앞두고 타드 스미스(Tad Smith)를 교체하면서 자신의 새로운 CEO로 찰스 스테워드(Charles F. Steward)를 임명했다는 것을 월요일에 알고 놀랐다.

"이 소식으로 인해 드라히의 비전이 소더비를 새로운 방향으로 끌고 가겠다는 것임이 명확해지네요." 오랜 예술 고문인 아비가일 애셔(Abigail Asher)가 말했다. "이런 변화가 가져올 것을 보는 건 흥미로울 겁니다."

보도 자료에서, 소더비는 2015년부터 CEO로 일해왔고 대변인을 통해 인터뷰를 거절한 스미스 씨가 악감정이 없다는 것을 시사하면서도 그 지명이 "즉각 시행될 것"이라고 말했다. "소더비의 장기적인 성공에 대한 그의 자신감을 분명히 보여주면서," 그 보도 자료는 말했다. "스미스 씨는 회사의 주주가 될 것이며 스테워드 씨의 선임 고문으로 활동할 겁니다."

– 하략 –

국내 언론사들은 타사 보도를 인용할 때도 출처를 명확히 밝히지 않곤 한다. 타사가 보도한 인터뷰를 인용할 때 흔히들 회사명을 밝히지 않고 '한 언론 인터뷰', '모 일간지와의 인터뷰'라는 식으로 쓴다. 타 언론사를 정보의 출처로 밝힐 경우 해당 언론사를 띄워주게 되니 그럴 수 없다며, 독자에게 명

탁월한 스토리텔러들

확한 정보를 주는 것보다 경쟁 심리나 자존심을 더 중시하는 경우도 있다.

미국 언론사들은 타사 기사를 인용할 때 회사명을 밝힌다. 정보의 출처를 어떻게 표기해야 하는지 규정으로 기술하기도 한다. 〈버즈피드〉는 '기준과 윤리 가이드'에서 이렇게 밝힌다.[83]

"모든 멘트들은 인용돼야 한다. 〈버즈피드 뉴스〉 직원들이 직접적으로 얻은 멘트들은 기사에서 최소한 한 번은 '〈버즈피드 뉴스〉(혹은 어떤 경우에는 〈버즈피드 헬스〉 〈버즈피드 독자〉)에 말했다'라고 언급돼야 한다. 다른 매체에 나왔던 멘트는 해당 기사에 대한 링크와 함께 '〈가디언〉에 말했다'는 등으로 그 매체를 인용해야 한다. 우리가 구독하는 통신사에서 발췌한 멘트 역시 '〈AP〉에 말했다' 또는 '〈AP〉가 보도했다'는 식으로 인용돼야 한다."

〈블룸버그 비즈니스위크〉에 실린 기사[84]를 보자. 신용카드 처리 회사 그래비티 페이먼츠(Gravity Payments)의 CEO 댄 프라이스(Dan Price)가 모든 사람에게 7만 달러의 급여를 주겠다고 발표한 것을 다루고 있다. 기사는 댄 프라이스가 다른 언론을 통해 밝힌 내용을 일일이 표기하며, 기자가 직접 취재한 내용과 구별한다. 그가 〈뉴욕타임스〉와 〈NBC 뉴스〉 기자들이 주위를 맴도는 가운데 직원들의 임금 인상을 발표했으며 이와 관련해 24개의 TV 인터뷰를 했는데 그중 '투데이 쇼'에서 어떻게 말했고 〈뉴욕타임스〉는 그 내용을 어떻게 분석했으며 〈시애틀타임스〉에는 이후 벌어진 소송과 관련해 무어라

---

83   Shani O. Hilton(2019). The BuzzFeed News Standards And Ethics Guide. BuzzFeed News, https://www.buzzfeednews.com/article/shani/the-buzzfeed-editorial-standards-and-ethics-guide

84   Karen Weise(2015). The CEO Paying Everyone $70,000 Salaries Has Something to Hide. Bloomberg Businessweek, https://www.bloomberg.com/features/2015-gravity-ceo-dan-price/

말했는지 등을 투명하게 인용한다.

진실이기엔 너무 좋아 보였다. 4월 13일, 시애틀에 기반을 둔 신용카드 처리 회사 그래비티 페이먼츠의 젊은 CEO인 댄 프라이스는 〈뉴욕타임스〉와 〈NBC 뉴스〉 기자들이 주변을 맴도는 가운데 직원들에게 그들의 최저 연봉을 7만 달러로 올린다고 말했다. 어떤 직원들은 임금이 두 배가 될 것이었다. 그게 다가 아니었다. 그는 비용을 대기 위해 자신이 받는 110만 달러의 보상을 줄이기로 계획했다. 그가 이후 언론에 말하기를, 그 아이디어는 자신보다 돈을 적게 버는 친구와 이야기하고 나온 것이었다. 그는 약 7만 5,000달러 미만으로 버는 사람들에게는 추가적인 소득이 행복을 높여준다는 연구결과를 읽었다. "이건 돈을 버는 것에 대한 게 아니라 차이를 만드는 것에 대한 거예요." 프라이스는 발표 후 며칠간 그가 했던 24개의 TV 인터뷰들 중 하나인 '투데이 쇼'에 말했다.

– 중략 –

늦여름에 〈뉴욕타임스〉는 이제 31세인 프라이스에 대해 더 긴 기사를 실으면서 임금을 올리는 게 그렇게 간단하지 않았다는 것을 보여줬다. 그의 회사에는 구직자들이 넘쳐났고 직원 두 명은 급여 인상이 더 많은 돈을 받는 사람들에게는 공정하지 않다고 말하면서 회사를 관뒀다. 〈뉴욕타임스〉가 쓰기를 "잠재적으로 그중에 최악의 강타는" 프라이스가 그 발표를 한 지 약 2주 뒤에 그래비티의 지분 약 30%를 소유한 형 루카스(Lucas)로부터 프라이스가 처음부터 너무 많은 급여를 받았다고 주장하는 소송을 당했다는 것이다. 프라이스는 형이 관대한 급여 인상에 대한 대응으로 소송을 걸었을 거라는 점을 암시했다. "모든 사람에게 최저임금을 지급하기로 한 결정이 논쟁적이라는 걸 알아요." 그가 소송을 처음으로 보도한 〈시애틀 타임스〉에 말했다. "저는 이것이 형과의 관계에 만든 균열을 깊이 안타깝게 생각합니다."

– 하략 –

정보의 투명성에 있어서 '해당 정보가 어디서 어떻게 나왔는지'는 핵심적인 부분이다. 기자들은 문장 하나라도 그것을 어디서 듣거나 참조한 것인지 명기한다. 외부 자료를 출처 없이 가져다 쓰면서 직접 취재한 것처럼 보도하면 미국 언론계에선 기자건 에디터건 해굣감이다.

〈워싱턴포스트〉는 2018년 다른 언론사 기사들을 제대로 된 인용 표시 없이 가져다 쓴 마르와 엘타구리(Marwa Eltagouri)를 해고했다고 밝혔다.[85] 회사 측이 엘타구리가 입사 후 8개월 동안 쓴 기사를 검증해본 결과 최소 12곳에서 타사 보도 내용을 제대로 된 인용 표시 없이 활용했다고 한다. 〈워싱턴포스트〉는 이것이 표절이라기보다는 타사 기사를 고쳐 쓰는 것을 동반한 회색지대라며 '복제(aggregation)'로 규정하고, 기자가 "사실관계에 대해 인용 표시

---

85 Paul Farhi(2018). Post dismisses reporter for lax attribution in 'aggregated' news stories. The Washington Post,
https://www.washingtonpost.com/lifestyle/style/post-dismisses-reporter-for-lax-attribution-in-aggregated-news-stories/2018/06/27/7a0ab3b2-7966-11e8-80be-6d32e182a3bc_story.html

를 하지 않아 자신이 정보를 직접 얻은 것 같은 인상을 독자들에게 잠재적으로 줬다"고 밝혔다. 이 '복제' 문제는 디지털 모바일이 가속화하면서 세계적인 현상으로 나타나고 있으며 한국도 예외가 아니다(Bakker, 2012; Kovach & Rosenstiel, 2014).

에디터가 데스킹 과정에서 기자가 쓴 인용 표시를 삭제하고 보도하면 그역시 응분의 대가를 치른다. 〈더 데일리 뉴스〉에서는 션 킹(Shaun King) 기자가 쓴 기사가 〈더 데일리 비스트〉의 보도 내용을 일부 표절했다는 비판이 트위터에서 제기된 적이 있다.[86] 회사 측이 기자의 기사를 조사해봤더니, 에디터가 인용 표시를 최소한 세 번 지우면서 출처를 제대로 표시하지 않도록 한 것으로 나타났다. 〈더 데일리 뉴스〉 측은 해당 에디터를 해고했다고 밝혔다.

언론은 왜 출처 표시에 냉혹하리만치 깐깐하게 임할까. 기자는 사실을 확인하고 진실을 탐구하는 직업이다. 직접 취재하지 않은 정보를 베끼는 것은 업의 본질을 훼손하는 것이나 매한가지다. 독자 입장에서 생각해봐도 명확하다. 출처가 투명하고 구체적일 때 신뢰가 가지 않는가?

---

86 Christopher Mele(2016). A Daily News Editor Is Fired After Plagiarism Accusations. The New York Times,
https://www.nytimes.com/2016/04/21/business/media/daily-news-editor-fired-plagiarism-shaun-king.html

멘트를 다듬지 말라

한국 기자들은 취재원의 멘트를 자주 가다듬는다. 문법적인 오류를 수정하는 것이 아니다. 표현을 일부 고치기도 하고, 방향성만 맞는다면 멘트를 적당히 각색하기도 한다. 취재원 중에는 자신의 멘트가 정확하게 인용되지 않았을 때 "기사를 고쳐달라"고 요청하는 경우가 있는데, 기자들 사이에서 이런 인물은 가급적이면 다시는 멘트를 따고 싶지 않은 피곤한 존재로 회자된다. 국내에서 '멘트 각색'은 그 정도로 광범위하고 관행적이다. 적당히 각색해도 기사를 맛깔나게 쓰면 능력 있는 것이라고 여기거나, 문장을 임의로 가다듬는 것을 당연시하는 경우도 있다.

미국에서는 이런 일은 있을 수도 없고, 있더라도 비윤리적인 행위로 회자된다. 취재원의 발언 그대로를 표현하는 '큰따옴표(") 안 멘트'는 기자가 임의로 가다듬거나 편집해서는 안 되는 영역이다. 독자의 이해를 돕기 위해 가하는 어떠한 부연 설명도 취재원의 발언 원문인 '큰따옴표 안 문구'와는 구분해 표시해야 한다. 〈뉴욕타임스〉는 독자들은 따옴표 안에 있는 모든 단어가 당사자가 말한 것으로 추정할 수 있어야 하며, 자신들은 멘트를 다듬지 않는다고 밝히고 있다.[87]

물론 모든 취재원이 글로 그대로 옮겨와도 손색이 없을 정도로 완벽한 문장을 구사하진 않는다. 당사자가 일부 단어를 생략해 이야기한 것을 그대로 옮기면 내용이 이해가 가지 않을 수도 있고, 말끝마다 "그 있잖아요" "뭐더라?"라고 한다면 이런 추임새를 모두 넣을 수도 없는 노릇이다. 이 때문에 어떤 언론사는 문법적인 실수를 교정하기 위해 직접적인 인용 문구를 제한적으로 다듬는 것은 수용하기도 한다. 하지만 이런 교정조차 용납하지 않는 경우도 많다.

언론사별 규정이 어떻든 간에, 미국 언론계는 전반적으로 멘트를 다듬는 것에 있어서 깐깐한 편이다. 통상적으로 취재원이 한 말만 큰따옴표 안에 넣되, 당사자가 생략한 단어를 보충설명 해야 문장이 이해되는 경우에는 꺽쇠표시(())를 넣곤 한다. 기자가 임의로 따옴표 안에 부연설명을 넣어 멘트에 개입하고 당사자가 말하지 않은 문구를 집어넣는 것은 있을 수 없는 일이다.

〈마이애미 헤럴드〉에 실린 기사[88]를 보자. 꺽쇠 표시[]가 등장한다. 취재원이 말한 멘트는 아니지만, 부연설명이 있어야 완전한 문장이 되거나 이해가

---

87 The New York Times(2019). Ethical Journalism. The New York Times, https://www.nytimes.com/editorial-standards/ethical-journalism.html#

88 Jay Weaver, Nicholas Nehamas, and Kyra Gurney(2018). How drug make billions smuggling gold to Miami for your jewelry and phones. Miami Herald, https://www.miamiherald.com/news/local/community/miami-dade/article194187699.html

되는 경우다.

우선 "[합법적으로] 금을 생산하는 경우는 한 손으로 셀 수 있다"라는 멘트가 등장한다. 취재원이 여기서 언급하는 금 생산은 직전 문단에서 언급한 합법적인 경우를 뜻하는 것이다. 인터뷰의 맥락을 아는 기자는 이것을 알지만, 독자들은 '합법적으로'라는 설명을 넣지 않으면 그것을 합법과 불법을 모두 포함한 개념으로 오해할 수 있다. 그런데 취재원이 "합법적으로"라고 말한 것은 아닌 만큼, 기자가 넣은 보조설명임을 명확히 하며 [합법적으로]라고 넣었다.

다음으로 "[NTR 직원들을] 상대로 한 그 사건은 커다란 일입니다"라는 멘트가 등장한다. 취재원이 언급한 사건은 기사의 앞부분에서 설명한 NTR 직원들을 상대로 한 것이다. 인터뷰한 기자는 맥락을 알고 있지만 누구를 상대로 한 것인지 적지 않으면 독자들은 헷갈릴 것이다. 그렇다고 해서 취재원이 "NTR 직원들을"이라고 말한 것은 아니니 [] 표시를 해서 넣었다.

　- 앞부분 생략 -
　정부 통계에 따르면 콜롬비아는 2016년에 금 64톤을 수출한 거대한 광산업을 갖고 있었으며, 다수는 미국으로 수출했다. 콜롬비아 광산협회에 따르면 같은 해에 콜롬비아의 대규모 합법 광산들에서는 고작 8톤만 생산했다. 콜롬비아의 커다란 광산 생산과 국가가 수출하는 것 사이에 발생하는 격차의 상당 부분은 허가받지 않은 금으로,

종종 마약 불법 거래상들과 다른 범죄자들에 의해 제어되는 조직들이 파내는 것이다.

그 커다란 콜롬비아의 광산들에서 "[합법적으로] 금을 생산하는 경우는 한 손으로 셀 수 있다"고 콜롬비아의 엔지니어이자 합법적인 금광 주인인 제임 피닐라(Jaime Pinilla)가 말했다. "생산되는 양과 수출되는 양에는 거대한 차이가 있습니다."

– 중략 –

북미에서 가장 큰 금 회사들 중 하나의 몰락은 신용으로 딜러들을 유지하는 것이 전문 분야인 뱅커들과 수백만 달러 거래를 하는 정제 공장들까지 전체 산업을 흔들고 있다.

"[NTR 직원들을] 상대로 한 그 사건은 커다란 일입니다." 마이애미 북부 오파–록카에 기반하고 있으며 엘레멘탈의 주요 라이벌인 리퍼블릭 메탈스의 CEO 제이슨 루빈(Jason Rubin)이 말했다.

– 하략 –

취재원의 멘트가 그 자체로 온전치 않을 때, 미국 기사에서 [] 표시보다 더욱 빈번하게 쓰이는 것은 멘트의 일부만 큰따옴표 처리를 하는 것이다. 기사 문장을 통해 내용을 설명하되, 그중에 정확히 취재원이 말한 멘트 부분만 따옴표로 표시하는 것이다. 전체 멘트를 그대로 옮길 경우 이해가 가지 않을 정도라면 아예 따옴표 안에 내용을 적지 않고 별도의 문장으로 풀어서 쓰기도 하는데, 이를 '간접적인 인용'이라고 부른다. 여기서 핵심은 취재원이 직접 이야기한 게 아니라면 문구 하나라도 당사자가 이야기한 것처럼 큰따옴표 안에 넣지 않는다는 것이다.

〈뉴욕타임스〉에 실린 기사[89]를 보자. 성추문을 일으킨 미국의 영화감독 하비 와인스타인(Harvey Weinstein)의 피해자 미아 커쉬너(Mia Kirshner)가 등장한다. 기사에는 그녀가 "극도로 화나고 놀라고 두려운" 감정을 느꼈다며 문장의 일부만 인용 표시한 문구가 등장한다. 취재원이 확실하게 직접적으로 말한 부분은 "극도로 화나고 놀라고 두려운"이다. 물론 '그녀는 "그 경험을 통해 극도로 화나고 놀라고 두려운 감정을 느꼈고, 잘못한 것처럼 느꼈다"고 말했다'라고 쓰더라도 의미는 같을 것이다. 그런데 따옴표 표시를 "극도로 화나고 놀라고 두려운"이라는 문구에만 한 것은, 취재원이 직접적으로 말한 멘트를 명확히 구분하기 위해서다.

– 앞부분 생략 –

영화 "엑소티카"에 출연했을 때 19세였던 캐나다인 여배우 미아 커쉬너는 그것이 1994년에 발매된 지 얼마 되지 않아 뉴욕을 여행했다. 미라맥스가 영화를 배급했으며, C.A.A.에 있는 그녀의 에이전트는

89 Megan Twohey, Jodi Kantor, Susan Dominus(2017). Weinstein's Complicity Machine. The New York Times,
https://www.nytimes.com/interactive/2017/12/05/us/harvey-weinstein-complicity.html?src=longreads&_r=0

최대한 정보를 공개하라

호텔에서 와인스타인과의 미팅을 마련했다. "우리는 그게 대단한 성취라고 생각했어요." 그녀가 회상했다. 그 프로듀서는 폴란드의 우치 게토에서 살아남은 조부모를 둔 커쉬너에게 바르샤바 게토 봉기에 대한 영화를 논의하고 싶다고 말했었다. 하지만 그 여배우가 말하기를, 그가 그녀의 방에 왔을 때의 의제는 커리어 기회와 성관계를 교환하자는 것이었다. 그를 거절할 때, 그 경험은 그녀가 "극도로 화나고 놀라고 두려운" 감정을 느끼도록 했고, 그가 자신들을 겨냥했다고 말한 다른 많은 여성들처럼 어쩐지 잘못한 것 같은 느낌을 받았다.

— 하략 —

대부분의 언론사들은 기사가 발간되기 전에 취재원에게 초고를 보여주는 것을 금지한다. 하지만 초고 전체를 보여주거나 취재원이 보도 내용을 통제하려 드는 게 아니라면 정확성을 위해 멘트를 확인하는 것은 허용하곤 한다. 멘트도 정확성을 기해야 하는 '팩트'이기 때문이다.

〈버즈피드〉는 기자들이 취재원으로부터 멘트를 승인받거나 그들에게 기사 초고를 공유하는 것은 금지하지만, 교차 확인 차원에서 당사자의 멘트가 기사에 어떻게 인용됐는지를 묘사하는 것은 허용하고 있다.[90] 〈프로퍼블리카〉 에디터 스티브 밀스(Steve Mills)는 "탐사보도와 같이 특별히 논쟁적이거

---

90 Shani O. Hilton(2019). The BuzzFeed News Standards And Ethics Guide. BuzzFeed News, https://www.buzzfeednews.com/article/shani/the-buzzfeed-editorial-standards-and-ethics-guide

탁월한 스토리텔러들

나 민감한 기사들에 있어서는 종종 멘트를 인용하는 사람들과 함께 멘트들을 점검했다"며 "그들이 더 괜찮게 들리기 위해 자신들의 멘트를 바꾸는 것을 허용하지 않지만, 그들을 정확하고 맥락에 맞게 인용하는 것을 명확히 하고 싶었다"고 말했다.[91]

기자의 덕목은 정확성에 있으며, 정확성을 유지해야 하는 팩트는 취재를 통해 얻은 인터뷰인 '멘트'도 예외가 아니다. 발언 그대로를 나타내는 따옴표 안 문구는 함부로 손대기는커녕 제대로 취재했더라도 취재원에게 연락해 다시 한번 확인하는 게 미국 기자들이다.

---

91   Steve Mills(2019). Say What? How Reporters Gather and Use Quotations. ProPublica, https://www.propublica.org/article/ask-propublica-illinois-story-quotations

최대한 정보를 공개하라

사실은 진실을 호도할 수 있다

냉전이 한창이던 1959년, 미국의 리처드 닉슨 부통령과 소련의 니키타 후르쇼프 총리가 자본주의와 공산주의의 장점을 두고 일명 '부엌 논쟁'을 할 당시 촬영된 사진들이 전 세계에 보도됐다. 특히 사진 기자 엘리엇 얼위트(Elliott Erwitt)가 촬영한, 닉슨 부통령이 검지로 후르쇼프 총리의 가슴팍을 삿대질하듯이 가리키고 있는 사진이 주목을 받았다. 닉슨 부통령이 자신의 요점을 이해시키기 위해 강력한 물리적인 제스처를 사용하는 것을 두려워하지 않는다는 것을 보여주는 듯했다.[92] 그런데 실상은 달랐다. 기자는 "사진에 대한 환상은 닉슨이 소비에트에 맞서는 것이지만, 실제로는 양배추 수프냐 붉은 고기냐에 대한 이야기를 나누는 중이었다"고 말했다.[93]

---

92   Christian Storm(2014). "How An Iconic Photo Of Richard Nixon In Russia Was Taken 'By Sheer Luck." Business Insider,
https://www.businessinsider.com/elliott-erwitt-richard-nixon-kitchen-debate-photo-2014-7
93   Christian Storm(2014). "How An Iconic Photo Of Richard Nixon In Russia Was Taken 'By Sheer Luck."

사실과 진실 사이에는 간극이 있다. 미국의 작가 데이비드 셴크(David Shenk)는 "각 사진은 스토리 같고, 모든 스토리 뒤에는 스토리텔러가 있다는 것을 기억해야 한다"고 말했다.[94]

글도 마찬가지다. 사실은 즉각 포착될 수 있지만, 진실은 취재를 통해 얻어나가야 한다. 〈워싱턴포스트〉에서 워터게이트 특종을 보도한 칼 번스타인(Carl Bernstein)은 '가장 획득 가능한 버전의 진실'은 단순한 사실의 존재를 넘어 맥락과 뉘앙스에 대한 것이라며 이렇게 말했다.[95]

"우리 스스로에게 무엇이 빠져 있는지 묻는다. 무엇이 추가적인 설명인가? 무엇이 세부적인 내용인가? 그들은 이것이 무엇을 의미한다고 생각하는가? 큰 그림에 대한 추정은 충분치 않다."

사실만으로는 '진실'에 충분치 않다. 미국의 논픽션 작가 콜린 딕키(Colin Dickey)는 "완벽하게 사실 확인이 된 기사도 끝내 여전히 근본적으로 추정이나 결론에 있어서 잘못될 수 있다"며 "궁극적으로 사실 그 자체는 진실을 전달할 능력이 부족하다"고 말했다.[96] 『News Reporting & Writing』(Brooks, Horvit, & Moen, 2020)도 맥락에 있어서 정확하지 않다면 맞는 세부 내용을 얻

Business Insider,
https://www.businessinsider.com/elliott-erwitt-richard-nixon-kitchen-debate-photo-2014-7

94 David Shenk(1997). Every Picture Can Tell a Lie. Wired,
https://www.wired.com/1997/10/every-picture-can-tell-a-lie/

95 Benjamin Mullin(2017). Read Carl Bernstein and Bob Woodward's remarks to the White House Correspondents' Association. Poynter,
https://www.poynter.org/reporting-editing/2017/read-carl-bernstein-and-bob-woodwards-remarks-to-the-white-house-correspondents-association/

96 Colin Dickey(2019). The Rise and Fall of Facts. Columbia Journalism Review,
https://www.cjr.org/special_report/rise-and-fall-of-fact-checking.php?ct=t(Top_Stories_CJR_new_Jan_26_1_25_2017_COPY_01)&mc_cid=5cca73ec10&mc_eid=fef02725ca

더라도 여전히 호도할 수 있으며, 같은 발언이라도 상황이나 분위기에 따라 광범위하게 다른 의미를 가질 수 있다고 말한다.[97]

　기사는 정보를 알리지만, 단순히 사실 그 자체만을 알리지 않는다. 포인트연구소에서 글쓰기를 가르쳐온 로이 피터 클라크(Roy Peter Clark)는 모든 논픽션에 내재된 규약이 "우리가 아는 최선의 지식하에서 이곳에 제시된 방식은 발생한 일 그대로"인 것이라고 말한다.[98] 진실을 얻기 위해서는 단편적인 사실을 넘어 맥락과 배경까지 밝혀야 하며, 보도를 한다는 것은 지금까지 취재한 것이 최선을 다해 얻은 '가장 획득 가능한 버전의 진실'임을 공개하는 것이다.

　〈뉴욕타임스〉에 실린 기사[99]를 보자. 노동부에서 발표한 실업률을 다룬 기사다. 실업률은 3.7%인데, 거의 50년 만에 가장 낮은 수준이었다. 그 자체는 사실이고, 그것만 보도한다고 해서 법적으로 문제 될 것은 없다. 하지만 사실만 보도하는 것은 '진실'에는 충분치 않았다. 구직을 멈춘 사람들은 실업자 통계에 잡히지 않으며, 이들의 노동력 참여율은 40여 년 만에 가장 낮은 수준에 머물러 있었다. 기자는 실업률이라는 '사실'에 이를 둘러싼 '진실'을 더했다.

97　The Missouri Group(2019). News Reporting & Writing. Bedford/St. Martin's; 13 edition, p.13.

98　Roy Peter Clark(2002). The Line Between Fact and Fiction. Poynter, https://www.poynter.org/archive/2002/the-line-between-fact-and-fiction/

99　Louis Uchitelle(2019). Unemployment Is Low, but That's Only Part of the Story. The New York Times, https://www.nytimes.com/2019/07/11/business/low-unemployment-not-seeking-work.html

일하는 사람들에게는 최고의 시기가 돼야 한다.

끝내 실업률은 단지 3.7퍼센트인데, 거의 50년 만에 가장 낮은 수준에 가깝다. 만약 그것이 우리의 유일한 가이드였다면 우리는 미국에서 일하기를 원하는 사실상 대부분의 성인이 그렇게 하고 있거나 부지런히 일자리를 찾고 있다고 결론을 내릴 것이다.

문제는 노동부가 매달 첫 금요일에 업데이트하는 실업률이 모든 주목을 받음에도 불구하고 불충분한 통계라는 것이다. 이것은 분명히 능동적으로 일자리를 찾는 남녀의 수를 일람표로 만든다. 하지만 능동적으로 찾는 것을 멈춘 이들이 증가하는 숫자는 남겨둔다.

연방정부 체제상, 구직을 멈춘 사람들은 실업자로 분류되지 않는다. 노동부는 구직 포기자들을 설명하는 더 광범위한 월별 통계를 갖고 있지만, 이것은 실업률과 같은 위치를 얻지 않는다. 이것은 노동력 참여율이라고 불리는데, 마땅히 얻어야 할 주목을 얻었다면 7월 초에 발행되고 예측되는 6월 일자리 숫자가 보여주는 긍정적인 광채 일부가 벗겨져나갔을 것이다.

더 완전한 접근법은 —그리고 현재 상태에서 더 정확한 것은— 두 통계 모두에 같은 위치를 주는 것이다. 수십만 명의 사람들이 다른 일자리를 적극적으로 찾는 것을 포기하면서 6월에 실업률은 1969년 이래 가장 낮은 수준인 3.7%에 불과했다. 하지만 그렇게 되는 데 있어서 구직 포기자들은 노동력 참여율이 1977년 이래 가장 낮은 수준인 62.9%에 머물러 있음을 의미한다.

— 하략 —

최대한 정보를 공개하라

전 세계 언론계에서 '팩트 체킹'이 강조되고 있지만, 사실 확인만으로는 충분치 않다. 미국 니먼 저널리즘 연구소장인 조슈아 벤튼(Joshua Benton)은 이렇게 말한다.[100]

"팩트 체킹을 시작할 때 배우는 한 가지는 어떤 것은 분명하게 사실이거나 거짓인 가운데, 그 사이의 것들이 많다는 점이다. 이원적으로 보이는 것이 종종 더 혼란스러운 영역을 만든다. '사실관계로서는 정확한데 깊은 오인을 하게 한다', '수치는 잘못됐는데 더 큰 핵심은 맞다', '그것을 지지하는 어떤 연구결과들이 있는데 데이터의 우세는 그 반대를 보여준다' 등이 그렇다."

미국 기자들과 팩트 체커들은 '사실 확인'을 넘어선 '의미 확인'을 한다. 〈워싱턴포스트〉의 팩트 체커 난은 단순히 정치적인 비난이나 반론의 사실관계를 확인하는 것을 넘어서 어려운 이슈들을 설명하는 데 있어서 빠져 있는 맥락을 제공하거나, 정치인들이나 외교관들이 진실을 흐리거나 가리기 위해 사용하는 다양한 암호에 대한 분석과 설명을 제공한다고 밝히고 있다.[101]

이를테면 2019년 민주당 토론회에서 버니 샌더스가 다음과 같은 발언을 한 적이 있다.

"오늘날 50만 명의 사람들이 길거리에서 잠을 자고 있을 때 이 나라에서 세 명의 사람들은 미국의 하위 절반보다 더 많은 부를 소유하고 있습니다.

100　Joshua Benton(2020). Is this video "missing context", "transformed", or "edited?" This effort wants to standardize how we categorize visual misinformation. Nieman Lab, https://www.niemanlab.org/2020/01/is-this-video-missing-context-transformed-or-edited-this-effort-wants-to-standardize-how-we-categorize-visual-misinformation/?utm_source=Daily+Lab+email+list&utm_campaign=bd2a08c310-dailylabemail3&utm_medium=email&utm_term=0_d68264fd5e-bd2a08c310-396495007

101　Glenn Kessler(2017). About the Fact Checker. The Washington Post, https://www.washingtonpost.com/politics/2019/01/07/about-fact-checker/

우리에겐 미국을 위한 새로운 비전이 있습니다. 우리는 변화, 진정한 변화를 해야 할 시점이라고 생각합니다."

〈워싱턴포스트〉의 '팩트 체커' 난에 게재된 분석[102]은 다음과 같다.

- 앞부분 생략 -

이 산뜻한 대화 포인트는 말이 되는 숫자에 기반하고 있는데, 또한 사과와 오렌지를 비교하는 질문이기도 하다. 샌더스는 좌 성향의 정책연구소에서 발간한 2017년 보고서를 활용한다. 보고서는 미국에서 하위 1억 6,000만 명이 2,450억 달러를 가진 반면, 억만장자 세 명—빌 게이츠, 제프 베조스(워싱턴포스트 소유자), 워런 버핏—이 총 2,485억 달러를 갖고 있다고 말했다. 세 사람의 부는 이후 증가했다.

그런데 소득 하위 절반에 있는 사람들은 빚이 자산을 상쇄하기 때문에 근본적으로 재산이 없다. 그렇기 때문에 그 비교는 특별히 의미 있지 않다. 우리는 그가 세계에서 가장 부유한 사람 6명이 전 세계 인구의 절반보다 더 많은 부를 갖고 있다고 주장했을 때 피노키오 세 개*를 부여한 바 있다. 그것은 더 문제가 많은 비교였으며, 우리는 국내에 존재하는 불평등에 집중하는 게 더 좋을 것이라고 말했다.

업데이트: 그 비교가 특별히 의미 있지 않다는 우리의 결론에 대해 트위터에서 격분이 있었다. 우리는 이 분야 연구의 개척자인 (그리고 종종 샌더스에 의해 인용되는) UC버클리 교수 에마뉘엘 사에즈(Em-

---

102   Glenn Kessler, Salvador Rizzo, Michelle Ye Hee Lee and Meg Kelly(2019). Fact-checking the first Democratic debate(night 2). The Washington Post,
https://www.washingtonpost.com/politics/2019/06/28/fact-checking-first-democratic-debate-night/

manuel Saez)와도 확인했다. 그는 우리의 평가에 동의한다고 말했다.

ㅡ 하략 ㅡ

*〈워싱턴포스트〉 팩트 체커 난은 사실관계 확인 결과를 자체적인 기준에 따라 분류하는 '피노키오' 개수로 표시하고 있다. 피노키오 한 개는 사실 일부를 가려서 진실을 선택적으로 이야기한 것, 피노키오 두 개는 사실관계를 상당히 빠뜨리거나 과장한 것이다. 피노키오 세 개는 사실관계 오류나 명백한 모순이 상당한 경우를 뜻한다.

독자들은 사실을 둘러싼 맥락과 부연설명을 들을 때 대상을 더욱 정확하게 이해한다. 기자들이 눈에 보이는 장면이나 취재원의 발표를 전달만 하는 게 아니라 정보를 검증하고, 더 넓은 맥락과 배경을 취재하는 이유다. 이것은 기사의 본령인 공정성에 대한 것이기도 하다. 〈워싱턴포스트〉는 기자들의 행동 강령을 담은 '정책과 기준'에서 이렇게 기술한다.[103]

"어떤 스토리도 주요하게 중요하거나 상당한 사실들을 빠뜨리면 공정하지 않다. 공정성은 완전성을 포함한다. 어떤 스토리도 주요한 사실들을 잃어가면서 본질적으로 관련 없는 정보를 포함하면 공정하지 않다. 공정성은 관련성을 포함한다. 어떤 스토리도 의식적으로 혹은 무의식적으로 호도하거나 독자를 속이면 공정하지 않다."

---

103 Washington Post Staff(2016). Policies and Standards. The Washington Post, https://www.washingtonpost.com/news/ask-the-post/wp/2016/01/01/policies-and-standards/

탁월한 스토리텔러들

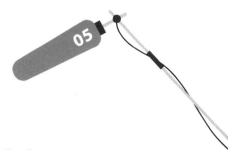

적극적인 정정이
신뢰도를 높인다

미국 언론사들은 자사의 오류나 잘못을 투명하게뿐 아니라 '적극적이고 상세하게' 알린다. 잘못된 내용이 보도되면 정정하는 것을 넘어서 그런 일이 왜 발생했는지에 대한 과정까지 공개한다. 온라인에서 숫자 하나를 수정하더라도 정정 날짜와 내용을 공개하고, 필요한 경우 사유도 언급한다. 많은 국내 언론사들이 신문에 게재하는 '바로잡습니다'나 '알려왔습니다'를 제외하면 온라인 기사를 수정할 때 사유를 알리기는커녕 정정 표시조차 없이 고치는 것과는 대조적이다.

언론사들의 정정 내용은 기사보다 더 두드러지기도 한다. 〈워싱턴포스트〉 푸드 섹션에 실린 기사[104]는 온라인에서 기사가 뜨기도 전에 '정정(Correction)'이라는 제목이 달린 박스부터 뜨고, 그 안에 줄줄이 정정 내용이 설명돼 있

104 Korsha Wilson(2019). Black families once lived off their southern farmland. Their descendants are struggling to hold onto it. The Washington Post,
https://www.washingtonpost.com/lifestyle/food/black-families-once-lived-off-their-southern-farmland-their-descendants-are-struggling-to-hold-onto-it/2019/07/22/37b3132a-a975-11e9-86dd-d7f0e60-391e9_story.html

다. 맨 처음 뜨는 '정정 박스' 내용은 다음과 같다.

"이 기사의 이전 버전은 많은 오류를 포함했으며, 두 가족의 이야기를 이해하는 데에 중요한 맥락과 주장을 빠뜨렸습니다. 이 버전은 업데이트됐습니다."

해당 박스 밑에는 무려 15개의 정정 내용이 별도 박스로 일일이 설명돼 있다. 정정 내용이 상세해 그 자체만으로 웬만한 기사 못지않게 길다. 일부를 소개하면 다음과 같다.

"당초 기사에 보도된 것과 달리, 프리만(Freeman) 시니어의 손주 조니(Johny)는 백인 여성을 위해 버지니아 핼리팩스의 보도에서 비키는 것을 거절하지 않았습니다. 그는 그녀와 대화하고 있었고, 그것이 큐 클럭스 클랜을 포함한 몇몇 백인 주민들의 노여움을 자아냈을 뿐입니다. 조니가 떠난 프리만의 집에 사람들이 모였을 때 그곳에서는 총탄이 오갔으며, 가족 구성원 한 명의 집은 불길에 휩싸였습니다."

"2017년 미국 농업 통계는 백인과 흑인 농부들이 단순히 소유한 농지뿐 아니라 소유하고 운영한 농지를 비교했습니다."

"프리만이 둘째 아내 레베카(Rebecca)와의 사이에 둔 자녀는 10명이 아니라 8명이었습니다."

기사는 프리랜서 기자인 코샤 윌슨(Korsha Wilson)이 썼다. 뒤늦게 광범위한 오류가 발견되자 〈워싱턴포스트〉는 자사 소속 직원들이 해당 사안을 다시 취재하도록 했고, 이를 토대로 오류를 정정했다고 한다. 원본 기사는 '오류 박스'를 스크롤하며 무려 16개를 지나야만 뜬다.

기사의 핵심적인 내용이 잘못돼 정정할 경우, 언론사의 정정 노력은 혀를 내두를 정도다.

〈프로퍼블리카〉는 정신 이상자들의 범죄율을 다룬 기사[105]가 오류투성이인 것으로 밝혀지자 헤드라인과 기사 사이에 다음과 같은 문구를 적어 정정 계획을 밝혔다.

"2018년 11월 20일 업데이트: 기사 발간 이후 오리건의 정신 보장 리뷰 이사회는 〈말흐 엔터프라이즈〉에 자신들이 언론 매체에 기사를 위한 완전한 데이터를 제공하지 않았다고 알려왔습니다. 우리는 빠진 정보를 요청했고 정보를 얻으면 기사를 업데이트할 것입니다."

얼마 후 게재된 기사 수정본[106]에는 다음과 같은 '에디터의 노트'가 실렸다.

"이것은 오리건의 정신 보장 리뷰 이사회가 제공한 불완전한 데이터 세트에 기반해 〈프로퍼블리카〉와 〈말흐 엔터프라이즈〉가 11월 14일 발간한 기사를 업데이트한 것입니다. 이사회는 당초 2008년부터 2017년까지 풀려난 사람 334명의 이름을 제공했습니다. 사실 그 이사회는 해당 기간 동안 526명을 자유롭게 했습니다. 전체 기록을 보면서 우리는 형사법상 정신이상자들은 당초 계산했던 것보다 더 많은 새로운 범죄들을 저질렀고 다른 사람들에게 더 자주 해를 입혔다는 것을 발견했습니다. 11월 14일 기사의 업데이트

105　Jayme Fraser, The Malheur Enterprise, with Decca Muldowney, Gabriel Sandoval and Alex Mierjeski, ProPublica(2018). Oregon Board Says Those Found Criminally Insane Rarely Commit New Crimes. The Numbers Say Otherwise. ProPublica,
https://www.propublica.org/article/archive-oregon-board-says-those-found-criminally-insane-rarely-commit-new-crimes-the-numbers-say-otherwise

106　Jayme Fraser, The Malheur Enterprise(2018). Criminally Insane in Oregon Attack Twice as Many People Than Previously Known, New Data Shows. ProPublica,
https://www.propublica.org/article/criminally-insane-in-oregon-attack-twice-as-many-people-than-previously-known

버전은 여기(링크)에서 발견할 수 있습니다. 원본은 이곳(링크)에서 발견할 수 있습니다."

〈프로퍼블리카〉는 오류를 상세히 설명하기 위한 별도의 기사[107]를 다음과 같이 실었다.

- 앞부분 생략 -

당초 11월 14일에 발간되고 12월 12일에 업데이트된 기사는 "정신이상을 제외하고는 유죄"로 판단된 피고들의 23%가 석방 이후 3년 이내에 중범죄로 기소된다는 것이었다. 그 기사는 오리건 감옥에서 석방되는 사람들은 같은 기간에 단지 16%만 3년 이내에 중범죄로 기소됐다고 말했다.

정신이상이 있는 피고들이 감옥에서 풀려난 사람들보다 재범률이 더 높다는 추정과, 두 수치들은 부정확하다.

〈프로퍼블리카〉 직원들은 "정신이상을 제외하고는 유죄"로 판명되고 2008년 1월 1일부터 2015년 10월 15일 사이에 정신 보장 리뷰 이사회로부터 풀려난 사람들의 사례 419건을 검토했다. 우리의 리뷰는 이사회로부터 풀려나 3년 이내에 중범죄로 기소된 사람들의 실제 비율은 16%라는 것이었다(원본 기사와 우리의 리뷰는 완전하지 않을

107　Propublica and The Malheur Enterprise(2019). Correction: Stories on Insanity Defense Included Factual Errors and Inaccurate Data. ProPublica,
https://www.propublica.org/article/correction-stories-on-insanity-defense-included-factual-errors-and-inaccurate-data

탁월한 스토리텔러들

수 있는 공문서 제공 사이트에서 쌓은 데이터에 의존했다).

　우리가 당초 중범죄를 집계한 것은 여러 실수들에 의해 부풀려졌다. 어떤 경우에 우리는 경범죄 기소를 중범죄로 잘못 기록했다. 다른 경우에는 우리는 3년이라는 기간 밖에서 중범죄로 기소된 사람들을 실수로 포함시켰다.

　우리는 오리건의 감옥으로부터 풀려난 사람들의 재범률 역시 잘못 기재했다. 오리건주는 중범죄로 기소됐다가 석방된 사람들의 수를 추적하지 않는다. 우리가 기사에 인용한 비율인 16%는 주 기록을 잘못 읽은 것에서 비롯됐다.

－ 하락 －

미국에서도 기자들이 잘못을 저지르고, 실수를 넘어서 의도적인 비위를 저지르기도 한다. 때때로 놀랄 정도의 오류나 부정행위가 발견되지만, 자정능력과 시스템은 그에 못지않게 과감하고 투명하다. 미국기자협회 윤리규약은 "본인들의 조직을 포함해 저널리즘에서의 비윤리적인 행위를 드러내라"고 권고한다. 언론은 독자의 '알 권리'를 위해 복무하며, 자사의 치부도 그 예외가 될 수 없다. 독자로부터 얻는 신뢰성은 이를 위한 시스템적인 노력에서 나온다.

　언론사들은 기사의 오류든 기자의 잘못된 행동이든, 독자로부터 얻는 신뢰성을 해칠 만한 일이 생기면 최대한 투명하게 드러내고 상세하게 공유한다. 이를테면 〈뉴욕타임스〉에서 소속 기자가 취재 내용을 날조하고 에디터들을 속여 해고된 적이 있다. 회사는 기자가 어떤 잘못을 저지르고 어떤 조치를 취했는지 다음과 같은 기사[108]를 통해 조목조목 알렸다.

〈뉴욕타임스〉 소속 기자가 최근 몇 개월간 중요한 뉴스 행사들을 취재하는 동안 빈번하게 저널리즘적인 사기를 저질렀음이 〈뉴욕타임스〉 기자들의 조사로 밝혀졌다. 이 광범위한 조작과 표절은 신문의 152년 역사로 쌓인 심도 있는 신뢰를 배반한 최악의 경우다.

그 기자, 27세 제이슨 블레어(Jayson Blair)는 종종 뉴욕의 먼 곳에 있을 때 메릴랜드, 텍사스 그리고 다른 주들로부터 보도했다며 독자들과 〈뉴욕타임스〉 동료들을 호도했다. 그는 코멘트들을 조작했고 장면들을 만들어냈다. 그는 다른 신문들과 통신 서비스들로부터 자료를 가져다 썼다. 실제로는 아니었지만 자신이 어딘가에 있거나 누군가를 본 것 같은 인상을 만들기 위해 사진들로부터 세부적인 내용을 선택했다.

그리고 그는 워싱턴 교외의 참혹한 총기 공격부터 이라크에서 사랑하는 사람이 숨져서 슬퍼하는 가족들의 비통함까지 최근 역사에서 감정적으로 격앙된 순간들을 거짓으로 작성하기 위해 이런 기술들을 사용했다.

108 Dan Barry, David Barstow, Jonathan D. Glater, Adam Liptak and Jaques Steinberg(2003). Correcting the Record; Times Reporter Who Resigned Leaves Long Tail of Deception. The New York Times, https://www.nytimes.com/2003/05/11/us/correcting-the-record-times-reporter-who-resigned-leaves-long-trail-of-deception.html

이런 기록을 정정하고, 어떻게 이런 사기가 〈뉴욕타임스〉 사람들에게서 유지될 수 있었는지에 초점을 맞춘 조사에서 〈뉴욕타임스〉 기자들은 지금까지 블레어 씨가 지난 10월 전국 취재 과제를 얻기 시작한 이후 작성한 73개의 기사 중 최소 36개의 기사에서 새로운 문제들을 발견했다. 마지막 달에는 거짓의 대담함이 주 단위로 커졌다. 이는 젊은 남자가 어떻게 직업적으로 자멸하는지를 보여줬다.

지금은 신문사에서 사직한 블레어 씨는 〈뉴욕타임스〉에서 거의 4년간 기자였고 많은 기사를 썼다. 그가 10월 전에 쓴 600개가 넘는 기사들을 군데군데 확인한 결과 다른 명백한 조작이 발견돼 조사가 진행되고 있다. 〈뉴욕타임스〉는 블레어 씨의 추가적인 거짓말이 있다면 독자들이 알려줄 것을 요청한다.

— 하략 —

미국 언론계는 오류나 잘못을 투명하게 정정하는 것을 윤리적인 책무를 넘어서, 언론사가 얼마나 시스템적으로 투명한지 알려서 신뢰를 강화하기 위한 수단으로 여긴다. 독자들은 여러 기사에서 정정 표시를 지속적으로 볼 경우, 정정 표시가 없는 기사나 내용은 정확한 것이라는 인식을 갖게 돼 보도 내용을 더욱 신뢰할 수 있다. 반면 독자들이 아무런 표시 없이 수정된 기사들을 발견하게 된다면 기사 전반에 대해 의구심을 갖게 될 수 있다. 잘못을 쉬쉬하기보다는 투명하고 정직하게 설명하는 것이 오히려 보도에 대한 신뢰를 확보하는 길일 수 있다.

투명한 정정과 공개라는 책무는 오늘날 점점 더 중요해지고 있다. 〈컬럼비아 저널리즘 리뷰〉의 알렉시스 소벨 피츠(Alexis Sobel Fitts)는 "언론사들이 정정할 기회를 얻기도 전에 잘못된 기사들이 입소문을 탈 수 있는 디지털 문화에서는 부정확함의 범위를 연구하고 그것이 발생하도록 한 편집 관행을 공개하는 것을 포함한 완전한 투명성이 더욱 중요하다"고 말했다.[109]

109   Alexis Sobel Fitts(2014). How to handle a story correction. Columbia Journalism Review, https://archives.cjr.org/behind_the_news/rolling_stone_correction.php

GREAT
STORYTELLERS

PART 04

'검증' 하고
'반박' 받아라

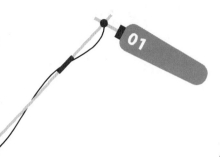

매 문장이
입증되는지 검증하라

한국 언론사 입사 과정에서는 서류 전형을 통과하면 필기시험을 치르는데, 상식이나 한국어 능력을 제외한 순수 '글쓰기'만 놓고 보면 주로 논술과 작문 시험을 치른다. 언론사 시험 준비생이라면 대부분이 논술과 작문 쓰기 연습을 한다. 신문의 사설, 칼럼을 필사해보는 사람도 있고, 자신이 쓴 논술과 작문을 준비생들과 돌려 읽어보는 경우도 흔하다. 글의 종류를 영어로 표현하면 논술은 사설이나 칼럼을 뜻하는 'Editorial Writing' 혹은 'Opinion Writing'일 것이고, 보다 형식이 자유로운 작문은 'Essay Writing' 혹은 'Creative Writing'이라고 할 수 있을 것이다.

그런데 미국 저널리즘 스쿨에 다니는 동안 논술과 작문 쓰기는 수업에서는 물론이고 사석에서도 접한 적이 없다. 언론사들이 '글쓰기 시험'을 쳐서 기자를 뽑지도 않고, 기자들은 필력이 아닌 현장에서의 이력과 성과를 토대로 언론사에 입사하고 이직해서일 것이다. 그런데 무엇보다도, 기자가 되려면 사설이나 칼럼 혹은 에세이를 잘 써야 한다는 발상 자체가 언론계에서는 '난센스'로 통용된다. 취재기자는 '의견'이 아닌 '사실'을 보도하는 사람이기 때문이다(박재영, 2019b).

언론계에서 '무엇이 뉴스냐'에 대해서는 의견이 분분하지만, '무엇이 뉴스가 아니냐'에 대해서는 의견이 한데 모아진다. '의견'을 표명하는 것은 확실히 뉴스가 아니라는 것이다. 미국에서 취재보도 교과서로 쓰이는 『News Reporting & Writing』(Brooks, Horvit, & Moen, 2020)은 이렇게 설명한다.[110]

"기자가 얼마나 객관적일 수 있는지에 대해서는 토론이 있지만, 기자들과 학자들 모두 한 가지에 대해서는 동의한다. 바로 뉴스를 보도하는 것은 의견을 표명하는 것과 같지 않다는 점이다. 뉴스 기사의 주요 목적은 알리는 것이다. 글, 오디오 또는 영상을 사용하건 간에, 기자의 일은 독자들이 사실들을 이해하는 것을 돕기 위해 적절한 사실과 충분한 배경 정보를 소통하는 것이다."

뉴스 기사도 발생한 사실을 분석하거나 해설한다. 그러나 그것은 의견을 표명하는 것과는 명백히 다르다. 〈뉴욕타임스〉 편집부장을 지낸 빌 켈러(Bill Keller)는 "우리는 기자들이 분석이나 맥락을 제공할 것을 권유하는데, 이것은 의견과 같지 않다"며 이렇게 설명했다.[111]

"대법원이 커다란 사건을 판결한다면 우리는 대법원 담당 기자가 이것이 전례의 변화를 의미하는지, 어떤 법관이라도 지난 사건에서의 시각을 바꾼 것으로 보이는지, 그 결정이 시민들의 삶에 어떤 영향을 미칠 것인지를 이야

---

110   The Missouri Group(2019). News Reporting & Writing. Bedford/St. Martin's; 13 edition, p.18.

111   The New York Times(2006). Talk to the Newsroom: Executive Editor Bill Keller. The New York Times, https://www.nytimes.com/2006/04/14/business/media/talk-to-the-newsroom-br-executive-editor-bill-keller.html?searchResultPosition=79

기해주도록 요청한다. 우리는 그가 해당 결정이 좋거나 나쁜지를 이야기해 줄 것을 요청하지 않는다.”

기자들은 옳고 그름을 전하는 것이 아닌, 사실관계를 충실히 알려서 독자들이 각자 현명한 의사 판단을 할 수 있도록 돕는 것이 자신의 역할이라 여긴다. 〈아칸소 데모크라트 가제트〉 편집인 월터 허스만 주니어(Walter Hussman Jr.)는 기자의 역할이 진실을 결정해 드러내는 게 아니라, 확인 가능한 사실을 보도해 독자들이 진실을 결정하도록 하는 것이라고 말했다.[112] 그는 “저널리스트의 역할은 그 시점에 자신이 진실이라고 믿는 것을 결정하고 그것만 독자들에게 드러내는 게 아니라, 모든 확인 가능한 사실을 완전하고 불편부당하게 보도해 독자들이 그들의 지식과 경험을 바탕으로 진실이라고 믿는 것을 결정할 수 있게끔 하는 것”이라고 말했다.

기자와 칼럼니스트는 엄연히 지향점이 다르다. 칼럼니스트는 주관을 갖고 주장을 하지만, 기자는 객관을 추구하며 전제나 가정을 의심하고 반대 의견을 찾는다. 여기서 ‘객관’이라 함은 선언적인 이상이라기보다는 ‘시스템적인 노력’에 가깝다. 주관의 존재를 부정하는 게 아니라, 적극적으로 인정하고 명확하게 영역과 역할을 구분하는 것이다.

미국 언론사는 편집국과 논설위원실 사이에 벽을 세우고, ‘뉴스를 다루는 기자’와 ‘칼럼니스트’를 철저히 분리한다. 뉴스 기자는 칼럼을 쓰지 않으며 칼럼은 논설위원실이 담당하는데, 논설위원 중에는 외부 인사라고 해도 무

---

112   Walter Hussman Jr.(2019). Impartiality Is the Source of a Newspaper's Credibility. Wall Street Journal, https://www.wsj.com/articles/impartiality-is-the-source-of-a-newspapers-credibility-11568109602

방할 정도로 편집국과 인연이 없는 사람이 많다(박재영, 2019b).

신문사들은 편집국과 논설위원실이 철저히 독립적으로 운영된다는 것을 알리고 있다. 〈보스턴글로브〉는 오피니언 팀이 편집국과 구분돼 있으며 공적인 이슈에 대한 회사의 입장이 편집국 기자나 에디터와의 상의 없이 결정된다고 밝혔다.[113] 〈오레고니안〉도 뉴스 기사는 사설의 영향을 받지 않는다고 밝혔다.[114] 빌 켈러는 〈뉴욕타임스〉 편집부장 재직 당시 이렇게 말했다.[115]

"많은 독자들이 모를 것이라 생각하지만 나는 칼럼니스트나 논설위원과 아무 관련이 없다. 그들은 건물에서 별개의 층을 차지하고 있다. 그들은 발행인에게 직접 보고하는 에디터 게일 콜린스(Gail Collins)에게 답변한다. 종종 같은 엘리베이터를 탈 때를 제외하면 뉴스 보도를 하는 기자들과 에디터들은 의견을 쓰는 사람들과 다른 궤도에서 일한다. 〈뉴욕타임스〉가 리버럴한 사설란을 갖고 있지 않다거나 칼럼니스트 다수가 (눈에 띄는 예외 두어 명을 포함해) 리버럴한 경향이 없다고 주장하는 것은 사실 터무니없을 것이다. 하지만 편집국이 리버럴하다고 말하는 것은 특정하게 정치적이거나 사상적인 라인을 따른다는 점에서 분명히 잘못됐다. 의견의 분리는 대부분 미국 신문의 관행이다. 〈월스트리트저널〉은 미국의 어떤 신문보다도 가장 보수적인 오피니언 페이지를 갖고 있는데, 나는 그렇다고 그 신문의 뉴스 보도를 '보수적'이라

---

113   The Boston Globe(2020). Meet the Editorial Board. The Boston Globe, https://www.bostonglobe.com/opinion/2018/05/22/guide-globe-opinion/BEw1XU0uyEag9ceSF1vvLJ/story.html

114   Therese Bottomly(2020). Letter from the Editor: What's news and what's opinion? The Oregonian, https://www.oregonlive.com/opinion/2020/01/letter-from-the-editor-whats-news-and-whats-opinion.html

115   The New York Times(2006). Talk to the Newsroom: Executive Editor Bill Keller. The New York Times, https://www.nytimes.com/2006/04/14/business/media/talk-to-the-newsroom-br-executive-editor-bill-keller.html?searchResultPosition=79

'검증'하고 '반박'받아라

고 묘사하지 않을 것이다. 편집국 기자들과 에디터들이 정치적인 의견을 갖고 있는가? 대부분이 그럴 것이라고 추정한다. 재판관, 군인, 학교 교사와 불편부당하게 업무를 수행할 것으로 기대되는 다른 많은 직업인들이 그렇다. 하지만 그들은 이런 의견을 다른 사람에게 알리지 않고, 자신의 의견이 업무에 스며드는 것을 방지하도록 노력하는 문화에서 일한다."

국내 언론사에서는 논설위원실과 편집국 사이의 역할과 경계가 흐릿하다. 현장 기자들이 의견을 담은 칼럼을 쓰는 것은 말할 것도 없고, 취재기자가 쓰는 뉴스에서는 의견이나 주관이 개입된 문장이 빈번하게 등장한다. 이슈를 다루는 기사에서 주어도 출처도 없이 "~라는 지적이 나온다", "~라는 비판이 나온다", "~가 필요해 보인다"는 식의 문구가 등장하는 것이 대표적이다.

미국 기사에서는 기자의 의견이 개입된 문장도 보기 어려울뿐더러, 주장을 소개하는 문장에서는 동사에서도 중립성을 유지한다. 대부분의 기자들은 누군가의 멘트를 인용할 때 줄곧 "말했다(said)", "말한다(says)"라고 쓴다(Bloom, 2002). 통상적인 글에서는 다채로움을 위해 반복적인 단어를 피하라는 조언이 통용되지만, 기사에서만큼은 다른 동사 대신 대부분 "말했다", "말한다"를 쓴다. 그것이 의견이 아닌 사실이기 때문이다. 한국 기사에서 "주장했다", "반박했다", "하소연했다", "꼬집었다", "질타했다", "비판했다" 등 다양한 뉘앙스가 담긴 단어가 등장하는 것과 대조적이다.

『News Reporting & Writing』(Brooks, Horvit, & Moen, 2020)에서는 "말했다"만 쓰는 이유를 이렇게 설명한다.[116]

---

116 The Missouri Group(2019). News Reporting & Writing. Bedford/St. Martin's; 13 edition, p.105.

"'말했다'는 단어를 쓰는 것은 객관적이기 위함이다. '말했다'의 유사어 일부는 무해하게 들리지만 주의해야 한다. 시청 직원이 '요구했다(claimed)' 또는 '주장했다(maintained)' 또는 '주장했다(contended)'라고 보도한다면 그 직원이 말한 것을 별로 믿지 않는다는 것을 함축한다. 때문에 '말했다'는 문구가 해결책이다. 노동 협상에 대한 어떤 기사에서는 회사 직원들은 언제나 '요청하고(ask)' 노동 리더들은 항상 '요구한다(demand).' '요구하는 것'은 가혹하고 비합리적으로 들리지만 '요청하는 것'은 침착하고 합리적으로 들린다. 이런 단어들을 이런 맥락에서 쓰는 기자는 의식적으로든 무의식적으로든 사설 같은 입장을 취하는 것이다."

미국 기사에도 의견이나 관점이 묻어나는 기사가 없다고는 할 수 없다. 하지만 기자들은 행여나 기사에 주관이 녹아 있지 않은지 '자기 검열'을 치열하게 한다. 〈뉴욕타임스〉에서 기업 취재를 담당하는 데이비드 겔스(David Gelles) 기자는 그 검열을 이렇게 말했다.[117]

"저는 CEO로서의 트럼프에 대한 취재를 많이 합니다. 스스로에게 내적인 편견, 트럼프에 반하는 편견이 있다는 것을 발견하곤 합니다. 그래서 저는 계속해서 멈추고 문장을 읽어보고 다시 씁니다. 같은 팩트를 포함시키되 가치가 개입된 방식으로 적지 않으려고 합니다. 에디터들도 마찬가지일 거라고 생각합니다. 이것은 제가 아는 방식으로 뉴스에 불편하게 색을 입히는 수많은 문구와 형용사와 부사에 대한 것입니다. 그래서 저는 멈추고 기사를 다시 씁니다. 특히 뉴스 기사인 만큼, 과도할 정도로 경각심을 가지려고 노력합니다."

117　2017년 8월 29일 UC버클리 저널리즘 스쿨 초청 행사

'검증'하고 '반박'받아라

미국 언론계에서 객관성은 저널리즘이라는 예술에 '관찰 가능한 사실'에 대한 의존을 강조한 '과학적인' 방법을 적용하는 것을 의미한다. 과학 연구자들은 전제를 의심하고 연구 방법과 발견한 결과, 그 결과의 한계를 투명하게 설명한다. 저널리즘에서 객관성은 진실을 추구하고 사실을 확인하는 데 있어서 이 같은 '투명한 기술'을 사용하는 것을 포함한 개념이다(Kovach & Rosenstiel, 2014).

기자들은 자신의 관점을 기사에 담기는커녕 스스로의 가치관에 반하는 질문을 하면서 기사를 점검한다. 〈뉴욕타임스〉의 정치 담당 기자 매기 애스터(Maggie Astor)는 "취재하고 기사를 쓸 때 '만약 내가 가진 의견이 달랐다면 질문을 이렇게 하거나 기사를 이런 식으로 쓸 것인가'를 스스로에게 묻는다"며 "대답이 그렇지 않다는 것이면 멈추고 재조정한다"고 말했다.[118]

과학자들이 '관찰 가능한 사실'을 강조한다면, 기자들은 '확인 가능한 사실'을 강조한다. 어떤 문제를 드러내든, 의견이나 주장이 아닌 '확인 가능한 사실'로 뒷받침해야 한다는 것이다. 〈프로퍼블리카〉 기자 제이슨 그로토(Jason Grotto)는 "취재에 있어서 우리가 추구하는 질문이 확인 가능한 사실들에 의해 답변될 수 있다는 것을 명확히 해야 한다"며 이렇게 말했다.[119]

"핵심은 '확인 가능한'이다. 그것은 기사에 제시된 어떤 사실도 문서, 데이터 또는 실명으로 인터뷰에 응한 믿을 수 있는 취재원에 의해 뒷받침돼야 한다는 것이다."

과학자들이 가설을 결과로 간주하지 않고 연구하듯이, 기자들도 진실을

---

118 Caryn A. Wilson and Lara Takenaga(2020). No Politics Till the 7th Date? How Journalists Try to Stay Impartial. The New York Times,
https://www.nytimes.com/2020/03/02/reader-center/political-impartiality.html

119 Jason Grotto(2018). How Do We Keep Bias Out of Stories? ProPublica,
https://www.propublica.org/article/ask-ppil-on-bias-in-journalism

고정된 것으로 간주하지 않고 취재한다. 코바치와 로젠스틸(Kovach & Rosenstiel, 2014)이 말했듯이 취재는 진실을 찾아가는 긴 여정이다. 〈뉴욕타임스〉에서 퓰리처상 수상작을 작업해온 에디터 글렌 크라몬(Glenn Kramon)은 "우리는 결코 헤드라인을 작성할 수 없다. 다른 말로 하자면 진실은 우리가 초기 혹은 수 주 동안 취재할 당시 상상한 것이 아닐 수 있기 때문에 철저히 취재하기 전까지는 논지를 고안해낼 수 없다"고 말했다.[120]

〈마이애미 헤럴드〉에 실린 기사를 보자.[121] 수많은 소녀들을 성추행하고도 풀려났던 자산가 제프리 엡스타인(Jeffrey Epstein)에 대한 기사다. 마이애미 연방 검사 알렉산더 아코스타(Alexander Acosta)가 전 동료이자 엡스타인의 변호사인 제이 레프코위츠(Jay Lefkowitz)와 미팅을 하며 감형 합의를 하고 수사를 종결시켰다는 내용이다. 기사는 어떻게 '확인 가능한 사실'을 전개하는가? 이 기사에서는 수천 통의 이메일, FBI 기록, 법원 기록을 통해 드러난 내용과, 피해자들을 대리하는 변호사 및 당시 수사를 지휘했던 은퇴한 경찰서장과의 실명 인터뷰를 소개하고 있다.

120   The New York Times(2007). Talk to the Newsroom: Assistant Managing Editor Glenn Kramon. The New York Times,
https://www.nytimes.com/2007/02/12/business/media/15asktheeditors.html?searchResultPosition=123

121   Julie K. Brown(2018). How a Future Trump Cabinet member gave a serial sex abuser the deal of a lifetime. Miami Herald,
https://www.miamiherald.com/news/local/article220097825.html

– 앞부분 생략 –

그 괴짜 헤지펀드 매니저는 전직 대통령 빌 클린턴, 도널드 트럼프, 앤드류 왕자도 친구로 두고 있으며, FBI와 법원 기록에 따르면 맨해튼과 뉴멕시코, 카리브해에 있는 다른 집에서 섹스 파티를 하기 위해 종종 해외에서 미성년 소녀들을 인신매매한 혐의를 받았다.

엡스타인은 53페이지의 연방 공소장으로 인해 여생을 연방 교도소에서 보내게 될 수 있었다.

하지만 그 거래는 그날 아침 미팅에서 합의가 이뤄졌는데, 이것은 엡스타인의 범죄와 그와 관련된 사람들의 숫자를 완전히 감출 특별한 감형 합의였다.

수천 통의 이메일들과 법원 문서들, FBI 기록들에 대한 〈마이애미 헤럴드〉의 조사에 따르면 엡스타인은 카운티 감옥에서 단지 13개월만 수감될 것일 뿐 아니라, 불기소 합의라고 불리는 그 거래는 더 많은 피해자들이 있거나 엡스타인의 성 범죄에 가담한 다른 권력자들이 있는지에 대한 FBI의 지속적인 수사를 근본적으로 종결시킬 것이었다.

– 중략 –

하지만 법원 기록들은 협상에 대한 세부적인 내용과 잠재적인 국제 성매매 운영에 대한 연방 수사를 무산시킨 거래를 주선하는 데에 있어서 아코스타의 역할을 드러낸다. 무엇보다도 아코스타는 엡스타인의 변호사들이 불기소 합의의 조건을 지정하도록 허용하는 이례적인 자유를 허락했다.

"이 사건에서 발생한 손해는 과도합니다." 엡스타인의 피해자들 일부를 대리하는 전직 주 검사 브래들리 에드워즈(Bradley Edwards)가 말했다. "세상에 어떻게 미국 연방 검사가 범죄 피고인이 합의서를 쓰는 것을 허락하면서 범죄 피고인과 협상에 임할 수 있습니까?"

그 결과 2001년에서 2005년 사이 엡스타인이 미성년자와 가진 성 행위가 처음 경찰에 의해 발견됐을 때, 얼마나 많은 소녀들이 성폭행을 당했다고 주장했는지 피해자들과 심지어 재판관들도 모를 것이다. 경찰은 그 사건을 1년 뒤 FBI에 송치했는데, 그때는 그들이 팜비치 주 검찰에 의해 조사가 약화되고 있다는 것을 의심하기 시작했을 때였다.

"이건 '그가 이렇게 말했고 그녀가 이렇게 말했다'는 상황이 아니었습니다. 50여 명의 '그녀들'과 한 명의 '그'가 말하는 상황이었고, '그녀들'은 기본적으로 같은 이야기를 했습니다." 경찰 수사를 감독한 은퇴한 팜비치 경찰서장 마이클 리터(Michael Reiter)가 말했다.

– 하략 –

미국 기자들도 탐사보도를 통해 불의를 드러낸다는 이상을 갖고 있다. 하지만 이것은 기사를 통해 기자 개인의 의견을 드러낸다는 의미는 아니다. 〈탬파베이 타임스〉 마크 캐치스(Mark Katches) 편집국장은 "〈탬파베이 타임스〉 탐사보도 팀의 사명은 권력자들이 책임을 지도록 하는 것"이라며 "우리 기자들은 잘못된 행동, 부정의, 학대, 무능을 찾아낸다"고 했다.[122] 기자는 사회의 부조리를 주장하는 게 아니라 '찾아내는' 사람들이다.

---

122   Mark Katches(2018). Column: Times' investigative team exposes big problems at the Heart Institute inside Johns Hopkins All Children's Hospital. Tampa Bay Times,
https://www.tampabay.com/news/column-times-investigative-team-exposes-big-problems-at-the-heart-institute-inside-johns-hopkins-all-childrens-hospital-20181121/

'검증'하고 '반박'받아라

기사들은 문제점만 드러내는 것이 아니라 '대안'도 제시한다. 문제만이 아닌 잠재적인 해법 역시 치열하게 취재하는 '해법(Solutions) 저널리즘'이라는 용어도 있다. 문제에 대해 신뢰할 만한 해법을 탐구하고 설명하는 것이지만, 기자가 해법을 제시하는 것과는 엄연히 다르다(박재영, 2020). '해법 저널리즘 네트워크'의 창립자 데이비드 본스타인(David Bornstein)은 "이것은 문제를 해결하는 데 있어서 아이디어들을 홍보하거나 승자나 최고의 모델들을 고르기 위한 것은 명백히 아니다"고 말했다.[123] 그는 해법 저널리즘이 무엇이 '돼야' 하는지 선언하지 않으며, 독자들이 탄원서에 사인하거나 돈을 기부하는 것과 같은 특정한 행동을 취할 것을 권하지 않는다고 말한다.

〈워싱턴포스트〉 재직 당시 '워터게이트 특종'을 보도한 칼 번스타인(Carl Bernstein)도 기자는 재판관이나 법률가가 아니라고 선을 긋는다. 그는 "우리가 발전시킨 정보로 정부나 시민들이나 재판관들이 무엇을 할지는 우리가 일하는 과정의 일부도 목적의 일부도 아니다"라며 "우리의 임무는 가장 획득 가능한 버전의 진실을 세상에 내놓는 것"이라고 말했다.[124]

123   Tom Rosenstiel(2014). Reporting 'the whole story': 9 good questions with David Bornstein of Solutions Journalism Network. American Press Institute,
https://www.americanpressinstitute.org/publications/good-questions/moving-toward-whole-story-9-good-questions-david-bornstein-solutions-journalism-network/

124   Benjamin Mullin(2017). Read Carl Bernstein and Bob Woodward's remarks to the White House Correspondents' Association. Poynter,
https://www.poynter.org/reporting-editing/2017/read-carl-bernstein-and-bob-woodwards-remarks-to-the-white-house-correspondents-association/

〈탬파베이 타임스〉에 실린 기사[125]를 보자. 소아 심장 수술을 하는 올 칠드런스 병원에서 환자들이 높은 비율로 죽어나간 것에 대한 기사다. 존스홉킨스가 6년 전 해당 병원을 인수할 당시만 해도 병원의 심장 수술 부서를 전국 최고로 만들겠다고 약속했는데, 환자들은 10명 중 1명꼴로 죽었고, 사망률은 3년 전에 비해 세 배가 돼 플로리다주에서 가장 높았다고 한다.

기자들은 병원 측의 잘못으로 인해 환자들이 대거 피해를 입은 부조리를 찾아내 보도한다. 취재진은 플로리다주에 있는 소아 심장 수술 프로그램 10개를 비교하고 의료 데이터베이스를 분석해 통계를 제시했으며, 의료 보고서 수천 페이지들을 검토하고 병원 전·현직 노동자와 의료 안전 전문가들 및 환자들을 인터뷰하는 등 다각적인 취재 끝에 '발견'한 것을 소개한다. 부조리를 드러내지만, 주장이나 의견이 아닌 '발견하고 검증한 사실관계'로 기사를 채운다.

- 앞부분 생략 -
지난해 환자들은 10명 중 1명꼴로 죽었다. 그 사망률은 플로리다에서 갑작스럽게 가장 높아졌는데, 2015년 이후 세 배가 됐다.
다른 아이들은 일생일대의 부상으로 고통받았다. 진 카리엘 비에라 말도나도(Jean Kariel Viera Maldonado)는 올 칠드런스에서 2017년

125 Kethleen McGrory and Neil Bedi(2018). Heartbroken. Tampa Bay Times,
https://projects.tampabay.com/projects/2018/investigations/heartbroken/all-childrens-heart-institute/

'검증'하고 '반박'받아라

3월 심장 이식을 했다. 그 직후, 새로운 심장으로 연결한 바늘땀이 끊어졌고, 그 5세 아이는 거대한 뇌졸중을 앓았다. 오늘날 그는 더 이상 걷거나 말하거나 혼자서 밥을 먹을 수 없다. 부모는 그를 온종일 돌본다.

〈탬파베이 타임스〉 기자들은 심장 질환을 가지고 태어난 아이들을 돌보는 것에 헌신하는 올 칠드런스 심장 병원의 작지만 중요한 부서를 조사하면서 1년을 보냈다.

그들은 플로리다주의 10년 치 병원 입원 데이터베이스 2,700만 건을 분석하면서 소아 심장 수술 프로그램 10개를 비교했다. 그다음 의료 보고서 수천 페이지를 검토했고 전·현직 병원 노동자들을 인터뷰했으며, 최고의 의료 안전 전문가들과 이야기를 나누고 처참한 결과를 헤쳐 나가고 있는 플로리다 중부에 걸쳐 있는 가족들을 추적했다.

그들은 심장 수술 커뮤니티에서 수군거려졌지만 대중에게는 감춰져 있던 문제들로 싸여 있던 프로그램을 발견했다.

ㅡ 하략 ㅡ

미국 내에서도 기자와 언론의 '객관성'에 대해서는 논박이 있는 것이 사실이다. 누군가가 정말로 객관적일 수 있다고 믿는 것은 신화에 불과하다는 '객관성의 신화'라는 문구도 회자된다. 인간이라면 주관을 가질 수밖에 없지만, 기자로서 기사에 주관을 넣는 것은 다른 문제다. 주관이 배제하기 어렵다는 것과 주관을 개입하는 것을 마땅히 여기는 것도 다르다. 빌 켈러는 "기자

들은 뉴스 기사에 자신의 정치관이나 사상을 밀어 넣을 자격이 없다"며 이렇게 말했다.[126]

"우리가 언제나 이런 고매한 기준에 부응하며 살지 않는다고 비판하는 사람들이 오늘날 존재하며, 그들의 말은 옳다. 신문들은 인간에 의해 작성되고 수정된다. 우리는 잘못을 저지른다. 완전한 객관성은 환상이므로 언론은 불편부당성의 가식을 포기하고 기자들은 자신들의 시각을 선언하고 격렬하게 써야 한다고 주장하는 비판자들도 있다. 나에게 있어서 이것은 많은 아이들의 미래가 유전학에 의해 정해지므로 부모가 되는 일을 떨쳐버려야 한다고 말하는 것과 같다. 불편부당한 저널리즘은 아이를 키우는 것처럼 욕심일지라도, 가치 있는 것이다. 그리고 당신의 아이와 같지 않게 일간지는 다음 날 완전히 다시 출발해 이번에는 바로잡을 수 있는 기회를 준다."

---

126   The New York Times(2006). Talk to the Newsroom: Executive Editor Bill Keller. The New York Times, https://www.nytimes.com/2006/04/14/business/media/talk-to-the-newsroom-br-executive-editor-bill-keller.html?searchResultPosition=79

'검증'하고 '반박'받아라

진술에만 의존하지
말고 문건을 찾아라

미국 언론계는 공문서 확보를 굉장히 중시한다. 미국에서는 일찌감치 '정보공개법(Freedom of Information Act)'이 제정되어 기자들이 긴밀한 문서를 획득하는 유용한 수단으로 활용됐다. 우리의 정보공개 청구 제도도 미국에 기원을 두고 있다.

국내 기자들이 정보공개 청구를 취재보도에 활용할 때는 기획기사 아이템 확보를 위한 경우가 대부분이다. 공문서를 통해 기삿거리나 아이템 관련 자료를 얻기 위해 정보공개 청구를 활용한다는 것이다. 미국에서도 공문서를 토대로 기사 아이디어나 자료를 얻긴 하지만, 취재 내용을 '검증'하기 위한 수단으로도 빈번하게 활용한다. 정부의 행정 기록이 됐든 취재원의 전과기록이 됐든 공문서는 누군가의 발언이 사실인지 교차 확인할 수 있게 해주기 때문이다. 기자들은 취재원을 상대로 끈질기게 문을 두드리는 것 못지않게 공문서 확보를 위해 노력한다. 취재원의 진술에만 의존하지 않고 문서를 통해 재차 사실관계를 검증하고 보도하기 위해서다.

〈뉴욕타임스〉 기사를 보자.[127] 트럼프 대통령이 자국민의 일자리를 보호하겠다고 공언하면서 자신은 합법적으로 근로 자격이 있는 노동자들만 채용했다고 이야기했지만, 실제로는 불법 노동자를 채용했다는 내용이다. 기자는 핵심적인 취재원과 변호사를 만나 인터뷰하고도 문서를 통한 검증을 실시한다. 취재원의 급여 명세서와 고용 관련 서류, 납세 증명을 확인하고 그린카드, 사회보장카드를 살펴봤으며, 사회보장번호를 공문서 데이터베이스에서 조회해 검증했다.

빅토리나 모랄레스(Victorina Morales)는 뉴저지 베드민스터에 있는 트럼프 내셔널 골프 클럽에서 5년 동안 가사도우미로 일하는 동안, 도널드 트럼프의 침실을 정리하고 화장실 청소를 했으며 크리스털로 된 골프 트로피들의 먼지를 털어냈다. 그가 대통령으로서 그곳을 방문했을 때 그녀는 비밀 서비스 로고로 꾸며진 미국 국기 모양의 핀을 착용할 것을 지시 받았다.

트럼프의 방문 동안 그녀가 제공한 "뛰어난" 지원 덕분에, 모랄레스 씨는 7월에 백악관 교류처로부터 자신의 이름이 새겨진 증서를 수여받았다.

---

127 Miriam Jordan(2018). Making President Trump's Bed: A Housekeeper Without Papers. The New York Times, https://www.nytimes.com/2018/12/06/us/trump-bedminster-golf-undocumented-workers.html

'검증'하고 '반박'받아라

불법 가사도우미에게는 꽤나 큰 성취다.

– 중략 –

"우리는 그 일자리에 불법 체류자를 단 한 명도 채용하지 않았어요." 당시 트럼프 대통령이 말했다.

하지만 45세 모랄레스 씨는 트럼프의 캠페인과 행정부 임기 동안 베드민스터에 있는 트럼프의 골프코스에서 근로했으며, 지금도 여전히 급여 대상자 명단에 있다. 골프코스에 있는 한 근로자는 그녀와 다른 그룹의 사람들이 매일 일하도록 운전을 해주는데, 그녀는 그들이 합법적으로 운전면허를 취득할 수 없기 때문이라고 말했다.

– 중략 –

모랄레스 씨는 수년 전부터 트럼프를 위해 일을 해왔고, 그녀의 남편은 클럽 주인이 칭찬하거나 50달러 혹은 종종 100달러의 팁을 줬기에 아내가 의기양양하게 집에 돌아오곤 했다고 말했다.

그녀가 실제로 그 클럽의 직원이었다는 것을 확인하기 위해 〈뉴욕타임스〉는 급여 명세서와 골프코스가 그녀의 고용주라고 적시한 W-2 문서를 검토했다. 그녀는 국세청이 외국인들로 하여금 영주권자가 되지 않고도 납세 신고를 할 수 있도록 발급하는 9자리 숫자인 개인 납세 증명도 확인해주었다. 물론 그 숫자가 일할 자격을 주는 것은 아니니.

〈뉴욕타임스〉는 모랄레스 씨가 자신이 일할 권리가 있다는 증거로 제시한 문서들 – 영주권 카드 또는 그린카드, 사회보장 카드도 검사했다. 그녀는 이민자들을 위해 위조문서를 제작하는 뉴저지의 누군가로부터 두 가지 문서를 구매했다고 말했다.

〈뉴욕타임스〉가 모랄레스가 주장하는 사회보장번호를 몇몇 공문서

데이터베이스를 통해 조회했을 때 어떤 것도 부합하는 결과가 없었다. 이것은 주로 그 숫자가 유효하지 않다는 표시다. 골프코스가 가진 모랄레스 씨의 파일에 있는 그린카드 뒤에 적힌 숫자는 대부분의 합법적인 거주 카드에 사용되는 숫자들의 형식과 일치하지 않는다. 즉, 예를 들면 이것은 이런 카드들을 생산하는 이민 서비스센터의 것과 부합하지 않는 이니셜을 포함한다.

– 하략 –

한국에서 민감한 내용을 폭로하는 단독 기사 중에서는 '핵심 관계자가 무어라 말했다'는 식의 문구가 등장한다. 미국에도 주요한 당사자의 발언을 통해 감춰진 사실을 드러내는 기사가 있지만, 대개는 발언만으로 기사를 보도하지 않는다(박재영, 2020). 아무리 그럴듯한 사람의 그럴듯한 발언이라도 문서 등 다른 경로를 통해 해당 인물의 발언 내용을 최대한 교차 검증한다.

물론 다른 자료로 재차 확인하고 뒷받침하지 않더라도 인터뷰 내용의 개연성은 높을 수 있다. 그럼에도 불구하고 기자들이 다른 경로를 통해 다시 한번 확인을 거치는 것은 제삼자를 통한 교차 검증이 취재의 기본이기 때문이다. 기자들은 누군가가 이야기한 사안에 대해 이야기할 수 있는 다른 사람은 없는지, 다른 사람이 없다면 다른 문서 등이 없는지를 찾는다.

〈뉴욕타임스〉에 실린 기사[128]를 보자. 할리우드의 거물 영화감독 하비 와

128 　Jodi Kantor and Megan Twohey(2017). Harvey Weinstein Paid Off Sexual Harassment Accusers for Decades.

'검증'하고 '반박'받아라

인스타인의 성 추문과 범죄 은폐 시도를 다룬 기사다. 기자는 충분히 많은 인물의 직접적인 증언을 취재했지만, 단순히 진술에만 의존하지 않는다. 기사는 "전·현직 직원들, 영화계 종사자들과 법적인 문서들, 그가 운영해온 미라맥스와 와인스타인 컴퍼니의 이메일들과 내부 문서들을 통해" 취재했다고 설명한다. 취재원들의 발언에만 의존하지 않고 '검증'했다는 것이다.

20년 전, 할리우드 프로듀서 하비 와인스타인은 젊은 여배우 애슐리 주드(Ashley Judd)를 업무상 필요한 아침 미팅이라는 이유로 페닌슐라 베벌리 힐스 호텔에 초대했다. 그녀는 그가 미팅 대신 그녀를 방으로 올려 보내고 목욕용 가운을 입고 나타나서는 마사지를 해주거나 본인이 샤워하는 것을 볼 수 있는지 물었다고 말했다.

"어떻게 하면 하비 와인스타인을 거슬리게 하지 않고 그 방을 최대한 빨리 빠져나갈 수 있지?" 주드 씨는 당시 그렇게 생각한 것을 기억한다고 말했다.

2014년 와인스타인 씨는 임시 근로자로 단 하루 일한 에밀리 네스터(Emily Nestor)를 같은 호텔로 초대해 다른 제안을 했다. 해당 진술을 와인스타인 컴퍼니 경영진에게 보낸 동료들에게 그녀가 전한 바에 따르면, 그 제안은 그녀가 성적인 관계를 받아들인다면 커리어에 도움을

The New York Times,
https://www.nytimes.com/2017/10/05/us/harvey-weinstein-harassment-allegations.html?_r=0

주겠다는 것이었다. 이듬해 페닌슐라에서 다시 한번, 한 여비서는 와인스타인 씨가 자신이 벌거벗은 동안 마사지를 해달라고 졸랐다고 말했으며, 동료 로렌 오코너(Lauren O'Conner)가 상사에 의한 성추행과 다른 부정행위를 격렬히 주장하는 메모에 적은 바에 따르면 이것은 그녀를 "울게 만들고, 매우 제정신이 아니게" 만들었다.

"이 회사에 있는 여성에게는 독 같은 환경이에요." 오코너 씨는 와인스타인이 운영하는 회사에서 몇몇 경영진에게 보낸 편지에 적었다.

〈뉴욕타임스〉의 탐사보도는 전·현직 직원들, 영화계 종사자들과 법적인 문서들, 와인스타인 씨가 운영해온 미라맥스, 와인스타인 컴퍼니의 이메일들과 내부 문서들을 통해 기존에 알려지지 않았던, 거의 30년에 걸쳐 있는 혐의들을 발견했다.

익명을 전제로 이야기한 회사 임원 두 명에 따르면 그가 해당 기간 동안 성추행과 원치 않는 물리적인 접촉을 포함한 혐의에 대해 여성들과 합의한 건수는 최소 8건이다.

– 하략 –

'검증'하고 '반박'받아라

미국 기자들은 끈질기다 못해 진절머리가 날 정도로 사실관계를 치밀하게 교차 검증한다.

〈시카고 매거진〉은 시카고 경찰의 범죄 통계에 대한 기사[129]를 보도한 적이 있다. 개리 맥카시(Garry McCarthy) 총경이 부임한 뒤 범죄율이 전례 없고 믿기 어려울 정도로 급락했는데, 이는 통계의 부정확함에서 기인한다는 것이었다. 기사는 "공개된 기록과 내부 경찰 기록을 연구하는 한편 범죄 피해자들, 범죄학자들, 다양한 계급의 경찰 취재원을 인터뷰하며 시카고 경찰부가 지난 몇 년간 생산한 범죄 통계에 대한 검증을 실시했다"고 밝혔다. 에디터는 기자 데이비드 번스타인(David Bernstein)과 노아 아이작슨(Noah Isackson)의 검증 과정을 이렇게 말했다.[130]

"번스타인과 아이작슨은 취재원들에만 의존하지 않았다. 그들은 마땅히 할 일을 했다. 그들은 묘사한 모든 사례에 대해 경찰 기록을 검토했다. 거의 1년 동안 매일 시의 데이터 포털을 체크하면서 스크린 샷을 저장하고 변화를 면밀히 관찰했다. 경찰, 시의 긴급관리사무소, 검시관사무소에 정보공개법에 따른 청구 4건을 제출했는데 그중 두 개는 광범위한 것이었다."

공문서에 대한 미국 언론의 취재는 공격적이기까지 하다. 언론사들은 중요한 공문서를 정부가 공개하지 않을 경우엔 법적인 소송에 나서기도 한다. 이를테면 플로리다주 고등학교에서 대량 총기난사 사건이 벌어졌을 때 〈마이애미 헤럴드〉와 〈사우스 플로리다 선 센티넬〉은 법원에 소송을 걸어 경찰

129   David Bernstein and Noah Isackson(2014). The Truth About Chicago's Crime Rates. Chicago Magazine, https://www.chicagomag.com/Chicago-Magazine/May-2014/Chicago-crime-rates/

130   Elizabeth Fenner(2014). Letter From the Editor: On Accuracy. Chicago Magazine, https://www.chicagomag.com/Chicago-Magazine/June-2014/Chicago-crime-statistics/editors-note/

이 목격자 인터뷰 녹취록을 공개할 것을 요구했고, 끝내 승소해 얻어냈다.

〈뉴욕타임스〉는 공문서 확보를 위한 소송에 있어서 가장 적극적인 언론사로 정평이 나 있다. 〈뉴욕타임스〉 변호사 데이비드 맥크로(David McCraw)는 이렇게 말했다.[131]

"정보공개법은 시행 이후 약하고 실효성 없는 법으로 제대로 비판받았지만 〈뉴욕타임스〉는 그 법을 통해 공격적으로 문서 확보를 추구해왔으며, 지난 15년간 반복적으로 그렇게 해왔다. 대중이 봐야 하는 자료에 대한 정부의 비공개 결정에 맞서기 위해 법원에 가는 식이었다. 〈뉴욕타임스〉는 지난 10년간 국내 다른 어떤 주류 언론사보다 더 많은 정보공개법 소송을 제기했다."

기자들이 공문서 확보에 열을 올리는 것은 취재원의 진술만 토대로 기사를 쓰지 않기 때문이다. 유력한 취재원이 있더라도 그들은 인터뷰에만 의존하지 않고, 제3의 검증 수단을 찾는다.

131   David McCraw(2019). How The Times Uses FOIA to Obtain Information the Public Has a Right to Know. The New York Times,
https://www.nytimes.com/2019/09/02/reader-center/foia-freedom-of-information-public-records.html

기자의 취재를
재차 검증하라

미국 언론계에서 자주 회자되는 문구가 있다. 바로 "당신은 그것을 어떻게 아느냐?"다. 취재원이 무엇을 이야기하든 곧이곧대로 믿지 말고 "그것을 어떻게 아느냐"며 정보의 출처를 질문하는 것이다. 취재원이 다른 누군가로부터 정보를 듣고 이야기한 거라면 그 누군가를 찾아가 "당신은 그걸 어떻게 아느냐"를 재차 물으며 원출처를 알아봐야 한다. 취재원이 하는 말을 그대로 옮기지 말고 그것이 '정말로 사실인지' 집요하게 근거를 파고들어 확인하라는 것이다.

취재한 내용이 사실인지 검증하는 것은 1차적으로는 취재기자의 역할이지만, 미국 언론사에는 사실관계를 재차 확인하는 존재들이 겹겹이 있다. 에디터가 기사를 수정하면서 사실관계를 확인하고, 이와 별도로 사실관계 확인을 전담하는 '팩트 체커(Fact Checker)'들이 있다. 특히 잡지사들이 팩트 체커들을 통해 실시하는 팩트 체킹은 무척이나 까다롭다고 정평이 나 있다(박재영, 2018).

여기서 말하는 미국 언론사의 팩트 체크 시스템은 일반적으로 우리가 알고 있는 팩트 체크와 완전히 다르다. 미국 언론사는 자기 회사의 기자가 쓴 기사를 팩트 체킹하는 부서를 별도로 두고 있는데, 그 부서의 이름이 팩트 체킹 디파트먼트(Fact Checking Department, FCD)다. 한국 언론사에도 팩트 체킹 담당자가 있지만, 이들은 (자기 회사의 기사를 검증하는 것이 아니라) 외부에 있는 취재원이 한 말을 검증하는 역할을 한다. 즉 한국 언론사의 팩트 체킹은 외부(취재원)를 표적으로 삼지만, 미국 언론사의 FCD는 내부(자사 기자)를 표적으로 삼는다. 팩트 체킹은 사후 관리이지만, FCD는 사전 예방이다. 전자는 선거철에나 하는 특별 이벤트이지만, 후자는 일상적으로 하는 일이다. 전자는 상대방의 하자를 지적하지만, 후자는 자기의 완성도를 높인다.

미국 언론사 FCD의 사실 확인은 혀를 내두를 정도로 광범위하고 꼼꼼하다. 기자로부터 인터뷰 녹취를 비롯해 취재 내용을 건네받아 체크하는 한편, 인터뷰이에게 직접 전화를 걸어 "당신이 이런 이야기를 한 게 맞느냐"는 확인을 하기도 한다. 〈아틀란틱〉 FCD 에디터 이본 롤자우센(Yvonne Rolzhausen)은 "단어 하나하나, 문장 하나하나를 본다"며 이렇게 말했다.[132]

"강도 높게 취재가 된 기사의 경우 저는 취재원 12명 정도와 연락해야 하고, 기사 작성자에게 수백 개의 질문을 물어봐야 할지도 모릅니다. 이 과정은 (짧막한 기사의 경우) 몇 시간부터 (복잡하고 법적으로 우려되는 기사의 경우) 몇 주 혹은 몇 달까지 걸릴 수 있습니다."

롤자우센이 설명한 FCD의 팩트 체킹 과정은 다음과 같다. 우선 기자가

---

132 Yvonne Rolzhausen(2018). How to Fact Check The Atlantic. The Atlantic,
https://www.theatlantic.com/notes/2018/01/how-to-fact-check-the-atlantic/551477/

취재한 사람들과의 인터뷰를 계획하며 누구에게 무엇을 물을 것인지 파악한다. 주요 취재원일 경우 몇 페이지의 이메일 질문지를 보내거나 몇 시간 동안 대화를 나눌 수 있고, 어렵거나 민감한 취재원일 경우엔 확인해야 할 것을 망라한 대본을 만든다. 종종 취재원에게 질문하기 위해 당사자의 멘트를 다듬지만, 보통은 멘트를 읽어준다. 설령 취재원이 해당 멘트를 싣는 것을 반대한다고 해도 발간하지 않는 것은 아니다. 단지 멘트가 정확하고 적절한 취재원에게 인용됐는지, 맥락이 타당한지 확인하는 것이다.

한국 언론계에서는 에디터나 교정교열 담당자가 아닌, 사실 확인만을 전담하는 팩트 체커 직무가 있는 경우가 흔치 않다. 몇몇 언론사에서 보도 범주로서의 팩트 체킹 '코너'가 운영되고 있지만, 기자가 주요 이슈를 취재하고 전문가의 멘트를 소개하는 경우가 많다. 제삼자가 기자의 취재 자료를 검증하고 취재원에게 전화까지 걸어 멘트를 체크하는 경우는 극히 드물다.

미국에서 팩트 체커의 존재는 기자의 업무 방식과 태도에 직접적인 영향을 미친다. 기자들은 취재 단계부터 제삼자의 검증을 염두에 두고, 정보의 출처와 진위를 따진다. 에디터들은 기자들에게 "추후 팩트 체커들이 하나하나 확인할 것을 염두에 두고 기사를 쓰라"고 주문한다. 기사 한 줄이라도 사실관계를 분명히 확인하는 한편, 취재 내용과 근거 자료를 일목요연하게 정리해두라는 것이다. 제대로 확인되지 않은 것을 어물쩍 썼다가는 팩트 체커의 검증에 걸리고야 만다. 팩트 체커가 교차 검증을 하는 환경에서는 더욱 긴장감을 갖고 철저히 사실을 확인할 수밖에 없다.

기자들은 취재원이 어떤 이야기나 발표를 했더라도 곧장 사실이라고 가정하지 않고, 의구심이 드는 것에 대해서는 분명히 짚고 넘어간다. 설령 해당 정보가 공신력 있는 사람이나 기관에서 나왔고, 직접적으로 확인할 수 있는 범위가 제한돼 있더라도 말이다. 기사를 통해 발표 내용을 전하더라도 의구심이 드는 대목을 짚고, 관련해 취재한 내용을 덧붙이기도 한다.

〈뉴욕타임스〉 기사[133]를 보자. 트럼프 대통령이 ISIS 지도자 알바그다디의 죽음을 알리면서 "훌쩍거리며"라는 단어를 반복했는데, 기사는 다른 사람들의 발언을 빌려 의구심을 제기한다. 국방장관과 다른 관리들에게 재차 물어 교차 확인을 하고, 정보의 출처를 최대한 추적한다.

– 앞부분 생략 –

트럼프 대통령은 알바그다디가 미국 군견에 의해 지하 터널까지 쫓길 때 "훌쩍거리고 울고 소리 지르면서" 터널의 끝까지 몰렸다고 말했다.

– 중략 –

그는 "훌쩍거리며"라는 단어를 6번이나 반복했고 알바그다디를 "메스껍고 타락한" 사람으로, 그의 추종자들을 "낙오자들" 및 "겁먹은 강아지들"이라고 반복적으로 묘사하는 데 초점을 뒀다.

"그는 개처럼 죽었어요." 트럼프 대통령은 말했다. "그는 겁쟁이처

---

133 Peter Baker, Eric Schmitt and Helene Cooper(2019). ISIS Leader al-Baghdadi Is Dead, Trump Says. The New York Times,
https://www.nytimes.com/2019/10/27/us/politics/isis-leader-al-baghdadi-dead.htmlhttps://www.nytimes.com/2019/10/27/us/politics/isis-leader-al-baghdadi-dead.html

'검증'하고 '반박'받아라

럼 죽었어요."

그러나 그의 생생한 묘사는 즉각 의구심을 낳았다. 토요일에 상황실에서 트럼프 대통령과 함께 급습을 관찰한 마크 에스퍼(Mark Esper) 국방장관은 어떤 "훌쩍이는 것"에 대해서도 알지 못한다고 말했고, 다른 관리들도 대통령이 시청한 머리 위 드론 영상에서는 어떤 것도 듣는 것이 불가능하다고 말했다. 그러나 에스퍼와 다른 관리들은 트럼프 대통령이 그 세부 사항을 현장에 있던 사령관들로부터 들었을 수 있다고 말했다.

– 하략 –

미국에서 팩트 체킹은 취재보도의 전 과정에 스며 있다. 기자들은 정부가 공식적으로 발표한 사안이라고 하더라도 직접 현장에 가서 정말로 그러한지 확인해보고, 전문가들의 의견을 들으면서 재차 사실관계를 검증한다.

〈뉴욕타임스 매거진〉에 실린 기사[134]를 보자. 미국이 주도하는 연합군이 실시한 공습에 대한 정부의 발표 내용을 검증한 기사다. 취재진은 1년이 넘도록 공습 지역 150곳을 방문해 잔해를 둘러보고 사람들을 인터뷰했으며 위성사진으로 지도를 만들고 미 공군 기지를 방문해 정부 관계자들과 민간인 사상자 평가 전문가들을 인터뷰했다. 그 결과 연합군의 공습 다섯 번 중 한

---

134 Azmat Khan and Anand Gopal(2017). The Uncounted. The New York Times Magazine, https://www.nytimes.com/interactive/2017/11/16/magazine/uncounted-civilian-casualties-iraq-airstrikes.html?_r=1

번이 민간인 죽음을 야기했으며, 이는 연합군이 인정한 것보다 31배 이상 높은 것임을 발견한다.

- 앞부분 생략 -

그 영상은 2014년 8월 이슬람 국가에 맞서서 미국이 주도하는 전쟁이 시작된 뒤 연합군이 배포한 영상 수백 개 중 하나다. 이것들은 국방부 웹 사이트에도 게시됐는데, 정확하고 투명하고 확고한 다른 어떤 것들과 다른 군대 캠페인의 증거로 제시됐다. 이라크와 시리아에서 이슬람 국가를 내쫓으려는 노력으로, 연합군은 오늘날까지 2만 7,500회가 넘는 공습을 진행하면서 베트남 전쟁 시절의 B-52 폭격기부터 현대의 프레데터(Predator) 드론까지 모든 것을 배치했다. 그 압도적인 공중 군사력은 그 지역에서 현지 육군 부대들이 많은 저항을 극복하고 도시들을 탈환하는 것을 가능하게 했다. "미국과 연합군은 정확한 공습을 하기 위해 굉장히 열심히 일합니다." 중부 사령부 대변인 셰인 허프(Shane Huff) 소령이 말했다. 소령은 그 결과 "군 역사상 가장 정확한 공중 캠페인들 중 하나를 벌이고 있다"고 했다.

- 중략 -

18개월 동안 실시된 우리의 자체 취재는 공중전이 연합군이 주장하는 것보다 훨씬 정확하지 않았음을 보여준다. 우리는 2016년 4월부터 2017년 6월까지 이슬람 국가가 추방된 지 얼마 되지 않았을 때 이라크 북쪽에 있는 공습 지역을 거의 150곳 방문해 잔해를 둘러보았다. 우리는 수백 명의 목격자들과 생존자들, 가족 구성원들, 정보원들, 지방 관리들을 인터뷰했다. 폭탄 조각들의 사진을 찍었고, 현지 뉴스 정보원을 샅샅

'검증'하고 '반박'받아라

이 뒤졌고, 인근에서 이슬람 국가 타깃을 찾아봤고, 위성사진을 통해 파괴된 곳을 지도로 만들었다. 공중 캠페인들을 지휘하는 연합군의 카타르 소재 미 공군 기지도 방문했다. 그곳에서 주요 작업장에 대한 접근 권한을 얻었고 선임 사령관들, 정보 관리들, 법률 고문들, 민간인 사상자 평가 전문가들을 인터뷰했다. 이슬람 국가가 제어하는 세 곳에서 총 103회 실시된 모든 공습의 좌표와 날짜 범위를 분석가들에게 제공하고, 그들의 답변을 조사했다. 그 결과는 2014년에 최신 군 행동이 개시된 이후 이라크에서 진행된 공습에 대한 최초의 체계적인 지상 샘플이다.

우리는 연합군의 공습 다섯 번 중 한 번이 민간인 죽음을 야기했으며, 이것은 연합군이 인정한 것보다 31배 이상 높은 비율임을 발견했다.

– 하략 –

팩트 체킹만으로 오류가 100% 걸러지진 않지만, 교차 검증 노력은 오류의 가능성을 최소한으로 줄인다. 기자들이 지독하리만치 팩트를 검증하는 것은 잘못된 사실 하나가 글 전체의 신뢰성을 훼손할 수 있기 때문이다. 미국의 저널리스트이자 작가인 제임스 스테와트(James Stewart)는 "사소한 것이더라도 사실관계의 오류보다 기사를 더 취약하게 하는 것은 없다"며 말한다.[135]

"명백히 잘못된 어떤 것은 전체 기사나 책의 신뢰성을 훼손할 수 있다. 나는 종종 부지런하게 살폈음에도 불구하고 어떻게 오류들이 내 업무 결과물

135　James B. Stewart(2012). Follow the Story: How to Write Successful Nonfiction. Simon and Schuster, p.106.

에 들어왔는지 종종 놀라곤 했다. 팩트 체킹은 이것을 결코 완전히 박멸할
순 없더라도 그 가능성을 최소화하는 것을 돕는다."

구색 맞추기식의
반론으로는 불충분하다

미국 기자들은 기사의 주제 못지않게 반론을 끈질기게 취재한다. 에디터들은 비판의 대상이 되는 취재원의 반론을 듣지 않으면 기사는 발간될 수 없다고 못 박곤 한다. 반론 내용에 따라 기사 자체가 성립하지 않을 수 있기 때문이다. 아무리 문제의식이 분명하고 취재 내용이 그럴듯하더라도 획득 가능한 반론을 취재하지 않은 기사는 미완성이다. 기사의 주제는 반박을 통해 얼마든지 뒤집힐 수 있는 만큼, 상대의 입장을 듣기 전까지는 반쪽짜리에 머물 수밖에 없다.

기사의 주제 못지않게 반론을 잘 취재해야 제대로 된 취재이며, 핵심 못지않게 반박을 반영해야 완성도 높은 기사다. 〈뉴욕타임스〉 탐사보도 에디터 매튜 퍼디(Matthew Purdy)는 "최고의 기자들은 기사를 끝냈을 때 그들의 결론에 대해 반대하는 사람들이 소재에 대해 무엇을 이야기할지를 이해하고, 이

것이 기사에 반영돼 있는 것을 확실히 한다"고 말했다.[136]

기자들은 단순히 취재원에게 연락을 하는 것을 넘어서 집이나 사무실에 찾아가서라도 반론을 들을 것을 요구받는다. 마감이 급하더라도 마찬가지다. 언론사들은 가이드라인을 통해 반론 당사자의 견해를 듣기 위해 충분한 시간을 쏟으며 다방면의 노력을 다할 것을 주문하고 있다. 이를테면 〈덴버포스트〉는 "마감의 압박하에서도 뉴스 대상에게 이슈와 이벤트들, 가장 중요하게는 자신을 향한 혐의에 답변하고 반응하는 충분한 시간을 주는 것은 중요하다"며 "그들에게 도달하기 위해 모든 가능한 시도를 집과 일터 모두에서 해야 한다"고 적시한다.[137]

〈워싱턴포스트〉에 실린 기사[138]를 보자. 인지능력이 떨어지는 납 중독 피해자 로즈(Rose)가 낯선 회사와 계약을 잘못해 재산상 피해를 입은 사례를 제시하며 수많은 사람들이 이 같은 일을 겪고 있다는 점을 보여준다. 기사에는 회사의 중역이 '로즈의 고교 학위, 운전면허증, 그녀 명의로 된 문서들을 가리키며' 말했으며, 직원이 '로즈를 식당에 데려갔다는 기록'이 없다고 답했다는 문구가 등장한다. 상대측이 충분히 기록을 살펴보고 반박한 것을 반영한 것이다.

136   The New York Times(2007). Talk to the Newsroom: Investigations Editor Matthew Purdy. The New York Times,
https://www.nytimes.com/2007/05/14/business/media/14asktheeditors.html?searchResultPosition=21

137   MediaNews Group(2020). The Denver Post Ethics Policy. The Denver Post,
https://www.denverpost.com/ethics-policy/

138   Terrence McCoy(2015). How Companies make millions off lead-poisoned, poor blacks. The Washington Post,
https://www.washingtonpost.com/local/social-issues/how-companies-make-millions-off-lead-poisoned-poor-blacks/2015/08/25/7460c1de-0d8c-11e5-9726-49d6fa26a8c6_story.html

'검증'하고 '반박'받아라

그 편지는 이상한 숫자들과 단어들이 뒤죽박죽이 된 채로 4월에 도착했다. 이는 처음에는 로즈에게 놀라운 일은 아니었다. 대부분의 편지가 그녀가 풀 수 없는 퍼즐처럼 보였기 때문이다. 로즈는 거의 읽거나 쓸 줄 모르는데, 그녀 자신을 "납 아이(lead kid)"라고 부른다. 어린 시절 집에는 침구에 눈송이처럼 흰 페인트 부스러기들이 깔려 있었는데, 그녀는 이것이 "정말로 저에게 나쁜 영향을 미쳤어요"라고 말했다. "제가 하는 것 모두에 말이에요."

그녀는 전문적인 일자리에서 일할 수 없다고 말한다. 그녀는 혼자 살 수 없다. 그리고 그녀는 그 편지를 분명히 이해할 수 없었다고 말했다. 그래서 그 20세 여성은 4월의 어느 날, 엄마에게 그 편지를 한번 봐달라며 줬다고 말했다. 엄마는 편지의 글을 살펴본 뒤 딸에게 돌아가 말했다. "모든 지불금이 제삼자에게 팔렸다는 게 무슨 말이니?" 그녀의 엄마는 자신이 말한 것을 위와 같이 회상했다.

엄마는 정신이 혼미해진 채로 보험회사가 작성한 편지가 로즈의 납 수표를 지칭했다고 말했다. 그 가족은 2007년에 볼티모어의 한 악덕 집주인을 상대로 한 납 페인트 소송에서 합의를 봐서 로즈에게 매년 인상분을 반영해 매달 거의 1,000달러의 수표를 주는 것을 보장받았다. 이런 지불금은 35년간 보장됐다.

"이게 팔렸어?" 로즈가 물었다. 순간 기억들이 반짝거렸다.

— 중략 —

하루가 지난 뒤, 공증인이 그녀의 집에 도착해 12페이지 분량의 "구매" 합의서를 들이밀었다. 로즈는 혼자였다. 하지만 그녀는 걱정하지 않았다. 그녀는 찰스 스미스(Charles E. Smith)라는 변호사에게 그 계약에 대해 전화로 이야기했다고 말했다. 그녀는 그것이 시작될 때는 확

탁월한 스토리텔러들

신에 차 있었다. 그녀는 이른 시일 내에 어떤 긴급 자금을 받기 위해 어떤 수표들을 파는 것이었다. 그렇지 않은가?

하지만 현실은 상당히 달랐다. 로즈는 2017년부터 2052년까지 420개월 치 납 수표들을 액세스 펀딩에 팔았다. 이것은 거의 57만 4,000달러에 이르며, 현재 가치는 약 33만 8,000달러였다. 그 대가로 액세스 펀딩은 그녀에게 6만 3,000달러 이하를 지불했다.

— 중략 —

이런 거래로 인해 발생하는 일은 어떻게 바라볼지에 달렸다. 산업을 옹호하는 측에 있어서는 그 거래가 돈을 지금 필요로 하는 사람들에게 가져다주는 것이라 말한다. 그들은 절박한 가족들이 길거리에 나오지 않고 의료비를 내고 아이들을 학교에 보낼 수 있게 한다.

"우리가 하는 일은 이런 사람들이 집을 살 수 있도록 자산을 제공하는 겁니다." 액세스 펀딩의 중역 마이클 보코우스키(Michael Borkowski)가 말했다. 그는 로즈의 고교 학위, 운전면허증, 본인 명의로 된 문서들을 가리키며 자신의 조직이 그녀가 인지능력이 손상됐다고 생각할 이유가 없었다고 말했다. 그는 자신이 "가장 높은 수준의 프로페셔널리즘"을 갖고 있다고 칭찬한 브렌단(Brendan)이 로즈를 식당에 데려갔다는 기록이 액세스 펀딩에 없으며, 그녀가 휴가를 약속받았다는 것에 대해 반박했다.

— 하략 —

'검증'하고 '반박'받아라

한국 기자들도 비판의 대상이 되는 취재원의 반론을 듣기 위해 노력을 다한다. 하지만 몇 차례 전화를 해보고 답변이 없으면 "본보는 ~의 반론을 듣기 위해 수차례 연락했지만 받지 않았다"는 식의 문구를 덧붙이고 마무리하는 경우가 적지 않다. 직접 찾아가서 반론을 듣는 것은 특별한 모범 사례로 회자된다. 반론을 얻기 위한 노력이 기사의 성립을 위해 치열하게 해야 하는 절차라기보다는 법적인 책임 모면을 위한 구색 맞추기 정도로 생각하는 경우도 있다.

미국 기자들은 취재원으로부터 단순히 반론만 듣지 않는다. 기사에서 어떤 내용을 다룰 것인지 충분히 설명하고, 당사자가 기사 주제를 이해했음을 확실시한다. 이때 회자되는 문구가 '놀라지 않게 하기(No Surprises) 원칙'이다. 기사가 발간됐을 때 이해당사자 누구도 놀라게 해서는 안 된다는 것이다. 〈프로퍼블리카〉 기자 제이슨 그로토(Jason Grotto)는 이렇게 말한다.[139]

"정확하거나 공정하지 않은 어떤 종류의 편향성이라도 빼내기 위한 다른 방법의 주문이 있다. 바로 '놀라게 하지 말 것'이다. 기사에 언급된 사람은 누구나 기사가 무엇을 말할 것인지 알아야 하고, 답변할 기회를 가져야 한다는 것이다. 특정한 사실에 대한 것뿐 아니라 어떻게 기사의 틀이 잡혔는지에 대해서도 마찬가지다. 탐사보도의 대상은 전제와 사실 모두를 반박할 모든 기회를 얻어야 한다. 그들이 말하는 게 무엇이든 간에 그것을 기사에 넣어야 한다는 말이 아니다. 그들의 답변 역시 검증되고 사실 확인이 돼야 한다."

139　Jason Grotto(2018). How Do We Keep Bias Out of Stories? Propublica,
https://www.propublica.org/article/ask-ppil-on-bias-in-journalism

탁월한 스토리텔러들

그로토는 일리노이주에 있는 쿡 카운티의 재산세 평가 시스템에 대한 시리즈 기사[140]를 쓴 적이 있다. 주의 유력 정치인이자 쿡 카운티의 감정평가사인 조셉 베리오스(Joseph Berrios)가 평가를 엉망으로 해 소득이 비교적 낮은 집주인들이 부유한 집주인들보다 훨씬 더 많은 재산세를 내는 상황을 초래했다는 내용이었다. 기자는 조셉 베리오스 측의 반론을 듣기 위해 얼마나 집요하고 치열하게 취재를 했는지를 이렇게 설명했다.[141]

"시리즈의 첫 세 파트를 발간하기 전에 베리오스의 직원들과 마주 앉아 길고 상세한 인터뷰를 했다. 초고의 주요 포인트를 짚어가며 직원들에게 우리가 발견한 것을 반박할 기회를 줬다. 첫 기사가 발간된 후, 그 사무실은 직원들이 인터뷰에 응하지 않도록 했다. 우리는 시리즈의 네 번째 파트를 준비하면서 핵심의 개요를 보여주고 또 다른 인터뷰를 요청하는 노트를 감정평가사의 사무실에 보냈다. 베리오스와 직원들은 답변을 거절했다. 우리는 다시 편지를 썼는데, 이번에는 취재를 통해 발견한 것과 무엇을 발간하려고 계획하는지 더 상세히 썼다. 심지어 그들이 기사의 톤을 이해하는 것을 분명히 하기 위해 기사 초고에 들어간 단어를 사용했다. 그것은 그들에게 답변하기 위한 모든 기회가 있다는 것을 분명히 했다. 취재 과정의 이 부분은 매우 중요해서, 탐사보도 기자들은 종종 취재 대상에게 향후 무엇이 발생할지와 그들이 자신에게 답변 기회가 있다는 것을 분명히 이해하도록 하기 위해 배달

---

140   Jason Grotto and Sandhya Kambhampati(2017). How the Cook County Assessor Failed Taxpayers. Propublica,
https://features.propublica.org/the-tax-divide/cook-county-commercial-and-industrial-property-tax-assessments/

141   Jason Grotto(2018). How Do We Keep Bias Out of Stories? Propublica,
https://www.propublica.org/article/ask-ppil-on-bias-in-journalism

'검증'하고 '반박'받아라

증명 표시가 된 편지를 보낸다."

기사는 베리오스 측의 반론을 조목조목 반영해 다음과 같은 내용으로 실렸다.

대공황 이후 가장 격동하는 부동산 시장 속에서 쿡 카운티의 조셉 베리오스는 시카고에 있는 수천 개의 상업용 및 공업용 건물을 평가했는데, 이것은 한 번의 재평가로부터 그다음 평가까지 1달러도 채 바뀌지 않도록 했다.

〈프로퍼블리카 일리노이〉와 〈시카고 트리뷴〉이 전례 없이 수십만 개의 재산 기록을 분석한 결과, 그 사실은 전문가들이 하나를 제외하고는 어떤 논리적인 설명도 어렵다고 말하는 하나의 결론으로 귀결됐다. 베리오스가 가장 중요한 책임 중 하나, 상업용 및 공업용 재산 가치 추정에 실패했다는 것이다.

― 중략 ―

베리오스의 사무실에서 커뮤니케이션을 담당하는 부 평가사 톰 셰어(Tom Shaer)는 베리오스 측이 진행한 수차례의 재평가 이후에도 수천 개의 1차 통과 가치가 왜 같은지를 설명하지 않았다. 그는 〈프로퍼블리카 일리노이〉와 〈시카고 트리뷴〉의 다른 발견이 오해의 소지가 있으며, 쿡 카운티 평가 시스템의 "복잡성을 정당하게 설명하지 않는다"고 말했다.

"그 분석은 5년간의 부동산 경기 하락을 포함하고 있습니다." 셰어는 이메일 답변을 통해 썼다. "그 경기 하락은 기사에 쓰인 어떤 산업 조치 수치와 함께 큰 혼란을 발생시켜 평가사의 업무 평가를 믿을 만하지 못하도록 합니다."

셰어는 또 그 사무실이 진정 절차에 의존하는 것을 옹호했다. "상업 및 산업 자산에 대한 진정은 평가사 사무실에 가장 완전하고 최신의 정보를 주는 데 있어서 굉장히 효과적입니다." 그가 썼다. "진정 절차가 아니었다면 쿡 카운티는 그 정보를 초기에 얻기 위해 연간 3,200만 달러 이상의 비용을 들이면서 금융 인력 수백 명을 필요로 했을 것입니다."

- 하략 -

반론을 듣는 것은 표면적인 기회를 주는 것이 아니라, 모든 이슈는 여러 관점에서 관찰될 수 있으며 달리 볼 수 있음을 인정하는 것이다. 『News Reporting & Writing』(Brooks, Horvit, & Moen, 2020)은 이렇게 말한다.[142]

"공정함은 기자들이 기사의 모든 관점을 찾기 위해 노력할 것을 요구한다. 관점이 오직 하나인 경우는 드물다. 주로 두 개 이상의 관점을 가진다. 공정함은 기사에서 공격당하거나 진실성이 의문에 처하는 사람이 답할 충분한 기회를 허락할 것을 요구한다. 공정함은 무엇보다도 취재와 기사 작성에 있어서 자신의 편견을 따르는 것을 피하기 위해 모든 노력을 할 것을 요구한다."

142　The Missouri Group(2019). News Reporting & Writing. Bedford/St. Martin's; 13 edition, p.14.

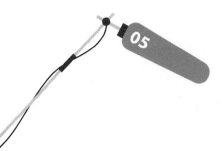

다양한 목소리를
기사에 담아라

　미국 기자들은 취재 대상의 반론을 듣는 것을 넘어서 기사와 관련된 사람들을 최대한 많이 취재해 기사에 반영한다. 기사에 나타나는 취재원의 다양성은 놀라울 정도다. 이를테면 〈워싱턴포스트〉는 오바마 정부에서 러시아의 간섭에 대응하기 위해 어떻게 비밀스러운 조치를 했는지에 대한 기사[143]를 쓴 적이 있는데, 취재 대상에 대해 다음과 같이 기술했다.

　"러시아의 간섭에 대한 오바마 정부의 대응에 대한 설명은 백악관, 국무부, 국방부, 국토안전부, 미국 정보 서비스를 포함한 정부의 전·현직 고위 관료들 36명 이상과의 인터뷰를 토대로 한 것이다. 대부분은 이슈의 민감성을 거론하며 익명을 전제로만 이야기하는 것에 동의했다. 백악관, CIA, FBI,

---

143　Greg Miller, Ellen Nakashima and Adam Entous(2017). Obama's secret struggle to punish Russia for Putin's election assault. The Washington Post,
https://www.washingtonpost.com/graphics/2017/world/national-security/obama-putin-election-hacking/?tid=sm_fb&utm_term=.8e68f9f13e53

탁월한 스토리텔러들

국가안전국, 국가정보국장실은 코멘트를 거절했다."

기자들은 최대한 여러 사람을 취재해 기사를 쓰는 것을 당연하게 여긴다. 에디터들이 취재기자들에게 귀에 못이 박히도록 당부하는 것도 '다수의 취재원'이다. 한 사람의 이야기만 담으면 단일 취재원이 기사를 잠식하고, 기자가 그의 '대변인'이 돼 갈 수 있다. 누군가가 가진 관점이 기사의 요점이고 이를 뒷받침할 통계가 있더라도, 기자는 가급적 다른 사람들의 목소리를 포함시켜야 한다. 다른 사람들이 그 누군가와 같은 이야기를 하더라도 그것을 한 명이 아닌 세 명으로부터 듣는 것은 단일 인물의 목소리만 기사에 담는 것에서 오는 덫을 피하도록 한다.

〈LA타임스〉에 실린 기사[144]를 보자. 코로나 바이러스가 유행할 때 한 슈퍼마켓에서 일하는 사람들의 하루를 다룬 기사다. 기사에는 상점 운영자인 댄 그레이브스(Dan Graves), 직원 앤소니 카폰(Anthony Capone)과 소니아 버고스(Sonia Burgos), 미요시 램킨(Miyoshi Lampkin) 등 다양한 사람들이 소개된다. 직원들이 일터에서 마주하는 상황은 비슷하지만, 기자는 단일 취재원에 의존하지 않고 여러 사람을 취재해 기사를 썼다.

---

144 Brittny Mejia(2020). Cleanup on aisle everywhere: A day in the life of supermarket workers during coronavirus. Los Angeles Times,
https://www.latimes.com/california/story/2020-05-10/coronavirus-supermarket-worker-grocery-store-vons-day-in-the-life

'검증'하고 '반박'받아라

그들은 냉동음식 코너에서 남성의 맨얼굴을 발견했다.

그리고 이것은 COVID-19 시기에 분명히 바람직하지 못한 것으로 보였다.

그가 코와 입을 가리지 않은 채로 냉동고를 살펴보는 모습은 마치 죽음의 바이러스가 돌아다니지 않는 것처럼 보였다. 손님들을 각 계산대에서 안내하던 직원은 상점 운영자에게 달려가 이야기했고, 운영자는 그 이상자를 발견했다.

"실례합니다. 선생님, 그런데 이 상점에서 쇼핑하기 위해서는 마스크를 껴야 합니다." 댄 그레이브스가 말했다.

그 남성은 쇼핑 카트 안에 놔둔 백팩 안에 마스크가 하나 있다고 말했다. 그는 용서를 바라는 것처럼 검정 마스크를 꺼냈다.

"마스크를 껴야 합니다." 그레이브스가 단호히 말했다.

— 중략 —

최근 어느 월요일, 우중충한 밤하늘 아래 한 캐셔가 자신이 도착했음을 알리면서 상점 앞에서 벨을 눌렀다. 내이키드 주스 트럭이 물건을 가져다주기 위해 멈추어 섰다. 새벽 5시였는데 상점은 벌써 바빴다.

앤소니 카폰은 소독약으로 검정 쇼핑카트 수십 개를 닦았다.

생산 부서에서 한 직원은 갈라 사과, 양파, 로마 토마토, 오렌지를 고른 뒤 온라인 배달 주문을 받은 물건 6개가 담긴 카트에 포갰다. 이런 배달 주문이 많아지면서 상점은 직원 30명을 추가 채용했다.

새벽 4시에 업무를 시작한 재고 관리 직원 소니아 버고스는 거래처들과 트럭 운전사들을 맞이하는 구역에서 기다렸다. 그녀는 모든 거래처가 '거래처 COVID-19 일지'에 사인하기 전에 같은 질문들을 검토하게 했다 — 증상이 있나요? 기침, 호흡 곤란이 있나요? 목 따가움, 오한, 몸 통증이 있나요?

　3번 계산대에서 미요시 램킨은 오렌지색 소독약 한 병을 움켜쥐고 검정색 컨베이어 벨트와 금전 등록기, 간극대에 뿌렸다. 그녀의 구역을 소독하는 것은 이를 닦는 것과 같은 일상이 되었다.

　– 하략 –

　국내에서는 기사에 등장하는 취재원의 수가 한 명이거나 적은 경우가 비일비재하다. 한국 기사의 취재원 수가 얼마나 빈약한지는 수치로도 나타난다. 국내 '좋은 저널리즘 연구회'(김경모 · 박재영 · 배정근 · 이나연 · 이재경, 2018)가 신문 기사의 품질을 객관적으로 측정할 수 있는 지수인 '퀄리티 저널리즘 지수'라는 것을 발표한 적이 있다. 좋은 기사는 실명 취재원이 4명 이상이고 기사에 언급된 이해당사자가 4명 이상이며 단일 관점이 아닌 다양한 관점을 담은 기사라고 정의됐는데, 조사 대상 기사당 등장한 평균 이해당사자 수는 〈뉴욕타임스〉는 7.7개인 반면 국내 언론사는 2.6개에 불과했다.

　미국 기사에서는 경험도, 관점도 다른 사람들이 다수 등장하는 것을 흔히 볼 수 있다.

　〈뉴욕타임스〉 기사[145]를 보자. 인도의 남성들이 여자 친구를 찾기 위해 아무 번호로나 전화를 걸고, 여자 목소리가 연결되면 모르는 사람에게 구애를

145　Ellen Barry(2017). India's 'Phone Romeos' Look for Ms. Right via Wrong Numbers. The New York Times, https://www.nytimes.com/2017/03/22/world/asia/indias-phone-romeos-look-for-the-right-one-through-wrong-numbers.html

하는 현상을 담은 기사다. 기사는 전화를 받은 사람과 전화를 건 당사자뿐 아니라 시민, 경찰, 학자까지 다양한 목소리를 담았다. 여러 사람의 시각을 통해 현상을 다각도에서 관찰하고 이해할 수 있지 않은가?

– 앞부분 생략 –

"이것은 새로운 일입니다." 방글라데시 젊은 여성들의 관행에 대해 학술 페이퍼를 쓴 런던정경대 인류학과 펠로 줄리아 황(Julia Q. Huang)은 말했다. "이것은 은밀하고, 위험하고, 그들에게 접근성이 많지 않은 외부 세계를 실험하는 것입니다."

– 중략 –

최근 외교관인 아버지를 따라 세계를 여행하면서 자란 24세 메이크업 아티스트 기티카 차크라바티(Geetika Chakravarty)로부터 불만이 접수됐다. 그녀는 지난해 캐나다에서 인도로 돌아온 뒤 어느 상점의 페이스북 페이지 연락처란에 자신의 전화번호를 적은 뒤부터 모르는 남자로부터 너무 많은 전화가 와서 200개의 각기 다른 번호들을 차단했다.

"저는 그들이 무슨 마음인지 모르겠어요." 그녀가 말했다. "종종 그들은 전화해서는 '당신을 사랑합니다'라고 말해요. 그들은 전화해서는 '저는 소니아(Sonia)와 이야기하고 싶어요'라고 말하는데, 저는 '전 소니아가 아닙니다'라고 말하죠. 그러면 그들은 '알았어요. 제가 당신과 이야기해도 될까요?'라고 말해요."

– 중략 –

경찰이 번호를 추적했을 때 끝내 찾은 사람은 이름이 힌두어로 '사랑의 바다'로 번역되는 프렘사가 티와리(Premsagar Tiwari)였다. 24세 티

탁월한 스토리텔러들

와리 씨는 아버지가 야간 경비원으로 일한 누추한 정부학교 구석에 있는 두 개의 조그마한 방에서 자란 예민하고 유약한 남성이었다.

그의 창밖에서는 젊은 여성들이 빳빳한 학교 교복을 입고 오갔다. 하지만 그 야간 경비원의 아들은 그들에게 접근하지 못했다.

"그는 이렇게 자랐습니다." 그 사건을 배정받은 순경 사티야비르 사찬(Satyavir Sachan)은 말했다. "소녀들에게 이야기하지 못했던 것으로 보입니다."

– 중략 –

"당신을 채우는 것은 한 사람만으로 충분합니다." 티와리가 말했다. "저에겐 한 명도 없어요. 당신이 사랑할 사람은 어딘가에, 그곳에, 줄의 마지막에 있을 겁니다. 당신은 그들에게 어떻게든 접근해야 하죠. 그리고 당신이 누군가를 찾으면 찾아보는 걸 관둘 겁니다."

– 중략 –

반대의 이야기는 방갈로어에서 펼쳐지는데, 그곳에서는 얼굴이 둥근 16세 의류공장 노동자 우마칸티 파단(Umakanti Padhan)이 시누이에게 전화를 거는 것을 시도했다. 그녀는 번호를 잘못 눌렀는데, 우연히 자신보다 8살 많은 철도 노동자인 불루(Bulu)와 대화를 하게 되었다. 그녀는 놀라서 전화를 끊었다. 그녀는 사춘기 이후를 기점으로 집에서 남자 형제들이나 사촌들을 포함해 어떤 성인 남자와 대화를 나누는 것도 금지돼 있었다.

– 하략 –

'검증'하고 '반박'받아라

미국 기자들은 왜 여러 취재원의 목소리를 추구할까. 취재원의 '양'은 기사의 '품질'에 직결되기 때문이다. 더 많은 사람과 이야기할수록 기자가 사안에 대해 이해하는 정도는 높아지고, 독자 역시 여러 취재원의 시각을 접할 때 이슈를 더 다각적이고 풍부하게 이해할 수 있다.

퓰리처상 수상자인 데이비드 핼버스탬(David Halberstam)이 대학 저널리즘 수업에서 강의할 때 벌어진다는 일화가 있다.[146] 그는 "기자가 취재원에게 물을 수 있는 가장 좋은 질문을 알려주려고 한다"고 포문을 연다. 학생들이 흥미를 갖고 노트북을 꺼내면 핼버스탬은 이렇게 말한다.

"인터뷰를 한 뒤에 '제가 다른 누구를 또 만나야 하나요?'라고 말하라는 것이다."

핼버스탬은 "당신이 취재하는 어떤 대상이든 더 많은 시각을 가질수록 낫다"며 말했다.

"당신이 텔레비전에 나오는 축구 게임의 책임 프로듀서라고 가정해보자. 필드에 카메라 12대가 있을 때 더 나은 작품을 만들 수 있을지, 단지 2대가 있을 때 더 나은 작품을 만들 수 있을지 말이다. 더 많은 사람들과 이야기할수록 더 많은 시각을 얻을 것이고, 더 많은 인터뷰를 진행할수록 더 나아질 것이다."

---

146   Mark Kramer & Wendy Call(2007). Telling True Stories. Plume, p.12, 13.

GREAT
STORYTELLERS

PART 05

'구조'로
독자를

사로잡아라

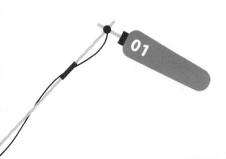

역피라미드 외에도
기사의 구조는 많다

미국 저널리즘 스쿨에는 '기사 구조(Story Structures)'라는 수업이 있다. 말 그대로 기사의 구조를 가르치는 수업인데, 처음에는 그것을 왜 한 학기 내내 배워야 하나 의아하게 생각했다. 기사 작성법에 대한 강의는 들어봤어도 '구조'만 가르치는 강의는 접한 적이 없었기 때문이다.

국내에서 구조와 관련해 거의 유일하게 접해본 것은 가장 중요한 정보를 맨 앞에 내세워서 쓰라는 '역피라미드' 형식 정도가 전부였다. 현장에서는 역피라미드로 쓰는 '스트레이트 기사'를 제외하면 "잘 읽히게 써보라", "잘 좀 써보라"는 모호한 조언이 주로 회자됐고, 구조에 관해서는 "이건 이쪽에 오는 게 낫지 않느냐"는 직관과 느낌에 의존한 제안이 일반적이었다. 기자 생활 초반에는 잘 쓴 기사들을 무작정 '필사'해보며 감각을 익히라는 조언을 듣기도 했다.

미국 기자들은 기사 쓰기를 체계적인 설계의 영역으로 여긴다. "계속 필사하다 보면 잘 쓰게 된다"거나 "잘 읽히게 써보라"는 모호하고 애매한 조언은 회자되지 않는다. 대부분은 기사를 고민할 때 마치 건물을 설계하듯이 재료와 구성을 고민하며 공학적인 방식으로 아웃라인을 짠다. 좋은 기사도 무작정 필사하기보다는 구조를 하나하나 해부하고 분석해가며 벤치마킹한다.

비유하자면 이런 것이다. 구도에 대해 잘 모르는 사람도 감각적으로 사진을 찍을 수 있다. 하지만 소위 '세 번째의 법칙(The rule of thirds)'이라 불리는, 이미지의 바탕에 3개의 선을 그렸을 때 사물을 세 번째 선 부분에 위치시키는 게 안정적이고 자연스럽게 보인다는 법칙을 아는 사람은 훨씬 수월하게 사진을 찍을 수 있다. 영양소의 배합에 대해 모르는 사람도 요리를 잘할 수 있다. 하지만 영양의 과학적인 메커니즘을 안다면 더 완벽하게 음식을 만들 수 있을 것이다. 기사의 구조 역시 마찬가지다. 미국에서 기자와 영화감독으로 일한 노라 에프론(Nora Ephron)은 "구조는 내러티브의 핵심"이라며 이렇게 말했다.[147]

"이것들은 어떤 스토리텔러라도 대답해야 할 중요한 질문들이다. 어디서 시작하는가? 어디서 시작이 끝나고, 중간이 시작되는가? 어디에서 중간이 끝이 나고, 끝이 시작되는가?"

에프론은 "구조에 대해 올바른 결정을 내린다면 다른 모든 것들은 완전히 명확해진다"며 "어떤 면에서 나머지 부분은 쉽다"고 말한다.

미국 기자들이 기사를 쓰기에 앞서서 하는 것은 '구조'를 짜는 것이다(Hart, 2011). 구조는 취재를 끝낸 뒤 기사 작성을 앞두고 고민하는 것이 아니다. 〈오

---

147   Mark Kramer & Wendy Call(2007). Telling True Stories. Plume, p.99.

레고니안〉에디터 출신으로 글쓰기 코치로 활동해온 잭 하트(Jack Hart)는 "나는 기사의 방향에 대해 어떤 느낌을 갖자마자 기자와 앉아 청사진을 그리는 것을 오랜 관행으로 만들었다"고 말했다.[148] 기자들은 기초 취재를 한 뒤에 구조를 짜고, 살을 붙여야 할 내용을 점검하며 추가 취재를 해나간다.

흔히 쓰이는 기사 구조 예시를 보면 이해가 갈 것이다. 저널리즘 스쿨 에디터가 제시한 기사 구조 템플릿은 '① 리드, ② 핵심 문단, ③ 한 장면, ④ 배경, ⑤ 또 다른 장면, ⑥ 더 많은 배경, ⑦ 마지막 문단'으로 구성됐다. 각 항목에 담기는 내용을 살펴보자. 기초 취재한 내용의 어떤 부분이 구조를 짜는 데 필요하며, 어떤 부분이 추후 보완되는지 알 수 있다.

① 리드: 스토리가 활기를 띠게 하는 장면이나 일화를 주고, 주인공을 소개하라. 기사가 무엇에 대한 것이고 왜 그들이 주요 인물인지 알려주는 괜찮은 멘트를 들려달라. 이때 기사가 완성됐어야 할 필요는 없지만, 리드에 등장할 사람들과 그들이 하는 어떤 일을 독자들이 "볼지"를 묘사하기에 충분한 사람들을 인터뷰하고 관찰했어야 한다.

② 핵심 문단: 기사가 무엇에 대한 것인지, 왜 독자들이 관심을 가져야 하며 왜 시의적절한지 명확하게 묘사하라. 연구, 소송, 뉴스 이벤트, 정책 변화 또는 스토리와 결부되는 다른 중요한 것을 파악하라. 기사의 많은 요소를 여전히 취재하고 있더라도 이것을 쓸 수 있어야 한다.

---

148 Jack Hart(2011). Storycraft. University of Chicago Press, p.23.

③ 한 장면: 이 장면은 리드에서 지속되는 것일 수 있다. 또는 리드에 등장하는 사람을 다른 장소나 시간에서 이어가거나, 완전히 다른 장소나 사람들을 가져다줄 수도 있다. 어떤 방식이든 이 부분은 여러 개의 작은 장면들이 마구 섞이는 것이 아니라, 사람들이 어떤 흥미로운 장소에서 흥미로운 무언가를 하고 있는 지속적인 장면이어야 한다. 여기서 기사가 완성될 필요는 없지만, 당신은 다음과 같은 것을 설명할 수 있어야 한다.

▶ 누가 이 장면에 있고 그들은 무엇을 하고 있는가?

▶ 그들은 핵심 문단과 기사의 핵심에 어떻게 연결돼 있는가?

▶ 당신이 녹취한 인터뷰에서 발췌한 최고의 발언과 행동을 넣어라.

▶ 추가적인 인터뷰를 했을 때 이 장면에 무엇을 더할 것으로 기대하는지 보여줘라.

④ 배경: 이제는 멀리 떨어져서 볼 차례다. 이 부분에서 다음과 같은 것이 필요하다.

▶ 핵심 문단에 언급된 연구들, 소송들, 정책들 또는 다른 뉴스 이벤트들에 대한 정보에 살을 붙이기 위해, 각각에 대해 더 많은 세부적인 내용들이 필요하다.

▶ 핵심적인 연구들과 자료들을 뒷받침하거나, 그것에 동의하지 않는 몇몇 다른 정보원들을 언급할 수 있다. 기사가 커다란 토론이나 논쟁에 대한 것이라면, 양쪽을 공정하게 보도할 것을 분명히 하는 게 좋을 것이다.

'구조'로 독자를 사로잡아라

▶ 이 정도 길이의 피처 기사에는 최소한 2명 이상의 전문가 인터뷰가 들어가야 한다. 그들은 핵심 문단에 언급된 주요 아이디어뿐 아니라 주요 취재원들이 제기하는 특정한 이슈들에 대해 코멘트할 수 있어야 한다.

▶ 추가적인 인터뷰를 했을 때 이 영역에 무엇을 더하기를 기대하는지 언급하라.

※기사의 길이에 따라 그다음 추가적인 장면과 배경이 담긴 섹션을 추가할 수 있다. 다른 장면을 넣을 충분한 자료가 있다면 ⑤로 넘어가라. 그렇지 않다면 건너뛰고 마지막 문단으로 가라.

⑤ 또 다른 장면: 이 장면에는 ③과 같은 요소가 필요한데 멘트, 장면에 대한 묘사, 이곳에서 제기한 요지들에 대한 묘사다. 하지만 그것이 어떻게 발생하는지에 대해 이미 본 아이디어를 단순히 반복하지는 말아라. 그 대신 무언가 새로운 것을 보여주는 장면을 골라라.

⑥ 더 많은 배경: 더 많은 장면들은 더 많은 배경을 의미한다. 이번에 ⑤에서 논의된 것을 뒷받침하기 위해 전문가들, 통계들, 다른 정보를 모아야 한다.

⑦ 마지막 문단: 무엇을 선택하든 마지막 문단은 기사가 끝났다는 것에 대해 만족감을 느끼게 해주고, 주인공들이 여전히 마주한 사건, 문제, 어려움에 대한 단서를 줘야 한다.

구조 템플릿을 한마디로 하자면 '리드' 다음에 '핵심 문단'이 등장하고, '마지막 문단'에 이르기 전까지는 '장면'과 '배경설명'이 반복되는 것이다. 미국 기사에서 흔히 보이는 구조다.

대부분의 독자들은 기사를 읽을 때 구조에 대해 특별히 인식하지 못한다. '① 리드, ② 핵심 문단, ③ 한 장면, ④ 배경, ⑤ 또 다른 장면, ⑥ 더 많은 배경, ⑦ 마지막 문단'이라는 템플릿을 예로 들면, 각각의 틀 안에 문단이 여러 개씩 들어가기 때문이다. 각 틀에 얼마나 많은 내용이 담기든, 중요한 것은 전체 구조를 형성하는 '덩어리들'의 짜임새 있는 흐름이다.

〈뉴욕타임스〉에 실린 ≪조지 벨의 외로운 죽음≫이라는 기사[149]를 보자. 평균수명이 낮아지고 있는 뉴욕에서 고독사하는 사람들에 대한 기사인데, 크게 보면 다음과 같이 구성돼 있다.

① 리드: 고독사한 남성(주인공)이 발견된 장면

② 핵심 문단: 대다수 뉴욕 시민들의 경우에 반해 고독사하는 사람들의 사례

③ 한 장면: 고독사한 주인공에 대한 이야기

④ 배경: 뉴욕시에서 고독사를 처리하는 방식

⑤ 또 다른 장면: 고독사를 조사하는 사람들의 이야기

⑥ 더 많은 배경: 고독사하는 사람들의 최후

⑦ 마지막 문단: 고독사한 주인공을 그리워하는 지인

---

149   N. R. Kleinfield(2015). The Lonely Death of George Bell. The New York Times, https://www.nytimes.com/2015/10/18/nyregion/dying-alone-in-new-york-city.html

기사의 구체적인 내용이 어떻게 이 구조적인 틀 속에 녹아들어 있는지 살펴보도록 하자.

① 경찰은 거실의 구겨진 얼룩덜룩한 카펫에서 그를 발견했다. 악취가 진동하는 냄새를 맡은 이웃이 911에 전화한 것이다. 아파트는 퀸스 북부 중앙 잭슨 헤이츠의 79번 도로에 있는 수수한 건물에 있었다.

– 중략 –

② 매년 뉴욕에서 약 5만 명이 죽는데, 사람들이 더 건강하고 오래 살면서 사망률은 낮아지는 것으로 보인다. 사망자 대다수에겐 장례식에서 눈물을 글썽이며 모이는 친척들과 친구들이 있다. 경건한 부고가 알려지고 동정 어린 카드들이 쌓인다. 유명인의 죽음이나 무고한 사람의 비통한 죽음이 있을 때는 도시 전체가 슬퍼할지 모른다.

훨씬 적은 사람들은 아무도 모르는 채로 고군분투하며 혼자 죽는다. 누구도 그들의 시신을 수집하지 않는다. 누구도 생의 결말을 애도하지 않는다. 그들은 죽음 목록에 추가된 이름 하나일 뿐이다. 2014년에 72세 조지 벨은 그 이름들 중 하나였다.

③ 조지 벨 – 단순한 이름, 두 음절, 최소한의 정보다. 그가 누구였는지나 그의 삶이 어땠는지에 대해서는 명확한 답이 없었다. 그가 어떤 걱정을 하고 있었는지, 그가 누구를 사랑했고 누가 그를 사랑했는지도 말이다.

– 중략 –

④ 뉴욕시티의 각 카운티에는 누구도 망자의 자산을 관리할 사람이 없을 때 관리하는 공무원이 있는데, 일반적으로는 유언이나 알려진 상속자가 없을 때 그렇다.

– 중략 –

⑤ 퀸즈 카운티의 유산 관리인으로 일하는 조사관 세 명이 있다. 그들은 망자의 주거지를 수색하고, 그들이 소유했던 게 무엇이고 친척들은 누구인지에 대한 단서를 찾기 위해 집들을 뒤진다. 낯선 사람들이 망자가 옷장 속에 넣어놓았던 게 무엇인지, 벽에 걸어두었던 게 무엇인지, 좋아했던 탈취제는 무엇이었는지를 보는 것은 특이한 일이다.

– 중략 –

⑥ 모든 생명은 최후의 안식처가 필요하지만 모두가 아름답진 않다. 대부분의 자산은 친척이나 친구들에 의해 또는 미리 값을 지불한 계획에 따라 시신이 매장된 뒤 유산 관리인에게 도달한다.

– 중략 –

⑦ 바쁜 술집 위의 텔레비전에서 한 여성이 세정제를 광고하고 있었다. 어두운 불빛에서 버톤(Bertone) 씨는 술잔을 비웠다. "있잖아요, 저는 그를 그리워해요." 그가 말했다. "저는 조지를 한 번 더 봤어야 했어요. 그는 제 친구였어요. 한 번만 더요."

미국 기자들은 기사를 쓰기 전에 주요 내용들이 담긴 덩어리를 어떻게 조합할지 고민한다.

〈배니티 페어〉 기자 브라이언 버로우(Bryan Burrough)는 기사를 앞부분에서 뒷부분까지의 순서로 쓰지 않고, 섹션별로 나눠서 조합한다고 했다.[150] 작은 내러티브 섹션들이 있다면 그중에서 최고의 것이 무엇인지 판단해 리드로 만들고, 나머지 섹션을 조합해서 쓴다고 한다.

〈로스앤젤레스 매거진〉의 메리 멜튼(Mary Melton)은 긴 기사를 쓸 때 인덱스 카드를 사용한다고 한다.[151] 취재를 통해 확보한 장면들과 묘사들, 인터뷰한 사람들, 전하고자 하는 핵심을 카드들에 적어서 바닥에 펼쳐놓고 구조를 고민하는 것이다. 그는 '어떤 카드들이 서로 보완적인가?' '퍼즐이 어떻게 서로 조화되는가?' '적절한 리듬은 무엇인가?'를 물으며 구조를 짠다고 한다. 멜튼은 "계획 단계에서 이게 맞는다는 느낌이 들 때까지 카드들을 많이 움직인 다음에야 글을 쓴다"며 "이것은 일을 훨씬 더 관리하기 쉽게 만든다"고 말했다.

〈워싱턴포스트〉에 실린 기사[152]를 보자. 멕시코의 헤로인 카르텔이 미국의 중간 규모 도시에까지 침투했다는 내용이다. 기사에는 다양한 덩어리가 존

---

150   Andrea Pitzer(2010). Vanity Fair's Bryan Burrough on writing narrative: "people are dying to put down your article." Nieman Storyboard,
https://niemanstoryboard.org/stories/vanity-fair-bryan-burrough-mayborn-conference-narrative-journalism/

151   Kim Cross(2019). "Life is too short to write something boring." Nieman Storyboard,
https://niemanstoryboard.org/stories/life-is-too-short-to-write-something-boring/

152   Todd C. Frankel(2015). Pellets, planes and the new frontier. The Washington Post,
https://www.washingtonpost.com/sf/national/2015/09/24/pellets-planes-and-the-new-frontier/?utm_term=.203a50c5ee46

재한다. 마약 카르텔의 밀수 방식, 거래 트렌드, 미국에 미치는 영향, 헤로인의 심각성, 붙잡힌 마약 운반책의 사례 등이다. 기사는 이런 덩어리들을 어떻게 조합해 구성됐는가? 데이톤으로 출발하는 마약 운반책 게라도 바르가스(Gerardo A. Vargas)의 밀수 준비 장면에서 시작해(①) 헤로인이 대도시뿐 아니라 데이톤과 같은 도시에까지 퍼지고 있는 현상을 보여주고(②), 운반책이 왜 마약 운반에 나서게 됐는지를 설명한 뒤(③) 데이톤이라는 작은 도시에서 마약이 퍼진 원인을 조명한다(④). 운반책의 스토리를 중심으로 전개하되, 중간중간에 적절한 배경 정보를 넣으며 주제를 자연스레 전달하는 구조다.

① 그는 요거트로 목을 완화하면서 조그마한 당근 전체를 삼키며 연습했다. 파우더 각각 14그램과 함께 왁스를 입힌 종이와 두꺼운 라텍스로 기계 포장된 헤로인 알갱이들을 삼켰다. 손으로 매듭지어진, 약으로 가득 찬 콘돔들을 삼키던 날들은 지났다. 멕시코 마약 거래 조직들은 언제나 완벽하게 기술을 만들고 있었다.

이 여행에서 게라도 바르가스는 알갱이 71개를 삼켰다. 알갱이는 두 파운드를 조금 넘는 일 킬로그램으로, 미국 길거리에서 건당 10달러에 최대 3만 회 사용이 가능한 것이었다. 그래서 바르가스는 멕시코 우루아판에서 3,900마일의 여행을 시작하기 전에 원칙을 부여받았다. 음료수는 알갱이의 포장을 부식시킬 수 있기 때문에 안 된다. 오렌지 주스도 안 된다. 물만 마셔라. 그는 어떤 공항을 피해야 하고 어떤 장소에 가야 하는지를 들었고, 그의 모든 움직임은 멕시코에 있는 담당자로부터 조

'구조'로 독자를 사로잡아라

직되었다.

그리고 최종 목적지에 도달할 때까지 아무것도 먹으면 안 된다고 들었다. 목적지는 미국 헤로인 유행의 새로운 전선 중 하나인 데이튼, 오하이오다.

② 마약 재배부터 판매까지 정교한 공급망이 미국에서 치솟는 헤로인에 대한 욕구를 부채질하고 있으며, 헤로인이 처음으로 코카인과 필로폰을 넘어 미국 전역 제1의 위협적인 마약이 되었다. 헤로인은 한때는 터부시되는 마약이었지만 수요가 증가하면서 이제는 어떤 도시들에서 크랙과 팟보다 얻기 쉬운 것으로 변했다.

멕시코의 카르텔들은 미국의 헤로인 교역을 점령하면서 거의 기업 같은 규율을 부과하고 있다. 그들은 그 마약을 스스로 재배하고 처리하며, 기존의 검정색 타르를 거대한 시장에 소구력 있는 혁신적인 고품질 파우더로 점차적으로 교체하고 있다. 이것은 새로 시작하는 사람들이 피우거나 코로 흡입할 수 있고, 매우 심한 중독자들은 주사할 수도 있다.

그들은 시카고나 뉴욕 같은 오래된 대도시의 헤로인 중심지들로부터 있음직하지 않은 데이튼 같은 장소들을 겨냥해 공급 범위를 넓혔다. 중간 규모의 중서부 도시는 헤로인 문제의 중심으로 여겨지는데, 중독자들은 불안정한 무리 속에서 마약을 사고 그것을 과다복용한다. 길거리 구석에 있는 크랙 거래자들은 훨씬 넓은 범위에 있는 헤로인 거래자들로 교체됐는데, 이들은 법 집행자들에게는 거의 보이지 않는다. 그들은 휴대전화를 통해 거래를 주선하고 피자처럼 헤로인을 배달한다.

③ 지난해 8월, 이런 그늘진 세계에 창이 열렸다. 한 정보는 연방 마약단속관들을 바르가스에게 안내했다. 그는 낮은 단계의 마약 운반책으로

자신에 대한 관용의 대가로 아는 것을 이야기해 줄 의향이 있었다.

"종종." 한 단속관이 이후 설명했다. "그 마약 왕들은 미소지어요."

바르가스는 완벽한 마약 운반책이었다. 22세였지만 더 젊어 보였다. 캘리포니아에서 태어났지만 부친이 추방된 뒤 12세에 멕시코로 이주해 미국 여권을 갖고 있었다. 결점 없는 기록을 갖고 있었고 완벽한 영어를 구사했으며 당뇨로 인해 이미 한쪽 눈을 잃은 부친을 위한 현금이 절실했다.

그는 그램당 6달러를 제안 받았다. 그는 이 일로 거의 6,000달러를 벌 수 있었다.

일은 잘못될 수 있었다. 그를 체포한 마약 단속관들에 따르면 데이톤으로 향했던 또 다른 운반책이 미국 공항에서 환승을 기다리던 중 예상치 못하게 화장실을 사용해야 했고 화장실에서 물이 자동으로 내려갔을 때 알갱이를 잃어버렸다.

알갱이가 터지는 것은 운반책에게 최악의 두려움이었다. 로레인과 오하이오에서 한 운반책은 입에 거품을 물기 시작했고 그의 관리자는 어떻게 할지 파악하기 위해 멕시코로 전화를 걸었다. 관리자는 그 알갱이를 뜯어서 남은 마약을 회수하라는 연락을 받았고, 당국은 도청 장치를 통해 그것을 들었다.

바르가스는 이런 사고를 피하기 위해 신중하게 훈련을 받았다. 법원 문서와 마약 단속국 수사관들 및 바르가스의 변호사들과의 수차례에 걸친 인터뷰에 따르면, 그는 멕시코시티에서 왼쪽 태평양 방향으로 뻗어 있는 멕시코의 미초아칸주에 있는 인구 31만 5,000명이 사는 도시인 우루아판에 있는 회벽 건물 집에 방문하면서 그 여행을 시작했다.

하지만 바르가스는 자신이 지닌 비밀 물건에 대한 끝없는 수요를 제외하고는 데이톤에 대해 아무것도 몰랐다.

'구조'로 독자를 사로잡아라

④ 크랙 코카인은 데이톤에서 약으로 쓰이곤 했다. 그것은 라 파밀리아 미초아카나(La Familia Michoacana, 멕시코 마약 카르텔 – 역자 주)의 시작점이었다. 마약 단속국에 따르면 그 마약 카르텔은 2007년 체포될 때까지 거의 대부분 코카인인 마약을 수천 킬로 운반한 다니엘 가르시아-기아(Daniel Garcia-Guia)라는 남성을 고용했다.

― 하략 ―

미국 기자들에게 구조는 건축가들의 설계만큼이나, 소설가들의 스토리라인만큼이나 중요한 요소다. 그것을 어떻게 설계하느냐에 따라 내용 전체의 충실성이 결정되기 때문이다.

글쓰기에 있어서 구조를 강조하는 대표적인 인물이 미국의 작가로 30여 권의 책을 저술한 존 맥피(John McPhee)다. 그는 고교 시절 영어 선생님으로부터 구조를 짜는 것을 배웠다고 한다.[153] 선생님은 보통 일주일에 글을 세 편씩 쓰도록 했는데, 무슨 내용이든 쓸 수 있지만 사전에 만든 구조적인 아웃라인을 동반하도록 했다고 한다. 아웃라인은 로마 숫자 Ⅰ, Ⅱ, Ⅲ부터 화살표 표시와 일자 모양으로 휘갈긴 고리까지 무엇이든 활용해 만들 수 있었다. 맥피는 "논픽션에서 강력한 구조는 소설에서의 줄거리와 유사한 유인 효과가 있을 수 있다"고 말했다.

153 John McPhee(2013). Structure. The New Yorker,
https://www.newyorker.com/magazine/2013/01/14/structure

기사의 구조를 잘 짜느냐는 '숙련된 글쓴이'와 '풋내기 글쓴이'를 가르는 잣대로 꼽힌다. 미국의 저널리스트 제임스 스테와트(James Stewart)는 "모든 좋은 기사들에는 언뜻 보기에는 이질적인 요소들을 통합하는 중추인 구조가 있다"며 이렇게 말했다.[154]

"구조의 존재는 독자들이 시간과 흥미를 갖고 믿을 수 있는 솜씨 좋은 이야기꾼의 손에 있다고 그들을 안심시키게 한다. 독자들은 자신이 어디로 가고 있는지 알고 있으며, 이것은 그들이 여유를 갖고 그 여행을 즐길 수 있다는 것을 의미한다."

154　James B. Stewart(2012). Follow the Story: How to Write Successful Nonfiction. Simon and Schuster, p.167.

'구조'로 독자를 사로잡아라

'나는 지금 무엇을 쓰고 있는가'

기사의 구조를 잘 잡으려면 어떻게 해야 할까. 사전에 선결돼야 할 것이 있다. 기사가 무엇에 대한 것이고 왜 써야 하는지 핵심을 명확히 하는 것이다. 기사의 구조가 제대로 잡히지 않는 것은 핵심이 불분명하거나 제대로 정리되지 않았기 때문에 나타나는 '현상'이다. 〈월스트리트저널〉 에디터를 지낸 윌리엄 블런델(William Blundell)은 "글에서 가장 흔한 결점을 꼽으라면 내가 아는 대부분의 에디터들은 형편없는 구조를 꼽지만 이것은 질병이 아니라 증상"이라며 "질병은 기사 구상과 형상화의 초기 단계에 있어서의 엉성한 생각"이라고 말했다.[155]

달리 말하자면, 기사의 핵심이 명확하면 구조를 짜는 것은 쉬워진다. 퓰리처상 수상 기자 잭퀴 바나진스키(Jacqui Banaszynski)는 "정말로 기사의 중심 혹은 본질을 알아낼 수 있다면 구조는 명백해진다"며 "그러나 작업 중인 기사

---

155   William E. Blundell, The Art and Craft of Feature Writing: Based on The Wall Street Journal Guide. Plume, p.94.

의 핵심을 쓸 수 없다면 아마도 당신은 정말로 무엇을 말하고자 하는지 알아내지 못한 것"이라고 말했다.[156]

글을 쓰는 사람이라면 핵심을 곱씹고 또 곱씹어야 한다. 미국의 작가 윌리엄 진저(William Zinsser)는 글을 쓰는 사람들이 '내가 무엇을 말하려고 하는가?'를 지속적으로 묻고, 글을 쓴 뒤에는 '내가 그것을 이야기했는가?'와 '그것이 이 주제를 처음으로 마주하는 누군가에게도 명확한가?'를 자문하라고 말한다.[157] 그는 "독자들의 마음에 남기고자 하는 하나의 요점이 무엇인지 결정하라"며 "어떤 길을 따라야 하고 도달하고자 하는 종착점이 무엇인지에 대해 더 나은 아이디어를 줄 뿐 아니라 분위기와 태도에 대한 결정에 영향을 줄 것"이라고 말했다.

미국 기사가 다채로운 취재원과 세밀한 묘사로 가득 차 있지만 일관성 있게 느껴지는 것은 전체를 관통하는 주제가 명확한 덕분이다. 사례와 묘사, 발언은 주제와 밀접하게 연결된다.

〈텍사스 먼슬리〉에 실린 기사[158]를 보자. '콜린 스트리트 베이커리'라는 곳에서 회계사로 일하던 샌디 젠킨스(Sandy Jenkins)가 어떻게 회삿돈을 횡령하기에 이르렀는지를 그린 기사다. 기사는 무엇에 대한 것인가? 주인공이 횡령

---

156 Jacqui Banaszynski(2019). A nut graf by any other name might taste sweeter ～ and be more digestible. Nieman Storyboard,
https://niemanstoryboard.org/stories/a-nut-graf-by-any-other-name-might-smell-sweeter-and-be-more-digestible/

157 William Zinsser(2006). On Writing Well. Harper Collins, p.8, 9.

158 Katy Vine(2016). Just Desserts. Texas Monthly,
https://features.texasmonthly.com/editorial/just-desserts/

을 하게 된 배경인 '욕망'에 대한 것이다. 모든 일화는 시점과 장소가 다르지만 욕망의 전개를 그려낸다는 점에서는 일맥상통하고, 서로 연결된다.

대부분의 경우에 아침 6시 30분경이면 샌디 젠킨스는 알람 없이 일어나 침묵 속에서 몇 분을 머물렀다. 삶이 가능성으로 가득 차 보였던 때 하루 중 최고의 순간이었다. 그는 계획들을 쓰거나 목표들을 세우지 않았다. 준비는 그가 잘하는 일이 아니었다. 이런 조용한 시간에 그는 누워서 공상을 하곤 했다. 여행과 명망 있는 일들, 원대한 아리아나 바이올린을 위해 마련된 장면들로 가득 찬 삶을 상상했다. 아마 그는 전용기에서 내려 먼 산을 바라보고, 사람들이 공손하게 미소 지을 때 어떤 이국적인 장소에서 점잔을 빼며 길을 걸을 것이다. 그는 이후를 위해 공상을 멈추는 6시 35분까지 이런 판타지를 머릿속에서 재생시켰다.

2004년 12월의 어느 아침, 그는 침대에서 다리를 빼내 자신의 미니어처 닥스훈트 매기(Maggie)를 어루만지고 커피를 만들기 위해 아래층으로 내려갔다. 그는 진한 블랙커피를 선호했고 도자기 컵에 부었다. 침대로 돌아온 뒤엔 부인 케이(Kay)와 '굿모닝 아메리카'를 시청했다(그는 로빈 로버츠를 좋아했다). 아침 식사를 하고 샤워를 하고 롤렉스 시계를 찬 뒤, 짧게 자른 머리카락이 아버지 머리카락처럼 너무 길고 특이해지는 신호가 있는지 살펴보고, 옷장으로 갔다. 바지 하나를 고르고는 딜라스 앤드 폴리스로부터 산 폴로셔츠들에 대한 선택을 연구했다. 검정이나 회색과 같이 거의 매일 마주했던 같은 선택을 숙고하면서 말이다.

그의 색깔 선호와는 달리 그는 섬뜩한 사람은 아니었다. 종종 장례식장 소장이 되는 것을 꿈꿨던 것은 사실이지만, 그의 집착은 죽음과는

탁월한 스토리텔러들

별 관련이 없었다. 그 대신 선명한 옷과 윤택한 배경, 깔끔한 검정 차들, 달변과 숭배하는 톤을 갈망했다. 장례식장들은 좋은 물건들을 사용하진 않더라도, 적어도 싸구려는 사용하지 않았다. 그는 코르시카나에서 콜리(Corley) 장례식장을 가장 좋아했다. 가장 호화로운 룸들을 갖고 있었고, 어쨌거나 모든 부유한 사람들이 간 곳이었다. 하지만 장례식장들은 그저 취미였다. 그는 장례식장 소장이 아니었다. 그저 은퇴할수 있도록 사회보장기금을 10년간 징수해온 회계사일 뿐이었다. 그리고 만약 옷장 앞에 더 오래 서 있으면 일터에 늦을 것이었다.

그는 아침 7시 55분에 주차 장소에 도착했다. 그는 5년 된 렉서스 대신 더 신형 차를 모는 것을 상상하며 통근하는 10분을 꼬박 보냈다. 공상을 계속하면서 낡은 서류가방을 쥐고 코르시카나에서 가장 잘 알려진 회사의 정문으로 들어갔다.

— 하략 —

포인터연구소에서 글쓰기를 가르쳐온 벗치 와드(Butch Ward)는 좋은 스토리텔러가 되기 위해 '내 기사가 정말로 무엇에 대한 것인가'를 생각할 시간을 가지라고 말한다.[159] 그는 이런 예시를 든다. 새로운 주택 개발에 대한 시의회 투표를 취재하는 두 기자가 있다. 두 사람 모두 같은 증언을 듣고 같은 투표를 목격한다. 하지만 기사가 정말 무엇인지에 대한 질문을 받았을 때 한

---

159 Butch Ward(2015). Tips to make you a better storyteller. Poynter,
https://www.poynter.org/newsletters/2015/tips-to-make-you-a-better-storyteller/

명은 "진보"라고 말하고 다른 한 명은 "제어 받지 않는 성장"이라고 말한다. 와드는 말한다.

"분명히 그들은 다른 기사들을 쓸 것이다. 그리고 그 질문에 대한 그들의 대답은 리드를 선택하고 핵심 문단을 조직하고 기사에 무엇을 넣고 뺄지를 결정하는 것을 도울 것이다."

〈워싱턴포스트〉에 실린 ≪데보라의 선택≫이라는 기사[160]를 보자. 낙태 클리닉에 갔다가 총기 난사범 존 살비(John Salvi)의 급습으로 인해 수술을 받지 못하고 아이를 낳게 된 여성 데보라 게인스(Deborah Gaines)에 대한 기사다. 그녀는 클리닉에 소송을 제기했다. 클리닉이 총기 난사범으로부터 손님을 보호하는 데 실패했고 본인이 낙태할 선택을 배제했기 때문에 트라우마에 대한 보상과 해당 사건으로 인해 지우지 못한 아이의 양육비를 줘야 한다는 것이다.

기사는 여러 가지 질문을 제기한다. 아이의 삶은 누구의 책임이며, 클리닉이나 정부의 책임이 있다면 얼마나 있는지다. 클리닉 측은 여성이 낙태를 선택하기 위해 다른 클리닉에 갈 자유가 있었지만 그렇게 하지 않았기 때문에 자신의 선택에 대해 책임을 져야 한다고 주장했다. 하지만 여성은 사건 이후 집 밖을 떠날 엄두를 내지 못했고, 생명의 위협 때문에 클리닉에 가지 못해 왔다고 주장한다. 기사를 쓴 드닌 브라운(DeNeen L. Brown)은 작성 과정을 이렇게 말했다.[161]

---

160   DeNeen L. Brown(1998). Deborah's Choice. The Washington Post,
https://www.washingtonpost.com/archive/lifestyle/1998/09/27/deborahs-choice/cfbbc9c6-96a1-4baf-b9af-47b2ed86254c/

161   Mark Kramer & Wendy Call(2007). Telling True Stories. Plume, p.101.

탁월한 스토리텔러들

"그녀와 이틀 정도를 보낸 뒤 편집국에 돌아와 에디터와 이야기했다. 그는 말했다. '스토리가 무엇에 대한 겁니까?' 나는 말했다. '음, 이것은 클리닉에 갔던 여성에 대한 것인데… 그녀는 이제 주 정부에 소송을 겁니다.' 그는 반복했다. '스토리가 무엇에 대한 겁니까?' 그리고 나는 반복했다. '음, 이것은 여성에 대한 것인데….' '아닙니다.' 그가 말했다. '이것은 선택에 대한 겁니다.' 나는 그것에 대해 생각했다. 그리고 끝내 기사의 모든 장면은 선택이라는 중심 테마에 초점을 맞췄다."

기사는 주인공의 '선택'이라는 핵심을 둘러싸고 양측의 입장을 보여주며 전개된다.

– 앞부분 생략 –

데보라 게인스는 1994년 10월 30일을 한 시간 전에 일어난 일처럼 기억한다. 이제는 몹시 사랑하는 아이인 조그마한 벌꿀 색 피부를 가진 딸을 볼 때마다 그것을 기억하는데, 그 아이는 키우는 것을 감당할 수 없어서 그날 아침에 제거하러 낙태 클리닉에 갔던 같은 아이다.

– 중략 –

프리텀은 총격 피해자와 그들의 가족이 클리닉에 제기한 두 건에 대해서는 합의를 봤지만, 게인스와 그녀의 딸에 대해서는 책임이 없다고 말한다. 클리닉 변호사인 아드리안 세비에르(Adrian Sevier)는 이와 같이 말했다. "프리텀은 존 살비와 같은 미치광이가 역내에 들어와 총기를 발사하는 것에 대해 공지를 받은 바가 없었습니다. 그들의 보안은 적절했고 그들이 존 살비의 행동을 예방하기 위해 할 수 있었던 것은 없었으며, 프리텀이 데보라 게인스에게 어떠한 해를 끼친 일을 하거나 해야 할 일을 하지 않은 것이 없습니다."

그 사례의 중심엔 변호사들이 말하는, 수십 년간 낙태 이슈를 정의한 단어인 '선택'이 있다.

"그 주장은 근본적으로 데보라 게인스가 1994년 12월 30일 이후 낙태를 하지 않기로 선택했다는 것입니다." 세비에르가 말한다. "그녀는 자신의 선택으로 어느 클리닉에든 가서 낙태를 할 자유가 있었습니다. 그녀는 그렇게 하지 않기로 선택했기 때문에 자신의 결정에 대한 책임이 있습니다."

밀네(Milne)는 이와 같이 말한다. "책임은 데보라가 낙태할 권리를 행사하며 프리텀에 있을 때부터 시작합니다. 이것은 합법적이었고 그녀는 낙태를 할 것으로 기대할 완전한 권리가 있었습니다. 그녀는 선택할 권리를 행사하고 있었습니다."

— 중략 —

우선 그녀는 비비안을 갖지 않기로 선택했다. 하지만 궁극적으로 그녀는 딸을 낳기로 선택했다. 이것은 그녀가 인생에서 지니고 살아가야 할 모순이다.

위 기사는 '관점이 있는 뉴스'의 중요성을 환기한다. 여기서 '관점'은 정치적인 입장이나 태도를 의미하는 것이 아니다. 그보다는 "나는 이 사안은 어떻게 볼 것인가?"라는 의미와 가깝다. 취재 현장에 함께 있는 다른 기자가 그 사안을 보는 방식은 내가 사안을 보는 방식과 다를 수 있다. 사실, 달라야 더 좋다. 이것이 관점이 있는 뉴스인데, 종종 최병우 기자의 1953년 정전협정 조인식 기사가 그 대표 사례로 거론된다. 당시 최병우 기자는 정전협정이 우리의 운명을 결정하는 역사적인 이벤트인데도 우리를 제외한 주체들이 조인식을 하는 광경을 지켜보고, 조인식이 우리에겐 하나의 상징적인 행사일 뿐이라는 자기 나름의 관점에서 기사를 썼다(박재영·이재경·김세은·심석태·남시욱, 2013).

명확한 생각이 명확한 글을 만든다. 〈워싱턴포스트 매거진〉 기자 출신 왈트 해링턴(Walt Harrington)은 "최고의 저널리즘 기사에는 그것을 조직하고 이끄는, 자료를 이해하게 하고 다양한 사실과 세부 내용의 중대함과 중요성을 가늠할 수 있도록 하는 아이디어들이 있다"고 말했다.[162]

기자들은 기사를 쓰는 데에 있어서 그것이 무엇에 대한 것인지에 대한 아이디어, 즉 핵심부터 명확히 한다. 기사의 존재 이유인 핵심이 명확하다면 구조를 짜는 것도 명확해지고 살을 붙이는 것도 순조로워지며, 취재 내용을 취사선택하는 것도 수월해진다. 핵심을 명확히 하는 것이야말로 기사 구상과 구조 마련에 앞서는 선결 작업이며, 글의 전개를 이끄는 기반이다.

162　Walt Harrington(1997). A Writer's Essay: Seeking the Extraordinary in the Ordinary. Nieman Storyboard, https://niemanstoryboard.org/stories/a-writers-essay-seeking-the-extraordinary-in-the-ordinary-2/

핵심 정보를 숨겨라

미국 기사는 이야기를 토대로 펼쳐지지만, 가만히 들여다보면 의미를 알려주는 문단이 포함돼 있는 경우가 많다. 기사의 논지를 담은 문단인데, 언론계에서는 알맹이를 뜻하는 '넛(nut)'과 문단을 뜻하는 패러그래프(paragraph)의 준말 '그래프(graf)'를 합한 용어인 '넛 그래프'라고 부른다. 핵심 문단에는 기사의 시의성을 뜻하는 '뉴스 펙(peg)' 혹은 '뉴스 훅(hook)'이 등장해 관련 이슈나 이벤트, 사례, 연구, 정책 등을 소개하곤 한다. 〈필라델피아 인콰이어러〉기자들은 이것을 '우리가 당신을 왜 이 파티에 초대했는지 궁금했죠? 섹션'이라고 불렀다.[163]

핵심 문단은 주로 피처 기사에 등장하는 개념인데, 기사의 도입부에 등장하지 않는다. 도입부엔 흡인력 있는 내러티브가 먼저 전개되고, 핵심 문단은

---

163 Chip Scanlan(2003). The nut graf tells the reader what the writer is up to. Poynter,
https://www.poynter.org/archive/2003/the-nut-graf-part-i/

그 내러티브를 단절시키면서 '이것이 어떤 기사이며 무슨 맥락이니 계속 읽어달라'고 이야기한다. 내러티브 속에서 기사가 무엇에 대한 것인지 알려주는 표지 역할을 하기 때문에 '빌보드'에 비유되기도 한다. 빌보드는 독자들이 이야기의 디테일에 빠지기 전에 기사의 핵심 논지를 프리뷰 할 수 있는 기회를 준다.

〈워싱턴포스트〉에 실린 기사[164]를 보자. 미국에서 마약이 횡행하는 가운데 약물 과다 주입으로 부모를 잃은 아이들에 대한 이야기다. 기사를 쓴 이유는 그것이 심각한 사회적인 문제가 되고 있기 때문이다. 이를 뒷받침하는 핵심적인 사실들이 있다.

① 2015년 미국에서 마약 과다 주입으로 3만 3,091명이 숨졌다.
② 웨스트버지니아의 시골은 약물 과다 주입 비율이 전국 평균보다 8∼10배 높은 것으로 추산된다.
③ 미국에서 중년 백인 남성들과 중년 백인 여성들은 지난 20년간 약물 과다 주입으로 각각 1년, 2년 이상의 기대수명을 잃었다.
④ 마약 유행은 건강의 진보를 없앴으며, 웨스트버지니아는 이를 막는 데에 더 자원을 집중하기 시작했다.

기사는 핵심 주제를 제인 풀리암(Zaine Pulliam)이라는, 마약으로 부모를 잃

---

164   Eli Saslow(2016). 'What kind of a childhood is that?' The Washington Post, https://www.washingtonpost.com/sf/national/2016/12/17/orphaned-by-americas-opioid-epidemic/?utm_term=.148039161383

은 17세 여아의 삶을 통해 보여준다. 그녀의 일상을 보여준 뒤 핵심 문단(*)을 통해 논지를 설명한다.

오전 중반의 햇빛이 커튼을 통해 들어왔고 제인 풀리암은 주말 파티의 잔해에서 잠이 깼다. 바닥에는 담요들이 흩뿌려져 있었고 소파에는 먹다 만 음식이 담긴 그릇들이 있었다. 17살 제인은 자고 있는 청소년들 사이를 조심히 걸으면서 할머니가 이미 커피를 마시고 있는 부엌으로 들어갔다. "너 좀 봐." 그녀가 말했다. "기나긴 밤을 보냈니?"

매디 클라크(Madie Clark)는 세 손주들이 전날 친구들을 데려와 자도록 허락했고, 피자와 선키스트, 보드 게임들이 시작됐다. 하지만 끝내 그녀는 잠을 자러 갔고 몇 개의 맥주 캔들과 니코틴 분무기들이 집에 흩어져 있는 것을 볼 수 있었다. 벽의 다른 쪽 욕실에서는 십 대 한 명이 토하고 있는 것 같은 소리가 들렸다.

"전날 밤에 착하게 군 것 맞지?" 그녀가 제인에게 물었다. "누구도 운전하지 않았지? 누구도 멍청하게 굴지 않았지?"

"물론 아니에요." 그가 말했다. "우린 괜찮았어요. 모든 건 괜찮았어요."

그녀는 그를 바라보고 눈알을 굴렸다. "응, 알았어. 얘야." 그녀가 말했다. "나는 널 믿어. 그런데 너는 그 선에 다가가고 있어."

(*) 2015년 4월 부모가 헤로인 과다 복용으로 숨진 뒤 제인의 삶에 있는 거의 모든 사람들은 지난 1년 반 동안 걱정스럽게 그 선을 감시해왔다. 부모는 그해 마약 과다 복용으로 숨진 기록 3만 3,091명 중 두 명이었다. 전국적인 위기 속에서 웨스트버지니아 시골은 최악의 상황이었는데, 보건 당국자들은 그곳의 과다 복용 비율이 전국 평균보다

탁월한 스토리텔러들

8~10배 높다고 추산한다. 지난 20년간 이 나라의 중년 백인 남성은 기대수명 1년을 꼬박 잃었다. 중년 백인 여성은 2년 이상을 잃었다. 마약 유행은 전체 세대로부터 건강의 진보를 없앴으며, 웨스트버지니아는 다음 세대가 그 공허로 들어가는 것을 예방하고 막는 데 자원을 더 집중하기 시작했다.

이런 아이들은 보건 당국자들에 의해 종종 '마약 고아들'이라고 불린다. 부모님이 잠을 자다 숨졌다고 믿었던 10살 조이(Zoie), 엄마의 옛 화장품을 쓰기 시작한 13살 아리아나(Arianna), 그날 아침 부모를 침실 바닥에서 발견한 뒤부터 성적이 떨어지기 시작한 17살 제인까지의 세 명은 가장 최근 마약 고아들이 된 경우다. 그들은 사우스 찰스톤의 작은 집에 산다.

− 하략 −

기사에 핵심 문단이 있다는 것은 핵심 문단을 통해 뉴스 가치를 단번에 설명한다는 것은 아니다. 미국 기사 중에는 핵심 문단에 의미의 일부만 담은 경우도 있고, 심지어 핵심 문단이 등장하지 않는 경우도 있다(다만 이 경우에는 명시적인 주제 문단 없이도 기사를 읽으면서 의미를 발견할 수 있다). 요컨대, 핵심 문단이 '핵심의 모든 것'은 아니다.

핵심 문단이 없거나 반쪽짜리로 등장하는 이유는 그것이 너무나 완전할 경우 독자를 잃을 수 있기 때문이다. 독자들은 기사의 핵심을 파악하고 나면 나머지 부분을 건너뛸 수 있다. 기사에서 무엇을 말하고자 하는지 이미 파악했는데 왜 굳이 시간을 들여 남은 기사를 추가적으로 읽어야 하는가? 핵심을 모두 알고서도 기사를 끝까지 읽는 독자들은 많지 않을 것이다.

기사의 '알맹이'는 주요 정보를 한 번에 알려줘서 독자들이 글을 더 읽어야 할 필요성을 못 느끼도록 해서는 안 된다. 포인터연구소의 글쓰기 코치 칩 스칸란(Chip Scanlan)은 핵심 문단이 내러티브에 등장한다면 "정밀하게 가공된 우아한 장치"여야 한다고 말했다.[165]

기사는 핵심 문단을 통해 전체적인 방향을 알려주되, 독자들이 그 글을 계속 읽을 이유 역시 줘야 한다. 〈월스트리트저널〉 기자 출신 배리 뉴만(Barry Newman)은 그 해결책으로 "최후의 '쿵'이 아니라 기대의 문구로 핵심 문단을 끝내는 것"을 제안했다.[166]

〈뉴요커〉에 실린 기사[167]를 보자. 뉴욕 시에 있는 저소득 수감자들이 처하는 열악한 상황에 대한 내용이다. 그것을 뒷받침하는 핵심 내용 중에는 다음과 같은 것들이 있다.

① 하루 평균 1만 1,000명에 이르는 사람들이 시 감옥에 수감된다.
② 청소년 남성들이 수감되는 감옥에선 폭력이 횡행하고 있다.
③ 수감된 저소득층 사람들은 신속한 재판을 받지 못하고 있다.

165   Chip Scanlan(2019). Nut grafs: Overused, misused - or merely misunderstood? Nieman Storyboard, https://niemanstoryboard.org/stories/nut-grafs-overused-misused-or-merely-misunderstood/

166   Barry Newman(2015). News to Me: Finding and Writing Colorful Feature Stories. CUNY Journalism Press, p.189.

167   Jennifer Gonnerman(2014). Before the Law. The New Yorker, https://www.newyorker.com/magazine/2014/10/06/before-the-law

기사는 저소득 청소년 칼리프 브라우더(Kalief Browder)가 체포되던 날의 일화로 시작한다. 아무 짓도 안 했다고 주장하는 청소년이 경찰을 만나는 과정을 보여주고 ①, ②를 알려준다.

17세 생일 열흘 전인 2010년 5월 15일 토요일 이른 시간에, 칼리프 브라우더와 친구는 파티에서 나와 브롱크스의 벨몬트 섹션에서 집으로 돌아가고 있었다. 그들은 리틀 이태리의 주요 도로인 아서 가를 따라 걸었으며, 밤에 철 셔터가 내려가 있는 베이커리들과 카페들을 지났다. 186번 가를 지났을 때, 브라우더는 경찰차가 다가오는 것을 봤다. 더 많은 경찰차들이 도착했고, 브라우더와 친구는 경찰 스포트라이트의 빛에 눈을 찡그리고 있었다. 한 경찰관은 어떤 남자가 그들이 자신에게 강도짓을 했다고 신고했다고 말했다. "저는 누구에게도 강도짓을 하지 않았어요." 브라우더가 답했다. "제 주머니를 확인해보세요."

경찰관은 그와 친구 주머니를 뒤졌지만 아무것도 발견하지 못했다. 경찰 중 한 명이 피해자임을 주장하는 사람이 있는 차 뒤에 갔다가 새로운 이유로 다시 돌아 왔다고 브라우더는 회상했다. 남성은 그들이 그날 밤이 아니라 2주 전에 강도짓을 했다고 말했다. 경찰은 수갑을 채우고 경찰차 뒤에 밀어 넣었다. "제가 무슨 혐의를 받나요?" 브라우더가 물었다. "저는 아무것도 안 했어요!" 그는 경찰관이 "단지 당신을 관할 경찰서로 데려가는 거야. 아마도 집에 갈 수 있을 거야"라고 말한 것을 기억한다. 브라우더는 친구에게 "네가 정말 아무것도 안 했다는 것을 확신해?"라고 속삭였다. 친구는 아무것도 안 했다고 주장했다.

— 중략 —

'구조'로 독자를 사로잡아라

경찰이 토요일에 브라우더를 체포한 지 17시간 뒤에 검찰이 심문했고 그는 다시 한번 무죄 주장을 유지했다. 다음 날 그는 법원으로 인도돼 자신이 강도, 중절도, 폭력으로 입건됐다는 것을 알게 됐다. 법관은 친구를 풀어주면서 사건이 법원으로 넘어갈 때까지 자유로울 것을 허락했다. 하지만 브라우더는 여전히 보호관찰에 있었기 때문에 붙잡혀 있어야 했고 보석금 3,000달러를 책정했다. 금액은 가족이 감당할 수 없는 것이었고, 얼마 지나지 않아 브라우더는 교정부 버스에 타고 있었다. 그는 정신적 충격과도 맞서 싸웠다고 이후 말했다. 버스 창에 있는 쇠창살을 응시하면서 브롱스가 사라지는 것을 봤다. 곧, 버스가 라이커스 섬으로 향하는 길고 좁은 다리를 지날 때 양쪽에는 물이 있었다.

① 뉴욕시티에 사는 800만 명 중에 하루 평균 1만 1,000명이 시 감옥에, 대부분은 퀸스와 브롱스 사이 동강에 있는 400에이커 섬인 라이커스에 수감된다. 그곳에 가보지 않은 뉴요커들은 라이커스를 하나의 무서운 건물이라고 종종 생각하지만, 그 섬엔 감옥 10개가 있다. 여덟 곳은 남성을, 한 곳은 여성을 수감하고, 한 곳은 너무 낡아서 2000년 이후 누구도 수감하지 않아왔다.

② 남성 청소년들은 R.N.D.C.라고 알려진 로버트 다보렌 센터에 수감된다. 브라우더가 도착했을 때 감옥은 16~18세 소년 600명을 수감하고 있었다. 그곳 환경은 악명 높게 암울하다. 올 8월 뉴욕 남부 지역 연방 검사의 보고서는 R.N.D.C.를 교도관을 향한, 그리고 재소자들 사이의 공격이 만연한 "뿌리 깊은 폭력의 문화"가 있는 장소라고 묘사했다. 보고서는 재소자들의 이와 같은 부상 리스트를 다뤘다. "부러진 턱들, 부러진 눈 주위 뼈들, 부러진 코들, 기다란 뼈 골절들, 봉합이 필요한 찢어진 열상들"

— 하략 —

탁월한 스토리텔러들

여기까지 기사에서 다루고자 하는 핵심 내용의 일부가 소개됐다. 하지만 아직 해결되지 않은 의문이 있다. 주인공인 칼리프 브라우더는 아무 짓도 안 했다고 주장하고 있고, 실제로 기사에 묘사된 상황을 봐도 당사자는 혐의가 없어 보인다. 그럼에도 불구하고 그는 악명 높은 감옥에 수감됐다. 그곳에서 무슨 일이 일어나는지, 그가 어떻게 되는지 궁금해지지 않는가?

기사에서 이어지는 문단을 보자. 앞부분에서 알려주지 않은 내용이 조금씩 드러난다.

> 브라우더의 가족은 변호사를 고용할 돈이 없었기에 판사는 브렌단 오미아라(Brendan O'Meara)라는 변호사가 그를 대리하도록 지명했다. 브라우더는 오미아라에게 자신이 결백하며 사건은 빠르게 종결될 것으로 추정한다고 말했다. 법원 문서에 따르면 심지어 기소를 다루는 지방검사도 이후 그것이 "상대적으로 명백한 사건"이었다고 인정했다. 여러 시간에 걸친 녹취록이나 꼼꼼하게 살펴 추려낼 복잡한 증거 파일도 없었고, 피해자라고 주장하는 한 사람의 기억만 있었다. 하지만 브라우더는 만성적으로 미어터진 브롱스 형사법원을 통해 법률 시스템에 들어온 상태였다. 지난해 〈타임스〉는 그곳을 "무능력하고" 전국에서 가장 일감이 밀려 있는 곳들 중 하나라고 묘사했다. 한 가지 이유는 예산에 대한 것이었다. 업무량을 감당할 만큼 충분한 수준의 판사들과 법원 직원들이 없었다. 브라우더 사건은 2010년 브롱스 지방 검찰청이 담당한 5,695개의 중범죄 중 하나였다. 이 문제는 승소 가능성을 높이기 위해 사건을 질질 끄는 변호사들과, 끝없는 재판 연기를 허용하는

'구조'로 독자를 사로잡아라

판사들과, 끊임없이 준비되지 않은 검사들에 의해 혼합됐다. 수정헌법 제6조가 "신속하고 공적인 재판을 받을 권리"를 보장하지만, 브롱스에서는 신속한 정의라는 개념이 거의 존재하지 않는다.

위의 문단까지는 브라우더 가족이 어떤 상황에 있고 누구의 변호를 받았는지가 나와 있다. 아울러 구속된 사람들이 신속하게 재판을 받지 못하고 있다는 또 다른 문제점이 드러난다. 여기까지 읽었으면 ① 수감자들의 규모, ② 감옥의 열악함, ③ 재판의 장기화라는 핵심 내용을 알 수 있다. 기사에서 다루고자 하는 핵심 내용을 거의 선명하게 알게 됐지만, 기사 읽기를 멈출 수는 없다. 궁극적으로 주인공이 어떻게 됐는지를 모르기 때문에 여전히 의문이 남아 있다.

주인공이 감옥에 들어갔다는 것은 알지만 그곳에서 어떤 일을 겪었는지, 재판은 얼마나 오래 지속됐는지, 끝내 풀려났는지는 기사를 계속 읽어야만 알 수 있다. 이것은 기사 후반부까지 도달해야 나온다. 기사는 핵심 주제를 보여주는 내러티브를 전개하면서도, 의문을 한 번에 해소하지 않았다. 기사에서 무엇을 말하고자 하는지 알면서도 계속 읽고 싶어지지 않는가?

줌 인과 줌 아웃을 섞어라

　　미국에서 영상 촬영과 편집을 배울 때 근거리 촬영인 '줌 인(Zoom In)'과 원거리 촬영인 '줌 아웃(Zoom Out)'을 모두 촬영하고 적절하게 조합해 편집해야 했다. 비슷한 거리에서 찍은 장면만 보여주면 밋밋하고 역동성이 떨어지니 다양한 거리에서 찍은 장면을 엇갈려가며 보여주는 것이다. 저널리즘 스쿨 에디터는 이것이 피처 기사를 쓰는 데에도 마찬가지로 적용된다고 설명했다. 기사가 어떤 상황을 가까이에서 보여주는 '내러티브'와 멀리 떨어져서 맥락을 설명하는 '배경'을 반복하며 전개된다는 것이다. 그의 설명을 빌리자면 구조는 다음과 같다.

- 리드 (줌 인)
- 핵심 문단 (줌 아웃)
- 내러티브 (줌 인)

- 배경 (줌 아웃)

- 내러티브 (줌 인)

- 배경 (줌 아웃)

- 마지막 문단 (줌 인 또는 줌 아웃)

*내러티브와 배경은 필요시 반복됨

'줌 인'과 '줌 아웃'의 반복은 '세부 내용(details)'과 '배경(background)'의 반복이라고도 불린다(Hart, 2011). '세부 내용'은 기사 주제와 관련된 대상이 무언가를 하는 모습을 근거리에서 보여주는 내러티브 혹은 현장 묘사이며, '배경'은 주제를 이해하기 위해 필요한 맥락이다. 기사는 주인공의 행동을 좁은 범위와 가까운 거리에서 보여주는 장면과, 독자들이 그 장면의 의미를 이해하기 위해 원거리에서 넓게 바라볼 수 있도록 맥락과 배경을 알려주는 대목이 반복되며 전개된다.

〈마더 존스〉에 실린 기사[168]를 보자. 미국으로 불법 입국하는 아이들이 급증하고 있다는 내용이다. 기사는 아드리안(Adrian)이라는 아이를 통해 불법 입국 아동의 현실을 생생하게 보여주는 세부 내용(①)과, 그것이 어떤 의미가 있는지 알려주는 배경(②)을 반복하며 전개된다.

---

168 Ian Gordon(2014). 70,000 Kids Will Show Up Alone at Our Border This Year. What Happens to Them? Mother Jones,
https://www.motherjones.com/politics/2014/06/child-migrants-surge-unaccompanied-central-america/

① 멕시코 북서쪽의 문 없는 황량한 안가에서 마약 밀매자는 소년을 평가했다. 소년은 17세, 집에서 1,700마일 떨어져 있고, 게이고, 혼자였다. 그리고 마리화나를 갖고 애리조나 국경을 넘기에는 너무 겁이 나 있는지 물었다.

그 아이―그를 아드리안이라고 부를 것이다―는 자신의 선택지를 고려하기 위해 멈췄다. 그에겐 아무것도 없었다. 네, 그는 그들에게 말했다. 그는 그렇게 할 것이었다.

― 중략 ―

② 그렇게 아드리안은 미국에 몰래 들어오기 위해 혼자 여행하는 아이 이민자들, 정부 관리들과 시민단체 활동가들이 경보하며 '급증'이라고 부르기 시작한 그룹의 일부가 되었다. 부모나 보호자 없이 국경을 건너다 체포당한 미등록 아이들, 대부분 10대지만 일부 작게는 5세에 이르는 아이들의 숫자는 지난 2년간 국경에서 잡힌 성인들이 단지 18%만 증가하는 와중에 두 배 이상이 되었다. 6월 2일, 오바마 대통령은 이것을 "시급한 인도주의적인 상황"이라고 묘사하면서 이에 대처하기 위해 의회에 추가적인 14억 달러를 요구했고 연방 차원의 대응을 위해 연방비상관리국(FEMA)이 이끄는 다기관 태스크포스를 만들었다.

① 아드리안이 북쪽으로 가기 시작한 2012년 12월에 그 급증은 이미 최고조였다. 그는 멕시코-과테말라 국경으로 가는 버스를 탔고, 타이어 튜브를 통해 수치아테강을 건너 치아파스주로 향했고, 타파출라시로 가기 위해 자전거를 훔쳤다. 그는 이민자 납치와 폭력으로 알려진 넓은 관목지대인 라 아로세라를 지나는 것을 분명히 하며 북쪽으로 150마일 걸었다. 그는 불에 타 전소한 이민자 보호소를 찾은 뒤 교회

'구조'로 독자를 사로잡아라

문간에서 잠을 잤다.

　－ 중략 －

　② 국경 수비대가 일주일 뒤 애리조나 사막에서 아드리안을 잡았을 때, 그는 오는 길에 들렀던 지점에 마리화나를 버린 상태였다. 그는 2013년 회계연도에 국경 수비대에 의해 체포된, 동행자가 없는 미성년자 3만 8,833명 중 한 명이 되었다. 이것은 전년도에 비해 59% 증가한 수치이며, 2011년 회계연도에 비해서는 142% 증가한 것이었다. 누구도 얼마나 많은 아이들이 국경수비대 감시를 피했거나, 국경수비대까지는 이르지 못했는지 알지 못한다.

　－ 하략 －

피처 기사는 누군가에게 발생한 이야기인 '내러티브'를 뼈대로 전개된다 (남재일·박재영, 2007). 기사에선 내러티브가 전개되다가 적절한 위치에 그것을 왜 썼는지에 대한 의미와 맥락인 배경설명이 삽입된다. 미국 언론계에서는 이를 '부서진 내러티브(broken narrative)'라고 부르는데, 아는 내러티브를 전개하다가 의미를 설명하기 위해 잠시 끊기 때문이다. 엄밀히 말하면 내러티브가 끊기는 게 아니라 의미와 함께 엮어지는 만큼 이를 '짜여진(woven)' 혹은 '땋여진(braided)' 내러티브라고 부르기도 한다. 기사 작성은 내러티브의 어느 지점에 '줌 아웃'하는 의미를 삽입할지 판단하는 과정이다.

〈프로퍼블리카〉에 실린 기사[169]를 보자. 경찰의 무분별한 '섬광탄(상대적으로 심각한 부상을 발생시키지는 않으면서 번쩍이는 빛과 커다란 소음을 내서 주의를 분산시키는 폭탄)' 사용으로 인해 엉뚱한 사람들이 피해를 입는 등 문제가 발생하고 있다는 내용이다. 도입부에서 '줌 인' 하는 부분은 제이슨 와드(Jason Ward)와 트레네샤 듀크스(Treneshia Dukes)의 내러티브다. 기사는 두 사람이 집에서 잠을 자던 중 급습당해 섬광탄 피해를 입은 순간을 가까이서 '줌 인' 하며 생생하게 묘사하다가① 섬광탄의 위험과 심각성을 설명하며 '줌 아웃'을 한다②. 이윽고 기사는 주인공들의 집으로 다시 '줌 인'을 해서 경찰이 용의자를 잘못 짚고 섬광탄을 남용했음을 보여주고③, '줌 아웃' 해서 경찰 사이에서 횡행하는 섬광탄 남용을 설명한다④.

> ① 경찰 18명이 애틀랜타 교외의 로렐 파크 아파트 단지에서 장갑 수송차와 경찰차 표시가 없는 흰색 밴에서 쏟아져 나왔을 때는 동이 트기 직전이었다. 며칠 전에 비밀 정보원은 "녹색 잎이 무성한 물질을 소량으로" 들고 있는 "피부가 갈색인 흑인 남성"을 봤다고 신고했다. 그 22세 용의자는 수표를 위조했다가 가석방됐는데, 접근이 쉬운 지층의 조그마한 아파트에 살았다. 하지만 경찰은 어떤 기회를 잡으려 계획하지 않았다.

---

169   Julia Angwin and Abbie Nehring(2015). Hotter Than Lava. Propublica,
https://www.propublica.org/article/flashbangs

제이슨 와드와 그의 고교 애인 트레네샤 듀크스는 폭발이 진행되고 침실 창문이 부서졌을 때 아파트에서 벌거벗고 잠을 자고 있었다. 와드는 깨진 유리로 뛰어올랐다. 듀크스는 뛰기 시작했다. 어둠 속에서 그녀는 욕실로 비틀거려 가서 욕조 속에서 혼란스러워하기 전에 옷장 문과 충돌했다. 그녀는 "저는 울기 시작했고 '이렇게 죽고 싶진 않아요. 이건 제가 바라는 방식의 죽음이 아니에요'라고 기도했어요"라고 추후 증언했다. 몇 초 뒤에 마스크를 쓴 남자가 욕실을 급습해 그녀의 얼굴에 총을 겨누고는 바닥에 누우라고 지시했다. "움직이면 뇌를 날려버릴 거야." 듀크스는 그가 말한 것을 기억했다. 그다음엔 피부가 팔에서 떨어지고 그녀의 갈색 다리들에서 분홍색 물집이 잡힌 살 조각이 떨어지는 것을 발견했다.

마스크를 낀 남자 역시 그녀의 피부를 발견했다. 그는 듀크스가 일어나도록 하고, 사복을 입은 한 남자에게 그녀를 검사하도록 신호를 보냈다. "그 남자는 그곳에 왔어요." 듀크스가 무장한 폭력배들이 아닌 경찰과 상대하고 있었다는 것을 깨닫기 시작했음을 회상했다. "그리고 그는 저를 보고 다른 남자를 봤는데, 이건 마치 '우린 모두 끝났어'라는 식이었어요."

② 듀크스는 경찰이 종종 마약 단속에서 용의자의 주의를 분산시키기 위해 사용하는 50달러짜리 기기인 섬광탄을 맞았다. 섬광탄은 거의 40년 전에 군 특공대들이 인질을 구할 때 쓰도록 디자인된 것으로, 깜짝 놀랄 만큼 밝은 불빛을 터뜨리고 귀가 찢어질 듯한 쿵 하는 소리를 발생시켜 몇 피트 이내에 있는 사람들의 눈과 귀를 일시적으로 멀게 만든다. 지난해 프랑스 특공대들은 섬광탄을 파리의 유대식 슈퍼마켓에서 인질을 구하기 위한 극적인 작전의 일부로 사용했다. 하지만

이런 개조된 손 폭탄이 인간의 몸에서 터지면 심각한 부상이나 죽음을 일으킬 수 있다. 섬광 파우더는 용암보다 더 뜨겁게 타오른다. 듀크스는 온몸에 입은 2도 화상으로 고통받았다. 이후 그녀가 그날 아침 느낀 고통에 대해 10이 가장 크다는 가정하에 1에서 10 규모로 묘사해보라고 요청받았을 때, 듀크스는 100이라고 말했다.

③ 2010년 7월 12일 아침 로렐 파크 아파트에서 발생한 군대식 공격은 난폭한 범죄자의 마약 은신처를 드러내지 않았다. 창문이 깨졌을 때 듀크스의 남자 친구가 소총을 잡긴 했지만, 침입자들이 경찰임을 깨닫자마자 한쪽에 던졌다. 그는 바닥에 엎드려 곧장 항복했다. 경찰은 아파트를 급습하고 섬광탄 3개를 던진 뒤 끝내 마리화나 10분의 1온스 정도를 발견했다.

④ 섬광탄의 이런 공격적인 사용은 오늘날 무장한 경찰대 사이에서 흔해졌다. 경찰 기록에 따르면 듀크스에게 화상을 입힌 클레이톤 카운티 경찰은 그녀가 부상당하기 전년도에 기습의 약 80% 정도를 섬광탄을 사용해 실시했다. 경찰은 섬광탄을 쓰지 않았다면 총을 쏠 범죄자들을 섬광탄으로 놀라게 하기 때문에 생명을 살린다고 주장한다. 하지만 섬광탄은 손과 손가락들을 잘랐고 심장마비들을 야기했고 집들을 태웠으며 애완동물들을 죽였다. <프로퍼블리카>의 조사는 2000년 이후 경찰들을 포함해 미국인 최소한 50명이 심각하게 부상당하고 불구가 되거나 죽임을 당한 것을 발견했다. 섬광탄 사용에 대해서는 일부의 기록만 남겨져 있는 만큼 이것은 전체의 일부일 뿐일 가능성이 높다.

— 하략 —

'구조'로 독자를 사로잡아라

내러티브는 '줌 인' 하는 부분이 많지만, 하나의 내러티브 속에서도 가까이서 조명할 부분이 있고, 멀리 떨어져서 전체적인 장면을 보여줄 부분이 있다. 기자들은 내러티브에서도 어느 부분을 가까이 '줌 인' 하고 어느 부분을 멀리 '줌 아웃' 할지, 두 가지 요소를 어떻게 조합할지를 고민하곤 한다. 〈LA 타임스〉 에디터 출신인 릭 메이어(Rick Meyer)는 이렇게 말한다.[170]

"모든 것을 묘사하려고 하지 말고 카메라의 초점을 잡으라. 무엇을 확대해 보고 싶은가? 대상을 가까이서 친밀하게 천천히 보여주고 긴장감을 조성하고 싶은가? 아니면 멀리 떨어져서 신속하게, 더 넓은 카메라 앵글을 활용해 방이나 공원이나 살인 장면 등 어디가 됐든 장면이 발생하는 장소를 회전하며 더 완전한 시야를 보여줄 것인가?"

내러티브는 강력한 장면과 인상 깊은 주인공을 통해 주제를 '보여주고', 배경은 주제의 뉴스 가치와 맥락을 '설명한다.' 전자는 생동감과 현실성을, 후자는 중요성과 의미를 더한다. 능숙한 스토리텔러는 내러티브의 각 부분을 리듬감 있게 조합하는 한편, 적절한 지점에서 배경을 설명하면서 흥미로운 이야기와 중요한 정보 모두를 효과적으로 소통한다.

---

170   Laurie Hertzel(2005). Six Writing Tips for Crafting Scenes. Nieman Storyboard,
https://niemanstoryboard.org/stories/six-tips-for-crafting-scenes/

작은 것에서 시작해
크게 그려나가라

미국 기사들은 대개 '줌 인'에서 미시적으로 시작한다. 커다란 이슈를 다루더라도 거대담론으로 시작하지 않고 주인공을 '근거리 촬영'하면서 작게 시작해 의미를 확장한다. 미국 저널리즘 스쿨 에디터는 "스토리를 작게 만들어 인물을 통해 현실감 있게 보여주다가 그 인물에서 빠져나오는 것으로 기사가 손에 잡히도록 만든다"고 말했다. 생생한 스토리 없이 거창한 담론이나 정보부터 열거하는 기사는 '스토리 없는 백과사전' 또는 '보고서'로 불리며 지양된다.

한국에서는 '줌 아웃'에서 거시적으로 시작하는 기사가 많다. 총론적인 이야기나 배경 설명, 통계로 시작하는 경우가 적지 않다는 것이다. 기사를 왜 썼는지는 알 수 있지만 그뿐이다. 피부에 와 닿지 않고 대체로 따분하며 잘 읽히지 않아 끝까지 읽을 유인을 얻지 못한다.

미국 기사에도 통계나 배경설명 같은 '줌 아웃' 요소가 들어간다. 하지만 주제를 보여주기 위해 전략적으로 '작은 렌즈'로 포문을 열어 독자를 유인한다. 〈워싱턴포스트〉 기자 엘리 사슬로(Eli Saslow)는 이것을 '작아짐으로 인해 커지는 것(going big by going small)'이라고 부르며, "정말로 좁아짐으로 인해 커다란 이슈를 쓰려 하는 것"이라고 말한다.[171]

사슬로가 쓴 〈워싱턴포스트〉 기사[172]를 보자. 마약 유행이라는 현상과 만성 중독자들이 얼마나 마약을 못 끊는지 등 마약 중독의 심각성에 대한 것이다. 이것이 마약 중독에 대한 통계와 연구, 전문가 멘트로 시작했다면 기사는 백과사전이나 보고서처럼 지루해졌을 것이다. 하지만 기사는 아만다 웬들러(Amanda Wendler)라는 인물에서 '작게' 시작한다. 헤로인을 끊기 위해 고군분투하는 주인공의 삶을 가까이서 보여주고, 맥락으로 확장하며 큰 그림을 보여준다.

> 그녀는 이미 지난밤에 고속도로 다리 아래에서 구토와 금단의 떨림을 한 번 혼자 견뎌냈다. 열망이 너무 강렬해 남은 헤로인의 자취를 찾아 욕실 바닥을 긁었다. 아만다 웬들러가 어떤 종류의 약물이라도 마지

171 Andrea Pitzer(2011). Eli Saslow on writing news narratives, creating empathy and characters' defining moments. Nieman Storyboard,
https://niemanstoryboard.org/stories/eli-saslow-washington-post-cammers-interview/

172 Eli Saslow(2016). 'How's Amanda?' The Washington Post,
https://www.washingtonpost.com/sf/national/2016/07/23/numb/?utm_term=.0f76afca89dc

막으로 사용한 지 이제 12일로, 수년 만에 가장 긴 기간이었다. 한 약물 상담사가 보고서에 "맑은 눈과 멀쩡한 정신"이라고 적었기에 31세 아만다는 가장 두려운 회복의 단계를 시작하기 위해 엄마와 함께 사는 집에 들어갔다.

"이게 내가 가진 전부야?" 그녀가 투룸 아파트 차고에서 자신의 물건 목록을 만들면서 엄마와 서서 물었다. 옷으로 가득 찬 쓰레기봉투 두 개가 있었다. 처음 살던 폐가로 이사 가기 전에 창고에 넣어놨던 고물 서랍이 있었다.

"내 좋은 화장품은 어디 갔어?" 아만다가 물었다.

"귀금속이랑 같이 네가 전당포에 맡겼겠지." 그녀의 엄마 리비 알렉산더(Libby Alexander)가 말했다.

"내 신발은?"

"맙소사, 몰라서 물어?" 리비가 말했다. "네가 얼마나 많은 신발을 잃어버리거나 팔았는지 아니?"

아만다는 차고에서 흡연이 허락된 유일한 장소인 고양이 밥과 재활용 쓰레기통 사이의 플라스틱 의자에 앉아 담배를 피웠다. 마약을 사용하지 않고 최소한 일주일을 버틴 것은 9번째였다. 그간 꼬박 10년을 정신을 차리길 시도하고 실패하며 보냈으며, 한 치료사는 재발을 부추기는 것의 리스트를 만들 것을 요청한 적이 있다. 그녀는 "따분함, 외로움, 불안감, 후회, 부끄러움, 약이 없을 때 내 삶이 나아지지 않는 것을 보는 것"이라고 적었다.

그녀에겐 일자리도, 고등학교 졸업장도, 차도 없었다. 엄마가 마운틴듀와 담배를 사라고 주는 것 외에는 돈도 없다. 며칠 전 한 치과의사는 수년간 방치돼 썩어 있던 그녀의 이 28개를 모두 뽑았다. 아빠와 인근

'구조'로 독자를 사로잡아라

교외에 사는 9살 쌍둥이 아들들을 본 지 일주일이 되었다. 최근 휴대전화에 가장 빈번하게 오는 문자는 공짜 마약 샘플로 그녀를 꼬드기려는 한 거래상으로부터 온 것이었다. "시제품들을 받았어요." 거래상이 방금 보냈다. "연락 주세요. 빨리 바닥나요."

2016년 중독된 미국에서 역사적인 마약 유행을 이끄는 것으로 언급되는 고통, 열망, 절망을 측정할 많은 방법이 있다. 질병통제예방센터 추산에 따르면 또 다른 350명이 매일 헤로인을 시작하고 마약으로 인해 4,105번 응급실을 방문한다. 그리고 또 다른 79명은 마약으로 인해 죽는다. 약물 과다복용은 이제 미국에서 부상 관련 죽음의 주요 원인으로, 총기나 교통사고 또는 자살보다 심각하다. 대부분의 중독자들은 진통제 처방을 통해 헤로인을 소개받았으며, 의사들은 현재 매년 2억 건이 넘는 마약 처방을 써주고 있다.

하지만 만성적인 이용자 한 명에게 가장 중요한 사실은 중독자 단 한 명이 중독에서 벗어나기 위해 필요한 것이다. 다양한 연구에 보고된 헤로인 중독 재발 비율은 높게는 97%에 이른다. 약물 이용자는 평균 약 10년 안에 과다 복용으로 사망한다. 아만다의 마약 중독은 11년째를 향하고 있었다.

— 하략 —

기사는 왜 근거리에서 시작할까. 독자들은 멀리 떨어진 담론이 아닌 현실에서 누군가가 겪어가는 '인간으로서의 삶'에 더욱 관심을 갖고 흥미를 느낀다. 거대 담론이나 통계, 전문가의 지적은 중요하고 의미 있지만 독자들의 입장에서는 피부에 와 닿지 않는다.

〈월스트리트저널〉 기자 출신 윌리암 블런델(William Blundell)의 설명을 빌리자면, 독자들은 올해 연금 수급자 114만 3,000명이 63억 달러를 적게 받는다고 들었을 때 사회보장법 변화의 규모를 알 수 있지만, 그것을 넘어선 의미를 느끼지 못한다.[173] 반면, 상트페테르부르크의 썩어가는 낡은 호텔의 베란다에 있는, 음식을 살 수 없거나 한 달에 40달러 이하인 공과금을 낼 수 없어 절망하는 연로한 거주자 몇 명을 소개받았을 때 의미는 명확해진다.

〈뉴욕타임스〉에 실린 기사[174]를 보자. 노인들이 가족으로부터 학대를 당하며 사는 현상을 다뤘다. 기사는 릴리안(Lillian)과 줄리아(Julia)라는 노인들의 삶에서 시작한다. 이들의 삶을 근접 관찰하며 상황을 현실감 있게 전달한 뒤, 인물에서 빠져나와 큰 그림을 보여준다. 이것이 노인 학대에 대한 담론이나 통계로 시작했다면 기사는 딱딱한 정보에 그쳤을 것이다. 하지만 학대로 인해 엄혹한 날씨에 구걸을 하러 나가야 했던 노인 이야기는 주제를 생생하게 전달한다.

---

173   William E. Blundell, The Art and Craft of Feature Writing: Based on The Wall Street Journal Guide. Plume, p.8, 9.

174   N. R. Kleinfield(2004). Lillian and Julia: A Twilight of Fear; Bowed by Age, Battered by an Addicted Nephew And Forced Into Begging and Despair. The New York Times,
https://archive.nytimes.com/query.nytimes.com/gst/fullpage-9C05E5DF1F31F931A25751C1A9629C8B63.html

그들은 늦게 나갔다. 추악한 날씨였다. 영하 6도의 브룩클린 밤이었다. 바람은 쓰레기를 공기 중으로 가져갔다. 일기예보에서는 눈보라가 친다고 했다. 이날은 2003년 브라이톤 바닷가에서 링컨(Lincoln)의 생일이었다. 인간적인 밤은 아니었지만 각각 73세와 70세인 자매들은 휴일에 쉬지 못했고 폭설로 인한 휴무도 얻지 못했다.

수년간의 비참한 밑바닥 생활 중 가장 밑바닥인 날 중 하나였다. 릴리안과 줄리아는 전날과 전전날에 한 것처럼 차에 탄 낯선 이들에게 구걸하기 위해 상점 행렬이 줄지어 선 코니아일랜드 가에 절뚝거리면서 나갔다. 그들은 걸인 중에서 정기적으로 오는 사람들로 알려져 있었다. 돈은 그들의 유일한 핏줄이자 삶을 마약으로 채우고 있는 성질 나쁜 조카와 그의 마약 습관을 위한 것이었다. 조카는 이미 그들의 집과 예금, 존엄성을 잠식했다. "하나가 더 필요해요." 그는 마약을 욕망할 때마다 말했다. "하나만 더요."

그에 부응해주지 않으면 조카는 갑자기 비난을 쏟아붓고 눈을 때리고 그들의 갈비뼈에 타박상을 입혔다. 삶이 이해할 만하기를 멈췄던 때부터 수년간 이런 식이었다.

그들이 구걸해 얻은 것은 항상 주사위 던지기 같았지만, 이날 같은 잔혹한 밤에는 어떤 장애물이 있었는가? 진 빠지는 근무가 시작되자마자 경찰이 그들을 집으로 보냈다. 이제 무슨 일이 발생하는가? 조카는 멀건 눈으로 돌아다녔다. 집에는 돈이 없었다. 음식도 없었다. 실의에 빠진 릴리안은 줄리아에게 병원 대기실에 앉아 밤을 새러 가겠다고 말했다. 암흑의 시간에서 일시적으로 도피하기 위해 예전에도 그곳에 간 적이 있었다.

오전 3시가 되었다. 커피가 간절해 차가운 차 한 대에 다시 들어가려다가 경찰의 함성을 다시 들었다. 잘못된 모든 것과 함께 동생이 있는 음침한 아파트로 돌아왔다. 그리고 그들은 꿈이나 내일에 대한 어떤 개념도 없이 잠을 잤다. 얼마 지나지 않아 서리로 뒤덮인 브루클린의 여명이 올 것이었다. 그러면 조카는 그들을 다시 차들과 낯선 이들에게 보낼 것이었다.

이것은 나이 든 사람을 향한 범죄를 점잖게 부르는 노인 학대라고 불리는데, 이는 가정 폭력과 아동 학대와 더불어 인간 폭력의 삼각형을 구성하지만 소홀히 여겨져왔다. 이것은 더 잔인하지만 모호한 경우가 많고 정확한 정의를 찾기 힘들어 형편없게 이해되는 고통이다.

－ 하략 －

기자들은 흔히 '하늘 아래 새로운 기사는 없다'고 말한다. 역사적으로 반복돼 온 문제나 인류의 보편적인 욕망을 거시담론이나 통계, 설명으로 시작한다면 기사가 새로울 수 없다. 하지만 작게 시작하면 이야기가 달라진다. 누구의 어떤 상황이나 면모를 조명하며 이야기를 전개하느냐에 따라 기사는 무수한 빛깔일 수 있고, 얼마든지 새로워질 수 있다. 노인 학대의 현황이나 심각성에 대한 담론은 어느 기자라도 언제든 쓸 수 있지만, 조카의 학대에 못 이겨 휴일 밤에 엄혹한 날씨를 뚫고 구걸을 하러 간 노인들의 비참한 이야기는 이들을 취재한 기자만이 쓸 수 있는 독창적인 이야기이며, 고유의 느낌을 인상 깊게 전달할 수 있다.

'구조'로 독자를 사로잡아라

윌리엄 블런델은 미시적인 이야기를 바탕으로 기사를 쓰는 기자를 '세밀화 화가'에, 넓은 주제를 설명하는 데에 몰두하는 기자를 '벽화가'에 비유해 이렇게 말한다.[175]

"더 넓은 아이디어를 위해 작은 일들을 묶는 기자는 자신이 그리는 큰 그림을 이미 작업하고 있는 다른 누군가를 발견할 때 괴로워한다. 그러나 그는 경로를 거꾸로 하고 작게 생각함으로 인해 여전히 이익을 얻을 수 있다. 다른 사람들이 벽화가가 되도록 내버려두라. 그는 세밀화 화가가 될 것이다. 그의 경쟁자들은 기사의 규모와 중요성을 정립하기 위해 대부분의 공간과 노력을 쓰고 있다. 그들의 글은 통계와 위엄 있는 전문가들로 가득 찼으며, 그로 인해 영향을 받은 사람들과 장소들을 열거한다. 이런 요소들은 아마도 전개의 범위를 분명히 하는 데 있어서 모두 필요하지만, 독자들이 감정적으로 와 닿는다고 느끼는 종류의 자료는 아니다."

175   William E. Blundell(1988). The Art and Craft of Feature Writing: Based on The Wall Street Journal Guide. Plume, p.8, 9.

탁월한 스토리텔러들

독자를 애타게 만들어라,
줄 듯 말 듯

한국에서 기사의 '리드'와 관련해 흔히 듣는 조언은 크게 두 가지다. 호기심을 유발할 수 있도록 참신하게 적으라는 것과, 기사의 핵심을 알 수 있게 적으라는 것이다. 전자는 주로 작문 시험을 준비하는 언론사 준비생이 듣는 이야기인데, 심사위원의 눈에 띄기 위해 튀는 것에만 집중한 나머지 글의 주제와 엇박자가 나는 것처럼 보이는 경우도 있다. 후자는 주로 신입 기자들이 역피라미드형 기사를 익히면서 듣는 조언인데, 천편일률적으로 흐르기 쉽다 (사실 스토리가 가미되지 않은 기사는 '핵심 요약형' 리드 외엔 선택지가 많지 않아 차별성을 갖기 어렵다).

스토리로 전개되는 미국 기사에서 리드는 여러 가지 역할을 한다. 전체 주제가 무엇인지를 알리고 기사의 분위기와 느낌을 결정함과 동시에 독자를 끌어오기 위한 '매개체'이기도 하다. 〈뉴요커〉 기자 수잔 올리언(Susan Orlean)은 리드에 대해 "당신은 세일즈맨이고 누군가가 전시실에 들어오는 즉시 그를 잡아야 한다"며 "당신은 그들이 구입하기 원치 않는 이것이, 왜 사실은 그 것 없이는 살아갈 수 없는 무언가인지 보여줘야 한다"고 말했다.[176]

올리언의 말처럼, 리드는 손님이 전시실에서 마주하는 제품의 첫 모습과 같다. 단순히 시선만 잡아 끌고 내실이 없어서는 안 되고, 내용물 자체를 알려주는 것에만 치중해서도 안 된다.

미국 저널리즘 스쿨 에디터는 좋은 리드의 조건으로 여섯 가지를 제시했다.

① 독자들의 시선을 잡아 끈다.

② 핵심 사실과 정보를 포함한다.

③ 인물, 취재원, 주제를 소개한다.

④ 기사의 분위기, 문체, 접근법, 속도를 설정한다.

⑤ 익숙한 형식을 사용하더라도 독창적으로 느껴지게 한다.

⑥ 좋은 취재를 보여준다.

즉 리드는 시선을 잡아 끌면서 기사의 핵심과 연결돼 주요 내용과 느낌을 드러내거나 암시하는 요소를 담아야 한다. 〈워싱턴포스트〉 기자 드닌 브라운(DeNeen L. Brown)은 "스토리의 시작은 목적지를 향하는 여행에 착수하는 것처럼 느껴져야 한다"고 말했다.[177]

물론 리드 한 줄에 위의 6가지 요소 모두를 담긴 어려울 것이다. 그럼에

176　Kevin EG Perry(2012). The New Yorker's Susan Orlean on crafting a story and being played by Meryl Streep in Adaptation. GQ Magazine,
https://www.gq-magazine.co.uk/article/susan-orlean-adaptation-orchid-thief-rin-tin-tin

177　Mark Kramer & Wendy Call(2007). Telling True Stories. Plume, p.100, 101.

도 불구하고 리드가 단순히 특이하거나 핵심 정보를 포함하는 것 자체에 그쳐서는 안 된다는 것이 중론이다. 미국의 저널리스트 제임스 스테와트(James Stewart)는 "독자들의 마음에 호기심을 유발하는 게 리드의 주요 목적이지만 리드는 그보다 훨씬 많은 것을 성취할 수 있다"며 "가능하다면, 리드는 당신이 기사를 제안할 때 그것을 '팔기' 위해 사용한 모든 지점을 다뤄야 한다"고 말했다.[178]

〈뉴욕타임스〉에 실린 기사[179]를 보자. 아프간 전쟁에 참전한 뒤 외상 후 스트레스 장애로 고통하다 범죄를 저질러 감옥에 수감된 사무엘 시아타(Samuel Siatta)와 연인 애슐리 보크(Ashley Volk)가 새 삶을 살고자 고군분투하는 내용이다. 리드는 "그 약혼은 제안보다는 통보로 시작했다"고 시작한다. 여기엔 어떤 요소가 담겨 있는가? 약혼이 왜 '제안'이 아닌 '통보'로 시작됐는지 궁금증을 자아내고, 연인을 둔 누군가가 주인공임을 알려주며, 미래에 대한 주인공의 의지나 계획을 암시하면서 결연한 분위기를 자아낸다. 약혼을 '통보'했다는 경우는 흔치 않은 만큼 독창적인 느낌 역시 준다. 기사는 리드에서 암시한 요소를 조금씩 보여주면서 전개된다.

178 James B. Stewart(2012). Follow the Story: How to Write Successful Nonfiction. Simon and Schuster, p.112.

179 C. J. Chivers(2017). Love's Road Home. The New York Times,
https://www.nytimes.com/2017/11/10/fashion/weddings/sam-siatta-marries-ashley-volk.html?smid=tw-share

'구조'로 독자를 사로잡아라

그 약혼은 제안보다는 통보로 시작했다.

사무엘 시아타는 주거 침입을 하고 프라이팬을 든 남성을 때린 사건으로 일리노이 남쪽의 주 교도소인 쇼니 교정센터에서 6년 형을 살고 있는 재소자였다. 애슐리 보크는 6학년 때부터 사귀었다 헤어졌다 한 그의 여자친구였다. 이날은 2016년 초였다. 그녀는 바텐더 업무 교대 사이에 그를 방문하기 위해 6시간 운전을 했었다.

두 사람은 식당 테이블 건너로 서로를 마주 봤다. 그는 문신한 팔들을 위에 받치고 있었다. 그녀는 뭔가 평범하지 않은 것을 발견했다. 그것은 그의 왼쪽 약지에 있는, 교도소용 파란 치실 고리였다. 전에는 보지 못한 것이었다.

"그게 뭐야?" 그녀가 물었다.

그것은 희망이라고 그가 말했다. "이곳을 나가면 우리에게 미래가 있을 거라고 상기시켜 주는 것이고, 나는 너와 결혼할 것이고, 우리는 진짜 삶을 가질 거야." 그가 말했다.

기쁨이 그녀를 번개처럼 스쳐간 직후, 두려움이 뒤따랐다.

애슐리 보크가 샘 시아타를 초등학교, 즉 분필로 '항상 진정한 사랑'이라고 적는 시기부터 사랑해왔다는 점을 일러두자. 그가 해군에 입대해 전쟁에 가기 전부터, 돌아오면서 우울증과 알코올 중독으로 내려앉기 전부터, 의식을 잃은 혼란 속에서 기억하지 못한 범죄로 중범죄 혐의로 기소되기 전부터 그를 사랑했다.

하지만 그녀는 계획을 세울 입장이 아니었다. "그가 언제 나올지 몰랐어요." 그녀가 말했다. "그는 여전히 6년 형이었어요."

그래도 인정해야 했다. 그녀는 그를 남편으로 원했다. 그녀는 받아들이기 위해, 독방에서 어설프게 만든 반지를 만져보기 위해, 그의 굳은

살이 박인 손을 움켜쥐기 위해 테이블 건너편으로 다가갔다. 교도관은
그 순간을 끝냈다.

"만지면 안 됩니다." 교도관이 말했다.

- 하략 -

리드는 기사에서 보여주는 첫 장면의 첫 문장으로, 상징적이거나 결정적인 장면과 밀접하게 연결돼 있다. 〈볼티모어 선〉 기자 출신의 퓰리처상 수상자 존 프랭클린(Jon Franklin)은 "주인공이 중심이 된 기사들은 종종 주인공이 결정적인 행동에 가까울 때 가장 효과적으로 시작하고, 이윽고 뒤로 물러나 그 사람이 어떻게 그 지점으로 가게 됐는지 설명한다"고 말했다.[180]

〈LA위클리〉에 ≪너무 많이 냄새가 난 남자≫라는 제목으로 실린 기사[181]를 보자. 몸에서 나는 냄새 때문에 주거지에서 쫓겨난 윌리엄 노웰(William Nowell)을 둘러싸고 벌어지는 주택 임차 문제를 다뤘다. 기사 속 내러티브에서 결정적인 순간은 노웰이 퇴거와 관련된 재판에서 선고를 받는 때다. 기사는 선고 직후 주인공이 비참한 심경에 빠진 순간을 앞세웠다. 리드는 "만약 그가 목욕만 했다면"이다. 목욕은 왜 안 했으며 무슨 일이 있었던 것인지 등

---

180 Mark Kramer & Wendy Call(2007). Telling True Stories. Plume, p.128.

181 Gendy Alimurung(2012). The Man Who Smelled Too Much. LA Weekly,
https://www.laweekly.com/the-man-who-smelled-too-much/

에 대한 의문을 남기면서 독자를 유인한다. 기사는 이윽고 무슨 일이 벌어진 것인지 설명한다.

만약 그가 목욕만 했더라면. 맨발의 비참한 피고 윌리엄 노웰은 배심원들이 법원을 나가면서 웃고 떠드는 것을 지켜봤다. 그들이 마치 칵테일 파티에 있는 것 같다고 생각했다. 그들은 그의 삶이 부서지는 것은 전혀 신경 쓰지 않았다. 그는 울기 시작했다. 배심원단은 평결을 내렸다. 그는 나쁜 냄새가 난다는 이유로 퇴거당했다.

노웰은 냄새가 난다. 심지어 본인도 인정한다. 그런데 정확히 얼마나 나쁜 냄새가 나는지는 논의해볼 문제다. 8월에 노웰이 살던 건물의 화려한 위층 주인들이, 그가 허락받아 주거하던 바로 그 아파트에서 그를 쫓아내기 위해 법정으로 데려가면서 이것은 법적인 토론이 되었다.

노웰은 지난 20년간 길거리에서 살았고, 그렇게 보인다. 그는 매일 입는 옷 하나만 소유하고 있다. 허리의 불룩한 곳까지 말려 있는 너무 크고 낡은 검정 추리닝 바지, 검정색 후드 추리닝이 그것이다. 양말은 없다. 신발도 없다. 어떤 미친 동물처럼 꾀죄죄하게 꼬여 머리 뒤에 붙어 있는 커다란 머리카락 아래로 맹렬한 푸른 눈이 엿보고 있다.

작년에 그는 모든 불운한 노숙자가 꿈꾸는 것을 받았다. 그가 쓰고 싶은 대로 쓸 수 있는 20만 달러의 합의금을 갑작스러운 횡재로 받은 것이다. 그는 새로 시작하기로 결심했다. 집을 찾고 청소하는 것이다.

"저는 언제나 제가 원하는 장소를 그려왔어요." 그가 말한다.

650 스프링 가에 있는 빌딩은 꼭 들어맞는다. 이것은 그 지역에서 가

탁월한 스토리텔러들

> 장 큰 고층 건축업자인 SB 프라퍼티스가 다운타운에 소유한 8개의 빌딩 중 하나다.
>
> — 하략 —

독자들이 어떤 리드에 이끌릴지 생각해볼 때는 영화에서 어떤 티저가 효과적으로 느껴지는지 떠올려보면 된다. 티저는 줄거리의 알짜배기 중에서도 매력적인 부분을 슬쩍 보여주며 시청자를 유인한다. 리드 역시 스토리를 암시하며 독자를 유인한다는 점에서 티저와 유사한 역할을 한다. 내용만 암시하거나 호기심만 조성하는 티저는 반쪽짜리다. 성공적인 리드는 성공적인 티저와 마찬가지로 둘 다에 성공한다. 『News Reporting & Writing』(Brooks, Horvit, & Moen, 2020)은 이렇게 설명한다.[182]

"목표는 독자들이 계속 읽으면 당신이 그들에게 보상할 것을 확실시하는 것이다. 영화 제작자들은 당신으로 하여금 티켓을 사도록 권유할 수 있다고 생각하는 장면을 통해 자극한다. 방송인들은 당신이 광고 도중 떠나는 것을 방지하기 위해 암시를 사용한다. '곧 옵니다. 당신 이웃에 돌아다니는 절도범이 있어요.' 모든 리드는 스토리를 암시한다. 가장 성공적인 리드들은 단순히 말할 뿐 아니라 더 좋은 것들이 올 것을 약속하는 것이다."

---

182 The Missouri Group(2019). News Reporting & Writing. Bedford/St. Martin's; 13 edition, p.215, 216.

'구조'로 독자를 사로잡아라

절대로 기사의 끝을
알려주지 마라

　리드가 독자들을 기사로 이끌기 위한 것이라면 리드 다음 문장은 독자를 그다음 문장으로 이끌기 위한 것이다. 그다음 문장은 그다음 문장으로 이끌고, 이것이 반복돼 궁극적으로는 맨 마지막까지 도달해야 한다. 읽히지 않는 기사는 죽은 기사나 마찬가지다. 미국의 작가 윌리엄 진저(William Zinsser)는 저서 『On Writing Well』에서 이렇게 말한다.[183]

　"어떤 기사에서든 가장 중요한 문장은 첫 번째 문장이다. 만약 이것이 독자들을 두 번째 문장으로 유도하지 않는다면 당신의 기사는 죽은 것이다. 만약 그 두 번째 문장이 독자를 세 번째 문장으로 유도하지 않는다면 이는 마찬가지로 죽은 것이다."

　미국 기자들은 어떻게 하면 독자들이 기사를 끝까지 읽게 할지 고민을 많이 한다. 독자들의 관심을 얻는 것을 넘어서 기사 후반부까지 그 관심을 '유

183　William Zinsser(2006). On Writing Well. Harper Collins, p.54.

지'하려고 노력한다는 것이다.

가장 중요한 정보부터 제시하는 '역피라미드형'은 나름대로의 장점과 기능이 있지만 자주 경계의 대상이 된다. 앞부분일수록 중요한 정보를 제시하는 것이라면 뒷부분에 등장하는 정보일수록 중요하지 않고 읽어야 할 이유도 줄어든다. 독자들로 하여금 기사를 읽다가 중도에 관두도록 유도하는 셈이다. 글쓰기 코치 로이 피터 클라크(Roy Peter Clark)는 이렇게 말했다.[184]

"첫 세 문단에 모든 좋은 것들을 넣는다면 무슨 일이 발생하는가? 독자는 기자의 트렁크 안에 있는 모든 쓰레기와 함께 남겨진다."

소설이나 드라마가 초반부에 이야기의 전말을 알려주고 모든 궁금증을 해소해주는 경우는 드물다. 『What Editors Do』의 저자인 피터 지나(Peter Ginna)는 "내러티브에서 해결의 지점이 너무 빨리 오면 그 해결의 결과가 얼마나 중요하건 간에 독자들은 결과에 대한 긴장감이 없는 기사에 흥미를 잃는다"고 말했다.[185] 대부분의 스토리는 갈등과 미스터리 등을 제시하며 다음 부분이 읽고 싶어지게 하고, 독자를 결말까지 지속적으로 잡아 끈다.

드라마에서 클라이맥스 장면이 시작됨과 동시에 한 회가 끝나는 것은 시청자들이 다음 회차를 시청하도록 하기 위한 장치다. 기사에도 다음 부분에 무슨 이야기가 펼쳐질지 궁금해지도록 하는 '장치'가 있어야 한다. 그것이 없다면 독자들은 금세 지루해진다. 〈뉴욕타임스〉 에디터 에이미 오리어리

184   Butch Ward(2015). Tips to make you a better storyteller. Poynter,
https://www.poynter.org/newsletters/2015/tips-to-make-you-a-better-storyteller/

185   Peter Ginna(2011). When journalists become authors: a few cautionary tips. Nieman Storyboard,
https://niemanstoryboard.org/stories/peter-ginna-bloomsbury-journalists-book-length-narrative/

(Amy O'Leary)는 "정말 좋은 스토리텔링은 초반부에 미스터리든 질문이든 갈등이든 어떻게 해소될지 모르는 것을 보여주며 읽을 이유를 주는 것이라고 생각한다"고 말했다.[186]

미국의 저널리스트 제임스 스테와트(James Stewart)는 이렇게 조언한다.[187]

"절대 기사의 끝을 알려주지 말라. 절대 기사의 결론을 언급하지 말라. 기사의 넓은 주제에 대해 암시하면서도 그것을 명백하게 나타내지는 말라. 독자가 기사 초반부에 물어볼 질문들을 예측하고 다뤄라. 독자들이 계속해서 읽을 분명한 이유들을 줘라."

〈LA타임스〉에 실린 기사[188]를 보자. 총 6부로 구성된 시리즈의 1부인데, 누군가의 보복으로 인해 무고하게 마약사범으로 몰린 학부모회 회장 켈리 피터스(Kelli Peters)의 스토리가 전개된다. 경찰이 갑자기 다가와 차 열쇠를 달라고 하고, 생각지도 못하게 차에서 마약이 발견된다. 주인공은 마약이 본인의 것이 아니라고 주장한다. 경찰은 마약사범이 거짓말을 하는 것을 흔히 봐왔지만, 주인공은 마약이 발견된 이유가 자신에게 '적'이 있기 때문이라고 말한다.

여기까지 읽고도 궁금증은 가시지 않는다. 정말로 적이 주인공의 차에 마약을 갖다 놨는지, 그렇다면 어떻게 갖다 놨는지 등은 아직 모르기 때문이다. 2부도 읽고 싶어지지 않는가?

---

186 The Power of Storytelling(2015). Amy O'Leary: The inverted pyramid is a terrible way to tell stories. Youtube, https://youtu.be/pS_9ZhwX__c

187 James B. Stewart(2012). Follow the Story: How to Write Successful Nonfiction. Simon and Schuster, p.151, 152.

188 Christopher Goffard(2016). Framed. Los Angeles Times, https://www.latimes.com/projects/la-me-framed/#chapter1

경찰은 그녀의 차 열쇠들을 원했다. 켈리 피터스는 그것들을 건넸다. 그녀는 자신의 PT 크루저 안에서 발견할 것은 해변 모래, 개 털, 아마도 그녀 딸의 장난감 중 하나가 전부일 것이기 때문에 아무것도 두려워할 게 없다고 스스로에게 말했다.

그들은 그녀가 딸이 유치원생 시절부터 5학년까지 다니는 것을 지켜본 곳이자 이제는 언제든 교실에서 나와 엄마를 찾는 곳인 어바인의 플라자 비스타 학교 밖에 있었다. 학부모들은 수년간 아이를 피터스에게 맡겼다. 그녀는 학부모회 회장이자 방과 후 프로그램의 중심이었다.

이제 그녀는 파멸이 펼쳐지는 것을 보았다. 경찰이 차에서 마리화나 17그램에 세라믹 병 파이프 하나가 담긴 지퍼백 주머니에 더해 퍼코세트 11개와 비코딘 29개가 들어 있는 약 봉지들을 들고 나오는 것을 지켜봤다. 이것은 그녀를 감옥에 보내기에 충분했고, 그녀의 이름을 파괴시키기에 더욱 충분했다.

그녀는 다리 힘이 풀려 무릎을 꿇은 채 격렬하게 떨고 울면서 약들이 자신의 것이 아니라고 주장했다.

경찰은 22년 경력의 베테랑으로 많은 사람들로부터 많은 상황에서 약을 발견해왔다. 붙잡히면 그들은 언제나 거짓말을 했다.

– 중략 –

그는 켈리 피터스에게 아래와 같이 물었다.

"만약 마약들이 당신 것이 아니라면 그것들이 어떻게 차에 들어갔습니까?"

"저에겐 적이 있어요." 그녀가 말했다.

'구조'로 독자를 사로잡아라

거창한 사건 사고가 있어야만 궁금증과 호기심을 유발할 수 있는 것은 아니다.

미국의 저널리스트 마이클 폴란(Michael Pollan)은 기사의 구조를 통해 긴장감을 조성할 수 있다고 말한다.[189] 좋은 질문을 제시하는 것도 방법이다. 이를테면 도입부에 "무슨 일이 발생하는가?" "누가 이기는가?"와 같은 질문을 제시하면 독자들은 답을 얻기 위해 기사를 계속 읽게 된다. 폴란은 이것이 정보에 대한 공개를 '유보하는 것'과 관련이 있다고 말한다. 그는 "모든 최고의 것을 다 써버리면 누구도 끝까지 읽지 않을 것"이라며 "어떤 중요한 정보를 유보해서 독자들이 그 여정을 따라가면 무엇을 얻을지에 대해 신호를 줘야 한다"고 말했다.

무언가 새로운 일이 발생할 것을 암시하며 질문거리를 주고, 끝날 때까지 결말을 알려주지 않는 것은 스토리텔러의 대표적인 전략이다. 〈LA타임스〉 기자 크리스토퍼 고파드(Christopher Goffard)는 스토리에 필요한 '엔진'들을 어떻게 삽입할지에 대해 이렇게 말했다.[190]

"독자들이 끝까지 앉아 영화를 관람하게 만드는 것과 같은 것이 1만 자 분량의 시리즈를 끝까지 읽게 할 것이다. 만약 그것이 살인 스토리라면 당신은 누가 그것을 저질렀는지 알고 싶을 것이다. 그것이 의료 스토리라면 당신은 수

189   Michael Pollan(2007). Natural Narratives. Nieman Foundation,
https://nieman.harvard.edu/stories/natural-narratives/

190   Andrea Pitzer(2010). L.A. Times reporter Christopher Goffard on structure, sympathy and how to make a story go: "The same thing that's going to make people sit through a movie will make them sit through a 10,000-word series". Nieman Storyboard,
https://niemanreports.org/stories/los-angeles-times-reporter-christopher-goffard-interview-on-narrative-project-50/

술이 잘됐는지 알고 싶을 것이다. 중요한 질문은 '이 프로그램이 작동할 것인 가?'다. 기사에 삽입된 것들은 작은 미스터리들이고, 이것은 작은 엔진들이다."

〈이스트 베이 익스프레스〉에 실린 기사[191]를 보자. 주인공 톰 베닝슨(Tom Benningson)이 비밀스럽고 낯선 전화를 받는 장면이 등장한다. 전화 상대방은 오래전에 세상을 떠난 할머니가 소유했던 값비싼 그림의 위치를 언급하는 데, 주인공은 사기를 의심한다. 그런데 알고 보니 사기가 아니었다. 주인공 이 엄청나게 가치 있는 유산을 얻을 수 있을지 궁금증을 자아내지만, 기사는 결코 결말을 곧장 알려주지 않는다. 긴장감을 갖고 계속 읽고 싶어지지 않는 가? 주인공이 뜻밖에 전화로 접한 소식이 어떻게 마무리되는지는 기사 후반 부에 가서야 등장한다.

> 2002년 여름, 한 UC버클리 법대 학생이 이상하리만치 비밀스러운 전화를 받았다. 톰 베닝슨인가요? 전화를 건 사람이 물었다.
> 네.
> 그가 칼로타 랜스버그(Carlota Landsberg)라는 이름을 가진 할머니 를 두고 있었나요?
> 마찬가지로 네.

191 Kara Platoni(2004). The Ten Million Dollar Woman. East Bay Express, https://www.eastbayexpress.com/oakland/the-ten-million-dollar-woman/Content?oid=1074828

전화를 건 사람은 잠재적으로 어떤 가치가 있는, 할머니가 소유한 그림 위치를 알려줬다.

베닉슨은 1938년에 할머니와 당시 10대였던 엄마 에디스(Edith)가 나치를 피해 베를린을 떠났다는 것을 알았다. 그들은 은행산업에 연결된 꽤 부유한 유대인 가족의 일원이었다. 두 여성은 그들을 숨겨준 친구들과 낯선 이들의 도움을 받아 1년의 여정 동안 스위스, 프랑스, 스페인, 아르헨티나를 거쳐 마침내 뉴욕시티에 정착했다. 거기서 에디스는 결혼을 해 톰을 낳았다. 베닉슨의 부모는 그가 어렸을 때 세상을 떠났고, 1994년 세상을 떠난 할머니는 본국을 떠난 것이나 그곳에 남기고 온 것에 대해 아주 조금 언급을 했을 뿐이었다.

그리고 이제 전화를 건 사람은 제목과 예술가는 아직 공개할 수 없지만 그의 할머니가 가치 있는 그림 한 점을 소유했었다고 말하고 있었다. 베닉슨은 낌새를 챘다. "저는 그들이 '우리에게 1만 달러짜리 수표를 보내주면 그림을 복원하기 위해 할 수 있는 모든 것을 하겠어요'와 같은 것을 말하기를 기다리고 있었어요." 그는 회상했다.

그런데 사기가 아니었다. 전화는 도난당한 작품의 복원을 추진하는 국제 대행사인 아트 로스 레지스터(Art Loss Register)에서 온 것이었다. 주요한 구매를 고려하는 수집가들은 자신들이 사려고 하는 것이 깨끗한 이력을 갖고 있는지 그곳과 상의할 수 있었다. 만약 그렇지 않다면 대행사는 원 소유주 또는 그들의 후손들을 추적하고 합의금을 협상한다. 이 경우에 잠재적인 구매자는 ≪Femme en Blanc (Lady in White)≫라는 제목이 붙은 1922 파블로 피카소 유화의 출처를 재확인하기 위해 그곳에 접근한 것이었다. 문의하는 가격은 1,000만 달러 이상이었다.

— 하략 —

미국 기자들은 기사를 쓰는 내내 독자들을 잡기 위한 '유인 장치'를 고민하고 고안한다. 〈배니티 페어〉 기자 브라이언 버로우(Bryan Burrough)는 평균 8,000자 분량 기사를 쓰는데, 독자들이 마지막 문장을 읽도록 하지 않으면 실패한 것으로 느낀다고 말한다.[192] 그는 긴 기사를 작성할 때 마주하는 가장 큰 어려움이 "기자들이 종종 자신이 쓴 글과 사랑에 빠져서 독자들은 바쁘고 기사를 덮기 위해 안달이 났다는 것을 잊어버리는 것"이라며 이렇게 말했다.

"독자들은 페이지를 넘기고 싶어 하지 않는다. 다른 무언가를 하고 싶어서 안달이 나 있다. 그래서 그들이 나와 함께 머물도록 유인하기 위한 방법을 고안하는 데 엄청난 에너지를 쓴다."

---

192   Andrea Pitzer(2010). Vanity Fair's Bryan Burrough on writing narrative: "people are dying to put down your article." Nieman Storyboard,
https://niemanstoryboard.org/stories/vanity-fair-bryan-burrough-mayborn-conference-narrative-journalism/

'구조'로 독자를 사로잡아라

마지막 문장은
리드보다 중요하다

미국에서는 기사의 마지막 부분을 '엔딩(Ending)'이나 '키커(Kicker)'라고 부르는데, 리드만큼이나 이를 잘 쓰는 것을 중요하게 여긴다. 미국의 저널리스트 브루스 데실바(Bruce DeSilva)는 마지막 문장을 영화와 소설의 결말에 비유한다.[193] 시나리오 작가는 영화의 마무리가 인상 깊지 않으면 청중들이 돈을 낭비한 듯한 느낌으로 영화관을 떠날 것을 알고, 소설가는 좋은 결말 없이 좋은 책을 쓸 수 없다는 것을 알며, 시나리오 작가는 항상 최고점에서 끝내려고 한다.

독자와 청중이 작품을 계속 보는 것은 결말이 궁금해서다. 궁극적으로 도달한 마무리가 시원찮으면 전체 작품은 실망스러운 것이 된다. 포인터연구소의 에디터 빅키 크루거(Vicki Krueger)는 "끝내 마지막에 보여주고 말하는 것

---

193 Mark Kramer & Wendy Call(2007). Telling True Stories. Plume, p.116, 117.

이 독자들의 마음에 종종 남는 것"이라고 말한다.[194]

마지막 부분을 인상 깊게 쓰려면 어떻게 해야 할까. 데실바는 엔딩이 "독자들에게 기사가 끝났다는 것을 알리고, 중심이 되는 요점을 강화하고, 독자가 페이지를 넘겼을 때 마음에 울림을 주고, 적절한 순간에 도달해야 한다"고 말한다. 그가 말하는 좋은 엔딩의 예시는 '생생하게 그려진 장면', '기사의 주요 핵심을 명확히 하는 기억할 만한 일화', '더 큰 무언가를 상징하거나 스토리가 미래에 어떻게 전개될지 제시하는 세부적인 것에 대한 이야기', '글을 쓰는 사람이 독자들에게 직접적으로 "이게 내 요지"라고 말하는 강렬하게 작성된 결론' 등이 있다.

〈뉴욕타임스〉에 실린 기사[195]를 보자. 뉴욕의 택시 산업계가 이주민 택시 운전사들을 착취해 수천 명이 빚을 지도록 한 것을 보여주고 있다. 기사는 모하메드 호크(Mohammed Hoque)가 빚을 지게 된 계기로부터 시작한다. 마지막 문장은 호크의 멘트다.

"저는 운전하고 운전하고 또 운전해요. 하지만 제 목적지가 어딘지 모르겠어요."

기사의 핵심을 명확히 하면서도 주인공의 삶에 드리운 무거운 굴레를 상징적으로 보여준다.

---

194 Vicki Krueger(2016). How to end your story in a way that lingers in your viewer's heart. Poynter,
https://www.poynter.org/educators-students/2016/how-to-end-your-story-in-a-way-that-lingers-in-your-
viewers-heart/

195 Brian M. Rosenthan(2019). 'They Were Conned': How Reckless Loans Devastated a Generation of Taxi
Drivers. The New York Times,
https://www.nytimes.com/2019/05/19/nyregion/nyc-taxis-medallions-suicides.html

모하메드 호크의 삶을 망친 그 전화는 9년 전에 방글라데시에서 이주한 이후 가졌던 뉴욕시티 택시 운전을 하며 또 다른 긴 하루를 시작하던 2014년 4월 걸려왔다.

그 전화는 운전기사가 누군가를 위해 일하는 대신 옐로우 캡을 소유하는 것을 허용하는, 탐나는 시 허가증인 메달리온(medallion)을 파는 유망한 사업가로부터 왔다. 그는 호크 씨가 그날 5만 달러를 주면 구매를 위한 대출을 마련하겠다고 약속했다.

싫어하는 상사 밑에서 짜증이 나는 수년을 보낸 뒤, 호크는 부와 독립성이라는 꿈이 현실이 된다고 생각했다. 그는 은행 계좌를 비우고 친구들로부터 돈을 빌린 뒤 퀸스 애스토리아에 있는 그 남성의 사무실에 서둘러 갔다. 호크 씨는 그에게 수표를 건네고 종이 뭉치를 받았다. 그는 아내에게 말하기를 열망하며 자신의 이름에 사인을 하고 떠났다.

호크 씨는 그해에 약 3만 달러를 벌었다. 그가 이후 말하기를, 그는 170만 달러를 내도록 요구한 그 계약에 방금 사인을 했다는 것을 알지 못했다.

한 해 동안 뉴욕시티 택시 운전사들의 자살 행렬은 야만적인 용어로 압도적인 빚과 메달리온 소유주들의 재정적인 곤경을 조명했다.

– 중략 –

그의 택시는 돈과 자유를 위한 티켓이 돼야 했지만, 대신 이것은 감옥 같아 보였다. 매일 그는 해가 뜨기 전에 택시에 타서 하늘이 어두워질 때까지 머물렀다. 이제 48세인 호크 씨는 집과, 그가 포기한 것과, 그가 꿈꿨던 것을 생각하지 않기 위해 노력했다.

"비인간적인 삶이에요." 그가 말했다. "저는 운전하고 운전하고 또 운전해요. 하지만 제 목적지가 어딘지 모르겠어요."

모든 스토리는 목적지에 도달하며, 목적지는 독자의 마음에 반향을 남길 최후의 기회다. '리드'가 미국의 작가 존 맥피(John McPhee)가 비유한 대로 "기사를 비추는 플래시 빛"이라면, '엔딩'은 글쓰기 코치 칩 스캔란(Chip Scanlan)의 표현대로 "독자의 머리와 가슴에 스토리가 계속 살아 있게 하는 영원한 화염"이다.[196] 엔딩을 어떻게 쓰느냐에 따라 독자의 머리와 가슴에 스토리의 주제가 불타오르며 잔상이 남게 할 수 있고, 불빛이 초라하게 사그라들도록 할 수 있다.

〈탬파베이 타임스〉에 실린 기사[197]를 보자. 세상과 단절된 채로 살다가 압류된 집의 차고지에 주차된 차 안에서 숨진 채 1년 반 뒤에야 발견된 여성 케이틀린 노리스(Kathryn Norris)에 대한 기사다. 기사는 '어떻게 한 여성이 이웃에 둘러싸인 채 바닷가에서 한 블록 떨어진 곳에서 숨지고서 거의 16개월 동안 발견되지 않을 수 있는가'를 질문한다.

기사는 마지막 부분에 부검에 대해 이야기하고, 다음과 같은 문장으로 마무리한다.

'그녀는 오하이오에 묻혔다. 장례식은 짧았다. 짧은 오비추어리엔 그녀가 그리울 거라고 적혔다.'

냉랭하고 서글픈 마지막 문장이 주인공의 삶에 대한 느낌을 전달하며 여운을 남기지 않는가?

---

196   Chip Scanlan(2004). Putting Endings First. American Press Institute,
https://www.poynter.org/reporting-editing/2004/putting-endings-first/

197   Michael Kruse(2019). They thought her home was empty. She had been dead inside for over a year. Tampa Bay Times,
https://www.tampabay.com/news/florida/2019/10/13/they-thought-her-home-was-empty-she-had-been-dead-inside-for-over-a-year/

한 남성이 지난해 추수감사절을 일주일 앞두고 체리 다운 레인으로 불리는 짧은 직선거리에 있는 케이프 커내버럴의 회반죽 된 황폐한 2층짜리 타운 하우스를 담보 경매로 사들였다. 그는 집을 수리해 팔기를 희망하며 그곳을 보러 갔다.

부엌 싱크대에 있는 접시들이 너무 높이 쌓여서 보관장 아래에 거의 닿을 정도였다. 거실 카펫에는 곰팡이로 뒤덮인 고양이밥 두 접시와 타월 하나가 있었다. 비어 있는 오렌지색 약병이 곳곳에 있었다. 소파 앞 싱글 텔레비전 선반 앞에는 2009년 7월 24일 자 〈브레바드 카운티 홈 타운 뉴스〉가 펼쳐져 있었다.

침실 두 곳은 같은 모습이었다. 물건들이 곳곳에 흩어져 있고, 옷과 조화와 식물들과 먼지 덮인 러닝머신은 구석에 처박혀 있으며, 매트리스는 단단히 닫힌 휘장을 떠받치고 있었고, 종교와 체중 감량과 빚 청산과 새로운 출발에 대한 책들이 켜켜이 쌓여 있었다.

차고로 향하는 문 옆에는 홈 디포에서 발행된 13년 된 영수증이 영감을 주는 문구와 함께 게시판에 붙어 있었다. "나는 완전히 완벽하지 않을지 모르지만, 내 일부는 훌륭하다."

그는 차고를 열었다.

차고 안에는 오래된 은색 세단이 있었다. 문이 잠겨 있었다. 안을 들여다보고는 뒷좌석에서 흰색 담요를 보았다. 바닥에는 베개가 있었다. 백미러에는 소나무 모양의 공기 청정기가 달려 있었다. 가는 흰색 양초가 계기판에 끼어 있었다. 그는 조수석에서 무언가를 보고는 멈췄다. 여성으로 보이는 미라가 된 시신이었다.

– 중략 –

부검은 의학적이고 사실적인 용어를 썼지만 불완전했다. 그녀가 남긴

> 것들은 평범한 것들로 라벨이 붙여졌다. 사망의 원인과 방식은 미제로
> 기재됐다.
>
> 방식은 미스터리다. 원인은 그렇지 않다.
>
> 그녀는 죽기 전에 사라졌다.
>
> 그녀는 오하이오에 묻혔다. 장례식은 짧았다. 짤막한 오비추어리엔
> 그녀가 그리울 거라고 적혔다.

미국 기자들은 기사 작성에 돌입할 때 리드 못지않게 마지막 문장을 고민한다. 어떤 기자들은 내러티브를 쓸 때 엔딩부터 쓰기도 한다. 끝내 도달할 엔딩부터 적고 스토리의 맨 위로 돌아가 적어나갈 때 목적지가 어디인지 명확해지고 글을 쓰기가 쉽기 때문이다. 엔딩은 리드처럼 기사의 핵심과 연결돼 있고 주제를 강력하게 뒷받침하며 독자를 사로잡는 역할을 한다.

독자들이 기사를 '읽을지'는 리드에 달렸지만, 기사를 완독한 독자가 그것을 어떻게 '생각할지'는 엔딩에 달렸다고 해도 과언이 아니다. 〈NPR〉 기자 팻 월터스(Pat Walters)는 말한다.[198]

"이것은 당신이 말하게 되는 마지막의 것이며, 독자들에게 남기는 것이고, 크게 보면 독자가 막 읽은 당신의 내러티브를 어떻게 생각하는지를 결정하는 것이다."

198 Paige Williams(2012). "The Power of Storytelling." Part4: Chris Jones on why stories matter, Pat Walters on endings, Walt Harrington on integrity. Nieman Storyboard,
https://niemanstoryboard.org/stories/the-power-of-storytelling-part-4-chris-jones-on-why-stories-matter-pat-walters-on-endings-walt-harrington-on-integrity/

GREAT
STORYTELLERS

PART 06

'안목'이
기사를
빛낸다

중요한 것은 '야마'가
아닌 '앵글'이다

미국 캘리포니아 브리즈번에 있는 방송사 KTSF를 취재한 적이 있다. 직원들을 인터뷰하기 위해 수소문하던 중 프로그램 담당 간부와 연락이 닿았는데, 그가 물었다.

"당신의 앵글(angle)이 뭡니까?"

미국 저널리즘 스쿨에서 수도 없이 듣고 답한 질문이 바로 "네 앵글은 뭐냐"다. '앵글'은 사전적으로는 '관점' 혹은 '각도'로 풀이되는데, 취재보도에 있어서 기자가 조명하기로 결정한 부분을 의미한다. 당신의 앵글이 뭐냐고 묻는 것은 해당 사안을 어떤 식으로 보도할 것이냐를 묻는 것인데, 남들이 이쪽에 초점을 두더라도 나는 저쪽에 초점을 둘 수 있다. 취재 사안의 주요 정보와 그것을 어디에 중점을 두고 보도하느냐는 다른 문제이고, 후자가 바로 앵글이다.

미국 언론계에서 앵글은 보도를 둘러싼 담론에서 핵심적인 부분을 차지하고 있다. 중국계 이민자들을 타깃으로 중국어 방송을 하는 KTSF의 경우 뉴스 담당자가 이렇게 말했다.

"우리는 중국계 커뮤니티의 관심사에 부합하는 '앵글'을 찾기 위해 노력하고 있습니다. 얼마 전 라스베이거스에서 대량 총기난사 사건이 발생했을 때 중국인의 '앵글'에서 뉴스를 보도하기 위해 기자를 보냈어요. 기자는 현장에 있던 중국인들을 인터뷰해 반응을 보도했죠. 마리화나 이슈를 다룰 때는 그것이 차이나타운 상점들에 어떤 영향을 미치는지를 보도했습니다."

앵글은 단순히 기사 방향을 의미하는 게 아니라 어떤 소재에서 '나만의 무언가'가 무엇인지, 다른 사람이 찾지 못한 측면으로 '차별화'할 수 있는 요소가 무엇인지에 대한 것이다. 그러니 앵글을 묻는 것은 "기사를 어떤 식으로 전개해 차별화할 것이냐"를 질문하는 것에 가깝다. 이것을 의견을 내포하는 '관점'이나 공학적이고 시각적인 의미가 짙은 '각도'로 치환하기에는 뉘앙스가 온전히 일치하지 않으니 이 글에선 '앵글'로 표현하도록 하겠다.

국내 언론계에서도 '앵글'을 위한 논의나 노력이 존재하는 것은 사실이지만, '앵글'보다는 '야마(기사의 요점을 뜻하는 언론계 은어)'를 더욱 일상적으로 논의한다. 한국 기자들은 특정 사안을 어떤 식으로 쓸 것인지를 결정하는 것을 '야마를 잡는다'라고 표현하는데, 이는 나만의 차별화 방안을 찾는 것보다는 기사를 어떻게 전개할 것인지 계획한다는 의미에 가깝다. '야마'라는 게 나만의 주안점이 아닌, 기사의 핵심 정보를 의미하는 것이기 때문이다.

한국의 취재기자들은 "야마가 뭐냐"는 질문을 수도 없이 듣는다. 야마를 묻는 것은 대개 취재 내용이 기삿거리가 될 만한지 빠르게 판단하기 위해서

'안목'이 기사를 빛낸다

이므로 최대한 축약해 대답해야 한다. 아마 잡기에 익숙지 않은 수습기자들이 선배 기자와 흔히 주고받는 대화 형식을 빌어오자면 이런 식이다.

- (수습기자) "몇 월 며칠 몇 시에 서울 지하철 몇 호선에서 휴대전화로 몰래 여성의 치마 속을 촬영하던 남성이 붙잡혔습니다."
- (선배 기자) "그래서, 도대체 야마가 뭐야?"
- (수습기자) "○○당 ○○○ 국회의원이 지하철에서 불법 사진촬영을 하다가 붙잡혔습니다."

취재 내용을 주저리주저리 나열하면 핵심은 무엇이며 기삿거리가 될 만한 내용인지 아닌지 금세 파악되지 않으니, 기삿거리가 될 만한 내용을 간결하게 축약한 게 야마로 통용된다. 위 예시의 경우 공공장소에서 몰래 여성의 신체를 촬영하는 남성이 붙잡히는 일은 국내에서 적지 않게 발생하는 만큼, 평범한 회사원이 용의자라면 뉴스거리가 되는 일이 드물다. 반면, 유력 정치인이 용의자라면 이야기가 달라진다. 정치인이라는 직업이 별도의 뉴스 가치를 만들어낸다. 그러니 사건을 보고할 때는 뉴스가 될 만한 요소, 즉 '야마'부터 이야기해야 하는 것이다.

야마를 다르게 이야기하면 '기사의 핵심 정보'나 '뉴스 가치가 있는 정보' 정도가 될 것인데, 이를 미국 언론계에서는 알맹이를 뜻하는 '넛(nut)'이라고 부른다. 이 같은 핵심 정보가 뉴스 가치를 결정함을 감안하면 "당신의 '넛'이 뭐냐"라고 묻는 게 보편적일 법하다. 그런데 이런 질문은 좀처럼 듣기 어렵다. 기사의 핵심 정보가 뉴스 가치에 영향을 미치지만, 기자들은 정보 자체가 아닌 '앵글'을 묻는다. 에디터들은 "다른 기자들이 생각지 못한 방식으로 앵글을 잡으라" "수많은 경쟁자 사이에서 어떻게 눈에 띄는 앵글로 기사를 쓸 것인지 고민하라"고 주문한다.

차별성을 강조한다는 것은 취재 사안의 주요 내용을 구석에 제쳐두고 무작정 튀려고 노력한다는 이야기는 아니다. 뉴스의 핵심을 잘 전달하면서도 모두가 알고 있는 천편일률적인 보도 내용을 벗어나 특색 있는 요소와 부가적인 정보를 찾으려 노력한다는 것이다.

미국 항공우주국(NASA)의 우주탐사선 '뉴 호라이즌스(New Horizons)호'를 다룬 기사를 보자. 뉴 호라이즌스호는 2015년 7월 14일에 명왕성에 가장 가까이 다가가 이미지를 촬영할 것으로 예정돼 있었다. 사안의 핵심 정보는 이날 명왕성에 가장 가까이 다가간다는 것이다. 그런데 〈아틀란틱〉 기자는 해당 사실을 전달하는 데 있어서 '가장 많은 여성들이 미션에 참여했다는 사실'을 취재해 앵글로 앞세웠고, 그 속에 명왕성 근접 비행을 언급했다.

14일을 하루 앞두고 실린 ≪명왕성을 지배한 여자들≫이라는 기사[199]를 보자.

199　Adrienne LaFrance(2015). The Women Who Rule Pluto. The Atlantic,
https://www.theatlantic.com/technology/archive/2015/07/women-rule-pluto-398396/

뉴 호라이즌스 미션에서 나온 모든 최초의 것들—명왕성의 색채가 담긴 화면, 명왕성의 전체 위성 5개의 사진들, 명왕성의 구성과 표면에 대해 흘러나오는 데이터스트림들— 중에서 주목할 만한 하나의 분기점이 있다. 바로 이것이 나사 역사상 가장 많은 여성들이 참여한 미션일 것이라는 점이다.

– 중략 –

오늘날 뉴 호라이즌스 팀은 약 200명으로 구성돼 있지만, 지난 10여 년 동안 미션에 기여한 과학자들과 엔지니어들은 수천 명에 이른다. 나사에 따르면 여성은 이달 수행하는 중요 미션을 책임지는 접근비행 팀의 4분의 1을 차지한다. 나사의 탐사선이 명왕성에서 8,000마일 이내에 있을 것으로 예정된 그 저공비행은 화요일로 계획됐다.

– 하략 –

물론 모든 뉴스를 '나만의 앵글'을 갖고 쓰기는 어렵다. 급박한 사건 사고나 자연재해, 역사적인 사건을 다루는 스트레이트 기사의 1보를 차별화하기는 쉽지 않다. 하지만 기자들은 당장 요점부터 신속하게 전달해야 하는 속보를 제외하면 차별화된 앵글이 없는 기사를 좀처럼 쓰려고 하지 않는다. 〈뉴욕타임스 매거진〉의 제나 워섬(Jenna Wortham) 기자는 이렇게 말했다.[200]

"〈뉴욕타임스〉 기자들에겐 당일 기사와 이튿날 기사가 있어요. 당일 기사

---

200 Om Malik(2015). Jenna Wortham. Om,
https://om.co/2015/03/03/jenna-wortham-new-york-times-writer/

탁월한 스토리텔러들

는 제가 고안해내기에 가장 쉬운 것이죠. 단지 '이게 발생한 일이고 이게 중요한 이유예요.' 마무리 문장, 그리고 끝이죠. 그런데 이튿날 기사는 항상 더 흥미진진해요. '무슨 테마들이 흥미롭지?' '그런데 그러면 누구도 생각해내지 못한 5만 피트의 더 넓은 관점은 무엇이지?' 혹은 앵글과 같이, 제가 접근할 수 있는 것이라면 무엇이든 생각해봐요."

뉴욕 언론계에서는 고급 상점 바니스가 무고한 흑인 손님을 도둑으로 의심해 검문하면서 떠들썩한 이슈가 된 적이 있다. 1보 기사는 흑인 손님이 소송을 제기했다는 것이었다. 바니스 CEO는 공개 사과를 했고, 바니스와 파트너십을 맺고 있던 힙합 스타 제이 지(Jay-Z)의 팬들은 파트너십을 취소하라고 요구했다. 그럼에도 불구하고 〈뉴욕타임스〉는 며칠간 기사를 싣지 않았다. 당시 〈뉴욕타임스〉 메트로 에디터 웬델 제이미슨(Wendell Jamieson)은 이렇게 말했다.[201]

"이 동네는 자신만의 기사들을 좇고 있는 경쟁자들로 가득 차 있습니다. 우리가 모두를 따라갈까요? 그렇다면 우리만의 일을 하지 못할 겁니다."

제이미슨은 "그 기사를 진전시킬 현명한 방법이 있거나, 누군가의 사임이나 상점 정책의 주요 변화와 같은 뉴스 가치가 있는 일이 있어야" 기사를 실을 것이라고 말했다.

며칠 뒤, 〈뉴욕타임스〉는 다음과 같은 기사[202]를 실었다. 앵글은 '바니스의

201 Margaret Sullivan(2013). Charges of Racial Profiling in Manhattan Stores Deserve Attention in The Times. The New York Times,
https://publiceditor.blogs.nytimes.com/2013/10/28/charges-of-racial-profiling-in-manhattan-stores-deserve-attention-in-the-times/

202 David Goodman(2013). Profiling Complaints by Black Shoppers Followed Changes to Stores' Security Policies. The New York Times,
https://www.nytimes.com/2013/10/30/nyregion/black-shoppers-at-barneys-and-macys-say-they-were-profiled-by-security.html

보안 관행 변화'였다. 보안 관행의 변화가 손님들로 하여금 빈번히 검문을 받도록 하고 경찰과의 접촉을 늘렸다는 것이다. 기자는 보안 정책의 변화라는 새로운 팩트를 취재해 '앵글'을 잡았다.

몇 달 전, 바니스 뉴욕에서 증가하는 문제를 토론하기 위해 회의가 열렸다. 바로 물품 목록 중 상당한 양이 도난으로 인해 분실됐다는 것이다. 무언가를 해야 했다.

새로운 보안관리 팀은 더 공격적인 분실 예방 전략을 도입했다. 보안 직원은 설령 무고한 사람을 가로막게 되더라도 미심쩍은 손님들을 멈춰 세우는 "시도를 해볼 것"을 권유받았다고 말했다. 그들은 누군가를 불쾌하게 붙잡는 것도 업무의 일부라고 들었다고 말했다.

누군가가 물건을 훔치거나 신용카드 사기에 관여하는 것이 의심됐을 때 보안 직원들이 경찰과 접촉하는 건수는 금세 극적으로 치솟았다.

하지만 그 사례들이 증가하는 동시에, 매디슨 가에 있는 그 상점에서 실시하는 인종적인 프로파일링으로 인해 피해를 봤다고 주장하는 흑인 손님들의 불만이 수면 위로 올라오기 시작했다. 최소한 한 명이 바니스를 상대로 소송을 제기했고 또 다른 한 명은 소송을 준비하고 있다.

그 소송은 지난주에 드러나 〈더 데일리 뉴스〉의 1면에 실렸고 인종 및 계급을 토대로 한 차별에 대한 주장으로 전국적인 관심을 받았다. 그 소송은 바니스뿐 아니라 그 상점과 파트너십을 맺고 있는 제이 지와 같은 유명인에 대한 비판을 야기했다.

— 하략 —

기사의 차별성은 단순히 기사를 더 돋보이게 한다는 장식품이나 조미료 같은 개념이 아니다. 같은 사안을 두고 이미 수많은 기자들이 기사를 생산하고 있는데 왜 내 기사를 발행해야 하느냐는 '존재의 이유'에 가깝다. 다른 기사와 같은 내용을 전한다면 굳이 중복해 쓸 이유가 없다. 기자들은 독자적인 취재를 통해 고유의 앵글을 찾고 부가가치를 더하기 위해 애쓴다.

〈뉴욕타임스 매거진〉은 캘리포니아 오클랜드에 있는 예술가들의 집합 주거지 '고스트 십'에서 2016년 발생한 화재에 대한 기사[203]를 2018년 보도한 적이 있다. 당시 화재는 36명의 목숨을 앗아가 언론의 주목을 받았으며, 지역 언론사인 〈이스트 베이 타임스〉는 관련 보도로 퓰리처상을 받기도 했다. 하지만 화재에 대한 범죄 혐의로 기소된 두 명 중 한 명인 맥스 해리스(Max Harris)를 깊이 들여다본 기사는 없었다고 한다. 〈뉴욕타임스 매거진〉의 기사는 그런 점에서 달랐다. 기사를 쓴 엘리자베스 웨일(Elizabeth Weil)은 "고스트 십 화재에 대해 쓸 수 있었던 기사는 백만 개가 있지만, 나만이 정말로 맥스에 대해 기사를 쓰고 싶어 했다"고 말했다.[204]

기자들에게 앵글은 기사의 존재 가치를 증명하는 첫 관문과도 같다. 미국의 저널리스트 제임스 스테와트(James Stewart)는 "당신이 다른 누구도 전달할 수 없는 무언가 흥미로운 것을 전달할 수 있다면 에디터들과 독자들은 침을

203　Elizabeth Weil(2018). He Helped Build an Artists' Utopia. Now He Faces Trial for 36 Deaths There. The New York Times Magazine,
https://www.nytimes.com/2018/12/12/magazine/oakland-warehouse-fire-ghost-ship.html

204　Katia Savchuk(2019). On trial for the Ghost Ship warehouse fire: Was an accused villian miscast as the bad guy? Nieman Storyboad,
https://niemanstoryboard.org/stories/on-trial-for-the-ghost-ship-warehouse-fire-is-an-accused-villain-also-a-victim/

흘리며 기대할 것"이라고 말했다.[205] 다른 누구도 전달할 수 없는 무언가 흥미로운 것, 그게 바로 기자들이 찾는 '앵글'이다.

---

205   James B. Stewart(2012). Follow the Story: How to Write Successful Nonfiction. Simon and Schuster, p.79.

기자가 보지 않는 것을 보아라

미국 저널리즘 스쿨에는 '에디터가 되는 법(How to be an Editor)'이라는 이름의 수업이 있다. 말 그대로 에디터가 되는 방법을 가르치는 수업인데, 에디터를 꿈꾸거나 해당 직무에 관심이 있는 사람이 수강하는 것이었다. 한국에는 '데스크가 되는 법'이라는 수업이 존재할 리가 없다. 기자들이 연차가 쌓이면 데스크가 되기 마련이니, '데스크가 되는 법'이란 '기자의 상사가 되는 법'이나 마찬가지이기 때문이다. 국내에서 대다수의 취재기자들은 연차가 쌓이면 원하건 원치 않건 반강제적으로 데스크가 된다. 일부는 승진했다며 좋아하지만 일부는 데스크 직무를 직업인으로서의 노화와 동일시하며 "이제는 앉은뱅이 신세가 됐다"며 툴툴댄다.

미국에서 에디터는 취재기자 경력이 길다고 되는 것도 아니고 취재기자가 당연히 밟아야 하는 경로도 아닌 별도의 직무에 가깝다. 많은 기자들은 결코 에디터가 되지 않으며, 에디터는 기자에게 요구되거나 기대되는 커리어도

'안목'이 기사를 빛낸다

아니다. 에디터와 취재 경험은 무관하진 않지만 필요충분조건도 아니다. 에디터는 기자와는 구분된 고유의 전문성을 지닌 직무이며, 그런 점에서 한국의 데스크와 정확히 일치한다고 볼 수 없다. 고로 이 글에서는 그냥 '에디터'라고 지칭하겠다.

미국 언론사에도 한국처럼 취재기자로 일하다가 에디터가 된 사람들이 적지 않다. 그러나 반드시 기자 생활을 오래한 사람이 연공서열대로 에디터가 되는 것은 아니다. 취재기자보다 취재 경력 혹은 업무 경력이 짧은 에디터는 물론이고, 취재기자 경험이 없는 에디터도 있다.

에디터는 현장 경험이 많은 '선배 기자' 개념보다는, 기자와는 다른 시각으로 기사를 볼 줄 아는 사람들이다. 단순히 문장을 고치는 게 아니라 기자와는 구별된 시각으로 기사를 판단하고 점검해야 한다는 것이다. 에디터는 취재기자와는 다른 차원의 이해와 감각, 업무 역량을 요구받는다. 〈NPR〉 뉴스 부사장을 지낸 마이클 오레스케스(Michael Oreskes)는 "나는 에디터가 되는 데 있어서 기자가 되는 것이 중요한 요구 조건이라고 말하지 않겠다"며 이렇게 말했다.[206]

"필요한 요소는 에디터의 귀, 에디터의 눈이다. 이것은 취재가 아니다. 이것은 다른 기술이다."

〈뉴욕타임스〉에 실린 기사[207]를 보자. 청소년 시절 관타나모 베이에 보내져

206　Alison MacAdam(2016). Journalism has an editing crisis, but we can do something about it. Poynter, https://www.poynter.org/newsletters/2016/journalism-has-an-editing-crisis-but-we-can-do-something-about-it/

207　Charlie Savage(2016). After Yemeni's 13 Years in Guantanamo, Freedom for the Soul Takes Longer. The New York Times, https://www.nytimes.com/2016/07/30/world/europe/guantanamo-yemen-estonia-qader.html

13년 동안 포로 생활을 한 뒤 에스토니아에 재정착한, 예메니(Yemeni)라고 불리는 카더(Qader) 씨에 대한 기사다. 기사를 쓴 찰리 새비지(Charlie Savage)는 관타나모 전범 수용소에 대해 기사를 써왔지만, 카더 씨와 같은 개인보다는 법적인 움직임이나 고차원적인 정책에 집중하는 경향이 있었다고 한다. 그는 에디터가 기사 작성 과정에서 어떤 역할을 했는지 이렇게 말했다.[208]

"우리가 함께한 프로젝트는 올해 초 내 에디터인 빌 해밀턴(Bill Hamilton)과 〈뉴욕타임스〉 워싱턴지국장인 엘리자베스 부밀러(Elisabeth Bumiller)와 시작됐다. 그들은 내 취재에 인간적인 면모를 더할 수 있는 무언가 야심찬 것을 시도해볼 것을 권유했다. 바로 억류된 적이 있는 사람을 추적해 그들을 방문하는 것이었다."

기사에서는 에디터가 제시한 '인간적인 면모'가 어떻게 빛을 발휘하는지 볼 수 있다.

208 Charlie Savage(2016). Outstanding Issues: A Yemeni Teenager's Trip to Estonia, by Way of Guantanamo. The New York Times,
https://www.nytimes.com/2016/09/02/insider/outstanding-issues-a-yemeni-teenagers-trip-to-estonia-by-way-of-guantanamo.html

간수들이 1년 반 전에 아흐메드 압둘 카더(Ahmed Abdul Qader)를 관타나모 베이 교도소에서 떠나게 할 비행기로 데려다주었을 때, 그는 탑승 전에 잠시 동안 멈춰 있는 것을 허락해달라고 요청했다. 눈을 감고, 그는 13년간의 포로생활이 지운 짐을 뒤로하려고 노력했다.

미군이 카더 씨를 관타나모로 데려왔을 때 그는 테러리스트 의심을 받는 과체중 예맨인 청소년이었다. 그곳을 떠날 때는 30세가 넘어 있었고 머리카락은 가늘어져 있었으며, 몇 달 전 억류자를 재정착시키기로 결정하기 전에는 결코 들어본 적이 없는 작은 발틱 국가인 에스토니아에서 새로운 삶을 시작하려 하고 있었다.

하루 뒤 그는 에스토니아 정부가 제공한, 탈린에 있는 평범하게 가구가 비치된 원룸 아파트인 새집에 있었다. 하지만 과거는 쉽게 탈출할 수 없는 것임을 깨달았다. 눈이 떨어지고 있었고 그것을 만지기를 열망했다. 그는 문으로 가려다가 밖에 나가면 무엇이 잘못될지 알 수 없어서 두려움을 느끼며 순식간에 패닉에 빠졌다.

"제가 지금 마주할 어떤 골칫거리도—심지어 정직한 실수도— 평범한 사람이 저지르는 것보다 수백 배는 나쁠 겁니다." 카더 씨가 최근 자신에게 붙어 있는 마비된 느낌을 설명하려고 노력하면서 말했다.

"출소 후 두 달 뒤에는 정상으로 돌아갈 거라고 생각했어요." 그가 말했다. "하지만 규칙적으로 삶을 살 수가 없어요. 노력하지만, 제 일부는 여전히 관타나모에 있는 것 같아요."

카더는 2001년 9·11 공격 이후 부시 정부에서 그 감옥의 문을 연 뒤 그곳에 붙잡혀 있던 남성 780명 중의 한 명이다.

– 하략 –

에디터들은 기자들이 취재 분야나 기존 경험에 함몰돼 놓칠 법한 아이디어를 제안하기도 한다. 〈뉴욕타임스〉 에디터 리차드 버크(Richard L. Berke)는 "최고의 아이디어들은 대부분 현장에서 사람들과 이야기하는 기자들에게서 나오지만, 에디터들은 종종 더 큰 그림을 보고 그 바쁨 속에 있는 기자들에게는 분명하게 보이지 않는 아이디어들을 제안할 수 있다"고 말했다.[209]

〈뉴욕타임스〉 여행 섹션에 실린 기사[210]를 보자. 허리케인으로 폐허가 되어버린 버진아일랜드의 세인트존을 다뤘다. 기사를 쓴 에밀리 파머(Emily Palmer)는 취재에 착수하는 데 있어서 에디터가 어떤 역할을 했는지 이렇게 설명했다.[211]

"〈뉴욕타임스〉 여행 섹션은 미래 여정을 위한 여유로운 영감으로 가득 차 있는 페이지들이 풍부하다. 하지만 내 에디터가 미국 버진아일랜드의 세인트존을 취재하기 원하느냐고 물었을 때 그녀는 다른 기사를 생각하고 있었다. 바로 누구도 실제로 방문할 수 없는 장소에 초점을 맞추는 것이었다."

209 The New York Times(2006). Talk to the Newsroom: Assistant Managing Editor Richard L. Berke, The New York Times,
https://www.nytimes.com/2006/09/12/business/media/12asktheeditors.html?searchResultPosition=57

210 Emily Palmer(2020). Caneel Bay: Why a Caribbean Paradise Remains in Ruins. The New York Times,
https://www.nytimes.com/2020/01/20/travel/st-john-caneel-bay-resort.html

211 Emily Palmer(2020). I went to Check on a Resort in Ruins. I Left With Much More. The New York Times,
https://www.nytimes.com/2020/01/27/reader-center/caneelbay-stjohn.html

갈색이 된 야자나무 잎이 카닐 베이 리조트의 백색 모래 해안가에 분다. 지붕 없는 오두막의 외벽에서 벗겨지는 페인트가 찌그러진다. 안에 있는 흰 커튼들은 여전히 엉켜 있는데 창문에서 떼어진 거미줄처럼 걸쳐져 있고, 곰팡이가 엉겨 붙은 매트리스들은 프레임 없이 축 늘어져 있다. 뒷문은 넓게 흔들린다.

미국 버진아일랜드에서 발견된 작은 에메랄드 섬인 세인트존의 꽃으로 오래도록 인식되고 곡선의 만으로 잘린 데다 카리브해의 청록색 물을 뒤로하고 있는 카닐 베이의 한적한 그 170에이커는 한때 존 스타인벡과 레이디 버드 존슨부터 메릴 스트립과 밋치 맥코넬까지 대통령들, 영화배우들, 문학적인 아이콘들을 이끌었다.

그곳은 연간 1만 5,000명 이상이 방문해 버진아일랜드 국립공원에 자리 잡았으며, 일부 멸종 위기종의 안식처이기도 했다. 록펠러 가족이 설립한 4성 생태 리조트는 미국에서 으뜸가는 곳 중 하나였다.

"전 세계 다른 곳보다 이곳 리조트에서의 경험은 일류 경험이었습니다." 그곳에서 가족과 함께 8차례 머문 매사추세츠 니덤에서 온 손님 밥 라이스(Bob Rice)가 말했다. "자연을 최고로 누릴 수 있었어요."

2017년 9월의 2주간이 그것을 바꾸어놓았다. 둘 다 5등급 태풍에 속하는 허리케인 어마(Irma)와 마리아(Maria)가 세인트존을 강타해 구조물들을 산산조각 내고 잔해들이 물에 잠기게 했다.

그 지역에 있는 다른 시설들이 재개장했음에도 불구하고 카닐 베이는 누더기로 남아 있다. 그곳 내부에 가본 사람들은 프런트 데스크에 있던 2017년 9월, 첫 태풍 직전 날짜가 적힌 신문을 회상한다. 그들이 말하기를 결혼 계획들이 칠판에 표시돼 있었고 쥐들이 와인 저장 층에 허둥지둥 가는 것이 보였다.

탁월한 스토리텔러들

> 그 허리케인이 리조트의 인프라를 수 시간 안에 산산조각 내는 동안, 태풍의 지속적인 후폭풍은 그곳에서 오래도록 곪고 있는 문제들을 드러냈다. 연방정부와의 특이한 토지 사용 계약, 태풍보다 앞서 진행된 환경오염 가능성, 직원과 관리자 사이의 논쟁적인 관계를 포함한 것이었다. 이 모든 것은 리조트의 재건축을 중단시키고 섬의 경제를 손상시켰다.
>
> – 하략 –

한국에서는 데스크라면 모름지기 기자로서 해당 분야를 일정 기간 이상 취재했어야 한다고 생각하는 경우가 많다. 이 때문에 한국 기자들은 현장에서 거쳐본 취재부서의 수가 적을수록 추후 데스크로 일할 수 있는 선택지가 적어진다고 생각하기도 한다. 미국에서 이는 반은 맞고, 반은 틀린 이야기다. 어떤 분야에 대해 현장 취재경험이 많으면 취재와 기사 작성에 도움이 될 수도 있겠으나, 제삼자로서 에디터나 독자의 눈으로 보는 데는 걸림돌이 될 수도 있다.

〈NPR〉 선임 에디터 안드리아 드 리온(Andrea De Leon)은 기자와 기사 아이디어에 대한 대화를 나눌 때 '해당 아이디어가 독자와 독자가 필요로 하는 것, 또는 독자가 알고 싶어 하는 것을 고려하는가'를 생각한다고 한다.[212] 그는 이렇게 말했다.

---

212 Andrea De Leon(2016). Front-end editing: The 'secret ingredient' of great audio storytelling(2016). NPR, https://training.npr.org/2016/05/19/front-end-editing-the-secret-ingredient-of-great-audio-storytelling/

'안목'이 기사를 빛낸다

"예를 들어 기자는 동물 관리와 같은 취재 분야에 심취해 기사 아이디어를 이런 방식으로 정당화한다. '수의과 커뮤니티에서는 길을 잃은 개들에 대한 이슈에 큰 관심이 있습니다.' 그것으로는 충분히 좋은 기사가 아니다. 그 기자는 독자를 놓친 것이다. 에디터로서 길 잃은 개들에게 내재된 관심이 없는 독자의 흥미를 끌 수 있는 기사로 그들을 이끌어야 한다."

기사의 구조 코칭이 먼저다

에디터를 취재기자가 작성해온 기사를 단순히 고치는, 컨베이어 벨트식으로 업무를 하는 사람이라고 생각하면 오산이다. 짧고 단순한 기사라면 기자가 써온 기사를 수정하는 데서 끝나겠지만, 피처 기사와 같이 길고 심층적인 기사를 에디팅할 때는 다층적인 역할을 한다. 기사의 큰 틀을 먼저 코칭한 뒤 세부 내용을 점검하는 것이다. 단계별로 보면 다음과 같이 구분된다.

첫 단계는 '톱(Top) 에딧'이라고 불리는데 기사 구조가 어떤지, 기사에 필요한 모든 것이 포함돼 있는지, 추가 취재가 필요한지, 기사 내용이 혼란스럽지 않으며 말이 되는지, 리드와 끝 문장이 적절한지 등 큰 그림을 보는 것이다. 이 단계에서는 문장이나 토씨 하나하나를 점검하기보다는 기사를 구성하는 데 필요한 요소를 전체적으로 확인해 내용을 보완하게 한다.

두 번째는 '라인(Line) 에딧'이라고 불리는데 문장 하나하나를 보면서 문장이 말이 되는지 점검하는 것이다. 문장 단위에서 의미가 분명치 않은 내용이

'안목'이 기사를 빛낸다

있다면 보충하고 수정한다.

세 번째는 '카피(Copy) 에딧'이라고 불리는데 문법이나 스타일 등에 오류가 없는지 확인하는 과정이다. 이 일을 주로 하는 에디터가 '카피 에디터'다. 언론사마다 약물 등 표기법이 다른 경우가 있는데, 카피 에딧은 각 매체가 발행하는 기사들이 일관된 표기법으로 발간되도록 한다.

마지막 단계는 '마무리 교정 작업(Proofreading)'이다. 발간해도 이상이 없는지 훑어보는 단계로, 어떤 언론사에서는 기사를 아예 처음 보는 구성원들이 점검하도록 하기도 한다. 기사 작성 단계에 관여한 사람들이 혹시나 놓쳤을 법한 오류를 막판에 걸러내기 위해서다.

언론사별로 각 단계에 관여하는 에디터가 다른 경우도 있고, 한 사람이 여러 단계에 관여하기도 한다. 누가 됐든 탁월한 에디터는 단순히 문장을 잘 고치는 것을 넘어서 기사 자체를 빼어나게 탈바꿈시킨다. 〈NPR〉 선임 편집 전문가 앨리슨 맥아담(Alison MacAdam)은 이렇게 말했다.[213]

"훌륭한 에디팅은 모든 스토리가 더 눈에 띄고 기억에 남게 만든다. 에디터들은 기사들에 구조를 부여하고, 인물들을 돋보이게 하며, 핵심에 초점을 맞춘다. 현재 우리는 어떤 합리적인 인간이 읽을 수 있는 것보다 더 많은 콘텐트를 만들어내며, 저널리즘은 눈에 띄기 위해 더 열심히 일해야 한다. 에디터들 없이는 그것을 할 수 없다."

---

213 Alison MacAdam(2016). Journalism has an editing crisis, but we can do something about it. Poynter, https://www.poynter.org/newsletters/2016/journalism-has-an-editing-crisis-but-we-can-do-something-about-it/

〈워싱턴포스트〉에 실린 기사[214]를 보자. 코로나19가 만연한 가운데 뉴저지의 비좁은 집에서 살고 있는 이민자 타티아나 안굴로(Tatiana Angulo)를 관찰하며 프로파일 한 기사다. 기사는 에디터 데이비드 핀켈(David Finkel)이 아이디어를 제안해 시작됐다고 한다. 뉴저지주가 코로나바이러스의 주된 발생지가 된 가운데 그곳에서 붐비는 집에 사는 삶이 어떤 것인지 보여주자는 것이었다. 기사를 쓴 한나 드리에르(Hannah Dreier) 기자는 후보 인물 12명가량을 인터뷰한 뒤에야 주인공을 찾았다고 한다. 그는 에디터의 역할을 두고 이렇게 말했다.[215]

"나는 장면들을 재구성해 쓰는 데에 익숙해져 있었고, 이것은 전체가 거의 대부분의 시간에 내가 그곳에 앉아 몰입하는 것이었기 때문에 나에게 있어서 정말로 새로운 종류의 취재였다. 데이비드 핀켈은 몰입 취재의 완전한 마스터였고, 그는 타티아나를 주인공으로 설정하는 것부터 기사의 각 섹션들이 어떻게 작동할지를 파악하는 것까지 과정의 모든 단계에 깊이 관여했다. 그가 첫 초고를 수정할 때 우리가 이해하고 있는 내용은 꽤나 거의 같았다."

기사는 주인공을 집에서 관찰하며 몰입 취재한 내용을 세밀하게 그려내며 전개된다.

214   Hannah Dreier(2020). Tatiana's luck. Washington Post,
https://www.washingtonpost.com/nation/2020/06/01/tatianas-luck/?arc404=true

215   Trevor Pyle(2020). Navigating ethics, culture and safety to immerse in immigration and Covid. Nieman Storyboard,
https://niemanstoryboard.org/stories/navigating-ethics-culture-and-safety-to-immerse-in-immigration-and-covid/

미국에서 합법적으로 거주하는 마지막 날, 타티아나 안굴로는 다락방 침실에서 동이 틀 때 일어나 그녀의 삶이 어떻게 됐는지에 대한 소리를 잠시 동안 들었다. 그녀의 남자 친구 파블로 루이즈(Pablo Ruiz)는 여전히 그녀 옆에서 자고 있었다. 그는 조만간 깨서 자정이 되면 "네 상황이 달라질 것"이라며 그녀가 이미 알고 있는 것을 말해줄 것이지만 지금 그녀가 들은 것은 아래 침실에 있는 누군가가 콜록거리는 불안한 기침 소리와, 갈 곳이 없어서 최근에 살기 시작한 남성이 살고 있는 옆방 벽장에서 나는 더 많은 기침 소리였다.

그 작은 집에는 모두 합쳐 8명이 있었고, 벽장 속에 있는 남자와 조카와 나눠 쓰는 아래층 침실에서 기침하는 남자와 또 다른 침실에 있는 부부와 열이 나는 아이를 포함해 8명이 코로나바이러스로 인해 모여 있었다.

그것이 바이러스였나? 누구도 확신하지 못했다. 하지만 이것은 무언가였기에 타티아나는 기다렸다. 이제 그 집에서 모든 것은 계획돼야 하고, 그녀는 누구도 그곳에 있지 않기를 희망하며 오로지 고요할 때만 파블로에게 아침 식사를 만들어주기 위해 아래층으로 내려갔다.

"지금은 더 주의해야 해." 파블로가 일하러 나가기 위해 옷을 입으며 그녀에게 말했다.

오전 7시에 그는 갔다. 그곳은 사람들이 여전히 건설이나 조경 일자리에서 일할 수 있을 정도로 운이 좋은 이민자 이웃들이 빼곡히 가득 찬 동네다.

— 하략 —

톱 에딧 단계에서 에디터들은 더 심층적으로 다룰 부분에 대해 추가 취재를 주문하고 기사에 부가가치를 더하기도 한다. 〈뉴욕타임스〉에 실린 기사[216]를 보자. 필라델피아에 위치한 조폐국에 있는, 대중의 접근이 차단된 근로 구역에서 교수형 올가미가 발견된 것에 대한 기사다. 기사를 쓴 셰릴 게이 스톨버그(Sheryl Gay Stolberg)는 초고 수정 과정을 이렇게 설명했다.[217]

"첫 초고는 내 에디터 마크(Marc)가 조폐국 안에서 무슨 일이 발생했는지에 대해 더 상세한 내용을 원하도록 했다. 그래서 내가 야외에서 먹을 음식을 준비하기 위해 (노트북을 들고) 수영장에 간 동안, 우리의 에이스 연구자 키티 베넷(Kitty Bennett)이 노동조합 위원장인 샙(Sapp) 씨의 휴대전화 번호를 찾았다. 휴일 근무를 하던 내 동료 케이틀린 딕커슨(Caitlin Dickerson)이 그녀에게 전화했다. 그녀는 백인 동전 제조자가 줄을 갖고 공장 바닥을 가로질러 가서 올가미를 만들고 아프리카계 동료들이 일하는 곳에 떨어뜨렸다는 생생한 세부 내용을 제공했는데, 그것은 모든 기사가 더욱 충격적이도록 만들었다."

기사는 에디터가 요구한, 조폐국 안에서 발생한 일에 대한 상세한 묘사로 시작한다.

216　Sheryl Gay Stolberg and Caitlin Dickerson(2017). Hangman's Noose, Symbol of Racial Animus, Keeps Cropping Up. The New York Times,
https://www.nytimes.com/2017/07/05/us/nooses-hate-crimes-philadelphia-mint.html

217　Sheryl Gay Stolberg(2017). Email Tip About a Noose Pushes a Reporter to Action. The New York Times,
https://www.nytimes.com/2017/07/05/insider/lets-do-something-on-all-these-nooses.html

지난 수요일, 돈을 만드는 보안 시설인 필라델피아에 있는 미국 조폐국에서 백인 동전 제조자가 아프리카계 동료들의 근무 공간인 공장 바닥을 가로질러 걸어갔을 때는 야간 근무 교대가 시작될 때였다. 그는 줄 한 조각을 갖고 있었다.

그 줄은 공식적인 목적이었다. 바로 동전 주머니가 가득 차면 밀봉하기 위한 것이었다. 하지만 조폐국 노동조합 위원장 론다 샙(Rhonda Sapp)에 따르면 동전을 만드는 데 쓰이는 기계를 운영하는 그 노동자는 대신 고리를 만들어 교수형 집행인의 올가미가 되도록 했다. 그녀에게는 곧장 격노한 근로자들로부터 온 전화와 문자 메시지들이 쇄도했다.

기존에 보도되지 않은 이 일화는 재무부 대변인을 통해 확인됐는데, 그녀는 입장문을 통해 그 기관이 이런 미움 가득한 행태에 "완전히 무관용"하며, 당국이 조사 중이라고 말했다.

올해 특히 국가의 수도에서 올가미가 동반된 일들이 연속적으로 보도되는 가운데 이것은 최신 일화이며, 인종적인 적대감의 잠재적인 표현으로 교수형 집행인의 줄을 되가져오는 것을 가리킨다.

— 하략 —

한국 언론계에서는 데스크가 편집회의에서 결정된 기사 계획을 통보하고 기자가 제출한 초고를 고치는, 정적인 관리자 같은 이미지가 강하다. 역피라미드형 기사를 제외하고는 '구조 코칭'을 들어보기 어렵고, '톱 에딧'도 사실상 생략된 경우가 많다. 기자들이 초고를 제출하면 문장이나 단어를 읽어 내려가면서 내용을 점검하고 수정해 발간하는 경우가 대다수다.

탁월한 스토리텔러들

미국에서 에디터의 역할은 보다 능동적인 코치에 가깝다. 단순히 기사를 고치는 게 아니라, 큰 그림에서 구조와 보완점을 점검하며 종합적으로 기사를 업그레이드해 나간다. 〈뉴요커〉 등에 기사를 써온 저널리스트 마이클 패터니티(Michael Paterniti)는 정말 훌륭한 에디터는 "당신이 아이디어를 이야기한 순간 아주 초반부터 기사를 즉시 에디팅하는 에디터"라고 말했다.[218] 그는 자신의 잡지 에디터 출신으로 책 에디터가 된 앤디 워드(Andy Ward)가 그러했다며 이렇게 말했다.

"그는 생각의 흐름, 당신이 취하고자 하는 관점이나 주인공들에게 취하고 싶어 하는 자세와 같이 무엇이 기사를 중요하도록 만드는지와 그것을 어떻게 발굴할지를 지도한다."

218 Paige Williams(2010). Michael Paterniti on narrative voice, the power of rewrite, Bill Clinton, old cheese, and flying Spaniards (part 1). Nieman Storyboard,
https://niemanstoryboard.org/stories/michael-paterniti-on-narrative-voice-the-power-of-rewrite-bill-clinton-old-cheese-and-flying-spaniards/

'안목'이 기사를 빛낸다

낯선 시각으로 에디팅하라

미국 언론계에는 기사를 신선한 눈으로 점검하는 존재가 있다. 초고 작성 과정과 비교적 동떨어져 있는 카피 에디터들이다. 언론사에 따라 카피 에디터의 직책이 별도로 구분돼 있지 않은 경우도 있지만 그 역할만큼은 건재하며, 중요하게 인식된다. 이들은 현장에서 취재원과 빈번히 접촉해온 취재기자나 기자와 밀접하게 소통하며 기사를 발전시켜 온 에디터가 미처 생각하지 못한 것을 독자의 관점에서 점검하고 걸러낸다. 기사와 상대적으로 가깝지 않기 때문에 더 낯선 시각으로 점검할 수 있고, 혹시나 놓쳤을지 모르는 실수나 불분명한 문구를 알아챌 수 있다.

카피 에딧은 국내 언론사에서 오탈자를 걸러내기 위해 하는 '교정·교열'과는 정확히 일치하지 않는다. 〈아틀란틱〉의 카피 에디터 캐런 오스터그렌 (Karen Ostergren)은 이렇게 말했다.[219]

---

219 Karen Ostergren(2018). How to Copyedit The Atlantic. The Atlantic,
https://www.theatlantic.com/notes/2018/06/how-to-copyedit-the-atlantic/562211/

"우리의 관심사는 이것이다. 독자가 잡지 한 부를 집어 들어 기사의 첫 페이지를 열고, 기존 지식이나 추가적인 정보가 없는 상태에서 우리가 이해시키려고 하는 것을 이해할 수 있을 것인가? 문장이 너무 촘촘히 적혀서 그것을 통과하는 것을 두고 씨름하지는 않을 것인가? 전문용어의 과도한 사용에 의해 멈추게 될 것인가? 역으로 우리가 건조하고 유치한 언어로 주제를 설명해 순전한 지루함과 좌절감을 느끼며 기사를 절반만 읽고 덮어버릴 것인가?"

카피 에디터도 교정·교열을 한다. 철자나 문법적인 오류를 교정하고 약어나 기호를 점검하는 것이다. 하지만 문법적인 점검 외에 혼란스러워 보이거나 부정확한 정보를 교정하고, 의미를 명확히 하는 것도 주요한 역할이다. 미국의 작가 윌리엄 진저(William Zinsser)는 "에디터는 자신이 이해하지 않는 어떤 것도 인쇄되는 것을 허락해서는 안 된다"며 "만약 그가 그것을 이해하지 못한다면 최소한 다른 한 명은 이해하지 못할 것이고, 그건 너무 많은 수가 될 것이다"고 말했다.[220]

언론사 중에는 카피 에디팅 자체를 다층적으로 하는 곳도 있다. 카피 에디터들이 기사를 점검한 뒤, 기사를 처음 읽어보는 또 다른 그룹이 기사를 점검하도록 하는 것이다.

〈아틀란틱〉에 실린 기사[221]를 보자. 중국의 우주 탐험에 대한 기사인데, 카피 에디터 모두가 로켓 과학에 대한 배경이 없었다고 한다. 오스터그렌은 카

220   William Zinsser(2006). On Writing Well. Harper Collins, p.301.

221   Ross Andersen(2017). What Happens If China Makes First Contact? The Atlantic,
https://www.theatlantic.com/magazine/archive/2017/12/what-happens-if-china-makes-first-contact/544131/

피 에디팅이 다음과 같은 순서로 실시됐다고 말했다.[222]

① 카피 에디터들이 각 기사를 네 차례씩 읽는다.

② 기자와 기사 에디터에게 수정본을 주고 고친 부분을 받아들일지 거절할지를 결정하게 한다.

③ 기자, 에디터, 팩트 체커가 기사를 다시 읽고 최종 수정을 한다.

④ 기사를 처음 읽어보는 또 다른 네 명이 글을 점검하게 한다.

⑤ 기사를 마지막으로 읽어보고 꼭 필요한 부분만 수정한다.

⑥ 숨을 깊이 쉬면서 다음 단계로 넘어가는 법을 배운다.

기사는 전문적인 내용을 다루고 있지만, 전문 지식이 없어도 수월하게 읽힌다.

> 지난 1월, 중국과학원은 중국의 저명한 과학소설 작가인 류 치신(Liu Cixin)을 초청해 그 나라의 남서쪽에 있는 새로운 최첨단 라디오 접시형 안테나를 방문하게 했다. 푸에르토리코 정글에 있는 미국의 접시형 안테나 아레시보(Arecibo) 관측소보다 거의 두 배 넓은 새로운 중국 접시형 안테나는 우주가 아니라면 전 세계에서 가장 크다. 이것은 그들

222 Karen Ostergren(2018). How to Copyedit The Atlantic. The Atlantic,
https://www.theatlantic.com/notes/2018/06/how-to-copyedit-the-atlantic/562211/

이 방송하지 않을 때도 스파이 위성을 감지할 정도로 민감하지만, 이것의 주요 용도는 이례적인 것을 포함한 과학적인 용도일 것이다. 그 접시형 안테나는 지구 밖 정보로부터 오는 메시지를 듣기 위한 지구의 첫 번째 주문제작 주력 관측소다. 만약 이 같은 신호가 다음 10년간 하늘에서 내려온다면 중국은 최초로 그것을 잘 들을 수 있을 것이다.

어떤 측면에서는, 류가 그 접시형 안테나를 보라고 초청받은 것은 놀랄 만한 일이 아니다. 그는 중국에서 우주 세계에 관해서는 발언권이 강하고 정부의 우주 기관은 종종 과학적인 미션을 상의하기 위해 그에게 묻기 때문이다. 류는 그 국가의 과학 소설 분야에서 원로다. 내가 만난 다른 중국인 작가들은 그의 성에 "큰"을 의미하는 존칭인 다(Da)를 붙였다. 지난 몇 년간, 과학원의 엔지니어들이 류를 보낸 것은 그가 자신들의 일에 어떻게 영감을 줄지를 이야기하는 메모와 함께 접시형 안테나의 건설에 있어서 최근 정보들을 묘사했다.

– 하략 –

최근 미국에서는 언론사의 재정난과 디지털 중심 제작으로 인해 카피 에디터들의 수나 역할이 축소되고 있다. 하지만 타이틀이나 역할과 관계없이, 기자와 에디터들은 기사를 최대한 낯선 시각으로 점검하기 위해 노력한다. 그것이 기사의 품질을 높이는 데 필수적이기 때문이다.

〈아웃사이드〉에 실린 기사[223]를 보자. 알래스카에서 미스터리하게 죽은 채

---

223 Christopher Solomon(2017). The Detective of Northern Oddities. Outside,
https://www.outsideonline.com/2143191/detective-northern-oddities

'안목'이 기사를 빛낸다

발견되는 바다생물을 통해 환경문제를 다룬 것으로, 어려울 수 있는 주제를 아름답고 이해하기 쉽게 그려냈다. 기사를 쓴 크리스토퍼 솔로몬(Christopher Solomon)은 동료 기자들로부터 피드백을 받아 초고를 몇 차례 수정했다고 한다. 그는 "기사를 신선한 눈으로 볼 수 있는 신뢰할 만한 기자로 하여금 기사를 읽어보도록 하는 것은 일하는 과정의 중요한 부분"이라고 말했다.[224]

그들이 2007년 여름 코헨 섬에서 그녀를 포획했을 때, 무게는 58파운드였고 사이즈는 콜리 종의 개만 했다. 이빨의 나이테는 연령대를 드러냈다-8년 된, 성숙한 암컷 해달이었다.

그녀를 마취시키고 물갈퀴에 태그를 달았다. 번호도 다음과 같이 부여했다. LCI013, 또는 줄여서 13이었다. 배에는 송신기를 달고 초단파 라디오 주파수를 부여했다. 165.155 메가헤르츠였다. 그리고 그녀를 풀어줬다. 그 해달은 이제 사실 자신만의 작은 와트 수의 알래스카 라디오 방송국이었다. 적절한 안테나와 수신기만 있으면 카체마크 베이로 소형 보트를 띄우고 안테나를 세워서 그녀의 존재에 대한 음악을 찾을 수 있었다. 정적인 야생 세계에서 고독하면서도 안심시키는 높은 C음으로 종종 소리를 낸다.

그들은 해달 13이 카체마크 베이 남쪽의 비바람이 치지 않는 곳을 선

224   Allison Eck(2017). Annotation Tuesday: Christopher Solomon and "The Detective of Northern Oddities". Nieman Storyboard,
https://niemanstoryboard.org/stories/annotation-tuesday-christopher-solomon-and-the-detective-of-northern-oddities/

호한다는 것을 알게 되었다. 그녀는 카시츠나 베이와 자콜로프 베이에서 새끼들을 낳고 강한 발로 움켜쥐었다. 그녀는 태그를 물어뜯었다. 어떤 때는 호머에 있는 모래사장에 서 있으면 비숍스 해안가에서 해초와 다른 해달들과 새끼들에 싸인, 폭주족의 덕테일 머리처럼 매끄러운 그녀의 머리를 엿볼 수 있었다.

"정말 귀엽지 않아요?" 금속 테 안경을 쓴 여성이 말했다. 그녀는 이야기하는 동안 조그마한 자로 앞발을 재기 위해 13에게 몸을 구부리고 있었다. 그 해달의 발은 인사를 하거나, 또는 어쩌면 항복하듯이 머리 쪽으로 올려졌다. "죽었을 때도 귀여운 몇 안 되는 동물들 중 하나예요."

– 하략 –

기자들은 스스로도 기사를 한 발자국 떨어져서 살펴보곤 한다. 기사를 최대한 낯선 시각으로 읽어보며 점검하기 위해서다. 퓰리처상 수상 기자 에이미 엘리스 넛(Amy Ellis Nutt)은 "의지할 만한 훌륭한 에디터가 있다면 축복이지만, 더 잘하고 스스로의 글을 다듬고 싶다면 객관적인 시각으로 보기 위해 다시 써보고 거리를 두고 봐야 한다"며 이렇게 말했다.[225]

"글쓰기를 끝냈을 때 마감 시간을 앞두고 있지 않으면 책상에서 떨어져서

225 Paige Williams(2013). Work the problem: How to look at your own stories more objectively. Nieman Storyboard,
https://niemanstoryboard.org/stories/work-the-problem-how-to-look-at-your-own-stories-more-objectively/

'안목'이 기사를 빛낸다

글을 놔두고 운동, 수면, 산책, 독서와 같은 다른 것을 하라. 돌아왔을 때 더 신선한 눈을 가질 것이다."

표현의 뉘앙스까지 고민하라

　미국 기자와 에디터들은 '아'와 '어'의 차이를 매우 중요하게 다룬다. 단어 하나를 두고도 장시간 고민하고 논의하는 경우가 흔하다. 〈워싱턴포스트〉 기자 엘리 사슬로(Eli Saslow)는 자신의 에디터 데이비드 핀켈(David Finkel)에 대해 "그는 단어를 굉장히 잘 알고 사려 깊은 에디터이기 때문에 정확성을 매우 신경 쓴다"며 "종종 핀켈과 함께 2,000자 기사의 세 번째 섹션에 있는 하나의 핵심 단어에 대해 어떻게 생각하는지에 대해 20분간 대화를 나눈다"고 말했다.[226]

　한국 기자들도 용어의 뉘앙스를 중요하게 다루지만, 사회에서 통용되는 용어가 별다른 토론 없이 보도되는 경우도 많다. 다수가 일상에서 쓰는 용어가 치열한 논쟁의 대상이 되는 경우는 드물다. 반면, 미국 언론계에서 용어

226　Andrea Pitzer(2011). Eli Saslow on writing news narratives, creating empathy and characters' defining moments. Nieman Storyboard,
https://niemanstoryboard.org/stories/eli-saslow-washington-post-cammers-interview/

'안목'이 기사를 빛낸다

문제는 취재하고 토론하고 공론화할 정도의 이슈다.

〈뉴욕타임스〉에디터는 '불법 이민자'라는 표현을 두고 공개적인 토론을 벌인 적이 있다. 발단은 전직 기자이자 이민 관련 활동가인 호세 안토니오 바르가스(Jose Antonio Vargas)가 '불법 이민자'라는 용어는 부정확한 폄하 용어라며 언론사들이 사용 방침을 바꿀 것을 요구했기 때문이다. 퍼블릭 에디터 마가렛 설리반(Margaret Sullivan)은 회사 블로그에 이런 글을 올렸다.[227]

— 스탠더드 에디터 필립 코베트(Philip B. Corbett)와 월요일에 이에 대해 이야기를 나눴습니다. 그는 "우리는 이것에 대해 생각하고 항상 이야기한다"고 말했습니다. 월요일에 포인터 소속 맬러리 테노어(Mallary Tenore)에게 물었습니다. 그는 이렇게 답했습니다. "이것이 민감한 분야이자, 우리가 지속적으로 고군분투하는 것임을 분명히 알고 있습니다."

— 어떻게 생각하시나요? 이 블로그에 코멘트를 달아 답할 수도 있고, 저에게 이메일을 보내거나 트위터에서 답장할 수도 있습니다. 조만간 더욱 실질적으로 토론과 코멘트를 모으겠습니다.

며칠 뒤, 설리반은 이와 관련한 후속 글을 실었다.[228] 글에는 〈뉴욕타임스〉

227　Margaret Sullivan(2012). Is 'Illegal Immigrant' the Right Description? The New York Times, https://publiceditor.blogs.nytimes.com/2012/09/24/is-illegal-immigrant-the-right-description/

228　Margaret Sullivan(2012). Immigration Reporter Julia Preston's Views on 'Illegal Immigrant.' The New York Times,

탁월한 스토리텔러들

의 이민 담당 기자 줄리아 프레스톤과 해당 용어를 두고 나눈 이야기가 다음과 같이 소개됐다.

— 이것이 그녀와 아침에 한 인터뷰의 핵심입니다. "저는 우리에게 유연성이 조금 더 필요하다고 생각합니다." 프레스톤 씨는 말했습니다. "그러나 우리는 종종 그 용어를 써야 합니다. 그건 정확한 표현입니다. 외국에서 태어난 사람이 합법적인 지위 없이 실재하는 것은 법 위반입니다."

설리반은 독자들, 사회운동가들, 기자들, 에디터들로부터 '불법 이민자'라는 용어에 대해 들을 뿐 아니라 호세 안토니오 바르가스와 대면으로 만난 뒤 다시 한번 글을 게재했다.[229]

— 이런 모든 축적 끝에, 제 입장은 용두사미로 보일지 모릅니다. 왜냐하면 뉴욕타임스가 '불법 이민자'라는 용어 사용을 바꾼다고 해서 독자들이 얻는 이익이 없어 보이기 때문입니다.
— 이것은 이민정책이나 이민 개혁을 둘러싼 다양한 입장, 또는 그에 대해 입장을 갖고 있는 분들에 대한 판단이 아닙니다. 그 단어가 적용

https://publiceditor.blogs.nytimes.com/2012/09/26/immigration-reporter-julia-prestons-views-on-illegal-immigrant/

229 Margaret Sullivan(2012). Readers Won't Benefit if Times Bans the Term 'Illegal Immigrant'. The New York Times,
https://publiceditor.blogs.nytimes.com/2012/10/02/readers-wont-benefit-if-times-bans-the-term-illegal-immigrant/

되는 사람들에 대해 무신경하다는 것을 의미하는 것도 아닙니다. 이
것은 단순히 독자들이 정말 소중히 여기는 명확성과 정확성에 대한
것입니다.

누군가는 무슨 단어 하나를 두고 여러 사람에게 의견을 구하며 취재를 하
냐고 할지 모르겠다. 그런데 〈뉴욕타임스〉는 이 이슈를 별도로 취재해 불법
체류자 용어 문제를 다룬 기사를 싣기도 했다.[230]

"불법 이민자." "미허가 이민자." "미등록 이민자." "불법 외국인." "이
주자." "비시민."

이런 모든 용어들과 다른 용어들은 적합한 허가 없이 미국에 들어왔
거나 거주하거나 일한 사람을 묘사하기 위해 〈뉴욕타임스〉에서 사용돼
왔고, 각각은 비판에 직면해왔다.

사실 화요일 자 신문에 발간된, 미국에 있는 1,100만 명의 미허가 이
민자들에 대한 야심 차고 포괄적인 묘사는 헤드라인에서 "불법 이민자
들"을 사용한 것(어떤 사람들은 이것을 정파적이고 공격적으로 봤다)과
기사 내에서 "미등록 이민자들"이라 지칭한 것(다른 사람들은 이것을

230 Stephen Hiltner(2017). Illegal, Undocumented, Unauthorized: The Terms of Immigration Reporting. The
New York Times,
https://www.nytimes.com/2017/03/10/insider/illegal-undocumented-unauthorized-the-terms-of-immigration-
reporting.html

과도하게 동정 어린 것으로 봤다) 모두에 대한 반대를 이끌어냈다.

미국에서 이민 정책을 둘러싼 토론만큼이나 논쟁이 많이 벌어지는 이 토론에서는 가장 기본적인 용어조차 정치적인 함의투성이인데, 〈뉴욕타임스〉 기자들은 이런 상황에서 어떤 용어를 사용할지 어떻게 결정할까?

이민 담당기자 비비안 이(Vivian Yee)는 정기적으로 이 질문과 씨름하는데, 독자들의 반응이 정치적인 노선과 함께 예측 가능하게 발생하는 경향이 있다는 것을 인정했다. 그녀가 말하길 보수주의자들은 종종 "불법 이민자들"이라는 용어를 쓰기를 주장하고, 자유주의자들은 "미등록 이민자들"을 주장하는 경향이 있다.

이 기자가 취재를 도와서 화요일에 발간된 기사는 〈뉴욕타임스〉가 이런 언어적인 진퇴양난을 어떻게 헤쳐 나가는지에 대해 하나의 예시를 제공했다.

"우리는 이민에 대한 토론의 시작점을 설명하기 위한 목적으로 쓰인 기사는 토론의 의미론에 있어서 일방의 편을 들어서는 안 된다고 결정했습니다." 이 기자가 이메일을 통해 그 기사가 의도적으로 "불법", "미등록", "미허가"라는 다른 용어들을 혼합해 사용했다는 것을 설명하면서 말했다. "그리고, 물론." 그녀가 덧붙였다. "우리는 사람들이 이야기하는 것을 통해 그 이슈에는 진짜 살아 있는 인간의 얼굴들이 있다는 것을 보여주려 했고요."

문법이나 구두점에서부터 특별히 곤란한 이슈의 용법에 이르기까지 모든 것에 지침을 제공하는 386페이지의 참고 매뉴얼인 〈뉴욕타임스〉의 스타일 가이드는 "불법 이민자"는 어떤 독자들에게 편향되거나 공격적으로 인식될 수 있다는 것을 인정한다. "특정 편을 들거나 완곡어법에 의지하지 않고서." 그 가이드라인은 언급한다. "의문에 처한 사람

'안목'이 기사를 빛낸다

의 특정한 상황을 설명하는 데 적합할 때 혹은 행동들에 집중할 때 '국경을 불법적으로 넘은' '비자가 만료된 채 머문' '이 나라에서 일하는 허가를 받지 않은' 등의 대안을 고려하라.

– 하략 –

미국 언론사들이 광범위하게 참고하는 것이 〈AP〉에서 발간해 지속적으로 업데이트하는 가이드라인인 〈AP 스타일북〉이다. 책 형태로 거의 매년 개정판이 발간되는데, 이슈나 시대적인 맥락에 맞게 새로운 가이드가 추가되기도 하고 용법에 대한 방침이 달라지기도 한다. 언론계 안팎에서 제기된 용어에 대한 치열한 토론을 반영하기도 하고, 발간 후에도 토론은 이어진다.

언론사 차원에서도 이슈가 되는 단어에 대한 사용 정책을 두고 논의와 개정이 활발하게 이뤄진다. 〈NPR〉에서는 2010년 엘리시아 셰파드(Alicia Shepard) 당시 퍼블릭 에디터가 ≪낙태 논쟁에서 단어들은 중요하다≫라는 제목으로 다음과 같은 글[231]을 실었다. 어느 일방의 가치 판단이 담긴 용어가 아닌, 정확하고 중립적인 용어를 사용하기 위해서다. 이제 〈NPR〉은 이민, 헬스케어, 낙태 이슈를 토론할 때 '미등록', '오바마 케어', '프로-라이프' 같은 단어를 피하고 있다.

---

231 Alicia C. Shepard(2010). In the Abortion Debate, Words Matter. NPR,
https://www.npr.org/sections/publiceditor/2010/03/18/114576700/in-the-abortion-debate-words-matter

마르타 해밀턴(Martha Hamilton)은 〈NPR〉 기자들이 낙태에 반대하는 정치인들을 '프로─라이프'로 묘사하는 것을 들을 때마다 움찔한다.

"저는 '프로 라이프' 유권자입니다." 워싱턴DC의 해밀턴이 말했다. "예를 들어 저는 사형 집행을 찬성하는 사람보다는 반대하는 누군가에게 투표할 겁니다. 하지만 제 입장을 '사형 집행에 반대한다'고 묘사하는 것이 더 낫고 정확한 묘사일 것입니다. 제가 그 기자들이 이야기하는 사람은 아닐 거라고 꽤나 확신합니다."

이제 낙태가 의료보험 개편과 연결돼 뉴스에 정기적으로 등장하는 가운데, 해밀턴과 다른 청자들은 낙태를 지지하거나 반대하는 사람들을 묘사하기 위해 〈NPR〉이 사용하는 용어에 대해 문제를 삼고 있다.

— 중략 —

나는 〈NBC〉, 〈CBS〉, 〈CNN〉, 〈AP〉, 〈뉴욕타임스〉, 〈워싱턴포스트〉, 〈필라델피아 인콰이어러〉에 확인했는데, 그들 중 누구도 "프로─초이스"나 "프로─라이프"라는 용어들을 사용하지 않는다.

— 중략 —

〈NPR〉은 프로─초이스와 프로─라이프에 내재된 편향된 언어를 계속 사용하는 것보다는 반(反)낙태나 낙태 권리와 같은 더 중립적인 용어에 천착해야 한다.

〈NPR〉 매니징 에디터 데이비드 스위니(David Sweeny)는 현재의 언어 정책을 검토하고 그것이 업데이트돼야 하는지에 대한 결정을 금세 내릴 것이라고 말한다.

— 하략 —

'안목'이 기사를 빛낸다

미국 언론계는 왜 용어 하나에 그토록 진지하고 민감하게 반응할까? 정확한 용어를 쓰는 것이 독자들로 하여금 기사에서 다루는 사안을 정확하게 이해하는 것을 돕기 때문이다. 〈NPR〉 퍼블릭 에디터 엘리자베스 젠센(Elizabeth Jensen)은 용어 사용에 대해 이렇게 말한다.[232]

"〈NPR〉을 포함해 뉴스룸들이 이슈들을 토론하기 위해 쓰는 단어들에 대한 가이드라인을 만들 때 고려하는 수많은 원칙들이 있다. 하나(그리고 내 마음속에서는 이것이 가장 중요하다)는 사실에 부합해야 한다는 것인데, 이것은 그 당시 획득 가능한 사실들을 고려했을 때 최대한 정확하게 상황을 묘사한다는 것이다. 명확성은 관련된 목표다. 다른 것들 중에서도 이것은 모호한 단어와 완곡 어구들로 물을 흐리지 않는 것을 의미한다. 이것은 정치화돼 온 단어를 피하기 위한 열망과 뉴스룸이 취재를 한다고 보는 사람들을 존중하기 위한 것이기도 하다."

232   Elizabeth Jensen(2019). Reviewing NPR's Language For Covering Abortion. NPR, https://www.npr.org/sections/publiceditor/2019/05/29/728069483/reviewing-nprs-language-for-covering-abortion

GREAT
STORYTELLERS

PART 07

취재원과
'선'을
그어라

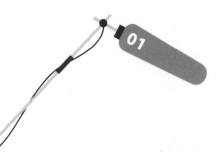

취재할 때 기자임을 드러내라

　한국 언론계에서는 기자가 신분을 제대로 밝히지 않고 첩보 작전처럼 정보를 얻어낸 무용담이 종종 회자된다. 방법이야 어찌 됐건 간에 기삿거리를 가져온 기자들은 기지나 취재력이 있다고 평가받기도 한다. 적지 않은 기자들이 취재 중임을 투명하게 밝히는 것을 현실적으로 어려운 것으로 여긴다. 언론에는 기자가 신분을 숨긴 채 무언가를 몰래 취재하거나 누군가의 발언을 녹취한 내용이 빈번하게 보도된다. 이 같은 취재 관행을 문제 삼는 경우는 보기 드물다.

　미국 기자들도 수십 년 전에는 신분을 숨기고 취재를 하곤 했다. 여기에 선을 그은 게 1992년 〈ABC〉 뉴스 사례다. 당시 〈ABC〉 기자는 신분을 숨기고 '푸드 라이온(Food Lion)'이라는 업체에 취직해 회사가 부패한 고기를 재가공해 판매하는 것을 취재 보도했다. 푸드 라이온은 소송을 걸었고, 법원은 기자가 입사 당시 허위정보를 기재한 것과 직원으로서 고기 재가공 임무를 수행하지 않은 것에 대해서는 유죄를 인정했다고 한다.[233] 〈ABC〉는 고작 2달러의 손해배상만 하라는 판결을 받았지만, 이는 신분을 속이고 하는 취재가 줄어드는 데 영향을 미쳤다고 한다.[234]

오늘날 미국에서는 기자라는 신분을 숨기고 정보를 얻어냈다는 이야기를 듣기도 어려울뿐더러 자랑스러운 일화로 회자되지도 않는다. 신분을 숨긴 취재는 불가피한 사유가 있을 때에 한한 특수한 범주로 취급되고, 당연시되지 않는다. 취재는 투명하게 하는 게 원칙이다. 비밀 취재는 사생활 침해를 비롯한 법적인 문제를 일으킬 수 있는데, 단순히 법을 지키자는 차원만은 아니다. 기사가 독자들에게 신뢰를 얻기 위해서는 취재 방식도 진실돼야 한다는 것이 중론이다.

미국 온라인뉴스협회는 투명한 취재의 중요성을 이렇게 말한다.[235]

"우리가 누군지에 대해 덜 진실하다면 진실을 이야기하는 데에 있어서 우리의 업무가 어떻게 가장 높은 기준을 유지할 수 있는가? 대부분의 언론매체들은 기자들이 일상적인 뉴스 취재에 있어서 신분과 소속 매체를 밝혀야 한다는 점에 일반적으로 동의한다. 인터뷰하는 사람을 호도하거나 속이거나, 뉴스를 얻기 위해 속임수를 쓰는 것은 부적합하다."

기자라는 신분을 밝히는 것은 순기능만 있는 것은 아니다. 기자가 항상 본

---

233 Clara Jeffery(2016). Why We Sent a Reporter to Work as a Private Prison Guard. Mother Jones, https://www.motherjones.com/politics/2016/06/cca-private-prisons-investigative-journalism-editors-note/

234 Clara Jeffery(2016). Why We Sent a Reporter to Work as a Private Prison Guard. Mother Jones, https://www.motherjones.com/politics/2016/06/cca-private-prisons-investigative-journalism-editors-note/

235 Concealing your identity as a journalist, Online News Association, https://ethics.journalists.org/topics/concealing-your-identity-as-a-journalist/

인이 취재 중인 기자임을 밝힌다면 취재를 거절당할 수도 있고, 취재를 수락받는다고 하더라도 각색된 현장과 인터뷰만 얻을 가능성도 있다. 투명한 취재는 특정 보도를 통해 당장 얻을 수 있는 눈앞의 이득보다는, 언론의 신뢰와 진실성이라는 보다 큰 가치를 지켜나가기 위한 원칙에 대한 것이다.

미국 기자들도 있는 그대로의 현실을 취재하기 위해 최선을 다한다. 기자로서 공식적인 요청을 통해 접근이 어려운 사안은 직접 현장에 들어가 취재하며 날것 그대로의 상황을 전하기도 한다. 하지만 그런다고 하더라도 기자라는 신분을 숨기지는 않는다. 이때 운 좋게도 고용주 상대방이 구직 당사자의 경력에 별 관심을 두지 않는 상황이 왕왕 발생한다. 이 경우 굳이 기자임을 줄기차게 알릴 필요는 없지만 최소한 이력을 속이는 일은 하지 않으며, 취재를 어떤 과정으로 했는지 기사를 통해 명시적으로 밝힌다. 기자가 취재원을 속이지 않았으며 진실한 방법을 통해 취재를 했으니 신뢰받을 가치가 있다는 것을 독자들에게 명확히 하는 것이다.

〈마더 존스〉 기사[236]를 보자. 기자가 창고 노동자로 일해본 뒤 열악한 근무 상황을 고발하는 내용이다. 기자는 자신의 실명과 근로 이력을 제공했음에도 불구하고 고용주가 '수감 경험'에만 관심을 가져서 그곳에서 일할 수 있었음을 독자들에게 투명하게 공개하고 있다.

---

236   Mac McClelland(2012). I Was a Warehouse Wage Slave. Mother Jones,
https://www.motherjones.com/politics/2012/02/mac-mcclelland-free-online-shipping-warehouses-labor/

– 앞부분 생략 –

에디터들이 나를 불러 앉혔다. "Amalgamated Product Giant Shipping Worldwide Inc.에 가서 일하길 바랍니다"라고 그들은 말했다. 나는 지원할 때 실명과 근로 이력을 제공해야 했고, 세부적인 내용에 대한 질문을 받는다면 거짓말할 수 없었다(그렇게 하지 않았다). 하지만 그 회사 자체와 사람들에 대한 세부적인 것을 밝히는 것은 자국을 남길 것이었다. 어쨌거나 그렇게 하지 않으면 사람들에게 이런 환경이 단지 하나의 공장이나 하나의 회사에만 적용된다는 인상을 주게 될 것이었다. 그렇지 않은데 말이다.

그래서 만약 누군가가 내게 왜 그 일을 원하느냐고 묻는다면 지원 과정에서 중도 탈락할 것 같아 조바심이 났다. 그런데 누구도 그렇게 하지 않았다. 내가 공장에서의 경험을 공론화하는 것에 약간 신이 났음에도 불구하고 고용되기 위해 필요했던 것은 내가 감옥에 간 적이 없다는 것을 20번 혹은 30번 확인해야 했다는 것이다.

지원 절차는 시내에 표지판들이 붙은 상점들과 깨진 유리창들, 지역 변호사 사무실에 "금요일에는 담보!"와 같은 광고 문구가 적힌 빌보드들이 있는 황폐한 도시에 위치한 인사 사무실에서 발생했다. 다른 사람 6,7명이 나와 함께 일자리에 지원했다. 우리는 몇 구역으로 묶인 컴퓨터로 질문에 답했다. 나는 감옥에 간 적이 있는가? 그 시스템이 묻는다. 아니다? 음, 그러면 폭력으로 감옥에 가본 적이 있는가? 도둑질? 중범죄? 경범죄? 강간? 살인? 정말 확실한가? 컴퓨터는 내가 거짓말을 하지 않는다는 것을 원했는데, 직원들의 전과 기록을 조회하기 때문이다. 추가적으로 나는 다음 컴퓨터 구역에서 마이클 잭슨의 '스릴러'를 포함한 몇 가지 앨범 커버들을 부여 받고 마이클 잭슨의 앨범 이름

취재원과 '선'을 그어라

이 뭔지 질문 받는 다선형 시험을 통해 내가 글을 읽을 수 있다는 것을 증명해야 했다. 또 다른 컴퓨터 그룹에서는 내 근로 이력과 성격을 물었다. 위험한 활동을 어떻게 느끼는가?

– 하략 –

또 다른 〈마더 존스〉 기사[237]를 보자. 《사설 교도소 간수로서 보낸 4개월》이라는 제목으로, 기자가 사설 교도소 간수로 일하면서 그곳의 현실에 대해 쓴 기사다. 기자는 이때도 실명과 근로 이력을 숨기지 않았다. 아울러 그곳 취재가 왜 중요했으며, 직접 간수로 일하지 않는다면 취재에 어떤 제약이 있는지, 어떻게 취재를 했는지에 대해 독자들에게 투명하게 설명한다. 편집국장 클라라 제프리(Clara Jeffery)는 별도의 글을 통해 기자가 교도소에서 일할 때 실명과 본인의 사회보장번호를 쓰고, 고용이력에 〈마더 존스〉 발행인 이름을 기재했다는 점을 전했다.[238] 또 기자가 직접 교도소에서 일을 한 이유로 "최근 교도소와 감옥에 대한 접근성이 대단히 축소됐는데, 그 안에서 무엇이 정말로 발생하는지 알 수 있는 다른 방법이 없었기 때문"이라고 말했다.

237   Shane Bauer(2016). My four months as a private prison guard. Mother Jones, https://www.motherjones.com/politics/2016/06/cca-private-prisons-corrections-corporation-inmates-investigation-bauer/

238   Clara Jeffery(2016). Why We Sent a Reporter to Work as a Private Prison Guard. Mother Jones, https://www.motherjones.com/politics/2016/06/cca-private-prisons-investigative-journalism-editors-note/

- 앞부분 생략 -

전국에서 죄수 160만 명을 수용하고 있는 사설 교도소 13만 1,000개를 가진 산업의 내부 운영을 보고 싶었기 때문에 일자리에 지원하기 시작했다. 기자로서 형사 시스템 내부를 제한 없이 보는 것은 거의 불가능하다. 감옥들은 통상 기자들을 들여보낼 때 신중하게 관리된 투어를 하고 수감자들과 감시된 인터뷰를 하게 한다. 사설 교도소들은 특히 비밀스럽다. 그들의 기록은 종종 대중의 접근을 보장하는 법이 적용되지 않는다. Corrections Corporation of America(CCA)는 사설 교도소들이 공공 교도소와 동일한 공개 규칙의 적용 대상이 되도록 하는 법안 제정을 저지해왔다. 설령 사설 교도소의 수감자들로부터 검열 받지 않은 정보를 얻더라도 어떻게 그들의 주장을 확인할 것인가? 계속 이와 같은 질문으로 돌아왔다. 사설 교도소 내부에 정말로 무엇이 발생하는지 볼 수 있는 다른 어떤 길이 있는가?

CCA는 자신들의 팀에 합류할 기회를 정말로 주고 싶어 하는 것으로 보였다. 내 실명과 개인 정보를 사용해 2주간 온라인 지원서를 제출한 뒤 몇몇 CCA 감옥들이 연락을 해왔고, 일부는 수차례 연락을 했다.

그들은 이력서의 세부적인 내용에는 관심이 없었다. 그들은 내 근무 이력이나 〈마더 존스〉의 발행인인 '전국 진보 재단'이라는 현 고용주에 대해, 또는 왜 캘리포니아의 범죄 정의에 대해 글을 쓰는 사람이 교도소에서 일하기 위해 전국을 이동하려 하는지 묻지 않았다. 그들은 심지어 내가 19살에 가게 물건을 훔치다가 체포된 시절에 대해서도 묻지 않았다.

내가 루이지애나에 있는 윈 교정센터에 전화했을 때, 답을 한 인사담당 여직원은 쾌활하고 스모키한 남부 목소리였다.

취재원과 '선'을 그어라

"이 일자리는 시급이 9달러에 불과하다고 솔직하게 얘기해야겠네요. 하지만 교도소는 국립 숲의 중간에 있습니다. 사냥과 낚시를 좋아하나요?"

"낚시를 좋아합니다."

"음, 낚시할 곳이 많이 있지요. 이 주변에 있는 사람들은 다람쥐 사냥을 좋아해요. 다람쥐 사냥을 해본 적 있나요?"

"아니요."

"음, 당신은 루이지애나를 좋아할 거예요. 돈을 많이 주진 않는다는 걸 알지만, 단지 7년 만에 CO에서 교도소장으로 갈 수 있어요. 회사의 CEO도 CO로 시작했어요." – 교정관(a corrections officer, CO).

– 하략 –

미국 언론사들은 취재를 투명하게 한다는 원칙을 가이드라인을 통해 구체적으로 천명하고 있다. 이를테면 〈뉴욕타임스〉 윤리 강령을 담은 핸드북은 다음과 같이 밝힌다.[239]

"직원들은 취재원에게 자신의 정체성을 (대면이든 다른 상황에서든) 밝혀야 한다. 물론 일반적으로 대중에게 공개돼 있는 정보를 찾을 때 항상 기자임을 알릴 필요는 없다. 직원들은 기자로 일할 때 경찰관, 법조인, 기업인 또는 다른 누구로도 가장해서는 안 된다(희소한 상황에서, 기자를 금지하는 국가에 들어가려고 할 때 특파원들은 모호함에 숨어 사업 목적 혹은 여행자로서 여행하면서 자기 자신을 드러낼 수

---

239 The New York Times(2019). Ethical Journalism. The New York Times,
https://www.nytimes.com/editorial-standards/ethical-journalism.html#

탁월한 스토리텔러들

있다). 극장, 음악, 예술 비평가와 대중에게 제공되는 제품이나 서비스를 리뷰하는 다른 필진은 자신들이 가진 〈뉴욕타임스〉와의 연결고리를 숨길 수 있지만 일반적으로 거짓 정체성이나 소속을 주장해서는 안 된다. 예외적으로 레스토랑 비평가들은 자신들의 신원을 보호하기 위해 거짓 이름으로 예약을 할 수 있다. 레스토랑 비평가와 여행 필진은 특별대우의 가능성을 지우기 위해 〈뉴욕타임스〉 소속을 숨겨야 한다."

기자들의 경험은 신분을 밝히고 취재를 투명하게 한다고 해서 반드시 제대로 된 취재가 어려워지는 게 아님을 보여준다. 〈프로퍼블리카〉의 멜리사 산체스(Melissa Sanchez) 기자는 "저널리즘이 당신에게 가르쳐준 가장 큰 교훈이 무엇이냐"는 질문에 이렇게 답했다.[240]

"당신이 하는 일과 목적에 대해 최대한 직설적이고 정직해지는 것이다. 왜냐하면 사람들은 당신이 솔직하다고 생각할 때 입을 열고 자신들의 이야기를 해줄 것이기 때문이다. 많은 사람들은 자신들의 이야기를 하길 정말로 원한다."

---

240   Andrea Salcedo(2017). ProPublica Illinois Q&A: Meet Reporter Melissa Sanchez. ProPublica, https://www.propublica.org/article/propublica-illinois-q-and-a-melissa-sanchez

멀리서 취재 대상을 살펴보라

동행 취재를 미국에서는 '라이드얼롱(ride-along)' 혹은 '섀도잉(shadowing)'이라고 부른다. 전자는 누군가를 따라다니면서 취재하는 보다 역동적인 뉘앙스에 가깝다면, 섀도잉은 가급적 개입하지 않고 그림자처럼 뒤따라가는 느낌에 가깝다. 어떤 형식이든 동행 취재는 다큐멘터리 제작자들 사이에서 언급돼 온 개념인 '벽에 붙은 파리'에 비유된다. 파리가 벽에 붙어 대상을 관찰하듯이 대상에게 무언가를 묻기보다는 개입을 최소화하며 조용히 관찰한다는 것이다.

동행 취재를 하는 이유는 대상을 입체적으로 조명할 수 있기 때문이다. 단순히 취재원이 기자에게 이야기해주는 것뿐 아니라 주변 사람과의 소통, 감정, 장면, 색채, 소리 등을 보다 넓은 맥락에서 볼 수 있다. 책상 앞에 앉아서 인터뷰하는 것보다는 온종일 동행하는 것이 취재원으로 하여금 심리적인 방어막을 비교적 낮춘 상태로 무언가를 이야기하게 하는 방법이기도 하다. 기자는 이를 통해 목격하는 흥미로운 장면을 바탕으로 더 큰 스토리를 전개할 수 있다. 그러니 단지 인터뷰나 장면 묘사에 그치지 않고 현장을 따라다니며 동행 취재를 하는 것이다.

동행 취재는 주로 경찰이나 군인 등 정부 공직자들의 근무 현장을 엿볼 때 실시하곤 하는데, 꽤나 고난이도라는 평가를 받는다. 취재 과정에서 기자가 빠질 수 있는 함정이 있기 때문이다. 취재원과 피상적으로나마 유대감을 형성해 상대방을 기분 좋게 만드는 기사를 쓰고 싶어질 수 있고, 취재원을 더욱 믿게 될 수도 있다. 취재원 역시 기자가 있다는 이유로 평소와는 다르게 행동할 수 있다. 대표적인 상황이 주로 전쟁 중에 군부대에 파견돼 취재하는 것을 지칭하는 '임베드(Embed)'다. 컬럼비아 저널리즘 스쿨 교수 니나 버만(Nina Berman)은 임베드의 함정을 이렇게 설명한다.[241]

"모든 임베드들은 경찰 당국, 정치인, 또는 군대와 함께하든 간에 어떤 수준에서의 공연들이다. 기자들은 그 쇼에 참여하는 것에 동의하면서, 참여자들이 각본에서 벗어난 모습을 포착하기 위해 최선을 다하며 이야기하는 미묘한 게임을 해야 한다."

이것은 군부대에만 해당되는 것이 아니다. 기자가 취재를 위해 동행하고 있음을 아는 취재원들은 카메라를 인식하듯이 기자의 존재를 인식한다. 어떤 형태로든 '쇼'를 하려고 할 수 있다. 동행취재는 그 와중에서도 진실을 최대한 있는 그대로 반영해야 하는 과제를 안고 있다.

---

241 Nina Berman(2015). On Photographing the police: The pros and cons of the embed. Columbia Journalism Review,
https://www.cjr.org/analysis/on_photographing_the_police_the_pros_and_cons_of_the_embed.php

미국 언론에서는 동행 취재의 함정을 피하기 위해 어떤 시도를 할까? 〈뉴욕타임스〉가 미국 이민세관단속국의 이민자 체포 현장을 동행 취재한 기사[242]를 보자. 트럼프 행정부가 들어선 뒤 불법 체류자 단속이 강화된 가운데 단속 현장을 동행하며 쓴 것이다. 공무원들과 이민자들은 '불법체류 이민자 단속'이라는 상황에 있어서 대척점에 있다. 〈뉴욕타임스〉는 기자들을 두 팀으로 나눠서 양 당사자를 각각 취재하도록 했다. 이민세관단속국 직원들을 취재하는 팀과, 그 뒤에서 따라가면서 체포된 사람들의 가족을 취재하는 팀으로 나눠서 동행한 것이다. 기자 한 명이 어느 일방을 동행 취재하는 것보다 함정에 빠질 가능성이 적지 않은가?

동이 튼 직후, 단속직원의 대열이 총을 겨누며 피델 델가도(Fidel Delgado)의 집 바깥문으로 다가섰다. 한 명은 소총을 들고 있었다. 델가도 씨는 집에서 웃통을 벗은 채로 나와서 혼란스럽게 쳐다봤다.

"뭐가 필요하시죠?(스페인어로)" 그가 물었다.

약 20분 뒤 10마일 떨어진 곳에서, 안셀모 모란 루세로(Anselmo Moran Lucero)는 왜 공무원들이 와야 했는지를 정확히 감지했다. 그는 전날 밤 집에 돌아오면서 그들을 발견했고 트럭을 다시 돌렸다. 그런데 경찰차 표시가 돼 있지 않은 SUV가 그 앞에 차를 세웠고, 다른 차

242 Jennifer Medina and Miriam Jordan(2017). A Broader Sweep. The New York Times, https://www.nytimes.com/interactive/2017/07/21/us/immigration-enforcement-california-trump.html

탁월한 스토리텔러들

는 그의 탈출을 막아서며 뒤에서 불빛을 비췄다.

그들은 그의 이름을 물었다. 그들은 마치 그가 왜 체포되는지 알고 있는 것처럼 물었다. 루세로 씨는 고개를 끄덕였다.

매일 미국 전역에서는 동이 트기 전부터 밤늦게까지 델가도 씨와 루세로 씨 같은 사람들이 트럼프 대통령의 불법 이민 단속의 전방부대인 이민세관단속국 직원들로부터 체포를 당하고 있다.

– 중략 –

동이 살금살금 트면서 공무원들은 델가도 씨의 집에서 몇 야드 떨어져 있는 언덕에 모였다. 하지만 델가도 씨가 아니라 그의 아들 마리아노 때문이었다.

24세 마리아노 델가도는 음주운전으로 기소된 이후 2011년 멕시코로 돌아갔다. 미국에 불법 입국한 이후, 그는 총기를 동반한 폭력으로 네 번 체포됐다.

그와 같은 이민자들은 "범죄자 외국인들"로 불리고, 누구도 추적하기가 사실상 불가능한 수많은 사람들이 캘리포니아 남부에 있다고 마린(Marin) 씨는 말했다. 하지만 트럼프 대통령하에서 단속공무원들은 심각한 범죄전과가 없는 불법체류 외국인 역시 체포할 것을 권유 받았는데, 이런 이민자들을 대부분 내버려두는 오바마 정부의 정책을 끝내는 것이었다.

– 하략 –

누가 누구와 동행취재를 하건 간에 기자도 사람인 만큼 '동행취재의 함정'을 피하기가 어렵다. 이 때문에 기자들은 취재를 할 때 시스템적으로 편향성을 차단하기 위해 다방면으로 노력을 한다. 팀을 나눠서 취재할 여건이나 상황이 아니라면, 동행하는 취재 대상의 주변 사람들을 광범위하게 취재해서라도 제삼자의 목소리를 들어보고 다른 시각을 확보한다. 취재원을 밀착 취재할 기회를 얻었더라도 당사자 측만을 취재하지 않고 다른 쪽을 광범위하게 취재한다는 것이다.

〈뉴욕타임스〉는 마이클 블룸버그가 뉴욕시장으로 재임할 당시 대중교통 이용을 권장하며 지하철을 타는 것에 대한 기사[243]를 쓴 적이 있다. 블룸버그는 출마 캠페인을 할 때부터 대중교통 이용을 권장해왔으며, 시장이 된 후에는 기자들이 자신을 동행취재 할 수 있도록 초대해왔다. 〈뉴욕타임스〉는 5주 동안 동행취재 하고 기사를 썼는데, 당사자를 동행하고 시장실 대변인의 설명을 듣는 것을 넘어서 인근 지하철역의 신문 판매상과 교통 당국 측의 이야기까지 들었다. 취재원이 언론에 공개하길 원하는 모습만 전하지 않고, 보다 폭넓은 범위에서 취재한 것이다.

243   Michael M. Grynbaum(2007). Mayor Takes the Subway - by Way of S.U.V. The New York Times, https://www.nytimes.com/2007/08/01/nyregion/01bloomberg.html

탁월한 스토리텔러들

그는 자신이 지하철을 "실제로 매일" 탄다고 자랑하는 대중교통의 가장 목소리 큰 치어리더다. 그는 붐비는 열차들에 대해 불평하는 주민들에게는 "정신 차리라고" 말했고, 뉴요커들에게 그의 환경 친화적인 예시를 따를 것을 지속적으로 권유해왔다.

하지만 마이클 블룸버그 시장의 통근은 당신처럼 손잡이 끈을 잡고 선 사람의 평범한 모습이 아니다.

블룸버그가 집에서 지하철을 타는 아침들이면 킹사이즈 쉐보레 서버번 두 대가 어퍼이스트사이드에 있는 타운하우스에서 그를 태운다. 그는 시청으로 가는 급행열차를 탈 수 있는 59번가와 렉싱턴 가 지하철역까지 22블록을 차를 타고 간다. 그의 운전사들은 도보 5분 거리에 있는 지역 지하철역인 이웃 역을 빠르게 지나간다.

이는 지하철 탑승에 대해 자주 거론되어 지워지지 않는 공적인 이미지를 가진 마이클 블룸버그가, 표면적으로 지하 통근의 4분의 1을 S.U.V.에서 보낸다는 것이다.

"저는 그를 본 적이 없어요." 시장의 집에서 네 블록 떨어진, 가장 가까운 77번가 역의 다운타운 출입구에서 매일 아침 신문을 파는 나멜라 호수르(Namela Hossour)가 말했다. "결코, 절대요."

시장의 총괄 대변인 스투 로에서(Stu Loeser)는 블룸버그가 급행열차까지 차를 타고 가는 게 평균적인 맨해튼 지하철 탑승자와 거리감이 있는 게 아니냐는 인터뷰 질문을 어제 받았다. 로에서는 답했다. "누가 평균적인 맨해튼 지하철 탑승자인가요? 저는 그게 답변 가능한 질문이 아니라고 생각합니다. 시장은 다른 사람들과 같이 지하철을 탑니다. 카드를 긁고 플랫폼에 서고 기차가 올 때까지 기다리면서요."

메트로폴리탄 교통 당국 대변인은 맨해튼 거주민이 지하철까지 차로

취재원과 '선'을 그어라

배웅을 받는 것이 얼마나 흔한 일인지에 대한 질문을 받았을 때 웃었다. "맨해튼 어디로부터 지하철역까지 운전하겠어요? 그건 꽤나 미친 일일 거예요." 대변인 제레미 소핀(Jeremy Soffin)이 말했다. 그는 시장의 아침 루틴에 대해 듣고 "대부분의 사람들에겐 운전기사들이 없다"고 덧붙였다.

그리고 대부분의 사람들에겐 블룸버그가 5주 동안 했던 것처럼 자신들의 동선을 관찰하는 〈뉴욕타임스〉 기자들이 없다. 대부분의 아침에 두 대의 서버번들이 그의 이스트 79번가 타운 하우스 바깥에서 기다릴 때, 종종 떠날 준비를 하기 전까지 엔진들이 가동되지 않고 창문들이 올라가 있었다. 블룸버그가 나타나 기다리고 있는 차량 중 하나로 들어갈 때는 정복을 입은 경찰들과 시장의 보안요원들이 출입구 옆에 있었다.

— 하략 —

동행취재에 참여하는 당사자들은 각자의 목적이 있다. 기자는 현장을 보겠다는 목적이 있고, 취재원도 아무런 목적 없이 현장 동행을 허락해줄 리가 없다. 미국 기자들이 시스템적으로 취재원과 거리를 두며 취재하는 것은 그런 이유다. 『News Reporting & Writing』(Brooks, Horvit, & Moen, 2020)은 말한다.[244]

"당신을 활용하려는 취재원들의 노력을 주의하라. 기자가 취재 대상으로부터 유지해야 할 중요한 거리를 잃을 수 있다. 그것이 발생할 때, 당신은 관

---

244 The Missouri Group(2019). News Reporting & Writing. Bedford/St. Martin's; 13 edition, p.283.

찰자보다는 참여자로서 생각하기 시작한다. 독자보다는 취재원을 위해 취재를 시작한다. 이것이 진짜 위험한 것이다."

취재원과 '선'을 그어라

이해관계를 체크하라

한국 언론계에서는 기자가 개인적인 배경으로 인해 특정 분야에 아는 사람이 많다면 취재에 우위가 있다고 생각하는 경우가 많다. 이를테면 경찰대를 나온 기자는 경찰을 취재하는 데 이점이 많고, 의대를 나온 기자는 인맥을 통해 의사 취재를 잘 할 거라는 식이다. 어떤 분야에 아는 사람이 많으면 정보를 쉽게 얻는 것도 사실이지만, 미국 기자들은 이를 다르게 접근한다. 개인적으로 친분이 있는 사람을 취재하는 것은 이해의 충돌에 해당하기 때문에 기사를 쓰는 것이 부적절하며, 정 취재를 해야 한다면 다른 기자가 해당 취재를 맡아야 한다는 것이다.

취재원을 알게 되는 것과 지인을 취재원으로 삼는 것은 다르다. 미국 언론계는 기자가 사적인 이해관계가 있는 사람을 취재·보도하는 것이 윤리에 어긋난다고 여긴다. 보도의 객관성과 공정성을 시스템적으로 지키기 위해서다. 미국기자협회 윤리규약은 기자들이 실재하든 인식되는 것이든 이해의 충돌을 피하고, 피할 수 없는 충돌은 공개해야 한다고 밝힌다. 『News Reporting & Writing』(Brooks, Horvit, & Moen, 2020)은 "우정은 정보의 흐름에 있어서 가장 큰 걸림돌"이라며 이렇게 말했다.[245]

"누구도 우정이 더 많은 기사들이 보도되게 하는지 사장되게 하는지를 알지 못한다. 어느 쪽이든 이것은 강력한 이해의 충돌을 야기한다. 당신이 개인적인 친분이 있는 사람을 동반하는 기사를 배정받았다면 관리자에게 그 과제를 다른 누군가에게 주도록 요청하라."

미국 언론사에서 이해의 충돌 문제는 가이드라인으로도 명시돼 있지만, 애매한 경우엔 에디터와의 논의를 통해 결정된다. 에디터는 기자와 직접적인 이해관계가 있는 사람이 기사에 소개되는 것을 대개 용납하지 않는다. 기사가 취재원에게 특별한 혜택을 가져다주지 않더라도 말이다. 예외적인 이유로 지인을 기사에 등장시키게 된다면 독자에게 이를 투명하게 밝히게 한다.

물론 기자와 사적인 관계가 있는 사람이 기사에 별다른 설명 없이 등장하는 일도 있다. 하지만 언론사들은 이를 뒤늦게라도 바로잡고 독자들에게 알린다. 일례로 〈뉴욕타임스〉에서 발간한 '셀프카메라'와 관련된 트렌드 기사[246]엔 발간 4일 뒤 다음과 같은 주석이 달렸다.

"이 기사의 이전 버전은 자신의 아내가 아닌 여성으로부터 친밀한 셀프 사진을 받은 기혼 남성에 대한 일화가 포함되었습니다. 그 기사는 그 셀프 사

---

245 The Missouri Group(2019). News Reporting & Writing. Bedford/St. Martin's; 13 edition, p.451.

246 Laren Stover(2018). The Selfie That Dares to Go There. The New York Times, https://www.nytimes.com/2018/07/07/style/vagina-selfies.html

진에 대한 다른 사람들의 코멘트들도 포함했습니다. 에디터들은 기사가 발간될 때까지 그 기혼 남성이 기자의 남편인지 인식하지 못하고 있었습니다. 만약 에디터들이 그 관계를 알았더라면 해당 일화는 포함되지 않았거나 다르게 묘사됐을 겁니다. 이제 그 부분은 이 기사에서 제거됐습니다."

이해의 충돌은 다양한 방식으로 발생한다. 〈뉴욕타임스 매거진〉에 실린 기사[247]를 보자. 프리랜서 기자 로라 아릴라가–안드리센(Laura Arrillaga–Andreessen)이 쓴 것으로 ≪세상을 바꾸고 있는 5명의 선견지명 있는 사업가들≫이라는 제목으로 기업가들을 소개하고 있다. 기사에 소개된 기업가 중에는 에어비앤비 창업자 브라이언 체스키(Brian Chesky)도 있다.

기사가 발간된 뒤, 한 독자는 기자가 에어비앤비의 투자자인 마크(Marc) 안드리센의 부인이라며 문제를 제기했다고 한다. 독자는 "기사가 에어비앤비에 대해 무비판적인 홍보를 하고 있는데 독자들이 기자와의 이해관계를 알아야 하지 않느냐"고 지적했다.[248] 결국 기사에서 에어비앤비를 언급하는 대목에는 "작성자의 남편 마크 안드리센은 에어비앤비의 투자자인 벤처캐피털 회사 안드리센 호로위츠(Andreessen Horowitz)의 공동 창업자다"라는 문구가 추가됐다.

---

247   Laura Arrillaga-Andreessen(2015). Five Visionary Tech Entrepreneurs Who Are Changing the World. The New York Times Magazine,
https://www.nytimes.com/interactive/2015/10/12/t-magazine/elizabeth-holmes-tech-visionaries-brian-chesky.html

248   Margaret Sullivan(2015). Conflict of Interest in T Magazine's Tech Article. The New York Times,
https://publiceditor.blogs.nytimes.com/2015/10/29/conflict-of-interest-in-t-magazines-tech-article/

– 앞부분 생략 –

누가 호텔방 대신 낯선 사람의 집에 머물 것인가? 에어비앤비 덕분에 5,000만 명이 그럴 것으로 나타났다. 집이나 방 한 칸을 빌려주려고 하는 '호스트들'과 여행자들을 디지털로 연결해주는 이 회사는 7년간 글로벌 여행 비즈니스를 변화시켰고 최근 투자 회차에서 255억 원의 평가 가치를 얻었다(공개: 작성자의 남편 마크 안드리센은 에어비앤비의 투자자인 벤처캐피털 회사 안드리센 호로위츠의 공동 창업자다). 그 조타수는 혈기가 넘치는 34세 브라이언 체스키인데, 공동 창업자 조 게비아(Joe Gebbia)와 함께 샌프란시스코에 살면서 추가적인 현금이 필요할 때 사업을 구상했다. "우리는 그 도시를 여행하는 손님들에게 3개의 에어 매트리스를 대여했어요." 체스키가 말한다. "호스팅을 시작한 뒤부터 우리는 멈추고 싶지 않았어요. 즉각적으로 세계와 더 연결됐다는 것을 느꼈어요. 그리고 그 첫 주말에 만약 다른 사람들이 우리처럼 느낀다면 이 아이디어는 유행할 거라고 생각했지요."

실제로 에어비앤비의 "손님들"은 비용 절감만큼이나 진짜 여행을 경험하는 것이 중요하다고 종종 말한다. (목록은 광범위하게 다양하지만 회사의 가장 큰 시장인 파리 같은 도시에서는 침실이 하나인 아파트에 하루 머무는 평균 가격은 115달러다.) 반대로 중산층 임금이 하락하는 시기에 '호스트들'은 자신들의 집을 추가적인 수익으로 여길 수 있다. 최근 에어비앤비 연구는 전형적인 '호스트'가 이 사이트를 이용함으로 인해 연 소득이 14% 상승한 것을 발견했다.

– 하략 –

취재원과 '선'을 그어라

이해의 충돌은 멘트가 인용되는 취재원들에게도 적용된다. 〈뉴욕타임스〉는 산업 담당 기자들이 기사에서 다루는 사안과 개인적인 이해관계가 있는 애널리스트들의 멘트를 인용할 때 그것을 공개하도록 하고 있다. 물론 취재원에 있어서는 이해관계를 확인하거나 검증하기가 쉽지 않다. 취재원이 특정 사안에 어떤 개인적인 이해관계가 있는지 자발적으로 말하지 않는 경우가 많은 만큼, 기자들이 의식적으로 물어봐야 한다. 기자들은 이를 종종 깜빡하곤 한다.

〈뉴욕타임스〉에 실린 기사[249]를 보자. 공항에서 폭탄을 터뜨리려고 한 승객을 둘러싼 내용으로, 전국 공항에 전신 스캐너가 설치됐어야 했다는 마이클 셰토프(Michael Chertoff) 전 국토안전부 장관의 멘트를 인용했다. 셰토프는 이 같은 장비를 만드는 회사의 컨설턴트였는데, 본인이 이를 인터뷰에서 밝히지 않았을 뿐 아니라 기자들도 묻지 않았다는 것이 뒤늦게 발견됐다고 한다. 셰토프는 자신은 이해관계를 질문 받으면 언제나 대답하지만, 먼저 이야기하는 것은 본인의 의무가 아니며 산업과의 연결고리를 물어야 하는 것은 기자라고 말했다.[250] 실제로 그는 〈NPR〉과 〈CNN〉에서 이해관계를 질문했을 때는 이야기했다고 한다. 〈뉴욕타임스〉 기사에는 셰토프가 장비 회사와 이해관계가 있다는 사실이 '에디터의 노트' 형식으로 추가됐다.

249　John Schwartz(2009). Debate Over Full-Body Scans vs. Invasion of Privacy Flares Anew After Incident. The New York Times,
https://www.nytimes.com/2009/12/30/us/30privacy.html

250　Clark Hoyt(2010). The Sources' Stake in the News. The New York Times,
https://www.nytimes.com/2010/01/17/opinion/17pubed.html

옷 안에 감춰진 물건을 드러내기 위한 기술은 존재하며, 많은 전문가들은 이 기술이 있었다면 지난주 디트로이트행 비행기에 실린 폭발물 꾸러미를 감지했을 것이라고 말했다. 하지만 이것이 지나치게 사생활을 침해한다고 말하는 사생활 옹호자들이 문제를 제기하며 보안의 한계에 대한 토론이 새롭게 대두되고 있다.

밀리미터–웨이브(millimeter-wave)와 백스캐터(backscatter) X–레이와 같은 이름의 검사 기술은 신체 윤곽을 보여주고 낯선 물체를 드러낸다. 이런 기계들은 잘 사용하면 대부분의 공항에서 사용하는 금속 탐지기를 뛰어넘으며, 이것을 옹호하는 사람들은 잠재적인 테러리스트들의 계획을 따라잡기 위해 이것들이 필요하다고 말한다.

"만약 이런 기술들이 적용됐다면 이러한 기기들을 집어냈을 겁니다." 전직 국토안보부 장관 마이클 셰토프가 인터뷰에서, 노스웨스트 항공 비행기를 폭파시키려 한 것으로 연방 당국이 이야기한 나이지리아인 남성의 속옷에 감춰진 화학물 꾸러미를 언급하며 말했다.

하지만 다른 사람들은 그 기술이 보안의 만병통치약이 아니며, 희미한 나체가 인터넷에 게시될 가능성을 포함한 사생활 침해 위험이 있기 때문에 그 용도는 신중하게 제어돼야 한다고 말한다.

– 중략 –

에디터의 노트: 10월 28일, 29일, 30일에 디트로이트행 비행기 폭발 시도를 다룬 기사들은 항공 보안을 위한 전신 스캐너 사용을 논의했습니다. 기사들은 스캐너들을 더 광범위하게 사용하는 것을 지지하는 쪽에 있어서 전직 국토안보부 장관인 마이클 셰토프를 인용했습니다. 셰토프 씨는 몇몇 최근 인터뷰에서 그 기기 제조사들이 자신의 컨설팅 회사 클라이언트임을 확인했습니다. 그 연결고리는 기사에 언급됐어야 했습니다.

〈뉴욕타임스〉 퍼블릭 에디터를 지낸 클락 호이트(Clark Hoyt)는 이렇게 말한다.[251]

"이상적인 전문가 취재원은 결과에 대한 이해관계가 없이 완전히 독립적이다. 하지만 현실에서 대부분의 잘 아는 취재원들은 종종 연관성을 갖고 있는데, 이것은 그들이 자신들이 아는 것을 아는 이유이기도 하다. 독자들은 그것을 알고, 정보의 신뢰성에 영향을 미칠 충돌이 있는지를 결정할 수 있어야 한다."

이해의 충돌 문제는 미묘하고 복잡해서 완벽하게 걸러내기가 쉽지 않다. 기사에 언급된 취재원이 어떤 사안과 관련해 가진 이해관계를 완벽하게 파악하고 피하기는 특히 어렵다. 그럼에도 불구하고 기자들과 에디터들은 이해의 충돌을 거르기 위해 최선을 다하고, 제대로 걸러지지 않았다면 뒤늦게라도 기사를 정정하거나 이해관계를 공개하는 등의 방식으로 바로잡는다. 사적인 이해관계가 있는 인물을 취재해 보도하는 것을 자연스럽거나 마땅히 여기지 않는다.

---

251 Clark Hoyt(2010). The Sources' Stake in the News. The New York Times,
https://www.nytimes.com/2010/01/17/opinion/17pubed.html

취재원과 친구 되지 말라

한국 언론계에서는 취재원과 끈끈한 관계를 형성하는 것을 당연시하고 권장하곤 한다. 취재원과 격의 없이 가까운 사이가 될수록 출입처를 잘 '장악한' 기자로 평가하며, "형님" "동생" 사이가 되는 것을 업무 수완이 좋은 것으로 여긴다. 취재원과 친분을 쌓는 게 마땅하니, 그들과 술을 마시며 밤을 새우면 업무를 위해 살신성인이라도 한 것처럼 인식하기도 한다.

미국 언론계에서는 기자가 취재원과 인간적인 우정을 쌓는 것을 비윤리적인 것으로 인식한다. 취재원이 자신을 친구로 인식하면 뿌듯해하기는커녕 정색하며 "착각 말라"고 이야기하는 기자도 있다. 철저한 나머지 야박해 보이지만, 그게 그들의 냉혹한 프로페셔널리즘이다.

기자들은 취재원과 아무리 가까워지더라도 관계에 선이 있음을 분명히 한다. 〈뉴욕타임스〉 셰릴 게이 스톨버그(Sheryl Gay Stolberg) 기자는 백악관 출입

당시 이렇게 말했다.[252]

"백악관을 취재한다는 것은 대통령의 보좌진과 가까운 구역에 산다는 것을 의미한다. 우리는 오래도록 비행기를 타면서 먼 곳으로 함께 여행한다. 그런 여행에서 종종 식사를 같이 하거나(항상 희망하는 것은 백악관 직원들이 매력적인 토막 뉴스를 발설하는 것인데, 그들은 거의 그러지 않는다) 또는 짧은 관광에 슬쩍 합류하곤 한다. 지난 5월 예루살렘에서 우리 중 일부는 올드 시티에서 짧게 도보 관광을 했다. 우리는 서로의 배우자들, 아이들, 심지어 개들까지 알게 됐다. [백악관의 공보비서 다나 페리노(Dana Perino)는 대통령이 케네벙크포트에 있는 부모를 방문할 때 종종 헨리(Henry)라는 이름의 온순한 개 비즐라를 데려왔다. 헨리는 종종 브리핑에 참석한다]. 따라서 그 관계에는 개인적인 측면이 있다. 하지만 관계의 기초에 대해서는 결코 의심의 여지가 없다. 사실, 그 관계가 존재하는 이유는 정말로 직업적인 이유다. 그렇기에 까다로운 질문을 하고 종종 대통령과 그의 보좌진이 좋아하지 않을 까다로운 기사들을 쓰는 것은 기자의 일이다. 종종 격렬한 논쟁이 발생한다. 대통령의 참모진은 그를 옹호하는 게 일이기 때문에 열심히 그렇게 한다. 하지만 끝내 워싱턴의 유서 깊은 관례는, 업무 시간에는 상충하다가 데드라인 이후에는 정중하거나 심지어 친절해질 수 있는 것이다."

기자들은 아무리 근거리에서 대상을 취재하더라도 관계에 분명한 선이 있음을 확실히 한다. 〈워싱턴포스트〉 기자 한나 드리에르(Hannah Dreier)는 타티아나 안굴로(Tatiana Angulo)라는 주인공에 대한 기사를 작성하기 위해 밀착 취

252　The New York Times(2008). Talk to the Newsroom: White House Correspondent. The New York Times, https://www.nytimes.com/2008/11/10/business/media/10askthetimes.html

탁월한 스토리텔러들

재할 때를 두고 이렇게 말했다.[253]

"나는 너무 많은 접근성을 주거나, 내가 친구마냥 자신들의 삶에 너무 관심이 있기 때문에 기자라는 것을 잊고 친구인 것처럼 생각하는 사람들에 대해 걱정하는 경향이 있다. 그래서 나는 내 취재수첩과 녹음기가 눈에 보이도록 하기 위해 노력했고, 타티아나가 이런 모든 사적인 세부 내용이 전국지에 실린다는 것을 정말로 이해하고 편안해하는지를 확실시하기 위해 확인했다."

〈롤링스톤〉에 실린 기사[254]를 보자. 아프가니스탄 전쟁을 지휘하던 스탠리 맥크리스탈(Stanley McChrystal) 장군과 참모들 가까이에서 격의 없는 모습을 관찰하며 쓴 기사로, 당사자들의 경솔한 언사를 노골적으로 드러내고 있다. 해당 기사는 맥크리스탈 장군이 아프가니스탄 전쟁을 지휘하는 위치에서 물러나도록 하는 데 영향을 미쳤다고 한다. 취재원들이 편하게 나누는 이야기를 들을 정도로 밀접한 상황에 있었지만, 기자로서 목격한 바를 있는 그대로 보도한 것이다. 취재원과 인간적인 친분을 쌓는 기자는 독자를 위해 이 정도로 냉정해질 수 없을 것이다.

---

253 Trevor Pyle(2020). Navigating ethics, culture and safety to immerse in immigration and Covid. Nieman Storyboard,
https://niemanstoryboard.org/stories/navigating-ethics-culture-and-safety-to-immerse-in-immigration-and-covid/

254 Michael Hastings(2010). The Runaway General: The Profile That Brought Down McChrystal. RollingStone,
https://www.rollingstone.com/politics/politics-news/the-runaway-general-the-profile-that-brought-down-mcchrystal-192609/

"내가 이 저녁 자리에 대체 어떻게 끼게 됐지?" 스탠리 맥크리스탈 장군이 따졌다. 이날은 4월 중순의 목요일 밤이었고, 아프가니스탄에 있는 모든 미국과 NATO 사령관은 파리의 웨스트민스터 호텔에서 4성 스위트에 앉아 있었다. 그는 나토 연합군에게 새로운 전략을 설명하기 위해 프랑스에 있었다. 본질적으로는 우리에게 정말로 동맹군이 있다는 소설을 유지하기 위해서였다. 맥크리스탈이 1년 전에 자리에 올랐기 때문에 아프간 전쟁은 미국의 전유물이 되었다. 전쟁 반대는 이미 네덜란드 정부를 무너뜨렸고 독일 대통령의 사임을 압박하고 캐나다와 네덜란드가 군대 4,500명을 철수하는 것을 발표하도록 촉발했다. 맥크리스탈은 아프가니스탄에서 병사를 40명 이상 잃은 프랑스가 불안정해지지 않기 위해 파리에 있었다.

"저녁은 직위에 따른 것입니다, 각하." 참모총장 찰리 플린(Charlie Flynn) 대령이 말했다.

맥크리스탈은 의자를 급격히 돌렸다.

"이봐, 찰리." 그가 물었다. "이게 직위에 따른 거라고?"

맥크리스탈은 가운뎃손가락을 들어 보였다.

– 중략 –

"나는 이 저녁 자리에 가느니 방 안에 가득한 사람들로부터 엉덩이를 차이겠어." 맥크리스탈이 말했다. 그는 약간 멈췄다.

"안타깝게도, 이 방에 있는 누구도 그렇게 할 순 없지." 그는 덧붙였다.

그리고 그는 문밖으로 나갔다.

"그가 누구와 저녁을 먹나요?" 나는 그의 참모 중 한 명에게 물었다.

"어떤 프랑스 장관이요." 그 참모는 말했다. "망할 게이예요."

이튿날 맥크리스탈과 그의 팀은 프랑스 군대 사관학교인 에콜 밀리

탁월한 스토리텔러들

타르(École Militaire)에서 연설하는 것을 준비하기 위해 모였다. 장군은 누구보다도 날카롭고 배짱 있는 스스로를 자랑스러워하지만, 자신만만함에는 대가가 있다. 맥크리스탈이 고작 1년간 전쟁을 담당해왔지만 그 짧은 기간에 관여한 거의 모든 사람을 화나게 했다는 것이다. 지난가을, 그가 런던에서 연설을 한 뒤 질의응답을 가졌을 때 맥크리스탈은 조 바이든 부통령이 옹호한 반(反)테러리즘 전략을 근시안적이라고 무시했고, 그것은 혼란상태를 야기할 것이라고 말했다.

그 연설은 대통령의 질책을 안겼다. 대통령은 에어포스원에서의 짤막한 개인적인 미팅으로 장군을 소환했다. 맥크리스탈에 대한 메시지는 명확했다. 입 닥치고 몸을 낮춰라.

이제 파리에서 자신의 연설문이 프린트된 카드들을 넘겨보면서 맥크리스탈은 오늘 바이든에 관해 어떤 질문을 받게 되고 어떻게 대답해야 할지 큰 소리로 궁금해했다. "내가 오늘 거기에 올라갈 때까지 뭐가 튀어나올지 절대 몰라. 그게 문제지." 그가 말했다. 그리고 하는 수 없이, 그와 직원들은 장군이 좋은 농담 한마디로 부통령을 묵살하는 것을 상상했다.

"바이든 부통령에 대해 묻는 건가요?" 맥크리스탈은 웃으며 말했다. "그게 누구죠?"

"바이든?" 수석 참모가 제안했다. "바잇 미(Bite Me, 날 물어요)라고 말했나요?"

― 하략 ―

취재원과 '선'을 그어라

기자들이 취재원과 친구가 되지 않는다고 해서 친분을 쌓지 않는 것은 아니다. 친구로서의 친분은 쌓지 않지만, 취재원이 취재에 도움이 되는 파트너가 되도록 하기 위해 프로페셔널한 관계 형성은 열심히 한다. 〈프로퍼블리카〉의 스티브 밀스(Steve Mills) 기자는 "여느 관계처럼 기자와 취재원의 관계는, 특히 장기적인 취재원의 경우 어떤 작업이 필요하다"며 이렇게 말한다.[255]

"좋은 기자들은 마감시한이 있는 기사를 작업하고 있거나 정보가 필요할 때뿐 아니라 정기적으로 취재원들에게 연락한다. 그들은 취재원의 가족이나 흥미에 대해 약간 알아보고, 그들의 안부를 묻는다. 그들은 또한 투명하다. 기자들은 취재원들에게 거짓말하지 않는다."

밀스는 이어 "하지만 선들이 있다"면서 이렇게 덧붙인다.

"기자들은 점심을 먹거나 술을 한잔하면서 취재원들부터 정보를 얻을지 모른다. 언론사가 지불하거나 반반씩 나눠서 말이다. 하지만 그러지 않고서야 취재원과 어울려 친목을 쌓지 않는다. 기자들은 그들에게 조언을 해주지 않는다. 나는 억울하게 기소된 수감자들에 대해 기사를 많이 썼고, 그들은 내게 종종 변호사를 추천해줄 것을 요청했다. 나는 항상 그럴 수 없다고 말했다."

'기자로서' 신뢰를 얻는 것과 '인간적인' 친분을 쌓는 것은 엄연히 다른 영역이다. 언론사 윤리 강령은 취재원과의 관계에 분명한 선을 긋고 있다. 취재원이 기자와 가까워지려는 것에는 동기가 있으니 염두에 둬야 하며, 비공식적인 만남을 통해 관계를 유지하더라도 분명한 선과 적절한 거리를 유지하

255 Steve Mills(2018). Defining the Delicate and Often Difficult Relationship Between Reporters and Sources. ProPublica,
https://www.propublica.org/article/ask-propublica-illinois-reporters-and-sources-relationship

탁월한 스토리텔러들

라는 것이다. 〈뉴욕타임스〉는 취재원과의 관계를 이렇게 말한다.[256]

"취재원과 관계를 형성하는 것은 중요한 기술이고, 종종 정식 업무시간 이외의 비공식적인 환경에서 가장 효과적으로 발생한다. 그럼에도 불구하고 직원들은, 특히 담당 분야가 있는 사람들은, 뉴스 취재원과의 개인적인 관계가 사실이나 외관을 편파성으로 약화시킬 수 있다는 것에 민감해져야 한다. 취재원이 자신만의 이유로 우리의 선의를 얻으려고 열망한다는 것을 염두에 둬야 한다. 이 주제는 고정불변의 법칙을 거부하지만, 편견으로부터 자유로우면서 프로페셔널한 거리를 보존하는 것은 중요하다. 식사나 술을 하면서 취재원을 비공식적으로 볼 수 있지만 합법적인 업무와 개인적인 우정의 차이를 염두에 둬야 한다."

미국에서 취재보도 교과서로 쓰이는 『News Reporting & Writing』(Brooks, Horvit, & Moen, 2020)은 심지어 소셜 미디어에서 취재원이 작성한 포스트에 '좋아요' 표시를 하는 것까지 주의해야 한다며 이렇게 말한다.[257]

"저널리스트들은 소셜 미디어에서 취재원들과 소통하는 데 있어서 주의해야 한다. 사람들을 페이스북에서 '친구들'로 추가하는 것은 당신이 그들의 입장이나 이데올로기에 동의한다는 것을 의미하는 편견의 행동이 아니지만, 그들의 포스트들을 좋아하는 것이나 그들의 트윗들을 선호하는 것은 다르다. 저널리스트들은 이런 선들을 넘지 않기 위해 주의해야 한다."

---

256   The New York Times(2019). Ethical Journalism. The New York Times, https://www.nytimes.com/editorial-standards/ethical-journalism.html#

257   The Missouri Group(2019). News Reporting & Writing. Bedford/St. Martin's; 13 edition, p.276.

취재원과 '선'을 그어라

기자들은 취재원으로부터 얼마나 성심성의껏 취재 협조를 받았건 간에 철저하게 독자를 위해 기사를 쓴다. 〈뉴욕타임스〉 기자 데이비드 겔스(David Gelles)가 소개한 일화가 있다.[258] 한번은 커피회사 큐리그가 신나는 태도로 다가와서는 자신들의 파드 커피인 케이컵(K-Cup)을 재활용할 수 있게 만드는 방법을 알게 됐다며 '지속가능성'에 대한 취재를 요청했다고 한다. 겔스는 큐리그에서 오랜 시간을 보내며 취재했다. 그런데 취재 끝에 발견한 것은 케이컵이 일부는 재활용 가능하지만 거의 재활용 가능하지 않으며, 재활용을 하려면 나사(NASA)가 인간을 달에 보내는 것보다 시간이 더 오래 걸린다는 것이었다. 그는 있는 그대로 다음과 같이 기사[259]를 썼다.

> 큐리그 그린 마운틴은 지난해 K-컵들로도 불리는 전통적인 1회용 플라스틱 커피 파드들을 90개 넘게 팔았다. 정확히 말하면 쉽게 재활용될 수 있는 것은 0이다.
> 이 불편한 진실은 회사 내에서 절망적인 10년과 소비자들의 불만을 촉발했다. 한 해에 팔리는 파드들을 양 끝에 놓으면 세계를 약 10번 돌 수 있다. 환경주의자들의 우려는 커지고 있고 판매 성장세는 느려지고 있다.

---

258 2017년 8월 29일 UC버클리 저널리즘 스쿨 초청 행사

259 David Gelles(2016). Keurig's New K-Cup Coffee is Recyclable, but Hardly Green. The New York Times, https://www.nytimes.com/2016/04/17/business/energy-environment/keurigs-new-k-cup-coffee-is-recyclable-but-hardly-green.html

이제 큐리그는 해법을 찾았다고 말한다. 이것은 나사가 인간을 달에 보내는 것보다 시간이 오래 걸리지만, 회사는 쉽게 재활용되는 소재로 만들어진 K-컵들을 몇 달 안에 판매하기 시작할 것이다.

새로운 K-컵은 폴리프로필렌으로 구성됐는데 회사가 지구의 안녕에 노골적인 무심함을 보여왔다고 비판한 사람들에 대한 답이다. 새 K-컵은 일반 플라스틱 병처럼 분리돼 중개자에 의해 조각난 뒤 재활용된 플라스틱으로 쓰일 수 있도록 제조업자들에게 판매될 수 있다.

그런데 새 K-컵들은 공격에 종지부를 찍을 수 없을 것으로 보인다. 새로운 컵들은 재활용될 수 있을지 모르지만 퇴비로 만들어지진 못한다. 이것들은 다시 사용할 수 없다. 큐리그는 여전히 매년 수십억 개의 플라스틱 제품들을 판매하고 있을 것이다.

많은 환경주의자들에게 그것은 근본적으로 무책임한 사업 모델이다.

환경을 옹호하는 단체인 천연자원옹호협의회 선임 자원 전문가 다비 후버(Darby Hoover)는 "많은 포장을 하지 않는 커피를 만들 수 있는 길이 많이 있다. 커피를 만드는 것은 다시 발명돼야 하는 것이 아니었다"고 말한다.

1회용 커피는 엄청나게 인기가 있다. 큐리그의 새 K-컵들이 모든 비판자를 달래지 않을지 모르지만, 회사는 좋지 않은 상황을 관리하기 위해 최선을 다하고 있다고 말한다. 큐리그의 최고 지속가능성 책임자 모니크 옥센더(Monique Oxender)는 "통상 1회용에 대한 트렌드를 보면 손가락질하거나 고칠 수 있거나 둘 중 하나다. 우리는 고치려고 한다"고 말했다.

― 하략 ―

취재원과 '선'을 그어라

취재원과 친분을 쌓으면서 기자로서 선을 지키는 것이 쉬운 일은 아니다. 〈뉴욕타임스〉가 윤리 강령을 담은 핸드북을 통해 "취재원과의 관계는 사실이나 외관의 편향성을 방지하기 위한 좋은 판단과 자기 규율에 있어서 최고의 것을 요구한다"고 말한 것[260]도 그런 이유일 것이다. 이때 기자들에게 중요한 역할을 하는 것이 정책이고, 정책에 따라 행동하는 에디터들이다. 언론사들은 자체 강령이나 원칙을 두고, 애매한 상황은 에디터와 상의하도록 한다. 기자들 사이에서 '에디터 핑계를 대는 것', '정책 핑계를 대는 것'은 취재원의 난감한 요구를 거절하기 위한 주요 전략으로 인식된다. 〈버즈피드〉에디터 엘런 쿠싱(Ellen Cushing)은 이렇게 말했다.[261]

"기자와 취재원 사이의 역할은 이상합니다. 여러분은 취재 과정에서 그들을 정말로 필요로 하기 때문입니다. 그들에게 '안 돼요'라고 말하는 것은 무섭기도 하죠. 그런데 '그건 안 돼요'라고 말하면서 에디터 핑계를 대거나 상사 핑계, 정책 핑계를 댈 수도 있습니다."

---

260 The New York Times(2019). Ethical Journalism. The New York Times, https://www.nytimes.com/editorial-standards/ethical-journalism.html#
261 2018년 2월 28일 UC버클리 저널리즘 스쿨 초청 행사

접대는 경계하고 공개하라

한국 언론계에서는 '청탁금지법(김영란법)' 시행 이후 기자들이 취재원으로부터 출장비를 제공받거나 식사 접대 등을 받는 것을 금지하거나 축소했지만, 법 시행 전에는 접대가 꽤나 광범위하고 관행적이었다. 오늘날 언론사들은 접대 문제를 청탁금지법과 같은 '외부'에 근거해 제한하지만, 미국에서는 언론사들이 '자체 규정'을 세우고 실천하고 있다. 회사마다 원칙은 다르지만, 대부분은 취재원으로부터 무언가를 제공받는 것을 이해의 충돌이자 언론의 독립성에 대한 침해로 여겨 금지한다. 제한적으로 허용되는 예외적인 상황은 정책적으로 명기하고 있다.

미국 언론사들은 접대 문제를 판단하는 데 있어서 '법'부터 운운하지 않는다. 법을 지키는 것은 최소한일 뿐이다. 기자들이 지켜야 하는 윤리적인 선의 범위는 그보다 훨씬 넓다.

〈워싱턴포스트〉는 "언제나, 가능한 한 이해의 충돌이나 이해의 충돌로 보이는 것을 피하기로 서약한다"며 "이 문제에 대해 엄중한 정책을 채택했으며, 이것들은 민간 비즈니스의 세계에서 관행적인 것보다 더 제한적일 수 있다"고 공표하고 있다.[262] 이윽고 다음과 같이 밝힌다.

"우리는 우리만의 방식으로 지불한다. 뉴스 취재원으로부터 어떤 선물도 받지 않는다. 어떤 무료 여행도 수락하지 않는다. 우리의 위치 때문에 제공될 수 있는 특별대우를 추구하지도 수락하지도 않는다. 선물 금지 원칙의 예외는 매우 적고 명확하다. 식사 초대를 예로 들면 가끔, 아무 목적 없을 때는 수락될 수 있지만 반복적이고 의도적으로 계산하는 목적이면 수락될 수 없다. 대중에게 무료가 아닌 행사에 무료로 입장하는 것은 금지된다. 유일한 예외는 대중에게 판매되지 않는 좌석인 프레스 박스나 비평가들의 리뷰를 위해 제공되는 티켓들이다. 가능할 때마다 이 같은 좌석에 가격을 지불하기 위한 준비를 할 것이다."

〈뉴욕타임스〉 윤리 강령도 기자들이 취재원을 대접하거나 취재를 위해 여행할 때 자사가 비용을 지불한다고 밝히고 있다. 애매하거나 예외적인 상황에 대해서는 다음과 같이 기술한다.[263]

"어떤 비즈니스 상황이나 문화에서는 뉴스 취재원이 비용을 지불한 식사나 음료 수락을 피할 수 없을 수 있다. 예를 들어 기자가 계산서를 가져가는 게 불가능한 사내 식당이 전부인 곳에서 점심을 겸하며 경영자를 인터뷰하는 모든 초대를 거절할 필요는 없다. 하지만 타당할 때마다 기자는 〈뉴욕타

262 Washington Post Staff(2016). Policies and Standards. The Washington Post, https://www.washingtonpost.com/news/ask-the-post/wp/2016/01/01/policies-and-standards/

263 The New York Times(2019). Ethical Journalism. The New York Times, https://www.nytimes.com/editorial-standards/ethical-journalism.html#

임스〉가 비용을 지불할 수 있는 식사를 제시해야 한다. 기자회견에서 머핀과 커피가 있는 간단한 뷔페는 무해하지만, 직원들은 〈뉴욕타임스〉가 식사비를 내지 않는 한 '뉴스거리가 되는 누군가'가 언론을 위해 정기적으로 여는 아침 식사나 점심 식사에 참석해선 안 된다."

개별 기자들의 인식과 실천도 가이드라인 못지않게 철저하다. 〈복스〉에 통합된 기술매체 〈레코드〉를 창립한 카라 스위셔(Kara Swisher)는 웹사이트의 본인 소개 페이지에 자신에 대한 소개와 함께 스스로의 다짐이 담긴 '윤리 선언'을 게재했다.[264] 선언에는 "제가 취재하는 회사들이나 그들의 홍보 담당 또는 광고 대행사들로부터 돈이나 어떠한 가치가 있는 것도 받지 않습니다" "매년 강연을 몇 차례 하는데 대부분 무급입니다. 만약 강연료를 받는다면 제가 담당하는 회사가 주최하는 행사에서는 절대 하지 않습니다"와 같은 문구가 담겼다.

언론사들이 접대에 대한 가이드라인에 세부적인 상황을 명기하는 이유는 취재 현장이 그만큼 다양하고 미묘하기 때문이다. 언론사들은 종종 에디터의 승인하에 취재원으로부터 무언가를 제공받는 것을 제한적으로 허용하기도 한다. 하지만 기자가 무언가를 제공받았다면 독자들에게 이를 공개해야 한다는 게 중론이다. 『News Reporting & Writing』(Brooks, Horvit, & Moen, 2020)은 이렇게 설명한다.[265]

"어떤 사람들은 기자들이 최소한 공짜로 받은 것은 무엇이든지 기사에 두

264　Kara Swisher(2020). Kara Swisher. Vox,
https://www.vox.com/authors/kara-swisher

265　The Missouri Group(2019). News Reporting & Writing. Bedford/St. Martin's; 13 edition, p.452.

드러지게 공개해야 한다고 주장한다. 기자들이 어떻게 스토리를 얻었으며 왜 공짜를 수락해야 했는지도 공개해야 한다. 여행 기자들은 그들이 경험한 것을 쓰기를 기대하는 회사로부터 종종 무료 여행, 무료 크루즈들, 무료 호텔 숙박, 다른 무료 선물 등을 제공 받는다. 많은 작은 언론매체들은 비싼 투어들에 여행 기자들을 보내는 것을 감당할 수 없다. 공짜를 제공받는 기자들은 기사에 이것을 언급해 독자들이 그 취재를 신뢰할지 말지를 결정하도록 해야 한다."

〈뉴욕타임스〉에 실린 기사[266]를 보자. 하루에 6,189달러에 이르는 럭셔리 스포츠 패키지를 무료로 제공받아 쓴 기사다. 에디터는 해당 취재를 하는 데 거액을 지불하는 것을 정당화할 수는 없지만 독자들에게 흥미로울 것 같다는 판단하에 서비스를 제공받는 것을 허용했다고 한다. 기사를 쓴 기자는 비용을 지불하지 않았다는 사실과 회사 측이 왜 무료로 서비스를 제공했는지 이유를 밝히고, 나름대로의 거리를 유지한다. (그럼에도 불구하고 〈뉴욕타임스〉의 퍼블릭 에디터는 추후 "윤리 규정이 제시한 범위 내에서 종종 예외가 있어야 한다는 것은 인정하지만 넷츠 프리미엄 패키지가 그중 하나라고 생각하지 않는다"고 이견을 표했다.)

---

266   Sarah Lyall(2016). Chauffeur, Shootaround and Boneless Chicken Wings: Living Large With the Nets. The New York Times,
https://www.nytimes.com/2016/12/14/sports/basketball/brooklyn-nets-barclays-center-vip-experience.html?auth=login-email&login=email

친구와 나는 어느 날 밤 넷츠 게임에서 개인 안내원에 의해 특별한 장소로 안내받을 때, 음식을 사기 위해 줄서서 기다리는 평범한 팬들이 가득 찬 지역에 갑작스레 잘못 들어섰다.

이는 1등석을 타고 비행하던 중 불가해한 이유로 자신이 일반석에 타고 있는 것을 발견하는 방식으로 이상했다. 공짜 샴페인이 없는 화려하지 않은 기내에서 일반석에 몰려든 승객들을 향한 본인의 불친절한 태도를 자랑스러워하지 않겠지만, 그렇다고 해서 누구와도 좌석을 바꾸기를 원치 않을 것이다.

나와 친구가 경험하고 있던 개인적으로 주문 제작된 특혜인 평행우주를 상기시키는 수퍼-딜럭스 패키지 '브루클린 스포츠 앤드 엔터테인먼트 익스피리언스'만큼이나 바클레이스 센터에서 힘차게 "우리"와 "그들"이라고 소리치는 것은 없을 것이다.

소수만 익스피리언스를 경험한다. 우선 한 가지 이유는 이것이 많은 계획을 요구하는 정확한 안무와 같으며, 많은 사람들이 당신의 모든 요구에 주의를 기울여야 해 한 번에 둘 이상의 익스피리언스들이 함께 할 것으로 합리적으로 기대할 수 없는 영역이기 때문이다.

또한, 이것은 6,189달러다.

"사람들은 항상 일반적으로는 살 수 없는 것들에 접근하길 원하죠." 바클레이스 센터, 나소 콜리지엄과 넷츠를 소유하는 브루클린 스포츠 앤드 엔터테인먼트의 글로벌 마케팅 부사장 케이트 기로티(Kate Girotti)가 말했다. "그것이 선수들과 함께 건물에 주차하는 것이든, 로커 룸을 둘러보는 것이든, 당신이 가장 좋아하는 선수와 함께 코트에 있는 것이든 말이죠." (패키지들은 아일랜더스 게임들과 콘서트들도 제공한다. 이는 최하 700달러에 그렇게까지 프리미엄은 아닌 경험들로도 가

취재원과 '선'을 그어라

능하다.)

　우리는 독창성, 독점권, 고양된 현실과 사소한 물리적인 귀찮음으로부터의 자유와 같은 무형의 럭셔리를 갈망하는 모든 소유물을 가진 사람들이 원하는 슈퍼 플래티늄 프리미엄 플러스 카드 소지자들보다 골드 카드들을 갖고 있는 소비자들이 더 나쁜 대우를 받는 시대에 살고 있다. 브루클린 익스피리언스는 그런 사람들을 위한 것이다. 하룻밤 동안, 이것은 나 같은 사람을 위한 것이기도 했다.

　(나는 그것에 값을 지불하지 않았다. 나쁜 시즌인 데다 저조한 참석률로 골머리를 앓는 브루클린 스포츠 앤드 엔터테인먼트가 그 프로그램과 가능한 한 넷츠의 홍보를 원해 〈뉴욕타임스〉가 그것을 살펴볼 수 있도록 했다.)

　- 하략 -

미국 언론계에서도 기자가 받는 접대가 제대로 관리감독 되지 않거나, 투명하게 공개되지 않는 일이 있다. 하지만 언론사들은 뒤늦게라도 이를 바로 잡고 독자들에게 알린다.

〈타임지〉에 실린 ≪훌륭한 웨딩 음식: 새롭게 결혼한 평론가로부터의 팁들≫이라는 기사[267]를 보자. 음식 비평가인 조쉬 오저스키(Josh Ozersky)가 자신의 결혼식 음식에 대해 쓴 것이다. 평소 알고 지내던 셰프들로부터 결혼식

267　Josh Ozersky(2010). Great Wedding Food: Tips from a Newly Married Critic. Time, http://content.time.com/time/nation/article/0,8599,1996593,00.html

음식을 무료로 제공받아 기사를 썼는데, 발간 당시 이 같은 사실을 공개하지 않았다. 그러자 오저스키의 지인이기도 한 음식 비평가 로버트 셋세마(Robert Sietsema)가 주간지 〈빌리지 보이스〉에 공개편지[268]를 실어 다음과 같이 말했다.

"당신은 이런 모든 것들에 어떻게 혹은 값을 지불했는지 기사에 명확히 하지 않았습니다. 기사의 어느 부분에서도 '셰프들이 제공한 서비스와 제품들에 대해, 연회가 열린 장소와 관련해 제프리 초도로우(Jeffrey Chodorow)에게 정당한 가격을 지불했습니다'라고 말하지 않는데, 이것은 이런 서비스를 획득해 그들에 대해 기사를 쓴 저널리스트라면 했어야 하는 일입니다.

이게 왜 문제일까요? 무료 음식을 수락했다는 것을 인정하지 않고 가능성을 열어둔 채 그 음식을 당신처럼 입이 마르도록 칭찬하는 것은 나빠 보이기 때문입니다. 독자가 할 추정 중 하나는, 이런 셰프들 중 다수가 고급 케이터링을 하고 그것에 대해 커다란 보상을 기대하는 가운데 당신이 그들을 잡지 칼럼에 언급하기로 약속했다는 것입니다. 만약 그렇게 했다면 저는 〈타임지〉가 그것을 좋지 않게 볼 거라고 생각합니다."

그러자 〈타임지〉의 기사 말미에는 '명확화'라는 문구와 함께 오저스키가 자신이 받은 접대에 대해 설명하는 주석이 상세하게 추가됐다.

---

268   Robert Sietsema(2010). An Open Letter to Josh Ozersky. The Village Voice, https://www.villagevoice.com/2010/06/23/an-open-letter-to-josh-ozersky/

– 앞부분 생략 –

나는 식당 6곳으로부터 가장 좋아하는 음식을 골랐다. 오르한 예겐(Orhan Yegen)의 훌륭한 메제와 십 삭(Sip Sak)으로부터의 허머스, 레드 팜(Red Farm)의 에드 "에디 글래시즈" 스코엔펠드(Schoenfeld)가 기억에 남았다며 중국 흑식초 드레싱과 함께 사전에 준비한 샐러드로 시작했다. 도시에서 최고인 설리반 스트리트 베이커리의 짐 라히(Jim Lahey)는 빵을 맡았는데, 그의 크러스트에 허머스를 발라 먹었다. 알토, 마레아 앤드 콘비비오(Alto, Marea and Convivio) 식당, 즉 스파게티의 술탄인 마이클 화이트(Michael White)는 라자냐를 만들었다. 맙소사, 얼마나 끝내주는 라자냐인가! 나는 지금 그것을 한 판 갖고 있었으면 좋겠다. —중략—

명확화: 〈빌리지 보이스〉에 실린 로버트 셋세마의 공개편지는 제가 바보라기보다는 비윤리적으로 보이도록 만들었습니다. 그래서 저는 명확히 할 필요를 느꼈습니다. 제 가장 친한 친구들 일부는 셰프들인데, 그들이 결혼 선물로 무엇을 원하느냐고 물었을 때 저는 절대 쳐다보지 않을 디캔터 대신 다른 친구들과 공유할 수 있는 라자냐를 좀 요리해주거나 빵을 좀 구워달라고 이야기했습니다. 저는 결혼식 음식은 거의 대부분 끔찍하기에, 재가열할 준비가 된 팬들을 사용할 전문성이 있는 몇몇 셰프에게 책임을 주는 방법이 좋다고 생각했습니다. 그 말인즉슨, 제가 그들의 어떤 맛있는 기여에 대해서도 돈을 지불하지 않았다는 사실에 대해 더 명확히 하지 않았던 것이 바보 같았고, 이것을 사전에 에디터에게 명확히 하지 않은 것은 잘못되었다는 것입니다.

– 하략 –

취재원으로부터 받는 접대는 기사의 '신뢰성'과 직결된 민감한 문제다. 기자들은 단순히 회사의 정책이나 법을 지키는 것을 넘어서, 해당 접대가 독자들에게 어떻게 비칠지를 생각한다. 제삼자가 봤을 때 언론의 독립성이 침해될 수 있다고 판단할 법한 상황은 최대한 피한다.

〈디트로이트 프리 프레스〉 에디터로 일한 조 그림(Joe Grimm)은 이렇게 조언한다.[269]

"분명하게 선물을 정중히 거절하라. '죄송합니다. 마음은 감사합니다만 저는 기자로서 하는 일의 대가로 어떤 것도 받지 않는 엄격한 정책을 갖고 있습니다. 심지어 감사나 호의의 표시로도요. 정말로 받을 수 없습니다.' 이 문구를 사람들에게 말하거나 물건을 되돌려 보낼 때 쓰는 편지에, 또는 그게 불가능할 때는 선물을 지역 자선재단에 넘길 때 사용할 수 있다. 하지만 누군가의 집이나 사무실에서 커피 한잔을 하는 건 어떤가? 당신이 보온병을 갖고 다니기 시작해야 한다고 생각하지는 않는다. 위의 발언을 하지 않고 정중하게 마시기를 거절하거나, 그렇지 않을 때 야박해 보일 것이라 생각하면 수락할 수 있다. 수락하기 전에 그것이 독자들에게 어떻게 보일지 스스로에게 물어라. '그들은 내 저널리즘적인 독립성이 타협됐다고 생각할 것인가?' 만약 별 가치가 없는 것을 받았고 제삼자가 당신의 독립성이 무사하다고 생각할 것이라면 당신은 사회적으로 수용될 일을 한 것이고 제대로 행동한 것이다."

---

269 Joe Grimm(2006). Journalists Accepting Gifts? Poynter,
https://www.poynter.org/reporting-editing/2006/journalists-accepting-gifts/

GREAT
STORYTELLERS

PART 08

기존의
틀을

벗어나라

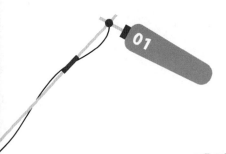

기사가 소비되는
기기를 생각하라

'디지털 퍼스트(Digital First)'가 언론계에서 회자된 지 오래됐지만 한국의 전통매체에서는 아직 느낌표보다는 물음표에 가깝다. 전통매체의 영향력이 건재하고 디지털을 우선시하는 업무 관행의 폐해가 회자되면서 신중하게 접근해야 한다는 의견도 적지 않다. 하지만 오늘날 미국 언론계에서 디지털 퍼스트는 선택의 문제가 아닌 전제에 가깝다. 미국에서 취재보도 교과서로 쓰이는 『News Reporting & Writing』(Brooks, Horvit, & Moen, 2020)은 "모바일과 웹이 우선이고, 인쇄매체와 방송은 2순위"라며 "독자들은 뉴스가 발생하자마자 얻기를 기대한다"라고 적시한다.[270]

신문이 사라질 것이냐에 대해서는 의견이 분분하지만 독자 대부분이 모바일이나 PC로 뉴스를 소비한다는 것은 '사실'의 영역이다. 노스이스턴대 저널리즘 스쿨 교수 댄 케네디(Dan Kennedy)는 신문 산업을 관찰하는 많은 사람

---

270 The Missouri Group(2019). News Reporting & Writing. Bedford/St. Martin's; 13 edition, p.231

들은 일간지들이 궁극적으로 주말 프린트 에디션으로 바뀌고, 주중에는 디지털 기사로 채워질 것이라고 말한다고 전했다.[271] 양태나 속도가 어찌 됐든 전통매체의 독자들이 축소되고 있으며, 독자들과의 접점을 늘리기 위해서는 기존 매체의 테두리에 머물지 말아야 한다는 '방향'에 대해선 이론의 여지가 없다.

〈뉴욕타임스〉 편집국장 딘 바켓(Dean Baquet)은 저널리즘의 미래에 대해 이렇게 말한다.[272]

"진실이 이야기될 것이라는 점은 걱정하지 않는다. 사실 나는 완전히 긍정적이다. 나는 최고의 저널리즘 조직은 살아남을 것이라고 생각한다. 단지 그것이 어떤 형태인지 모를 뿐이다. 그것이 신문에 있을지 휴대전화에 있을지 손목에 있을지, 아니면 아직은 상상해야 하는 어떤 기기에 있을지 모른다. 하지만 뭔가 중요한 일이 이미 발생했다. 우리는 경제적인 변화에 겸허해졌고, 이제 우리의 사명을 지키는 데 있어서 우리야말로 변해야 한다는 것을 이해한다. 새로운 기술에서 도망치는 대신, 이제 그것들을 포용한다. 얼마 전 〈뉴욕타임스〉는 어쩔 수 없이 동영상을 시작했다. 주요 이유는 그것이 우리가 돈을 버는 데 도움이 될 것이라는 이야기를 들었기 때문이었다. 이제 이것은 우리 삶의 일부고, 우리 스토리텔링의 일부다. 나는 몬로비아에 있는 클리닉 바깥에서 부모가 대기하는 가운데 바닥에 누운 채 들여보내주기를 간청하는 젊은 남성에 대한 강력한 동영상이나, 누구도 만지려 하지 않는 시체를 수거

---

271 Dan Kennedy(2016). Globe editor McGrory: It's time to rethink everything we do. Media Nation, https://dankennedy.net/2016/04/07/globe-editor-mcgrory-its-time-to-rethink-everything-we-do/

272 The Center for News Literacy(2017). My Life as… Dean Baquet. YouTube, https://youtu.be/LucGoyFH2lI

하는 일을 하는 앰뷸런스 운전사에 대한 동영상 없이 에볼라 스토리를 전하는 것을 상상할 수 없다."

미국에서 신문사에 소속된 기자가 본인을 신문기자로 여기는 경우는 드물다. 펜 기자(writer) 혹은 사진 기자(photographer)라는 직무에 대한 정체성은 갖고 있지만, '온라인'이냐 '신문'이냐 등 매체와 결부해 스스로를 규정하지 않는다. 기자들은 자신이 특정 매체에 얽매인 사람이 아니라 변화하는 매체 환경에 발맞춰 저널리즘을 최적의 방식으로 구현하는 사람이라고 여긴다.

디지털 퍼스트란 단순히 온라인에 기사를 출고하는 것을 우선시하는 게 아니다. 디지털이라는 공간에서 어떤 콘텐츠가 어떻게 소비되는지 파악해 기사의 형식 역시 바꾸는 것이다.

기사가 소비되는 기기는 기사의 형식에 영향을 미친다. 신문에 실리는 스트레이트 기사가 가장 중요한 정보를 상위에 배치하는 '역피라미드' 형식으로 실렸던 이유는 종이신문이라는 도구의 특성 때문이었다. 신문을 편집하는 과정에서 기사를 판 크기에 맞추기 위해 하단부터 잘라내곤 하기에 덜 중요한 정보일수록 아랫부분에 배치해 잘려나가도 무방하게 한 것이었다. 하지만 이런 형식은 웹과 모바일에서는 잘 작동하지 않는다. 가장 중요한 정보를 상위에 배치하면 독자는 기사의 앞부분만 읽고 이탈할 가능성이 높다. 딘 바켓은 이렇게 말했다.[273]

"대부분의 신문에서 모든 뉴스 기사의 구조가 일관된 유일한 이유는 이것

273 Brown Media Institute(2018). Dean Baquet in Conversation. Youtube,
https://www.youtube.com/watch?v=kVoJZOwDm-Q

이다. 밤 9시에 50명이 마감시간에 맞춰서 기사를 보낸다고 치자. 당신은 어떤 방식으로 쓰고 나는 커다란 운율을 선택하고 당신은 일화로 시작해 중간에 약간의 전개를 넣는 등 제각기라면 시스템은 충돌할 것이다. 신문 편집국에 있는 모든 사람들이 똑같은 방식으로 쓰는 유일한 이유는 바로 그 제조 형식 때문이다. 나처럼 신문에서 19세에 일을 시작한 사람에게는 그런 방식으로 글을 쓰기까지 시간이 오래 걸렸다. 그것은 자연스러운 방식의 작법이 아니다."

바켓은 또 "나는 신문 기사 방식대로 글을 쓰는 데 대부분의 인생을 보냈지만, 그것은 종종 인위적이라고 생각한다"며 "지금 우리는 그런 방식으로 글을 쓸 필요가 없다"고 말했다.

디지털에서는 기사를 제작할 때 하는 고민도 달라져야 한다. 미국의 저널리스트 잭퀠린 마리노(Jacqueline Marino)는 오늘날 기자들이 '주제'나 '내러티브 아크'보다 '상호작용'과 '이용성'을 생각해야 한다고 말한다.[274] 그에 따라 기사 구성이나 내용이 달라질 수 있기 때문이다. 기사에서 무언가를 언급할 때 쓰이는 배경설명을 예로 들어보자. 전통적인 신문 기사에서 해왔듯이 기사 내에서 구구절절 설명할 수도 있지만, 하이퍼링크로 대체해 독자에게 별도 페이지에서 읽을 수 있는 선택권을 줄 수 있다. 뉴욕시립대 저널리즘 스쿨 교수 제프 자비스(Jeff Jarvis)는 전통적인 신문 기사에 포함돼 온 배경 문단을 두고 이렇게 말했다.[275]

274   Jacqueline Marino(2010). The importance of words in multimedia storytelling. Nieman Storyboard, https://niemanstoryboard.org/stories/the-importance-of-words-in-multimedia-storytelling/

275   Jeff Javis(2012). News articles as assets and paths. Buzz Machine, https://buzzmachine.com/2012/05/26/news-articles-assets-paths/

"이것은 모든 사람에게 도움이 되지 않는다. 진행 중인 기사에 대해 당신이 아무것도 알지 못한다면 이것은 배경에 대해 너무 적은 정보만 줄 것이다. 만약 기사를 잘 알고 있다면 이것은 신문의 공간과 당신의 시간을 낭비할 뿐이다. 이것은 천편일률적인 뉴스 생산과 유통 수단의 한계가 요구한 타협이다. 이런 한계에서 벗어나 배경 문단은 어떠해야 하는가? 물론, 링크다. 관련 기사가 작성될 때마다가 아닌, 필요할 때 업데이트되는 자원으로의 링크다. 이것은 독자가 지식을 채우기 위해 섹션마다 마음대로 탐험할 수 있는 자원이며, 각 독자에게 더 개인화되고 효율적이고 가치 있을 것이다."

미국 언론사들도 과거에는 PC나 모바일이라는 '소비 기기'의 특성을 파악하기보다는 기존 뉴스의 '유통 수단'으로만 보고, 보도 내용을 기존 형식 그대로 가져다 웹사이트에 게재했다. 하지만 웹이나 모바일은 다른 형식의 소비를 위해 디자인된 공간인 만큼, 잘 작동하지 않았다. 그즈음 한 라디오 매체가 미국의 저널리즘 스쿨 강사를 찾아온 적이 있다고 한다. "온라인에 올려놓은 라디오를 사람들이 듣지 않는데, 어떻게 하면 컴퓨터를 통해 라디오를 듣게 할 수 있느냐"며 조언을 구하기 위해서였다. 강사는 이렇게 답했다고 한다.

"웹은 듣는 경험을 위해 디자인된 곳이 아닙니다. 웹에서는 뭔가를 보고 읽어야 합니다."

라디오 매체는 이후 자사 홈페이지를 웹을 통한 소비에 적절하도록 탈바꿈했다. 현재는 대부분의 라디오에 녹취록을 덧붙이고, 시각적인 요소와 추가적인 맥락도 제공하고 있다.

오늘날 미국 언론계는 기사 못지않게 '기기'를 고민한다. 기사가 어떤 기기를 통해 소비될지 생각하고 그에 맞춰서 기사를 제작한다는 것이다. 기존에 해오던 관성이나 공급자가 원하는 형식대로 제작하면 어떤 매체에서든 잘 작동할 거라고 생각하던 시대는 갔다. 이제 언론사들은 그것을 인정하고, 전달 수단의 특성에 맞춰서 보도 방식을 진화시키고 있다.

〈NPR〉이 아마추어 사진 기자 찰스 쿠쉬만(Charles Cushman)에 대해 제작한 기사[276]를 예로 들어보자. 〈NPR〉은 기존에 기사를 발간할 때는 웹페이지 상단에 오디오 플레이어를 두고 글과 슬라이드 쇼를 덧붙였다고 한다. 오디오, 사진, 글을 각기 다른 콘텐츠 유형으로 여기고 병렬적으로 배치한 것이다. 하지만 찰스 쿠쉬만 기사를 제작할 때는 여러 미디어를 하나로 통합해 몰입적인 느낌을 주면서 자연스럽게 소비되도록 하는 스토리텔링 접근법을 시도했다. 〈NPR〉은 이후 실험을 지속하면서, 프로젝트 구상을 이끄는 원칙을 세웠다고 한다. 그중 하나는 '단지 웹에 게재된 게 아니라, 웹의(Not Just On the Web but Of the Web)'라는 것이다. 〈NPR〉 선임 상호작용 디자이너 웨스 린다무드(Wes Lindamood)는 이렇게 설명했다.[277]

"우리가 이야기하는 스토리들은 웹에 최적화된 형식으로 전달되기 위해 여러 가지 파일 형식과 구성을 결합해 작동한다. 브라우저 없이 우리 스토리들은 작동하지 않는다."

276 Wes Lindamood and Claire O'Neill(2012). Lost and Found: The amazing story of Charles Cushman in full color. NPR,
https://legacy.npr.org/news/specials/2012/cushman

277 Wes Lindamood(2015). The Evolution of NPR's Picture Stories. Source,
https://source.opennews.org/articles/evolution-nprs-picture-stories/

언론사들이 디지털 퍼스트 전략을 펼치는 것은 디지털 자체가 아니라 독자들이 기사를 소비하는 '기기'를 중시하며, 이에 기민하게 대응하는 것이다. 산업계에서 이것은 '이용자가 중심이 되는(user-centered) 디자인'이라고 불린다. 모든 스토리와 프로젝트에서 인터페이스를 결정할 때는 그 스토리를 경험하기를 희망하는 사람들의 관점을 고려하는 것이다.

디지털 퍼스트를 넘어선 '모바일 퍼스트'가 강조되는 것도 독자들이 기사를 소비하기 위해 이용하는 기기를 고려한 움직임의 연장선상이다. 모바일 퍼스트는 데스크톱의 커다란 스크린에 최적화된 디자인이 모바일 기기에서는 최적의 구현 방식이 아닐 수 있음을 인정하고, 독자들이 모바일의 작은 화면에서 용이하게 기사를 소비할 수 있도록 설계하는 것이다.

〈NPR〉의 뉴스 앱 에디터 브라이언 보이어(Brian Boyer)는 모바일 퍼스트의 핵심이 "누가 이용자들이고 그들의 니즈가 무엇인가"를 생각하는 것이라며 이렇게 말한다.[278]

"우리는 스스로의 만족을 위해 저널리즘을 하지 않습니다. 그러니 사람들이 버스 안에 있다는 이유만으로 당신이 제작한 것을 이용할 수 없다면 당신은 잘못하고 있는 겁니다."

---

278 Jessica Weiss(2013). Inside NPR's 'Mobile-First' Strategy. Mediashift, http://mediashift.org/2013/10/inside-nprs-mobile-first-strategy/

독자의 친구를 위해
기사를 만들어라

과거 언론은 어떤 주제가 관심을 얻어야 하고 무슨 기사가 가장 중요한지에 대해 자신들이 가장 숙련된 감각을 갖고 결정한다고 생각했다. 독자들은 수동적으로 인식됐고, 기자와 에디터를 사로잡은 기사들이 보도됐다. 20세기 저널리즘은 독자들의 관여는 신경 쓰지 않은 채 정치적인 엘리트들이 수집한 정보에 특권을 부여하는 일방향적인 대화였다고 평가받는다.

이제는 그렇지 않다. 오늘날 미국 언론사들은 철저히 독자 중심적이다. 저널리즘적인 판단을 버리고 독자의 흥미만 좇는다는 것이 아니라, 저널리즘을 잘 구현하기 위해 독자들에게 면밀히 귀를 기울인다는 것이다. 언론사들은 독자들의 소비 패턴에 촉각을 곤두세우고 관련 데이터를 다방면으로 측정하면서 민첩하게 대응하고 부응한다. 〈뉴욕타임스〉는 2018년 웹사이트를 개편할 때 독자들이 '왜' 무엇을 읽겠다는 선택을 하는지 이해하기 위해 그들의 집에까지 방문해 '어떻게 하루를 시작하는지', '무엇을 읽을지', '어떻게 선택하는지' 등을 조사하기도 했다.

독자의 소비에 특화된 새로운 직무도 생겨나고 있다. '독자 관여(engagement) 에디터', '독자 전략 에디터' 등이 대표적인데, 더 많은 독자들이 디지털 기사를 깊이 있게 소비하도록 전략을 세우고 실행을 촉진하는 일을 한다.[279] 〈컬럼비아 저널리즘 리뷰〉는 2015년 '독자 관여 에디터'가 "몇 년 전만 해도 존재하지 않던 직업이지만 산업에 강한 영향력을 발휘하면서 기자들이 취재하고 독자들이 뉴스를 소비하는 방식 모두를 조성하고 있다"고 말했다.

독자 다수가 모바일에서 뉴스를 소비하면서 이와 관련된 직무도 생겨나고 있다. '모바일 에디터', '모바일 프로듀서'가 대표적이다. 이들은 독자들이 모바일에서 효과적으로 기사를 소비할 수 있도록 콘텐츠를 제작하거나 전략을 짜고, 모바일 기사를 배치하며, 푸시 알림 전략을 세우거나 새로운 모바일 제품을 개발하는 것에 관여하는 등의 일을 한다.

독자 중심적이라는 것은 단순히 독자를 위해 어떤 프로젝트를 하는 것을 넘어서, 독자의 기사 소비 습관과 행동을 파악하고 자원의 우선순위를 개편하는 것이다.

〈댈러스 모닝 뉴스〉는 2015년 마이크 윌슨(Mike Wilson) 에디터가 부임한 뒤부터 독자의 소비 패턴에 맞춰 근무일정을 개편했다. 기존에는 아침 편집회의가 디지털 독자들이 뉴스를 활발하게 소비하는 시간대보다 1시간이 더 지난 오전 10시 반에야 시작했다. 에디터들은 기사를 논의할 때 신문 제작에

---

279   Jack Murtha(2015). How audience engagement editors are guiding online discussions. Columbia Journalism Review,
https://www.cjr.org/analysis/before_many_americans_had_awoken.php

필요한 인치(inch)나 섹션을 이야기했고, 신문 헤드라인을 결정하는 것을 주요 목표로 삼았다. 이제 아침 회의 시간은 오전 9시로 변경됐으며, 에디터들은 디지털 헤드라인을 결정하고 전날 소셜 미디어에서의 독자 분석을 논의한다.

〈뉴욕타임스〉는 독자 데이터를 분석하는 것을 넘어 '이용자 경험 연구'를 하는 에밀리 골리고스키(Emily Goligoski)를 편집국의 첫 디자인 연구자로 2015년 영입했다. 에디터들은 당시 그에게 '갑작스러운 뉴스 속보가 발생한 순간에 사람들이 무엇을 필요로 하는지'를 물었다.

골리고스키는 우선 편집국에서 속보를 취재하는 사람들을 만나 연속적으로 점심을 먹으며 속보가 발생한 순간에 누군가의 정보 수요를 정말로 충족시키는 예시가 무엇인지를 물었다고 한다. 그곳에서 들은 정보를 토대로 세 가지 질문을 도출해 프로젝트를 규정했다. 가장 긴박한 뉴스가 발생했을 때 독자들은 무엇을 찾는가? 뉴스 수집 결정에 있어서 기기는 어떤 영향을 미치는가? 뉴스를 발견하는 메커니즘으로서 소셜 미디어는 얼마나 중요한가?

다음 단계는 편집국 바깥에서 정보를 수집하는 것이었다. 근래에 〈뉴욕타임스〉를 읽지 않은 독자부터 헌신적인 독자까지 읽는 정도가 제각각인 15명의 이용자를 모았다. 이들에게 온라인 대시보드를 주고 일주일간의 미디어 소비를 측정하며 기록하도록 했다. 대시보드와 다이어리는 사람들이 '자신이 하고 있다고 희망하는 일'보다는 '실제로 하는 일'을 보여줬다. 일주일 후, 골리고스키는 가능하면 각 사람의 집에서 인당 60분씩 인터뷰를 했다고 한다.

마지막은 〈뉴욕타임스〉 팀과 함께 인터뷰 내용을 분석하고 발견 결과를 종합하는 것이었다. 어떤 것들은 데이터 분석 팀이 이미 제시한 것과 부합했다. 사람들은 주중에는 컴퓨터를 보고 주말에는 태블릿을 보며, 통근할 때는 라디오를 듣고 밤에는 케이블TV를 보며, 하루 종일 모바일과 함께한다는 것 말이다. 하지만 새롭게 알게 된 것도 있었다. 속보 발발 직후 기사 내용을 접하지 않으면 해당 뉴스가 소셜 미디어 채널을 잠식해 이슈를 따라잡아야겠다는 느낌을 받을 때까지 후속 기사를 신경 쓰지 않는다는 것이다. 많은 사람들은 그 순간이 오면 위키피디아를 향했다. 사람들이 뉴스 알림을 받는 것을 성가셔한다는 것도 발견했다.

전 세계적으로 성공적이라 할 수 없는 디지털 뉴스 모델이 아직 마땅치 않다고 하지만, 한 가지는 분명하다. 독자를 제대로 이해하고 분석해야 해법에 다가갈 수 있다는 것이다. 언론은 독자를 위해 존재하며, 독자를 알아야 언론을 필요로 하는 사람들에게 유용해질 수 있다.

미국 언론사들은 독자 데이터 분석, 이용자 연구와 실험, 독자에 대한 공감을 바탕으로 뉴스를 디자인하고 개발한다. 브라이언 보이어(Brian Boyer)는 〈NPR〉 비주얼 팀에서 일할 당시 "우리는 모든 프로젝트를 이용자에 초점을 둔 디자인 훈련에서 시작한다"며 "이용자들과 그들의 필요를 이야기하고 우리가 만들 특징들에 대해 이야기한다"고 말했다.[280]

독자 데이터 활용을 중시한다는 것은 '클릭 수'에 천착한다는 것이 아니다. 디지털 뉴스의 성과 지표는 '클릭'이 아닌 '체류시간'과 '공유'로 옮겨간지 오래다. 누구나 인상 깊은 기사를 보면 오랫동안 소비하고 주변 사람과

---

280   Brian Boyer(2014). How we work. NPR,
https://blog.apps.npr.org/2014/06/04/how-we-work.html

공유하기 때문이다. 미국 저널리즘 스쿨에서 기사를 제작할 때 목표로 회자된 격언이 있다. "당신은 독자를 위해 뉴스를 제작하는 게 아니다. 독자의 친구를 위해 제작하는 것이다"라는 것이다. 무언가 인상 깊은 것을 보면 주변에 공유하고 싶어지는 것이 인간 본성인 만큼, 그런 기사를 제작하라는 것이다.

독자들은 행복, 화, 분노, 역겨움같이 감정적인 요소를 촉발하는 기사를 공유하는 경향이 있다고 한다. 저널리즘 스쿨 교수는 이 같은 요소를 염두에 두고 제작하라며 말했다.

"여러분은 기사에 고차원적인 가치가 있어서 사람들이 그것을 알기를 원해야 한다고 말할지 모릅니다. 그런데 독자들은 여러분이 그들을 행복하거나 슬프거나 두렵거나 화나거나 놀라게 만들지 않으면 신경 쓰지 않습니다. 여러분이 하는 일에 이런 요소가 있어야 합니다. 이런 모든 요소는 모든 기사에 녹아 있습니다. 우리가 강조하지 않을 뿐입니다. 낚시질을 하자는 게 아니라 여러분의 기사에 이미 있는 감정들을 끌어올리자는 것입니다."

〈AP〉의 인터랙티브 디지털 뉴스 제작 디렉터 폴 청(Paul Cheung)은 말한다.[281]

"이것은 경험에 대한 것이며, 이용자들에게 영향력 있는 무언가를 우리가 제공할 수 있는지에 대한 것이다. 그리고 끝내 정말로 이와 같은 것이라 생각한다. 기사는 어떻게 감정적인 수준에서 독자들에게 연결되는가? 그들은 기쁨을 찾는가? 어디서 행동을 촉발하는가? 공감을 형성했는가?"

독자들이 기사에서 깊은 인상을 받아 오래 소비하고 주변과 공유할수록

---

281 Kasia Kovacs(2016). How to engage readers with digital longform journalism. American Press Institute, https://www.americanpressinstitute.org/publications/reports/strategy-studies/engaging-longform-journalism/single-page/

기사를 읽기 위해 다시 돌아오는 '충성 독자'가 되고, 궁극적으로는 '구독자'가 될 가능성이 높다. 그리고 그것이야말로 대다수 미국 언론사들이 독자 데이터를 발판으로 목표로 하는 지점이다. 〈댈러스 모닝 뉴스〉 디지털 전략 디렉터 니콜 스톡데일(Nicole Stockdale)은 "사람들은 종종 적당히 기사에 관심이 있어서 클릭할 것인데, 충분히 돈을 지불할 정도로 깊게 신경을 쓰진 않을 것"이라며 "매력 있고 다시 돌아오고 싶은 콘텐츠와 제품을 찾아야 한다"고 말했다.[282]

랜페스트(Lenfest) 연구소의 맷 스키빈스키(Matt Skibinski) 독자 매출 자문의 설명을 소개하면 이해가 갈 것이다. 그는 커피 한 잔에 2, 3달러가량 하는 커피숍을 예시로 든다.[283] 회사는 커피를 팔거나, 커피보다 더 비싼 음료를 팔 때마다 돈을 벌 것이다. 비싼 음료 한 잔을 파는 것은 커피 여러 잔을 파는 것에 맞먹거나 그보다 많은 수익을 가져다줄 수 있다. 그렇다면 커피숍은 같은 자원을 갖고 커피 여러 잔을 팔 때와 비싼 음료 한 잔을 팔 때의 수지타산을 계산하고, 손님들에게 어느 것을 판매하는 데 집중할지를 결정할 것이다.

언론사들도 마찬가지다. 기사 클릭 수를 통한 '광고비'로 돈을 버는 방법도 있고, 기사를 구독하는 독자들의 '구독료'를 통해 돈을 버는 방법도 있다. 그렇다면 똑같은 기자들이 기사를 쓸 때 무엇을 통해 건당 더 많은 수익을

282   Mollie Leavitt(2019). Q&A: Nicole Stockdale, Director of Digital Strategy@Dallas Morning News. The Idea. Medium,
https://medium.com/the-idea/q-a-nicole-stockdale-director-of-digital-strategy-dallas-morning-news-5858934da1c3

283   Matt Skibinski(2019). One subscriber or 48,000 pageviews: Why every journalist should know the "unit economics" of their content. NiemanLab,
https://www.niemanlab.org/2019/10/one-subscriber-or-48000-pageviews-why-every-journalist-should-know-the-unit-economics-of-their-content/

창출할 수 있는지도 따져볼 수 있을 것이다. '기사 한 건당 광고로 인한 매출은 얼마가 발생하는가?' '기사가 클릭 수를 많이 얻는 것이 나은가, 디지털 구독자를 유인하는 것이 나은가?'와 같은 것들이다. 어쩌면 클릭을 많이 발생시키는 기사와 유료 구독자들을 유인하는 기사들은 완전히 다를지도 모른다.

스키빈스키는 이를 측정하기 위해 케이스 스터디를 실시했다. 한 일간지를 연구한 결과, 새로운 구독자 1명은 클릭 3만 건을 통해 얻는 광고 수익에 맞먹는 가치가 있다고 조사됐다. 이는 기자와 에디터가 기사를 생산하는 것에도 영향을 줄 수 있다. 조회 수가 높은 기사와 독자들이 구독하고 싶어지는 기사는 특징이 다른 만큼, 클릭을 통한 광고를 지향하느냐 구독자를 지향하느냐에 따라 중점을 두는 기사도 달라진다. 스키빈스키는 이렇게 말했다.

"특정한 유명 인사나 정치인을 언급하는 기사들은 더 많은 클릭 수를 유도하고, 기자들 역시 이런 인물을 그렇지 않았다면 관련 없을 기사에 끼워 넣고자 하는 유혹을 받는다. 전국적인 또는 국제적인 이슈를 다루는 기사들은 전국적인 매체에서 광범위한 관심을 발생시키고, 지방에 있는 기자들은 새로운 것을 더할 게 없더라도 같은 기사를 재탕하려는 유혹을 물론 받는다. 하지만 그들은 구독자를 유인하고 유지하는 보도들이 가장 많은 클릭 수를 발생시키는 보도와 종종 다르다는 것을 안다. 어떤 때는 고교 스포츠 팀이나 날씨와 같이 굉장히 지역적인 이슈와 같은 틈새 주제가 이용자들의 부분집합에서는 구독을 하는 유일한 이유일 것이다. 구독자들은 선정적이거나 다른 어디선가 본 뉴스를 재작성한 기사보다는 구별되고 지역적이고 자신의 일상에 관련 있는 기사들을 선호하는 경향이 있다. 만약 편집국이 클릭을 발생시키는 콘텐트뿐 아니라 구독자에게 가치를 제공하는 저널리즘으로서의 콘텐트를 성공적인 보도로 볼 수 있다면, 그들은 매일 내리는 결정에 있어서 이런 신호들에 부응하는 것이 마땅하다."

멀티미디어 스토리텔링
역량을 키워라

신문에서는 기사들이 모여서 한 면이나 부에 묶이지만, 디지털에서는 그렇지 않다. 기사는 소셜 미디어, 메시징 앱 등을 통해 '개별적으로' 공유된다. 디지털 기사는 신문에 실리는 수많은 기사 중 하나가 아니라, 고유의 기사로 인식된다. 기사는 더욱 독자적이게 되었다.

〈뉴욕타임스〉에서 디지털 비전을 제시한 '2020 그룹'은 그 현상을 이렇게 설명했다.[284]

"신문 산업이 안정적이던 인쇄 시대에는 편집국이 보도의 개별적인 요소나 보도 전체의 성공을 추적하지 않아도 됐다. 전체적인 묶음의 탁월함은 특정한 결함들을 가렸다. 성공을 수량화하는 건 번거로웠다. 〈뉴욕타임스〉는 계속 돈을 벌었고 강력한 평판을 갖고 있었다. 그것으로 충분했다. 하지만 오

---

284   The Report of the 2020 Group(2017). Journalism That Stands Apart. The New York Times, https://www.nytimes.com/projects/2020-report/index.html

기존의 틀을 벗어나라

늘날 사업은 빠르게 변하고 있다."

기사가 신문이나 방송이라는 공간을 통해 '묶음' 형식으로 제공되던 시절에는 개별 보도가 뛰어나거나 눈에 띄지 않아도 그럭저럭 괜찮았다. 하지만 오늘날 기사는 독자적으로 디지털 공간을 돌아다니는 만큼, 단건으로도 매력적이고 경쟁력 있지 않다면 독자들을 얻고 붙잡기 어렵다. 이런 맥락에서 활용되는 게 글, 사진, 동영상, 오디오, 그래픽 등을 조합해 구성하는 '멀티미디어' 기사다. 『News Reporting & Writing』(Brooks, Horvit, & Moen, 2020)은 이렇게 설명하고 있다.[285]

"최고의 기자들은 디지털 미디어가 텍스트뿐 아니라 링크, 사진, 그래픽, 오디오, 비디오까지 전체 스펙트럼의 자산을 활용해 뉴스를 제시할 때 탁월하다는 것을 안다. 온라인 독자는 단순 텍스트 이상을 기대한다. 디지털 미디어를 위해 글을 쓰는 것은 스토리를 이야기할 가장 좋은 방법을 결정하고 그것을 전달하기 위해 다양한 미디어 도구를 활용하는 것이다."

진지한 주제와 방대한 정보를 담은 탐사보도 기사는 취재보도에 상당한 시간과 노력이 들지만, '글로만' 전달해서는 확장성이 낮다. 〈워싱턴포스트〉 전국 디지털 프로젝트 에디터 테리 루파(Terri Rupar)는 글로만 작성된 기사들이 자동적으로 독자들을 제한한다고 말한다.[286] 기사를 읽기 위해 자신의 시간을 포기하고, 내용을 잠깐 확인하는 게 아니라 깊이 읽을 만큼 충분히 해

---

285   The Missouri Group(2019). News Reporting & Writing. Bedford/St. Martin's; 13 edition, p.232.

286   Kasia Kovacs(2016). How to engage readers with digital longform journalism. American Press Institute, https://www.americanpressinstitute.org/publications/reports/strategy-studies/engaging-longform-journalism/single-page/

당 주제에 관심이 있는 사람들로 독자를 한정 짓는다는 것이다. 반면, 멀티미디어를 활용하면 독자들이 긴 기사를 끝까지 읽을 수 있도록 하기가 훨씬 용이하다. 사진이나 동영상, 지도 등을 통해 독자들이 무언가를 보고 읽고 경험하면서 기사를 계속 읽게 되기 때문이다.

멀티미디어 기사에서는 글이나 사진, 동영상, 그래픽 등이 서로 '보완적인' 방식으로 조합된다. 각 미디어에 담긴 내용이 중복되면서 병렬적으로 배치되는 게 아니라, 기사에 담긴 요소를 가장 잘 구현할 수 있는 수단들이 보완적으로 조합돼 최적의 스토리를 구성한다는 것이다.

〈뉴욕타임스〉의 멀티미디어 기사[287] ≪Snow Fall≫을 예로 들어보자. 당시 기사 제작에 관여한 그래픽 에디터 스티브 두에네스(Steve Duenes)는 제작 과정을 이렇게 말했다.[288]

"우리가 프로젝트의 구조에 대한 아이디어를 수집할 때, 그 멀티미디어 그룹은 서로 다른 많은 요소들이 중첩된 채로 글에 붙어 있는 것을 만들고 싶지 않다는 것에 동의했다. 우리는 글을 포함한 모든 자료들을 갖고 하나의 스토리를 만들고 싶었다. 따라서 그것은 전형적인 디자인 노력이 아니었다. 이것은 글, 비디오, 사진, 그래픽 모두가 읽기-색다른 종류의 읽기-와 비슷한 방식으로 소비될 수 있게 자료들을 조합해 엮는 것을 요구하는 에디팅 프

---

287 John Branch(2012). Snow Fall. The New York Times,
http://www.nytimes.com/projects/2012/snow-fall/index.html#/?part=tunnel-creek

288 Steve Duenes, Erin Kissane, Andrew Kueneman, Jacky Myint, Graham Roberts, and Catherine Spangler(2013). How We Made Snow Fall. Source,
https://source.opennews.org/articles/how-we-made-snow-fall/

로젝트였다."

멀티미디어 기사를 제작한다는 것은 글을 최대한 많은 시각적인 요소로 대체하는 것은 아니다. 각 미디어의 특성과 강점을 파악하고, 글의 어떤 부분을 무엇으로 대체하는 게 효과적인지 전략적으로 판단해 제작하는 것이다. 콘텐츠 전략가 에일린 웹(Eileen Webb)은 이렇게 말한다.[289]

"2018년 현재, 웹의 맥락을 존중하는 것의 일부는 독자 중 큰 부분이 기사를 읽는 데 관심이 있다는 것이다. 시청하거나 잠기거나 경험하는 게 아니라 읽는 것이다. 동영상이나 움직이는 차트에 열광하는 사람이 있을 때마다, 글로만 된 원고를 선호하는 또 다른 누군가가 있다. 동영상이나 인터랙티브 요소를 버려야 한다는 것은 아니지만, 많은 사람에게 이런 화려한 요소들은 글을 고양하기 위한 것이고, 그들이 정말로 이곳에 있는 이유는 글 때문이라는 것을 기억하라. 정말로 글을 읽고 싶어 하는 사람들을 이런 요소들이 방해하지 않도록 하는 것을 분명히 하라."

멀티미디어 기사에 활용되는 미디어는 기사 내용을 전달하는 데 있어서 고유의 특징이 있다. 이를테면 오디오나 사진, 동영상은 등장인물의 감정이나 표정을 전하는 데 효과적이다. 〈NPR〉은 사진과 글, 오디오를 슬라이드 형식으로 결합해 에볼라 이후 라이베리아의 상황을 다룬 멀티미디어 기사[290]를 선보인 적이 있는데, 오디오는 이용자들이 라이베리아에 있는 사람들의 목소리에 담긴 감정을 직접 들으며 그들과의 거리감을 최소화하는 데에 사

---

289   Eileen Webb(2018). Your Interactive Makes Me Sick. Source, https://source.opennews.org/articles/motion-sick/

290   NPR(2015). Life After Death. NPR, https://apps.npr.org/life-after-death/

용됐다고 한다.

과거에는 기자들이 기사가 어떻게 '구현될지' 별로 생각하지 않아도 됐고, 기사를 쓰면 일이 끝났다. 하지만 오늘날 멀티미디어 기사 제작에서는 추가적인 역할이 요구된다. 어떤 미디어를 활용해 어떻게 보여주는 게 가장 좋은 스토리텔링 방법인지 생각하고 판단해야 한다.

이제 펜 기자들은 기사를 '작성'한다기보다는 '설계'한다. 논의단계에서 글로 구현할 아이템만 이야기하는 게 아니라 '어떤 미디어를 조합해 보도할 것인지'를 함께 제안한다. 기사를 제작할 때는 글만 쓰는 게 아니라 어떤 부분을 무슨 미디어로 전달할지도 고안한다는 것이다.

〈뉴욕타임스〉는 레제프 타이이프 에르도안(Recep Tayyip Erdogan) 터키 대통령이 미국을 방문했을 때 경호원들과 시위대 간 벌어진 충돌과 관련해 독특한 기사[291]를 내보낸 적이 있다. 당시 터키 경호원들이 시위대를 폭행했지만, 터키 측은 이를 부인하는 등 각자 주장이 달라 논란이 일었다. 〈뉴욕타임스〉는 현장에 있던 사람들의 개별적인 얼굴 사진과 함께 구체적인 폭행 및 부상 내역을 보여준 뒤, 현장을 촬영한 짤막한 동영상이나 사진 17개를 일일이 포렌식 하며 행동 당사자들의 신원을 분석하고 조명했다. 이는 비주얼 탐사보도를 하는 맬라키 브라운(Malachy Browne) 등이 제작한 것으로, 전통적인 취재와 디지털 포렌식을 결합해 진실을 면밀히 탐구한 것이다. 〈뉴욕타임스〉 편

---

291 Malachy Browne, Troy Griggs, Josh Keller, Chris Cirillo, Natalie Reneau(2017). Did the Turkish President's Security Detail Attack Protesters in Washington? What the Video Shows. The New York Times, https://www.nytimes.com/interactive/2017/05/26/us/turkey-protesters-attack-video-analysis.html

집국장 딘 바켓(Dean Baquet)은 해당 취재를 두고 이렇게 말했다.[292]

"맬라키는 그곳에서 촬영된 모든 영상을 수집해 모아서 현장을 재구성했다. 한번 보면 꽤나 경이롭다. 그는 에르도안 대통령이 근처에 있었다는 것을 증명했다. 이것은 다른 어떤 누구도 할 수 있는지 몰랐던 훌륭한 영상 탐사보도였다. 우리는 그 부분을 강화하려고 한다. 특히 탐사보도를 할 때 '스토리를 이야기할 가장 좋은 방법은 무엇인가'를 스스로에게 물어야 한다고 생각한다. 당신의 모든 한계를 벗어던지고 상상해야 한다. 나는 10명의 기자들에게 워싱턴에서 그날 일어난 일을 재구성하도록 할 수 있었고 정말로 좋은 기사를 얻었겠지만, 맬라키가 한 것보다 더 좋지는 않았을 것이다. 그리고 아마도 맬라키가 한 것보다 강력하지 않았을 것이다."

기자들이 취재보도에 접근하는 방식은 취재원에게 질문을 하는 내용까지 과거와는 달라졌다. 기존에는 방문할 공간의 채광이 어떠한지, 예정된 소음이 있다면 인터뷰 녹화에 어려움을 겪진 않을지와 같은 것을 취재원에게 질문하는 것은 펜 기자가 아닌 영상 기자의 역할이었다. 하지만 이제는 펜 기자도 이를 사전에 생각하고 계획하며 조율하고 있다. 〈더데일리〉에서 펜 기자로 일하는 에릭 저먼(Erik German)은 동영상이 기사의 일부가 될 경우에는 취재원에게 텔레비전 프로듀서가 하는 질문처럼 "평소 일을 할 때 어떤 모습인가요?" "제가 당신을 하루 종일 따라다닌다면 무엇을 볼 수 있나요?"를 묻는다고 말했다.[293]

---

292 Brown Media Institute(2018). Dean Baquet in Conversation. Youtube, https://www.youtube.com/watch?v=kVoJZOwDm-Q

293 Sean Patrick Farrell(2012). Viewfinder: Video journalism that works. Nieman Storyboard, https://niemanstoryboard.org/stories/viewfinder-video-journalism-that-works/

이제 기자는 무한한 가능성을 가진 기사의 '감독'과도 같다. 스토리를 바탕으로 텍스트와 사진, 그래픽 등 다양한 요소를 조합해 최적의 구현 방식을 기획하는 감독 말이다. 그 기획에 따라 스토리는 입체적인 방식으로 더욱 강력하고 효과적으로 전달될 수 있다.

기존의 틀을 벗어나라

무엇이든지 벤치마킹하라

　미국에서 기사를 제작하면서 끊임없이 했던 것 중에 하나는 '영감을 주는 모델을 찾는 것'이었다. 디자인이나 기능성 등에 있어서 벤치마킹할 만한 혁신적이거나 아름답거나 훌륭한 모델을 찾는 것인데, 기자들은 매번 영상이나 그래픽, 웹페이지 등 여러 모델을 찾아 공유하며 그것이 어떤 점에서 인상적이며 무엇을 차용할 수 있는지 팀원들과 이야기를 나눴다.

　영감을 주는 모델을 찾는 것은 기사 제작에 앞선 '연구'의 일부라고 할 수 있다. 프로젝트가 무엇이며 디자인은 어떤 식으로 구현될지 사전에 방향성을 탐색하는 과정이다. 다양한 배경과 전문성을 가진 사람들이 제작에 관여하는 만큼, 이것은 기사가 어떤 방향으로 왜 나아가야 하는지를 공유하는 것을 돕는다. 구성원들은 구체적인 제작에 돌입하기 전에 다양한 벤치마킹 사례를 보면서 어떤 접근법이 가장 잘 작동하고, 최종적인 모습이 어떤 느낌일지 알게 된다.

탁월한 스토리텔러들

언론계에서 멀티미디어 뉴스를 만드는 사람들이 제작에 돌입하기에 앞서서 가장 먼저 하는 일은 어딘가에서 영감을 얻거나 벤치마킹할 모델을 찾는 것이라고 해도 과언이 아니다.

〈복스미디어〉는 자사 디자이너들이 업무 단계별로 자주 사용하는 도구들을 툴킷 형태로 소개한 적이 있다.[294] 제작 단계는 '영감을 얻기-브레인스토밍 하기-무드보드(특정 주제를 설명하기 위해 텍스트와 이미지, 개체 등을 결합해 보여주는 것) 제작-시제품 만들기-테스트 실시'로 구성됐다. 가장 먼저 등장한 것은 역시나 '영감을 얻기'다.

언론계가 끊임없이 경쟁력 있는 작품을 생산하는 것은 벤치마킹을 통해 더 나은 방법을 찾기 때문이다. 상당수 작품은 기존에 보도되거나 알려진 다른 작품을 참고해 발전시킨 것이다.

〈뉴욕타임스〉에는 국가별로 올림픽에서 딴 메달 개수를 지도로 표현한 인터랙티브 기사[295]가 실린 적이 있다. 제작진은 메달 개수의 트렌드를 흥미롭게 보여줄 수 있는 방법을 찾고 있었는데, 지리적으로 구현하는 것이 좋은 방법으로 보였다고 한다. 지도의 형식을 고민하던 중, 2001년 〈포춘 매거진〉이 전 세계 500대 회사와 해당 회사들이 기반을 둔 나라들을 보여준 통계 지도를 보고 일정 부분 영감을 받아 프로젝트를 제작했다고 한다.

---

294 Sanette Tanaka and Kelsey Scherer(2016). The Vox Media designer's toolkit. Vox Media Product, https://product.voxmedia.com/2016/10/5/13163496/the-vox-media-designers-toolkit

295 Lee Byron, Amanda Cox and Matthew Ericson(2008). A Map of Olympic Medals. The New York Times, https://archive.nytimes.com/www.nytimes.com/interactive/2008/08/04/sports/olympics/20080804_MEDALCOUNT_MAP.html

〈NPR〉은 시민운동 시대의 미제 사건과 그 유산을 다룬 탐사 팟캐스트[296] ≪White Lies≫를 제작한 적이 있다. 취재진은 제작을 앞두고 어떤 종류의 스토리텔링 접근법이 적절한지 탐색했는데, 특히 〈워싱턴포스트〉에서 오디오와 영상을 결합해 사건 발생 지도를 그린 ≪The Four Days in 1968 That Reshaped D.C.≫라는 제목의 기사[297]를 눈여겨봤다고 한다.

〈워싱턴포스트〉는 자율주행차가 작동하는 방식을 그래픽을 활용한 인터랙티브 형식으로 구현[298]한 적이 있다. 제작진은 〈ABC뉴스〉 스토리 랩에서 제작한 인터랙티브 프로젝트[299] ≪The Amazon Race≫에서 영감을 얻었다고 한다. 해당 프로젝트가 독자들로 하여금 아마존 창고 근무자의 상황에 몰입하게 하면서 일의 어려움과 문제들을 설명하고, 이런 모든 것을 게임의 형태로 제시한 것을 눈여겨봤다고 한다. 응급 상황에서 자율주행차가 내리는 의사 결정 과정에 대해서는 〈라디오 캐나다〉가 제작한 비주얼 스토리[300]를 참고했다고 한다.

디지털 기사 제작자들은 독자들의 관심과 주목을 얻는 것이라면 무엇에든 눈과 귀를 열어두고, 언론계 밖에 있는 작품이나 사례도 광범위하게 둘러보

---

296 NPR(2019). White Lies. NPR,
https://apps.npr.org/white-lies/

297 The Washington Post(2018). The Four Days in 1968 That Reshaped D.C. The Washington Post,
https://www.washingtonpost.com/graphics/2018/local/dc-riots-1968/

298 Youjin Shin, Chris Alcantara and Aaron Steckelberg(2019). How does an autonomous car work? Not so great. The Washington Post,
https://www.washingtonpost.com/graphics/2019/business/how-does-an-autonomous-car-work/

299 ABC News Story Lab(2019). The Amazon Race. ABC News,
https://www.abc.net.au/news/2019-02-27/amazon-warehouse-workers-game-race/10803346?nw=0

300 Marc Lajoie(2019). Self-driving cars. Radio Canada,
https://ici.radio-canada.ca/info/2019/voitures-autonomes-dilemme-tramway/index-en.html

며 차용할 점을 탐색한다.

기사를 기획하는 경우 영화를 볼 때 왜 이 장면 다음에 저 장면이 나오는지, 왜 특정 부분에서 화면을 잘랐는지를 참고하면 내러티브 구성에 도움이 된다. 영상 기자의 경우 영화, 예술작품, 소셜 플랫폼의 사진들도 살펴보면서 벤치마킹하는 경우가 많다. 동영상에서 템포와 리듬 등을 참고하고, 사진에서 구도나 색감 등을 보는 식이다.

디자인에 있어서는 참고 범위가 무수히 넓다. 〈복스미디어〉 디자이너 브리타니 홀로웨이-브라운(Brittany Holloway-Brown)은 "연구는 어디서든 올 수 있다"며 "패션 웹사이트는 스틸 사진과 동영상을 결합하는 데 훌륭한 사례가 될 수 있고, 이메일 뉴스 레터는 익숙하지 않은 훌륭한 활자체를 쓸 수 있다"고 말했다.[301] 〈복스미디어〉 디자이너들은 가장 많이 영감을 얻는 대상이 'Dribbble(디자이너들의 플랫폼, 80%)', 'Pinterest(이미지 공유 서비스, 53.3%), siteInspire(웹 디자인 갤러리, 33.3%)', 'Designspiration(이미지 및 컬러 검색 엔진, 33.3%)', 'Awwwards(웹디자인 사이트, 33.3%)' 등이라고 2016년 답한 바 있다.[302] 〈NPR〉 비주얼 팀 디자이너 웨슬리 린다무드(Wesley Lindamood)는 "저널리즘 세계 밖에 있는 것을 보는 경향이 있고, 작은 디자인/인터랙티브 숍들과 다큐멘터리 제작자들로부터 영감을 얻는다"고 말했다.[303]

---

301   Brittany Holloway-Brown(2016). The importance of design research and moodboarding in storytelling. Vox Media,
https://storytelling.voxmedia.com/2016/8/8/12367992/the-importance-of-design-research-and-moodboarding-in-storytelling

302   Sanette Tanaka and Kelsey Scherer(2016). The Vox Media designer's toolkit. Vox Media Product,
https://product.voxmedia.com/2016/10/5/13163496/the-vox-media-designers-toolkit

303   Courtney Kan(2015). #SNDDC speakers Lindamood, O'Neil on collaboration at NPR. Society for News Design,
https://www.snd.org/2015/01/snddc-speakers-claire-oneill-and-wesley-lindamood-on-crossing-boundaries/

〈뉴욕타임스〉 디자인 디렉터를 지낸 코이 빈(Khoi Vinh)은 경쟁사들의 디자인을 참고하지만, 그것은 자신이 하는 일의 일부일 뿐이라며 이렇게 말한다.[304]

"인터넷 사용은 본질적으로 굉장히 다방면에 걸쳐 있고, 그것을 인식하는 것은 우리 팀의 책임이다. 따라서 우리는 많은 경우 언론사가 명시적으로 연루돼 있건 그렇지 않건, 또는 주어진 디지털 제품이 뉴스를 다루건 그렇지 않건 간에 큰 틀에서 디지털 미디어에서 발생하는 것으로부터 영감을 얻는다. 이것은 유튜브, 위키피디아, 크레이그리스트, 페이스북과 셀 수 없이 많은 여러 종류의 사이트들을 의미하며, 그중 다수는 최근에야 창업자의 창고에서 설립된 것들로 〈가디언〉이나 다른 최고의 경쟁자들만큼이나 우리의 관심사다."

304   The New York Times(2008). Talk to the Newsroom: Khoi Vinh, Design Director. The New York Times, https://www.nytimes.com/2008/04/21/business/media/21askthetimes.html

끊임없이 실험하라

미국 언론사들은 디지털 뉴스 제작에 있어서 굉장히 실험적이다. 눈이 휘둥그레질 만큼 생소하고 파격적으로 제작한다는 뜻이 아니라, 끊임없이 시도를 하고 시행착오를 겪으면서 더 나은 모델을 만들어나간다는 것이다. 무언가를 한 번에 '짠' 하고 만들기보다는 가설을 세우고 시제품을 만든 뒤 피드백을 받아 다시 만들며 발전시키는 것을 반복하는 경우가 많다.

〈NPR〉은 디지털 스토리텔링 프로젝트를 이용할 때 결과물을 내놓기 전에 '가설 중심 디자인'을 통해 가벼운 시제품을 제작하고 모형을 테스트해 최종 산출물을 제작한다.[305] 이를테면 ≪Rain Forest Was Here≫라는 카드뉴스 형식의 기사[306]를 제작할 당시, 해당 소재를 카드 뉴스 형식으로 제작하면

---

305 Wesley Lindamood(2018). Take our playbook: NPR's guide to building immersive storytelling projects. NPR, https://training.npr.org/2018/06/25/take-our-playbook-nprs-guide-to-building-immersive-storytelling-projects/

306 Courtney Kan(2015). #SNDDC speakers Lindamood, O'Neil on collaboration at NPR. Society for News Design, https://www.snd.org/2015/01/snddc-speakers-claire-oneill-and-wesley-lindamood-on-crossing-boundaries/

독자들이 기사를 더 잘 이해할 것이라고 가정했다고 한다. 〈NPR〉은 시제품을 만들고 제목 카드를 계속 넘기는 이용자의 수를 추적하며 테스트해 기사를 제작했다.

많은 사람들은 아이디어와 솔루션을 현장에서 테스트하지 않고 내놓곤 한다. 철저하게 다듬어진 것만 내놓으려 하는 경우도 적지 않다. 모든 것을 조정해 다듬어진 제품을 세상에 내놓으려고 하는 것은 오래된 패러다임이다. 아이디어를 토대로 시제품을 만들고 그것이 이용자에게 어떻게 작동할지 계속 테스트하며 개선하는 사람들이 발전하고 앞서간다.

자신이 제작하는 제품을 이용하는 사람들의 요구를 이해하고, 최종 제품을 확정하기 전에 솔루션을 실험하고 피드백을 받아 최적의 결과를 도출하는 것을 지칭하는 용어가 있다. 디자인 분야에서 많이 쓰이는 '디자인 사고(Design Thinking)'다. 새로운 제품이나 서비스를 개발하거나 문제를 푸는 데 주로 활용되는 과정으로, 문제를 이해하고 해결책을 탐색하며 모형을 만들어 시험을 반복한 끝에 실행하는 것이다. 완벽하지 않더라도 일단 출시해서 사람들이 어떻게 생각하고 사용하는지 보고 그것에 맞춰서 재빠르게 대안을 찾아보는 것, 지속적인 실험으로 끊임없이 발전 방향을 찾는 것이 디자인 사고라고 할 수 있다.

디자인 사고는 '공감, 규정, 구상, 원형 제작, 실험'이라는 다섯 단계로 구성된다.

① 공감: 솔루션을 만드는 대상을 진정으로 이해하고 공감하는 것이다. 그들의 삶, 그들이 마주하는 문제, 시도한 솔루션은 무엇이고, 그것을 어떻게 느꼈는지 알아보는 것이다.

② 규정: 연구를 통해 얻은 정보를 토대로 디자인에 있어서 숙지할 요점을 규명한다.

③ 구상: 아이디어를 도출하기 위해 브레인스토밍을 한다.

④ 원형 제작: 최고의 아이디어를 토대로 솔루션을 제작한다.

⑤ 실험: 솔루션의 대상으로부터 그 원형에 대한 피드백을 받는다.

여기서 '원형 제작'과 '실험'을 반복하면서 최적의 결론을 도출한다.

디자인 사고는 실리콘밸리의 많은 회사들이 성공하도록 한 비법이었다고 한다. 많은 거대 기업들의 초창기 서비스는 지금과 굉장히 달랐는데, 소비자들의 지속적인 피드백을 얻으며 완전히 전환해 오늘날에 이른 것이다. 물론 그 과정에서 망한 회사도 있지만 피드백을 통해 발전한 기업은 성공했다. 중요한 것은 실패는 소비자들의 필요에 대해 무언가를 가르쳐주는 만큼, 실패해도 괜찮다는 것이었다. 무언가를 시도하고 실험했을 때 작동하지 않으면 왜 그것이 작동하지 않았는지에 대해 배우고, 다시 돌아가서 새로운 것을 시도하면 되는 것이다.

디자인 사고는 독자들을 위한 기사를 제작하는 데 유용한 역할을 하고 있다. 많은 언론사들이 독자 중심주의를 표방하고 독자들의 데이터를 갖고 있지만, 실험해보기 전까지는 수요를 제대로 알지 못한다. 데이터는 언론사가 이미 생산한 것에 대해 이용자들이 어떻게 반응하는지 보여주지만, 언론사가 놓쳤을 법한 주제나 접근법까지 알려주진 않는다.

〈필리닷컴〉과 〈필라델피아 인콰이어러〉는 2017년 이런 문제를 해결하기 위해 디자인 사고를 활용했다.[307] 뉴스 이용자 세 명을 초청한 뒤 반나절 동안 기자들과 시간을 보내며 자신들의 수요와 습관 등에 대해 인터뷰하도록 하고, 그로부터 얻은 혜안을 바탕으로 아이디어를 내고 피드백을 받아 기자들의 업무에 반영하도록 한 것이었다. 이용자들은 언론사의 브랜드에는 익숙하지만 충성 독자들은 아닌 사람들이었다고 한다. 이날 진행한 과정은 다음과 같았다.

1. 인터뷰: 세 개의 그룹으로 나눠서 각 그룹이 손님을 약 20분간 인터뷰한다. 기자들에게는 기자가 취재원을 인터뷰하는 형식이 아니라, 이용자 연구자들이 이용자를 인터뷰하는 형식으로 코치한다. 이것은 습관에 대해 결말이 열린 질문을 하는 것인데, 이를테면 "당신의 아침 일상을 알려달라. 기상한 뒤에 무엇을 하는가?"와 "왜?"를 많이 묻는 것이다. 각 그룹은 그들이 손님으로부터 들은 내용을 요약해 다른 그룹에 알려준다.

2. 문제 규정: 이용자들의 수요를 모으고 세 명의 삶에서 공통된 트렌드를 발견한다. 특히 이상적이지 않은, 목표 달성에 실패한 과정을 찾

---

307 Eric Ulken(2018). How the Philly papers are experimenting with design thinking in the newsroom. The Lenfest Institute,
https://www.lenfestinstitute.org/diverse-growing-audiences/how-the-philly-papers-are-experimenting-with-design-thinking-in-the-newsroom/

도록 했다. 그것이야말로 독자들에게 도달하는 범위를 넓히는 데 도움이 되는 기회를 찾는 방법이기 때문이다.

3. 아이디어 수집: 기사 아이디어 형식으로 이용자 수요에 대한 해결책을 브레인스토밍 한다. 아이디어들을 손님들에게 가져가 피드백을 들은 뒤 그 피드백을 토대로 아이디어를 변형하거나 버린다. 그리고 기자들이 헤드라인 형식으로 기사 아이디어를 제안하도록 한다.

4. 해결책 투표: 기사 아이디어들이 몇 가지 나온다. 손님들과 내부 참여자들에게 투표를 하라고 한다. "나 같으면 클릭해보겠다"에 투표하는 것이다. 손님들이 기자들보다 더 많은 투표권을 갖고 있고 모든 사람들은 원하는 대로 표를 할당할 수 있다.

5. 최종 후보군 비평: 손님들에게 왜 그렇게 투표했는지 말해달라고 한다. (기자들은 "만약 우리가 이걸 생산했다면 당신은 읽을 건가요?"와 같은 식으로 가설에 반응해줄 것을 요청하는 것은 피드백을 얻기 위한 가장 믿을 만한 방법은 아니라는 것을 깨달았다. 이상적으로는 실제 기사 원형을 만들어 "이 기사가 당신에게 얼마나 유용하거나 흥미롭거나 가치 있었나요?"라고 묻겠지만 반나절밖에 시간이 없었으므로 지름길을 택했다.)

이날 훈련을 통해 얻은 몇 가지 아이디어는 실제 기사로 발행됐다고 한다. 발행된 기사 중 다수가 독자들로부터 긍정적인 피드백을 얻었다고 한다.

언론사들이 이용자 테스트를 하는 이유는 그것이 기사의 품질을 향상시키고 독자에게 활용도와 영향력을 높이기 때문이다. 물론 일간지의 경우 하루 단위로 돌아가는 뉴스 주기 속에서 모든 기사 아이디어들을 각기 다른 방식으로 디자인해 실험하는 데에는 한계가 있다. 하지만 미국 언론사들은 가볍고 간단한 형식으로라도 어떻게든 '이용자 실험'을 실시하곤 한다. 독자들이 어떻게 기사를 이해하고 소비할지에 대해 더 잘 알 수 있기 때문이다.

〈WNYC〉의 인터랙션 및 그래픽 디자이너 클래리사 디아즈(Clarisa Diaz)는 '이틀 내에' 발간되는 기사를 두고 기본적인 이용자 실험을 한 과정을 다음과 같이 소개했다.[308]

- 명확한 스토리를 가져라: 기사나 비주얼을 제작할 때 우선적인 것은 목적을 이해하는 것이다. 디자이너의 경우에는 그 비주얼이 기사에서 전달하고자 하는 것이 무엇인지에 대한 목표로 시작한다. 그 비주얼이 전달해야 하는 한두 개의 핵심은 무엇인가?

- 기자가 아닌 사람들, 디자이너가 아닌 사람들과 이야기하라: 편집국과 디자인 부서 바깥에 있는 사람 두세 명에게 첫 시제품을 시험해보라. 핵심은 기사가 무엇에 대한 것인지에 대해 아무것도 모르는 사람들을 찾는 것이다. 이것은 인사팀, 재무팀 또는 뉴스 제작 단계에 직접적으로 결부돼 있지 않은 다른 부서에 가는 것이다. 기본적인 이용성 시험을 통해 기사에 담긴 스토리나 비주얼이 명확하게 소통하는

308　Clarisa Diaz(2016). How Usability Testing Can Improve News Stories. Source, https://source.opennews.org/articles/how-usability-testing-can-improve-news-stories/

지를 알고 싶을 뿐이다.

- 듣고 관찰하라; 왜인지 물어라: 이용성 테스트를 실시할 때 디자인에 대해 너무 많은 것을 주지 말고 그것이 무엇인지에 대해 참여자들의 인상을 얻는 것이 핵심이다. 비주얼이나 스토리를 보여주면서 시작하라-스토리를 시각적인 요소가 보완하면 어떨지에 대해 너무 적은 맥락을 주어도 괜찮다. 시나리오를 정립하라: "당신이 우리 웹사이트에 와서 이걸 본다고 생각해보라…." 그리고 그들이 가장 먼저 무엇을 보는지 물어보라. 그들에게 맞거나 틀린 답은 없다고 말하라. 그들은 단지 자신의 인상을 묘사해야 한다.

- 디자인 수정: 두세 명의 이야기를 듣고 나면 디자인에서의 결함을 지적하는 비슷한 피드백의 패턴이 나타날지 모른다. 우리는 테스트를 통해 이것이 작은 변화들로 이어져 기사가 크게 달라지도록 할 수 있다는 것을 발견했다. 폰트 크기, 색깔, 정보의 시각적인 우선순위는 비주얼과 스토리가 더 명확해지도록 조정될 수 있다. 두세 명에게 피드백을 요청하는 것은 과도한 시간이 걸리지 않으며, 작품을 향상시키는 혜택은 그럴 가치가 있다.

- 품질 확인: 첫 테스트 이후, 피드백을 토대로 디자인을 조정하라. 그다음 두세 명을 상대로 추가로 테스트해 그 변화가 정말로 디자인의 명확성을 향상시켰는지 확실시 하라.

이 같은 '비공식 테스트'는 언론계에서 광범위하게 실행되고 있다. 〈복스 미디어〉의 경우 기사 프로젝트를 보도하기 전에 매주 정식으로 '디자인 리뷰'를 실시하지만, 개발자들은 공식 리뷰 시간과는 별도로 슬랙 단체 창에 시안을 공유하며 디자인에 대한 의견을 구하곤 한다. 이를 통해 사소하게는 헤드라인에 쓰는 텍스트를 바꾸기도 하며 다양한 변화를 시도한다.

디자인 사고는 언론계 전반에 녹아 있다. 그것은 '할지, 말지' 선택의 문제가 아닌 '어떻게 할지'에 대한 실행 방법의 문제에 가깝다. 〈워싱턴포스트〉의 모바일 디자인 디렉터 조이 말버거(Joey Marburger)는 "우리의 모든 시제품은 최종 제품까지 진화했다"며 이렇게 말했다.[309]

"난관은 반드시 시제품을 만들지 말지에 대한 것이 아니다. 이것은 시제품을 제작할 빠르고 효율적인 방법과, 그것을 당신의 제품 흐름과 조직 문화에 결합시키기 위한 효율적인 방법을 찾는 것이다."

미국 언론사들이 스토리텔링 방식을 혁신하고 디지털 독자들을 모으는 것은 단순히 인구 규모나 인력이 많기 때문이 아니다. 그들은 끊임없이 시도하고 실험하며 무엇이 작동하거나 작동하지 않는지 파악하고, 실패하더라도 '더 나은 방안'을 질문하며 길을 찾아나간다.

---

309   Joey Marburger(2013). Creating The Grid: a Story of Prototyping. Source, https://source.opennews.org/articles/creating-grid/

탁월한 스토리텔러들

GREAT
STORYTELLERS

PART 09

전달 방식을
'기획' 하라

카메라 기자는
비주얼 스토리텔링을 한다

　오늘날 내러티브는 글 외에 다양한 요소를 활용해 구성된다. 사진이나 동영상은 내러티브 속에서 조화롭게 어우러지며 독자들이 장면을 생생히 엿볼 수 있게 한다. 동영상은 현장 분위기를 효과적으로 전달할 수 있으며, 사진은 인물의 표정을 깊이 있게 담아낼 수 있다. 어떤 소재는 백 마디 말보다 한 장의 사진이나 짤막한 동영상이 더 많은 것을 전달할 수 있다. 시각적으로 구현한 부분은 굳이 글로 설명하지 않을 수 있으며, 동영상이나 사진이 있을 때는 그에 맞춰서 글을 쓰기도 한다. 이 모든 것은 독자들이 이야기의 흐름을 따라가는 것을 돕는다.

　〈뉴욕타임스〉에는 시리아에 있는 도시 알레포에 대한 기사[310]가 실린 적이 있다. 기사 도입부에는 전쟁 이후 폐허가 된 알레포 전경에 대한 25초 분

310　Anne Barnard(2016). My Journey Into Aleppo: Watching a Moonscape of War Turn Into a Functioning City. The New York Times,
https://www.nytimes.com/2016/11/09/world/middleeast/syria-aleppo-war.html

량의 동영상이 먼저 등장한다. 기사는 "나는 전쟁으로 폐허가 된 시리아에서 종종 초현실적으로 느껴지는 버스를 타고 있을 때 이 동영상을 찍었다"는 문구로 시작한다. 동영상을 감안해 기사의 도입부를 작성한 것이다. 기사 중간에는 "알레포 서부에 들어가면 모든 게 정상적으로 보인다"는 문구가 등장한다. 해당 문장 밑에는 알레포 서부의 모습이 담긴 사진이 게재돼 있다. 다음으로 이어지는 문장은 "여느 도시처럼 보인다"는 것이다. 글과 시각적인 요소가 조화롭게 배치되지 않았는가?

　신문에서는 지면이라는 한정된 공간에 사진이 특정한 크기로 게재됐지만, 디지털에서는 사진이나 동영상을 다채롭게 구현할 수 있다. 이를테면 색감, 위치, 분량 등을 유연하게 선택할 수 있다. 취재보도에 있어서 시각물이 활용되는 방식은 점점 발전하고 있다.

　오늘날 미국 언론사에는 사진이나 동영상에 전문성을 가진 '비주얼 기자'들이 있다. 펜 기자들은 대개 이들과 짝을 지어 일한다. 펜 기자가 취재 대상을 관찰하고 인터뷰해 글로 스토리텔링을 하는 것처럼, 비주얼 기자도 현장에 오래 머물면서 취재 대상을 면밀히 관찰하고 여러 각도로 촬영하며 시각적인 '스토리텔링'을 한다. 똑같은 소재라도 기자의 작법이나 필체에 따라 글이 달라지는 것처럼, 동영상이나 사진도 비주얼 스토리텔러에 따라 느낌이 천차만별이다.

　비주얼 기자들은 대상을 효과적으로 포착하기 위해 또 다른 차원의 소통을 한다. 취재원이 카메라 앞에서 편안하고 자연스럽게 행동할 수 있도록 하기 위함이다. 어떤 취재원들은 비주얼 기자와 있을 때 펜 기자가 취재할 때

전달 방식을 '기획'하라

와는 다르게 행동하거나 추가적인 속내를 털어놓기도 한다. 이때 얻는 멘트는 사진이나 동영상 등 시각물과 함께 기사를 더욱 풍부하게 한다.

미국의 저널리스트이자 영화 제작자인 몰리 빙햄(Molly Bingham)은 이렇게 말했다.[311]

"사진 기자들은 종종 중심이 되는 대상 주위로 이미지들을 모으면서 스토리의 더 넓은 맥락을 본다. 그와 동시에 펜 기자가 인터뷰, 자료 조사, 관찰을 통해 모은 정보는 사진 기자로 하여금 그 시각적인 스토리가 어떻게 텍스트 스토리와 맞물릴 수 있는지 정확히 이해하도록 돕는다. 사진 기자와 펜 기자는 모두 진실을 추구하지만 다른 방식으로 추구한다."

언론계에서는 "최고의 취재는 두 명의 기자가 함께할 때 발생한다"는 격언도 회자된다. 사진 기자와 펜 기자가 서로 보완하며 글의 품질과 시각적인 전달력을 극대화할 수 있기 때문이다.

펜 기자들은 취재 초기부터 비주얼 기자와 팀을 이뤄 밀접하게 협업한다. 특정 현장을 찍어달라고 의뢰하는 게 아니라, 팀을 이뤄 취재원의 삶 속에 함께 들어간다는 것이다.

〈뉴욕타임스〉에는 집이 없는 아이들에 대한 기사[312]가 보도된 적이 있다. 기사를 스크롤할 때마다 글이 각기 다른 사진들과 함께 등장한다. 사진은 아이들의 삶을 생생하고 실감 나게 보여주면서 주제를 효과적으로 전달한다.

---

311   Mark Kramer & Wendy Call(2007). Telling True Stories. Plume, p.256.

312   Eliza Shapiro and Brittainy Newman(2019). 114,000 Students in N.Y.C. Are Homeless. These Two Let Us Into Their Lives. The New York Times,
https://www.nytimes.com/interactive/2019/11/19/nyregion/student-homelessness-nyc.html

탁월한 스토리텔러들

기사를 쓴 엘리자 샤피로(Eliza Shapiro)는 독자들이 이 같은 비극이 눈앞에서 벌어지는 것을 이해하기 위한 가장 좋은 방법은 해당 아이들을 소개하는 것이라고 생각했다고 한다. 그는 사진 기자 브리태니 뉴만(Brittainy Newman)과 함께하는 동행 취재를 허락하는 가족을 찾는 데 약 한 달을 보냈다. 샤피로는 수소문 끝에 마리아(Maria)와 산디벨(Sandivel) 등을 취재원으로 섭외해 취재한 과정을 이렇게 설명했다.[313]

"브리태니와 나는 깜깜할 때 자메이카에 나타나 학생 12명가량이 멀리 있는 학교에 가기 위해 버스에 탑승하는 것을 지켜봤다. 우리는 마리아와 스페인어로 이야기하며 통역해준 메트로 데스크 동료 안드레아 살세도(Andrea Salcedo)와 함께 산디벨의 집 바깥에 서 있었다. 산디벨의 침실 불이 켜지기 전, 보도에 있는 우리를 그녀의 눈이 힐끔 훑어보는 동안 어둠 속에서 빛나는 것을 봤다. 우리는 그들 가족과 지하철을 탔고, 엄마들이 겪는 모든 것에 대해 더 배웠다."

오늘날 유수 언론사에서 피처 기사 중 감각 있는 사진이나 동영상 등 시각적인 요소를 취재 전반에 비중 있게 동반하지 않은 경우는 보기 어렵다. 중요한 기사일수록 비주얼 기자들이 취재 초기부터 관여해 다양한 현장에서 깊이 있게 시각적인 스토리텔링을 한다. 글이 아무리 빼어나더라도 또 다른 차원의 스토리텔링이 동반됐을 때 전달력을 극대화할 수 있기 때문이다.

미디어 이용자들은 시각적으로 흥미롭고 매력적인 것에 이끌린다. 〈블룸

---

313 Eliza Shapiro(2019). From Sunrise to Sunset: The Long School Days of Homeless Students. The New York Times,
https://www.nytimes.com/2019/11/19/reader-center/new-york-city-schools-homeless.html

버그〉 디지털 에디터 마이클 셰인(Michael Shane)은 "독자들은 미디어를 막론하고 지속적인 시각적 관여를 기대한다"고 말했다.[314] 비주얼 기자들이 취재 보도에 있어서 어느 때보다도 더욱 적극적인 역할을 하고, 그 역할이 점점 더 중요하게 인식되고 있는 이유다. 〈뉴욕타임스〉의 전략을 담은 2020 리포트는 "기사가 더 시각적이어야 한다"며 이렇게 말한다.[315]

"문제를 해결하기 위해 〈뉴욕타임스〉에서 일하는 비주얼 전문가들의 수를 늘려야 하며, 리더십 역할 중에서도 그 수를 늘려야 한다. 또 사진 기자들, 동영상 제작자들, 그래픽 에디터들이 기사를 다루는 데 있어서 부수적인 역할이 아니라 주요한 역할을 하는 것에 더욱 편안해져야 한다. 이미 이런 부서에서 생산되는 훌륭한 저널리즘은 모델이 되고 있다."

---

314 Bloomberg Media Distribution(2016). Visual Storytelling and the modern newsroom. Bloomberg, https://www.bloomberg.com/distribution/blog/2016-03-28/17978/

315 The Report of the 2020 Group(2017). Journalism That Stands Apart. The New York Times, https://www.nytimes.com/projects/2020-report/index.html

협업 상대를 이해하라

기자들은 더 이상 독자적으로 일하는 존재가 아니다. 어떤 소재를 어떻게 쓸지 단순히 에디터와 상의하던 시대도 지났다. 이제는 기사가 구현될 수 있는 다양한 방식을 염두에 두고, 디자이너, 개발자, 데이터 전문가 등 다채로운 역량을 지닌 사람들과 협업해야 한다.

오늘날 뉴스룸은 점점 더 다양한 기술과 경험을 필요로 하고 있다. 이는 미국에서 취재보도 교과서로 쓰이는 『News Reporting & Writing』(Brooks, Horvit, & Moen, 2020)에도 다음과 같이 반영돼 있다.[316]

"변화하는 미디어 환경은 저널리즘 스쿨들과 학과들, 그들의 학생들에게 도전과제를 주고 있다. 학생들이 신문기자나 잡지 디자이너, 혹은 인쇄 매체의 사진 기자가 되는 것을 탄탄히 준비하는 데 집중하는 것은 적합하지 않다. 오늘날 이런 모든 일자리들, 사실상 저널리즘의 모든 일자리들은 다음과

---

316 The Missouri Group(2019). News Reporting & Writing. Bedford/St. Martin's; 13 edition, p.37.

같은 것들 역시 요구한다:

- 정보의 근원으로서와 당신 회사의 접점을 확장하는 플랫폼 모두로서 웹에 대한 철저한 업무적인 지식
- 웹과 프린트 콘텐트 사이의 차이에 대한 지식
- 비디오 기술, 촬영과 편집 모두
- 오디오 기술, 오디오 녹음과 편집 모두
- 모바일 기기들과 대중이 그것을 사용하는 방법에 대한 친숙함
- 독자들과 연결될 수 있는 방법에 대한 이해
- 웹 분석과 어떤 이용자들이 어떻게 소비하는지 결정하는 다른 수단에 대한 기본적인 친숙함."

얼마나 다양한 전문가들이 중요해지고 있는지는 언론사들의 전략에도 고스란히 반영돼 있다. 〈다우 존스〉는 2019년 '뉴스 전략'에 대한 보도 자료를 내고 다음과 같이 밝혔다.[317]

"오늘 우리는 뉴스룸 부서를 추가적으로 만들고 36개 이상의 새로운 일자리 공고를 내게 되어 기쁘게 생각합니다. 이런 새로운 팀은 새로운 기술, 독자 증대, 커뮤니티 및 뉴스 혁신을 위한 인큐베이터로 일할 것입니다. 이들은 고유의 콘텐트, 스토리들, 뉴스 피처들을 만들어내고 모든 지국과 담당 분야를 가로질러 변화의 자원이 될 것입니다. 새로운 일자리 계획은 개발자들, 디

---

317 Dow Jones(2019). Newsroom Strategy: Next Steps & New Jobs. Dow Jones, https://www.dowjones.com/press-room/newsroom-strategy-next-steps-new-jobs/

탁월한 스토리텔러들

자이너들, 제품 매니저들, 데이터 전문가들, 중요하게는 저널리스트들을 포함합니다."

다양한 전문성은 기사의 전달력을 높이는 데 주요한 역할을 한다. 대표적인 게 독자들이 기자를 소비하는 데 있어서 마주하는 첫 관문인 '디자인'이다. 웬만큼 뛰어난 보도를 하더라도 사람들은 일단 디자인을 보고 그것을 소비할지 말지를 무의식적으로 판단한다. 이것은 전반적인 인상에 대한 것이고, 직관적인 판단으로 이뤄지는 일이다. 캐나다 칼레톤대 기테 린드가르드(Gitte Lindgaard) 교수는 "첫 인상이 우호적이지 않으면 방문자들은 당신이 경쟁자보다 더 많은 것을 제공할지 모른다는 것을 알기조차 전에 사이트를 나가버릴 것"이라고 말했다.[318]

언론사에서는 전통적인 그래픽 디자이너를 넘어서 새로운 배경을 가진 사람들이 고용되고 있다. 이를테면 '예술' 분야가 그러한데, 사진과 일러스트레이션 등을 통해 뉴스의 전달 효과를 극대화하는 일을 한다. 〈워싱턴포스트〉가 운영하는 〈릴리(The Lily)〉의 예술 디렉터 마리아 알코나다 브룩스(Maria Alconada Brooks)는 그래픽 디자인을 전공한 일러스트레이션 전문가다. 〈아틀란틱〉에서는 예술 디렉터뿐 아니라 크리에이티브 디렉터가 디자인을 점검한다.

언론사들은 정보를 눈에 띄고 강력하게 전달하기 위해 그래픽 및 디자인 전문가들을 늘리고 있다. 〈워싱턴포스트〉 편집부장 마티 바론(Marty Baron)은 그래픽 · 디자인 분야 추가 채용을 밝히면서 "〈워싱턴포스트〉의 비주얼 저널

318　Michael Hopkin(2006). Web users judge sites in the blink of an eye. Nature, https://www.nature.com/news/2006/060109/full/news060109-13.html

전달 방식을 '기획'하라

리즘은 복잡한 주제를 설명하는 강력한 수단이 돼 왔으며, 독자들을 위해 이것을 더 많이 정기적이고 빠르게 생산하고 싶다"고 말했다.[319]

〈워싱턴포스트〉의 그래픽·디자인 분야 채용 공고에 기술된 직무 설명을 보면 각 직군이 얼마나 밀접하게 협업하고 있는지 알 수 있다.

- 개별화된 기사들을 제작하고 가장 야심찬 기사들을 강화하는 시각적인 스토리텔링을 하며 새로운 시각적인 형식에 대한 실험을 많이 하는 비주얼 팀을 위한 에디터 한 명과 디자이너/개발자 세 명.
- 뉴스룸 전반의 데이터 노력을 조정하고 수정하며, 크고 복잡한 데이터 집합들의 시각화를 이끌고, 뉴스룸이 데이터를 가장 잘 활용하도록 하기 위한 도구를 개발하는 데이터 에디터.
- 그래픽에 필요한 정보를 찾고 글과 시각적인 요소를 결합하는 것을 돕는, 새로운 비주얼 취재 팀의 일부가 될 기자 한 명.
- 속보에 즉각 대응할 수 있는 긴급 대응 디자이너 두 명.
- 뉴스 주기에 민첩하게 대응하는 역량을 높일 그래픽 과제 에디터 두 명과 그래픽 기자 네 명.

미국의 멀티미디어 기사를 보면 협업이 얼마나 광범위하고 입체적으로 실시되는지 엿볼 수 있다. 기사의 하단이나 마지막 페이지에는 기자와 사진 기

---

319 WashPostPR(2020). The Washington Post to expand graphics and design teams with 14 new positions. The Washington Post,
https://www.washingtonpost.com/pr/2020/06/26/washington-post-expand-graphics-design-teams-with-14-new-positions/?arc404=true

자의 바이라인뿐 아니라 디자이너, 개발자 등 다양한 직군들이 영화 마지막 장면의 '엔딩 크레딧'처럼 명시된 경우가 적지 않다.

〈LA타임스〉에 ≪마셜 아일랜드에서 방사선이 노래로 이야기들을 전수하는 전통을 위협하다≫라는 제목으로 실린 멀티미디어 기사[320]는 바이라인 부분에 'by 알리 라(Ali Rah)'라고 적혀 있고, 다음 줄에는 '사진과 동영상은 캐롤린 콜(Carolyn Cole)에 의해. 그래픽과 디자인은 로레나 이니게즈 엘레비(Lorena Iniguez Elebee)와 샨 그린(Sean Greene)에 의해'라고 기재돼 있다. 기사의 맨 마지막에는 기여한 사람들을 다음과 같이 더 상세히 설명한다.

"알리 라는 주요 기자들, 교수, 졸업한 펠로들이 대중이 관심을 갖는 이슈를 취재하는 컬럼비아 저널리즘 탐사보도의 취재 펠로다. 기금은 컬럼비아 저널리즘 스쿨에서 제공했다. 기사의 그래픽과 애니메이션은 로레나 이니게즈 엘레비가 만들었고, 샨 그린이 디지털 디자인과 제작을 했다. 아비 펜트리스 스완슨(Abbie Fentress Swanson)은 오디오를 수정했다. 프로젝트는 스튜아트 레븐워스(Stuart Leavenworth)가 에디팅을 했고 자레드 세르반테즈(Jared Servantez)와 케빈 우에다(Kevin Ueda)가 글 에디팅을 했다. 추가적인 제작과 홍보는 디야 차코(Diya Chacko)와 켈치 페거(Kelcie Pegher), 제임스 타이너(James Tyner)가 했다."

취재 프로젝트 하나에 다양한 사람들이 10명 넘게 협업하는 일은 이제는 흔히 볼 수 있는 일이다. 〈탬파베이 타임스〉의 ≪Clear Takeover≫라는 멀티

---

320   Ali Raj(2019). In Marshall Islands, radiation threatens tradition of handing down stories by song. Los Angeles Times,
https://www.latimes.com/projects/marshall-islands-radiation-effects-cancer/

미디어 기사[321]를 예로 들면, 기사는 트레이시 맥마누스(Tracy McManus)가 썼지만, 추가로 다음과 같은 명단이 게재됐다.

- 에디터: 아담 플레이포드(Adam Playford)

- 데이터 분석: 코니 험버르그(Connie Humburg), 트레이시 맥마누스(Tracy McManus)

- 맵핑: 엘리 머레이(Eli Murray), 트레이시 맥마누스(Tracy McManus)

- 사진 및 동영상들: 더글라스 클리포드(Douglas R. Clifford), 루이스 산타나(Luis Santana)

- 신문 디자인 및 그래픽: 타라 맥카티(Tara McCarty)

- 디지털 디자인: 엘리 장(Eli Zhang), 닐 베디(Neil Bedi)

- 디지털 그래픽: 엘리 머레이(Eli Murray), 엘리 장(Eli Zhang)

- 연구: 카린 베어드(Caryn Baird)

- 카피 에디팅: 미미 안델만(Mimi Andelman)

미국 언론계에서는 여러 종류의 직군이 협업하는 만큼, 자신과 다른 전문성을 가진 사람들의 업무를 이해하고 그들과 협업할 줄 아는 것이 중요한 역량으로 떠오르고 있다.

저널리즘 스쿨에서도 서로 다른 직군이 함께 일할 때 무엇을 어떤 과정으로 논의해야 하는지 협업 과정을 가르친다. 이를테면 '애니메이션 뉴스 제작

---

321 Tracy McManus(2019). Clear Takeover. Tampa Bay Times,
https://projects.tampabay.com/projects/2019/investigations/scientology-clearwater-real-estate/

(Animating the News)' 수업이 있는데, 해당 분야에서 일할 사람 외에 애니메이션 제작자들의 언어와 업무 방식을 이해하려는 사람들이 수강해 협업 과정을 배운다. 수업에서는 제작 전에 업무 상대에게 무엇을 물어봐야 하는지(선호하는 색감, 필요한 로고나 이미지 등), 무엇을 논의해야 하는지(구상에 대한 개요와 참고 모델, 벤치마킹할 요소 등), 제작 과정(스크립트를 통한 피드백) 등을 가르친다.

기사 프로젝트 협업에 있어서 중요하게 회자되는 게 지식과 정보의 투명한 공유다. 데이터 저널리스트 하셀 팔라스(Hassel Fallas)는 "데이터에 기반한 프로젝트는 얼마나 공유하고 타인의 피드백을 통해 얼마나 육성되느냐에 따라 생명이 결정된다"며 이렇게 말한다.[322]

"혼자서 정보를 갖고 있지 말아라. 초반부터 모든 데이터와 발견 결과를 공유하라. 위키나 공유 네트워크 드라이브 등 타인들이 접근할 수 있는 공간에 메모들을 두어라. 초기부터 개발자들과 디자이너들, 멀티미디어 전문가들을 기사의 모든 요소에 관여시켜라. 그들은 당신의 시각을 고양할 것이고 질문의 질을 높일 것이다. 아마도 당신은 그렇지 않았더라면 알지 못했을 새로운 취재원(데이터 및 사람)을 발견하고, 데이터를 추출하고 분석할 새로운 도구와 방법들을 발견할지 모른다. 이것은 당신이 일을 더 잘하도록 도울 것이다."

---

322 Propublica(2013). Data-Driven Journalism's Secrets. Propublica,
https://www.propublica.org/nerds/data-driven-journalisms-secrets

스토리보드를 만들어라

　미국 언론계에서는 멀티미디어 뉴스를 설계할 때 스토리보드를 자주 활용한다. 사전에서는 스토리보드를 '영화 등의 줄거리를 보여주는 일련의 그림·사진'이라고 설명하는데, 스토리에 등장하는 핵심적인 장면에 대해 스케치 작업을 하고 이를 순서대로 나열해 제작진이 전체 플롯을 시각화하는 것을 돕는 도구라고 할 수 있다. 월트 디즈니 가족 박물관에 따르면 스토리보드는 월트 디즈니 스튜디오가 1930년대에 개발한 것으로 영화 제작자들로 하여금 스토리가 명쾌한지, 누락한 요소나 일관되지 못한 부분이 있는지 판단하는 것을 돕는다.[323]

　스토리보드는 이야기뿐 아니라 다양한 아이디어를 정리하는 데 도움이 된다. 에세이 아이디어를 짜거나 웹사이트를 제작하고, 게임을 만드는 데에도

323　Alyssa Carnahan(2013). Open Studio: Storyboards. The Walt Disney Family Museum, https://www.waltdisney.org/blog/open-studio-storyboards#:~:text=In%20the%201930s%2C%20the%20Walt,storytelling%20moments%20of%20a%20film.

쓰이는 이유다. 언론계에서는 저널리즘 동영상이나 일러스트를 제작하는 데 빈번히 활용된다. 일례로 〈프로퍼블리카〉는 캘리포니아의 망가진 그룹 홈 시스템을 취재원의 음성과 함께 일러스트로 구현한 다큐멘터리[324] ≪Level 14≫를 제작할 때 스토리보드를 활용했다. 제작진은 일러스트레이터가 그린 스토리보드를 토대로 해당 장면이 음성과 잘 작동할 것인지와 사실관계를 점검했으며, 일러스트레이터는 스토리보드가 승인이 난 뒤 최종 그림 작업을 하며 완성을 했다고 한다.

〈CNN〉에서 기자, 프로듀서, 영상 에디터 역할을 모두 소화하는 '올-플랫폼(All-Platform)' 기자로 일한 사라 호예(Sarah Hoye)는 취재 현장에 나가기 전에 스토리보드를 만든다고 했다.[325] 그는 스토리보드에 대해 "당신이 가장 좋아하는 캐서롤(서양식 찜 요리)의 조리법을 지도하는 것으로 생각하라"며 "이것은 스토리를 어떻게 한데 모을지 알려준다'고 말했다.

스토리보드가 유용한 이유는 그것이 최종 산출물에 대한 '조감도' 역할을 하기 때문이다. 〈워싱턴포스트〉 그래픽 팀은 인터랙티브 프로젝트 제작에 대해 이렇게 말했다.[326]

"동영상을 촬영하기 전에 모든 장면을 그리는 것은 영화 제작자들이 활용하는 테크닉이다. 처음부터 끝까지 스토리보딩을 하는 것은 비주얼 기자들

324   ProPublica(2015). Level 14: Inside of California's Most Dangerous Juvenile Homes. YouTube, https://youtu.be/lwDvfy_NSds

325   Sarah Hoye(2010). Storytelling secrets from a 'one-woman band.' CNN, http://edition.cnn.com/2010/IREPORT/10/15/storytelling.bootcamp.irpt/index.html

326   Chris Alcantara, Youjin Shin, and Aaron Steckelberg(2019). How We Visualized the Challenges and Limitations Facing Autonomous Cars. Source, https://source.opennews.org/articles/autonomous-cars-washington-post-interactive/

에게 기사에 대한 조감도를 준다. 이를 통해 기사를 제작할 때, 당신은 무슨 일이 벌어질지를 정확히 알게 된다."

스토리보드는 개별 동영상뿐 아니라 멀티미디어 뉴스 제작에서도 광범위하게 쓰인다. 스토리를 어떻게 전개하고 세부적인 파트를 어떤 미디어를 활용해 구성하며 제작할지에 대한 밑그림 작업을 하는 데 용이하기 때문이다. 피처 기사를 예로 들자면 기사에 포함되는 주요 요소를 덩어리별로 쪼개보고, 각 파트가 글로만 된 기사가 아니었다면 어떤 멀티미디어 가능성이 있으며, 각 덩어리를 어떻게 조합할지 디자인해보는 것이라고 할 수 있다.

UC버클리 저널리즘 스쿨 부설 고급 미디어 연구소가 제안하는 스토리보드 방법[327]을 요약해 옮기자면 다음과 같다.

우선 스토리를 각기 다른 부분으로 쪼개는 것이다. 리드나 핵심 문단, 주요 인물 또는 기사에 언급되는 사람들에 대한 프로파일, 이벤트나 상황, 무언가가 작동하는 과정, 찬반양론, 행사나 상황의 역사, 스토리가 제기한 다른 관련 이슈 등을 개별적인 부분으로 나눈다.

둘째, 각 파트에 어떤 미디어(동영상, 스틸 사진, 오디오, 그래픽, 텍스트 등)가 가장 적합할지 결정한다. 동영상은 스토리의 중심이 되는 인물을 보고 듣거나 행동을 묘사할 때, 스틸 사진은 강력한 감정을 강조하거나 특정한 분위기를 조성할 때 효과적이다. 애니메이션은 인간 세포나 우주와 같이 카메라가 갈 수 없는 영역에서 보충적인 역할을 할 수 있으며, 지리정보시스템은 독자들이

---

327 UC Berkeley Graduate School of Journalism Advanced Media Institute. Start-to-Finish Storyboarding. UC Berkeley Graduate School of Journalism Advanced Media Institute,
https://multimedia.journalism.berkeley.edu/tutorials/start-to-finish-storyboarding/

탁월한 스토리텔러들

소재와 관련해 자신의 지역을 짚어볼 수 있게 한다. 텍스트는 어떤 과정을 묘사하거나 과거 일어난 일에 대한 회고 등을 전할 때 효과적이다. 각기 다른 매체로 제작되는 파트들에 담기는 내용은 약간 겹칠 수 있지만, 서로 조화를 이뤄야 한다.

셋째, 내용과 매체에 따라 나눈 스토리를 대략적인 스토리보드에 재조합한다. 종이 한 장에 메인 스토리 페이지가 어떻게 생겼을지와 그것이 포함할 부분을 그려낸다. 핵심 내용은 무엇인지, 메인 페이지에 보여줄 시각적인 요소는 무엇인지, 스토리의 다른 부분들에 접근하기 위한 메뉴나 링크, 내비게이션은 어떻게 계획할지 등을 고려해야 한다.

마지막으로, 전체 스토리의 각 부분 혹은 하위 주제가 되는 '안쪽 페이지'에도 같은 작업을 한다. 해당 파트의 주요 요소가 무엇이며 다른 정보는 무엇이 포함돼야 하는지, 어떤 동영상이나 오디오, 사진, 그래픽 등이 그 부분을 가장 잘 이야기할 것인지를 결정한다.

이렇게 제작하는 스토리보드는 초반 스케치로, 인터뷰나 추가 취재를 한 뒤에 충분히 바꿀 수 있다. 이렇게 시작 단계부터 스토리보드를 만드는 이유는 스토리를 완성하기 위해 필요한 자원(시간, 장비, 인원)을 파악하고 조정하는 데에 도움이 되기 때문이다.

스토리보드는 멀티미디어로 인해 다소 복잡해진 기사 제작의 방정식을 보다 용이하게 풀기 위한 도구다. 과거엔 에디터들이 글로만 된 기사를 논의할 때 기사 아이디어를 제안하는 '피치 메모'를 두고 논의했다면, 오늘날엔 여러 주체들이 멀티미디어 기사를 설계할 때 '스토리보드'를 통해 시각적으로 다양한 방식을 그려보며 효과적으로 구상을 논의할 수 있다.

〈복스미디어〉의 스토리텔링 스튜디오는 ≪In search of Forrest Fenn's treasure≫라는 제목의 멀티미디어 기사[328]를 제작할 때 스토리보드를 만드는 세션을 가졌다고 한다. 스토리텔링 스튜디오의 디자인 디렉터 켈시 셰러(Kelsey Scherer)에 따르면 세션은 다음과 같이 진행됐다.[329]

우선 팀원들이 모이기 전에 자신들이 갖고 있는 모든 자료들을 팀원들에게 공유했다. 여기에는 사진, 원본 동영상, 기록들, 대략적인 아웃라인, 해당 주제에 대한 다른 매체들의 기사들이 포함됐다. 이를 통해 사람들은 기사에서 다루는 개념에 친숙해졌다고 한다.

팀원들이 모였을 때는 브레인스토밍을 통해 각자 스토리보드에 대한 아이디어를 생각할 시간을 준 뒤, 그룹으로 모여 공유하도록 했다. 독자가 어떻게 기사에 진입하고 소비할지 각기 다른 흐름을 살펴보고, 리뷰하고 비평해가면서 전체 스토리의 아웃라인을 함께 정비하는 것이다. 이후 디자인 및 엔지니어링 책임자나 에디터 등 프로젝트의 의사 결정자들이 회의에 참여해 스토리 아웃라인을 살펴보고 개선점을 찾아보며 피드백을 주고받았다.

마지막으로 한 일은 대략적인 기사의 아웃라인을 적고 어떤 영상이 필요한지를 결정하고 디자인을 개발하는 것이었는데, 이때 편집 에디터와 비주얼 에디터가 함께했다고 한다.

스토리보드 제작은 오늘날 기사의 구조를 짜는 작업이 얼마나 입체적으로

328　Zachary Crockett and Estelle Caswell(2017). In search of Forrest Fenn's treasure. Vox,
https://www.vox.com/a/fenn-treasure-hunt-map

329　Kelsey Scherer(2017). Storyboarding a visually-driven story. Vox media,
https://storytelling.voxmedia.com/2017/2/28/14701074/storyboarding-longform-brainstorm-design

다변화됐는지를 보여준다. 기자들은 단순히 글을 쓰기 위해 취재한 내용에 대한 아웃라인만 짜는 게 아니라, 해당 아웃라인에 담긴 내용을 구현할 효과적인 미디어와 전체적인 조합까지 고려해야 한다. 기사에서 글뿐 아니라 그림도 고려하며 다면적으로 생각해야 한다는 것이다.

전달 방식을 '기획'하라

디지털 유통 능력을 키워라

미국 언론사들은 기업들이 제품 전략을 세우고 분석 · 관리하듯이 기사를 다룬다. 기업에서 쓰이던 '제품 관리(Product Management)'라는 개념이 언론계에서도 등장하고 있다. 제품 관리는 일회성으로 무언가를 추진하는 '프로젝트 관리'보다는 지속적이고 상시적이며 광범위한 개념이다. 피처 기사는 무언가를 취재하고 발간한 뒤 다음 과제를 기다리는 '프로젝트'로 취급됐지만, '제품'은 로드맵을 그리며 전략을 수정하고 유지보수를 하는 개념에 가깝다.

미국언론연구소의 제프 손더만(Jeff Sonderman)은 "뉴스는 제품"이라며 이렇게 말했다.[330]

"우리는 상점들과 온라인에서 '제품들'을 사는 것에 익숙해져 있다. 우리

---

330   Jeff Sonderman(2016). Best practices for product management in news organizations. American Press Institute,
https://www.americanpressinstitute.org/publications/reports/white-papers/product-management-best-practices/

는 기술 분야 사람들이 새로운 앱이나 서비스를 '제품'으로 묘사하는 것을 듣는다. 그 모든 것은 말이 된다. 우리는 뉴스를 전통적으로 그런 방식으로 생각하지 않았다. 당신이 발간하는 기사는 전체적으로 그리고 시간이 지나면서, 소비자들의 타깃 시장에 팔거나 유통하기 위한 물리적인 것(신문) 혹은 디지털 서비스(웹사이트 또는 앱)의 다양한 형식으로서 제품이기도 하다. 풍부한 정보와 지속적인 연결성이 개인에게 뉴스 소비에 대한 제어권을 주는 '개인적인 뉴스 사이클'의 시대에, 우리의 뉴스 제품이 성공하기 위해서는 잘 만들고 타깃을 공략해야 한다. 이용자들이 누구고 그들이 무엇을 어떻게 필요로 하는지 알아야 하며, 만족스러운 경험을 제공해야 한다. 그것이 제품 매니저가 하는 것이다. 기술 세계에 오래도록 있던 그 역할은 뉴스 조직에서 생겨나고 있다. 제품 매니저들은 어떤 이용자들(당신의 독자들 혹은 시청자들)이 전체적으로 그 제품으로부터 무엇을 필요로 하는지 생각하는 것을 책임지는 사람들이다. 제품 매니저들은 이용자들의 경험이 어떠한지, 어떻게 더 편리하고 소중해질 수 있는지를 고려한다. 이것은 그들이 비즈니스와 마케팅 전략, 기술적인 실행, 뉴스의 방향을 동시에 생각하는 것을 책임져야 한다는 것을 의미한다."

이는 언론사의 조직과 직무에도 고스란히 반영돼 있다. 〈복스미디어〉에는 '복스 제품' 팀이 있는데, 디자이너와 엔지니어, 제품 매니저 등이 이용자들에게 어떻게 가치를 전달할 수 있을지 고안하는 팀이다. 〈워싱턴포스트〉는 2017년 뉴스룸에 '제품 에디터'라는 직무를 신설했다. 기술 파트와 일하면서 〈워싱턴포스트〉 제품이 저널리즘을 강화하기 위한 것이자 일류임을 확실시하고, 제품 포트폴리오를 감독하고 분석하며 비즈니스 목표를 세우고 새로운 기능을 도입하는 역할을 한다. 〈뉴욕타임스〉는 2019년 '뉴스룸 제품 데스크'를 신설하고, 해당 부서에 소속된 기자들로 하여금 독자들이 마주하는 제품이 최고의 디지털 경험을 제공하도록 했다.

개별 기자들도 '제품 관리'에 있어서 예외가 아니다. 기자들은 단순히 취재하고 기사를 쓸 뿐 아니라 디지털 저널리즘에 대한 지식과 감각, 독자 분석 등을 토대로 기사라는 제품에 대한 전략을 세우고 판단해야 한다. 독자들이 콘텐츠에 관심을 가질 때 선택하는 세심한 요소를 살피고 관리해야 한다는 것이다. 미국의 저널리즘 스쿨 교수는 이렇게 말했다.

"아이디어, 취재, 제작은 쉽습니다. 그런데 단순히 그것만 할 순 없습니다. 어떻게 패키징하고 홍보할지를 생각해야 합니다. 낚시질을 하자는 게 아닙니다. 어떻게 독자를 관여시키고 헤드라인은 어떻게 할지, 비디오 썸네일은 뭐가 될지 등에 대한 것입니다."

기자들은 글이나 사진만 입력하는 게 아니라 독자들에게 제품이 최종적으로 전달되는 모습을 신경 쓸 것을 주문받는다. 콘텐츠만 생산하지 말고 큰 그림에서 '제품'을 보라는 것이다.

〈Quartz〉는 모든 사람이 디자이너가 되도록 구성원들의 역량을 강화한다는 기조를 갖고 있다. 이를 위해 기자들이 콘텐트관리시스템(CMS)에서 기사를 입력할 때 보이는 양태가 독자들에게 최종 전달되는 기사의 양태와 최대한 유사하도록 설계했다고 한다. 기자가 스토리를 전하기 위해 글만 살피지 말고, 다른 요소까지 고려하라는 주문이다.

기자들은 기사라는 제품을 효과적으로 유통하기 위해 소셜 미디어를 가볍

게 여기지 말고, 각각의 특성과 활용 감각을 익힐 것도 요구받는다. 언론사에는 소셜 미디어를 통한 기사 유통 전략을 세우는 직무가 있고, 개별 기자들도 소셜 미디어에 기사를 효과적으로 홍보하는 방법을 익힌다. 산업계에서 소비자의 특성별로 맞춤형으로 제품을 제작하고 유통 전략을 구사하듯이, 기자들도 플랫폼과 타깃 독자에 따라 기사를 다변화한다. 페이스북, 인스타그램, 트위터 등에서 어떤 형식이 가장 효과적인지 파악해 분량이나 형식이 다른 버전을 제작하는 것이다.

세상에 기사보다 재미있고 흥미롭고 소비가 간편한 것은 많으며, 앞으로도 많아질지 모른다. 미국 기자들은 그것을 당연하게 받아들이지 않고, 적극적으로 대처 전략을 모색한다. 다른 제품과 비교해도 손색이 없을 만큼 경쟁력 있게 기사를 제작하고 유통할 방안을 찾는다.

기사라는 제품의 전략을 모색하는 것은 더 이상 특정 부서나 직무를 맡은 사람들의 전유물이 아니다. 비영리매체 〈Chalkbeat〉의 제품 디렉터 베카 아론슨(Becca Aronson)은 "뉴스룸에 있는 사람은 누구나 제품에 기반한 사고를 할 수 있다"고 말한다.[331] 그것이 독자의 필요와 조직의 사명, 사업적인 이해에 대해 전체적으로 생각하기 위해 노력하는 것이기 때문이다.

기자들은 기사의 소비와 유통을 고려하고 고민해야 한다. 〈뉴욕타임스〉의 혁신 · 전략 에디터와 제품 · 기술 담당 부사장을 지낸 킨시 윌슨(Kinsey

---

331 Christine Schmidt(2019). Product teams have taken national news organizations by storm. What's happening locally? NiemannLab,
https://www.niemannlab.org/2019/04/product-teams-have-taken-national-news-organizations-by-storm-whats-happening-locally/

전달 방식을 '기획'하라

Wilson)은 이렇게 말한다.[332]

"사람들은 하루에 18시간씩 정보의 홍수에 둘러싸여 있으며, 우리는 그들이 정보를 여러 곳으로부터 얻는다는 것을 이해한다. 따라서 문제는 우리가 하루의 어떤 순간에 전 세계에 할 수 있는 한 가장 의미 있고 접근하기 쉽게 기사를 전달할지다."

332   Ken Doctor(2017). Newsonomics: The New York Times' redesign aims to match the quality of its products to its journalism. NiemanLab,
https://www.niemanlab.org/2017/06/newsonomics-the-new-york-times-redesign-aims-to-match-the-quality-of-its-products-to-its-journalism/

기사 제작 과정을
독자 · 시청자와 공유하라

미국 언론계에서 데이터 분석을 바탕으로 한 멀티미디어 프로젝트를 제작할 때 빠지지 않고 등장하는 것이 있다. 데이터를 어떻게 분석했는지 '방법론'을 가급적 상세하게 기술하는 것이다. 단순히 결론이 어떠했다고만 언급하지 않고 분석 방법과 한계까지 언급하곤 한다. 에디터뿐 아니라 독자에게도 해당 프로젝트가 어떻게 생산됐는지 상세히 설명하는 것이다.

〈워싱턴포스트〉에는 미국 학교 학생들의 구성이 어느 때보다도 다양하지만 교사들은 여전히 대부분 백인임을 보여주는 기사[333]가 실린 적이 있다. 기사 말미에는 '이 기사에 대해'라는 주석을 통해 기자들이 어떻게 인종 데이터 분석을 실시했는지 다음과 같이 소개하고 있다.

"44개 주와 DC는 교사의 인종 데이터를 각 주 교육부에서 얻었다. 애리조

---

333   Laura Meckler and Kate Rabinowitz(2019). America's schools are more diverse than ever. But the teachers are still mostly white. The Washington Post,
https://www.washingtonpost.com/graphics/2019/local/education/teacher-diversity/

나와 버지니아의 교사 데이터는 교육구에서 얻었다. 메인, 뉴햄프셔, 버몬트, 유타는 믿을 만한 데이터를 제공할 수 없거나 데이터가 없다. 수집된 교사 데이터는 미국 학생들의 94%를 담당하는 교육구를 다룬다. 데이터는 이곳 (링크)에서 접근할 수 있다. 일리노이, 캔자스, 켄터키, 메릴랜드, 몬태나, 뉴욕, 테네시, 버지니아, 애리조나 일부 교육구들은 2016-2017 학사 연도다. 다른 교육구 데이터는 2017-2018 학사 연도다. 교사 데이터는 머릿수를 토대로 한 것이고 전일제와 같지 않다. 파트타임 교사가 한 명의 부분이 아닌 한 명으로 집계됐다는 것이다. 교사 수가 4 미만이거나 교사 대 학생 비율이 2보다 작거나 25 이상인 교육구는 제외됐다."

기사에 등장한 분석에 대한 방법론을 상세하게 공개하는 경우는 언론계 곳곳에서 볼 수 있다. 〈탬파베이 타임스〉는 플로리다에 있는 올 칠드런스 아동병원 심장 수술 부서에서 발생하는 문제점을 조명하는 시리즈 기사[334] ≪Heartbroken≫을 보도한 적이 있다. 취재 기자들은 플로리다에 있는 아동 심장 수술 프로그램과 올 칠드런스의 심장 수술 결과를 비교했는데, 데이터 분석의 방법론은 물론이고 발견 결과를 테스트하는 데 사용한 컴퓨터 코드까지 공개했다. 기사를 취재한 기자 닐 베디(Neil Bedi)는 이렇게 설명했다.[335]

"우리는 취재하는 내내 철저하고 투명한 방법론을 발간해야 한다는 것을 알았다. 피어 리뷰가 된 연구물을 읽고 최고의 전문가들과 배경 설명에 대한 대화를 나누면서 분석에 대해 가능한 모든 논박을 조사했다. 그다음 해당 기

---

334 Kathleen McGrory and Neil Bedi(2018). Heartbroken. Tampa Bay Times,
https://projects.tampabay.com/projects/2018/investigations/heartbroken/all-childrens-heart-institute/

335 Neil Bedi(2019). How to Keep Going: Lessons from Reporting "Heartbroken." Source,
https://source.opennews.org/articles/how-keep-going-advice-reporters-behind-heartbroken/

사에 직접적으로 그것을 다뤘다."

미국 언론이 기사의 방법론을 공개하는 것은 독자로부터 신뢰를 얻기 위해서다. 독자들이 제작 과정을 투명하게 살펴보고 기사가 신뢰할 만한지 스스로 결정하도록 하는 것이다. 〈버즈피드〉 에디터 크레이그 실버만(Craig Silverman)은 기자와 언론사가 대중의 신뢰를 얻는 가장 중요한 방법은 자신들과 자신들이 하는 일에 대해 투명해지는 것이라고 말했다.[336]

언론은 그동안 기사 제작을 둘러싼 정보를 일부 제공해왔다. 이를테면 기자의 바이라인은 누가 정보를 생산했는지를 알려주고 있다. 정정 사항에 대한 설명은 오류의 유무와 발생 배경도 알려준다. 하지만 각종 정보가 넘쳐나는 시대에 이 같은 정보만으로는 충분치 않게 됐다. 위키미디어(Wikimedia) 재단의 선임 독자개발 매니저 멜로디 크레이머(Melody Kramer)는 "사람들은 모든 접근 가능한 매체와 기기로부터 뉴스를 얻고 있다"며 "정보의 정확성과 그것이 어디서 오고 관점이 무엇이며 어떻게 조합됐는지 파악하는 것은 어렵다"고 말했다.[337]

보다 높은 수준의 투명성은 객관성을 보여줄 수 있는 또 다른 방편인 '새로운 객관성'으로 불린다. 보도를 둘러싼 내용을 투명하게 공개하는 것은 누군가가 보도에 정치적인 편견이 개입됐다거나 기사 내용이 부당하다고 주장

336   Craig Silverman(2014). The best ways for publishers to build credibility through transparency. American Press Institute,
https://www.americanpressinstitute.org/publications/reports/strategy-studies/transparency-credibility/

337   Michael Blanding(2018). Can "Extreme Transparency" Fight Fake News and Create More Trust With Readers? Nieman Reports,
https://nieman.harvard.edu/articles/can-extreme-transparency-fight-fake-news-and-create-more-trust-with-readers/

하며 공격하는 것을 방어하는 방편이 되기도 한다. 많은 언론사는 보도를 둘러싼 맥락이나 정보를 최대한 투명하게 공개하고 있다.

〈프로퍼블리카〉는 수술 집도의별로 사망 및 합병증 비율에 대한 기사[338]를 발간한 적이 있다. 취재팀은 해당 비율을 산정한 방법론뿐 아니라 방법론에 대한 토론, 이를 뒷받침한 전문가들의 발언을 소개할 뿐 아니라 해당 보도를 한 이유에 대한 에디터의 메모도 실었다.

〈프론트라인〉은 러시아의 미국 선거 개입에 대한 다큐멘터리 프로젝트인 ≪Putin's Revenge[339]≫를 보도할 때 전체 56개 인터뷰 내용을 온라인에 게재했다. 인터뷰는 총 70시간에 이르렀는데, 팩트 체크와 법적인 확인을 거친 뒤 독자들이 동영상에서 내용을 쉽게 찾을 수 있도록 하기 위해 특정한 주제를 검색할 수 있게 했다. 이것은 러시아의 해킹 이슈뿐 아니라 취재 과정에 대해서도 전례 없는 수준으로 배경을 보여준 것이었다. 독자들로부터 더 많은 신뢰를 얻기 위해 제작 과정을 공유하기 위한 새로운 시도의 일환이었다고 한다.

〈세인트루이스 포스트-디스패치〉는 공원과 놀이터에 직원이 부족하고 환경이 안전하지 않다는 기사를 보도[340]한 적이 있다. 이때 독자들이 데이터 원자료를 다운로드해 보도에 언급된 숫자를 확인할 수 있도록 했다. 기사를 제

---

338 Marshall Allen and Olga Pierce(2015). Making the Cut. ProPublica,
https://www.propublica.org/article/surgery-risks-patient-safety-surgeon-matters

339 Frontline(2017). Putin's Revenge. Frontline,
https://www.pbs.org/wgbh/frontline/film/putins-revenge/

340 Jesse Bogan(2019). With fewer park employees than there are parks in St. Louis, corners get cut. St. Louis Post-Dispatch,
https://www.stltoday.com/news/local/metro/with-fewer-park-employees-than-there-are-parks-in-st/article_18f11107-fec2-5e03-b5f9-85568ce2c9ed.html#1

작한 자넬 오디아(Janelle O'Dea)는 이렇게 말했다.[341]

"우리가 취재 당시 얻을 수 있는 최신의 정확한 정보를 얻으려고 노력하는 정직한 사람들이라는 것과, 그것을 최대한 신속하게 주려고 한다는 것을 독자들이 알길 원한다. 데이터 분석을 공유하는 것은 과정을 공개하고 투명성을 높이는 한 가지 전략이다. 어떤 취재원에게도 해를 끼치지 않는 이상, 당신의 과정을 독자에게 공개하는 것은 신뢰를 얻기 위한 훌륭한 방법이다."

기사를 통해 구현되는 투명성의 정도는 점점 높아지고 있다. 취재 배경이나 기자에 대한 정보 역시 마찬가지다. 적지 않은 언론사들이 기자의 바이라인과 연락처뿐 아니라 그가 어떤 배경을 갖고 있으며 해당 주제를 취재한 경험이 얼마나 되는지, 어떤 상을 받았는지, 어떤 언어들을 구사하는지 등을 상세히 공개한다. 제작을 둘러싼 투명성을 끌어올리려는 노력의 일환이다.

〈탬파베이 타임스〉는 살인죄로 기소된 뒤 줄곧 무죄를 주장하며 DNA 검사를 요구했지만 묵살당한 토미 지글러(Tommy Zeigler)에 대한 기사[342]를 보도할 때, 인트로 부분에서 기사 내용뿐 아니라 취재를 한 과정과 기자들에 대한 정보까지 다음과 같이 상세히 게재했다.

– 기사에 대해

기자 레오노라 라피터 안톤(Leonora LaPeter Anton)과 사진 기자 체리 디에

341　Janelle O'Dea(2019). Invest in Trust and Make Projects Reproducible by Sharing Your Data Analysis. Source, https://source.opennews.org/articles/data-jupyter-notebook-journalists-st-louis/

342　Leonora LaPeter Anton, Cherie Diez(2018). Blood and Truth. Tampa Bay Times, https://projects.tampabay.com/projects/2018/narratives/blood-and-truth/

즈(Cherie Diez)는 지글러의 사건을 수년 동안 취재해왔으며, 종종 업데이트들을 기록해왔다. 그들은 이 시리즈를 위해 수십 명을 인터뷰하기 위해 플로리다와 조지아를 여행했는데, 그중 어떤 사람들은 경찰 업무나 형 집행에 관련돼 있었고 다른 사람들은 지글러의 무죄를 믿고 있었다. 탈라해시에서 그들은 오래된 법원 기록을 조사하고 수십 년 동안 간과돼 온 문서들을 들춰냈다. 수사팀장 돈 프리에(Don Frye)와 법관 모리스 폴(Maurice Paul)을 포함한 사건의 주요 당사자 일부는 사망했다. 그들의 멘트나 자료를 인용한 부분은 공문서에서 나온 것이다.

- 기자들에 대해

레오노라 라페터 안톤은 〈탬파베이 타임스〉 엔터프라이즈 팀에 있는 퓰리처상 수상 기자다. 그녀의 기사들은 특이한 것을 향한다. 바로 임신할 수 없는 대리모, 자신들의 맨션에서 방들을 렌트한 무일푼의 커플, 여자 친구가 자신을 성폭행했다고 말하는 소년 등이다. 그녀는 코네티컷과 그리스에서 자랐으며 어바나-샴페인 일리노이 대학에서 저널리즘을 공부했다. 그녀는 오키초비에 있는 〈오키초비 뉴스〉, 사우스 캘리포니아 힐튼 헤드 아일랜드에 있는 〈아일랜드 패킷〉, 탈라해시에 있는 〈탈라해시 데모크라트〉, 조지아 사바나에 있는 〈사바나 모닝 뉴스〉에서 일했다. 그녀는 〈탬파베이 타임스〉에 2000년 합류했다. 그녀는 세인트 피터스버그에 남편과 함께 살고 있으며, 딸은 모교의 학생이다. 그녀에게는 (727) 893-8640이나 llapeter@tampabay.com으로 연락하면 된다. @WriterLeonora 계정을 팔로우 하라.

셰리 디에즈는 삼대째 탐파 출신으로, 가족의 뿌리는 시칠리아와 스페인으로 거슬러 올라간다. 그녀는 사우스 플로리다대를 졸업한 뒤부터 〈탬파베이 타임스〉의 사진 기자였으며, 상을 받은 다큐멘터리 프로젝트들과 아동 복지, 9/11 이후 뉴욕시티, 알츠하이머 지원 그룹에서 일 년간 보낸 삶을 포함한 사회 이슈들을 취재하는 데에 몰입해왔다. 내러티브 사진 기자이자 비디오 제작자로서 그녀는 인생과 세계에 대해 많은 것을 드러내는 찰나의 순간을 포착하기 위해 카메라를 사용한다. 과거 디에즈는 브로드웨이 무대까지 지역 학생을 따라다녔으며, 허리케인 카트리나 이후 부르본(Bourbon) 가의 재개장과 관련된 잘못에 대한 아이디어를 기록했다. 그녀의 최근 멀티미디어 프로젝트들은 〈NPR〉의 코드 스위치 팟캐스트에 소개된 ≪The House on the Corner≫와 ≪The Long Fall of Phoebe Jonchuck≫이 있다. 그녀를 트위터에서는 @CherieDiez로, 페이스북에서는 Cherie Diez로, 인스타그램에서는 cheriediez로 팔로우 하라.

기자에 대한 정보를 공개하면 독자들의 입장에서는 많은 것이 달리 보인다. 일례로 〈뉴욕타임스〉 웹사이트에 소개된 알리사 루빈(Alissa J. Rubin) 기자에 대한 설명 일부는 다음과 같다.

"알리사 루빈은 〈뉴욕타임스〉의 바그다드 지국장이다. 그녀는 2007년 1월에 바그다드 특파원으로 〈뉴욕타임스〉에 합류해 이라크와 아프가니스탄을 취재했으며, 2008년 가을에 바그다드 지국장이 됐고 2009년 10월 아프가니스탄으로 이동해 몇 달 뒤 지국장이 됐다. 그녀는 카불에 4년간 있었으며, 2013

년 늦여름에 파리 지국장 자리를 맡기 위해 그 자리를 떠났다. 하지만 그녀는 아프가니스탄에서 프로젝트를 지속했으며 2014년 이슬람 국가의 북·서부 이라크 점령을 취재하는 팀에 합류했다. 그해 8월 그녀는 포위된 야지디스(소수민족 - 역자 주)를 취재하다가 헬리콥터 충돌로 심각한 부상을 당해 거의 죽을 뻔했다. 〈뉴욕타임스〉에 합류하기 전에 그녀는 〈LA타임스〉의 바그다드 공동지국장이었으며, 5년간 발칸지역 지국장이었다."

〈뉴욕타임스〉 편집국장 딘 바켓(Dean Baquet)은 해당 소개와 관련해 이렇게 설명했다.[343]

"그녀가 아프가니스탄 선거를 분석하는 700자 분량의 기사를 쓴다고 치자. 단지 '카불에서, 알리사 루빈'이라고 그녀의 이름과 함께 기사를 발간한다고 하자. 우리가 무엇을 놓쳤을까? 바로 그녀가 그들을 굉장히 초기부터 취재해왔기 때문에 당신이 이 기사를 믿을 수 있다는 것을 놓치게 된다. 또한 그녀가 아마도 세계의 그 누구보다 그 기사를 더 잘 안다는 것을 놓치게 된다. 나는 독자들이 이것을 더 잘 알도록 해야 한다고 생각한다. 이런 모든 것이 독자들에게 신뢰를 쌓는 것을 시작하기 위해 해야 하는 일종의 도르래 장치 같은 것이라고 생각한다."

오늘날 독자들은 정보를 무비판적으로 받아들이지 않는다. 정보가 넘쳐나는 시대에 뉴스를 얻기 위해 하나의 매체나 단편적인 수단에만 의존하지도 않는다. 뉴스가 누구에 의해 어떻게 수집되고 확인됐는지와 보도의 맥락 등

---

343 Brown Media Institute(2018). Dean Baquet in Conversation. Youtube,
https://www.youtube.com/watch?v=kVoJZOwDm-Q

을 상세하게 공개하는 것은 기사의 품질을 입증시키고 신뢰도를 높일 수 있다. 〈뉴욕타임스〉의 커트니 비털리(Kourtney Bitterly)는 이렇게 말한다.[344]

"사람들은 전체 커튼을 걷길 원한다. 그들은 스토리 이상을 원한다. 그들은 누가 말하는지, 그것이 어떻게 조합됐는지, 어떻게 값이 지불되는지를 알고 싶어 한다. 미국과 세계에 있는 사람들과의 열두 차례에 걸친 대화에서, 뉴스 소비자들은 뉴스가 어떻게 제작되는지에 대해 더 많은 영감을 원한다고 말했다. 왜 헤드라인은 특정한 방식으로 작성되는가? 왜 하나의 기사가 홈페이지에 소개됐으며, 다른 기사는 그렇지 않은가? 이런 결정을 내리는 데 관여하는 사람들 모두는 누구인가? 식품 생산과 제작을 둘러싼 '농장에서 식탁까지' 운동에서 우리가 본 변화와 비슷하게, 사람들은 뉴스 제작에 무엇이 투입되는지를 알고 싶어 한다."

344 Kourtney Bitterly(2020). Transparency isn't just a desire, it's an expectation. Nieman Lab, https://www.niemanlab.org/2019/12/transparency-isnt-just-a-desire-its-an-expectation/

나가며

국내 독자로부터 "한국 신문은 제호만 가리면 비슷비슷해서 서로 구분이 안 간다"는 이야기를 들은 적이 있다. 정말로 한국 신문은 제호를 제외하면 너나 없이 형식도, 내용도 비슷한 경우가 많다. 이는 온라인에서도 예외가 아니어서, 같은 이슈를 다룬 기사들은 언론사를 막론하고 놀라우리만치 흡사하다. 내용이 구별되지 않으니 대부분의 언론사들은 '시점'으로 승부한다. 기자들은 차별성 없는 기사를 '빨리' 내보내며 속보 경쟁을 하고, 뜨내기 독자를 얻는다.

하루살이 생태계에 익숙해진 기자들에게 '나만의 차별성 있는 앵글로 부가가치를 높이는 기사'는 배부른 소리로 들릴지 모른다. 매일같이 이런저런 발표가 쏟아지는데 어떻게 깊이 있는 스토리를 발굴할 것이며, 몇 시간 안에 기사를 써야 하는데 어떻게 주인공을 관찰하거나 구조를 설계한단 말인가? 기존의 제작 관행을 토대로 생각하면 비현실적인 이야기로 들릴지 모른다.

그런데 거꾸로 생각하면 의문이 든다. 왜 기자들은 취재원의 발표 내용을 곧장 전달하는 데 몰두해야 하는가? 정부부처나 기업은 보도 자료를 낼 때마다 자체 웹사이트에 게시하는데, 대부분의 기자들은 그 내용을 받아다가 '기사체로' 정리해 내보내는 것에 수많은 시간과 노력을 쏟는다. 한 번쯤은 질문해볼 수 있을 것이다. 그것이 기자라는 업의 본질에 얼마나 가까운가?

차별화된 기사를 쓰는 것을 두고 국내 기자들과 종종 이야기를 나누곤 한다. 어느 기자는 "가끔이라면 모를까, 어떻게 모든 기사를 차별화할 수가 있겠느냐"고 말했다. 돋보이는 기사를 쓰기가 쉽지 않다는 점에서 현실적인 이야기지만, 반대편에서 생각하면 다르다. 수많은 기사 속에서 아무런 차별성을 갖추지 못한 당신의 기사를 '독자는 왜' 선택해야 하는가? 소비자가 물건 하나를 살 때도 어떤 면에서든 구별되는 경쟁력을 갖춘 것을 사려고 하는데 말이다.

기사를 왜 쓰느냐는 질문에 대한 답은 각자 다르겠지만, 누구도 부정할 수 없는 전제가 있다. 기사는 독자들에게 '읽히기 위해' 쓰는 것이다. 혼자만을 위한 글이라면 자기만족을 위해 쓸 수 있겠지만, 세상에 뉴스를 알리는 기사만큼은 독자가 없으면 팔리지 않는 물건만큼이나 존재 가치가 없다. 한국과 미국 언론계는 문화와 토양은 다를지언정, 독자에게 뉴스를 전한다는 본질은 같을 것이다. 기자들이 탁월한 스토리텔러가 되려 하는 것은 '잘 읽히기' 위해서다.

전형적인 미국 기사는 전형적인 국내 기사와는 분명히 다르다. 한국 기자로부터 "미국 기사는 무슨 말을 하려는 건지가 곧장 와 닿지 않는다"는 이야기를 들은 적이 있다. 곧바로 용건부터 이야기하지 않고, 인물이나 장면을 앞세워 호기심을 조성하거나 궁금증을 유발하며 핵심에 다가가기 때문일 것이다. 그런데 미국 기자들은 요점부터 앞세우는 한국 기사를 보면 "왜 기사를 끝까지 읽어야 하는지 모르겠다"고 말할지 모른다. 단지 요점을 신속히 전하는 게 목적이라면 핵심만 짧게 쓰면 될 것인데, 분량은 길게 쓰면서 끝까지 읽을 유인은 주지 않는 기사들이 많다.

국내에서도 기사를 잘 읽히게 쓰려는 노력과, 재미있게 쓴 사례는 분명히 존재한다. 그런데 기사 쓰기에도 체계적인 설계와 스토리텔링 기법이 필요하다는 점은 거의 회자되지 않는다. 역피라미드형 구조에만 익숙해진 기자에게 기사를 "재미있게" "잘 좀" 써보라는 주문은 막막할 수밖에 없고, 무작정 기교와 감각만 발휘해 쓰는 기사는 어딘가 공허할 수밖에 없다.

미국에서 스토리텔링 기법은 끊임없이 진화하고 있다. 기자들의 취재 관행뿐 아니라 기사 작성에 고려하는 요소까지 변천을 거듭하고 있다. 고로 탁월한 스토리텔러가 되기 위해 이러해야 한다는 정답 같은 것은 없다. 다만 누군가는 어떻게 노력하고 실천해오고 있다는 점이, 양질의 스토리텔링에 관심이 있는 또 다른 누군가에게 조금이나마 도움이 되었으면 좋겠다.

참고 문헌

김경모·박재영·배정근·이나연·이재경(2018). 『기사의 품질: 한국 일간지와 해외 유력지 비교 연구』. 서울: 이화여자대학교출판문화원.

남재일(2004). 「한국 신문의 객관주의 아비투스: 형식적 사실주의의 전략적 의례를 중심으로」. 고려대학교 대학원 언론학과 박사학위 논문.

남재일·박재영(2007). 『한국 기획기사와 미국 피처스토리 비교 분석』. 서울: 한국언론재단.

박재영(2018). 「언론, 팩트체크 통해 독자 마음 잡아야」. 『관훈저널』 통권 149호, 33~39.

박재영(2019a). 「인터뷰 기사와 진실 검증: 삼각확인 없는 기사, 저널리즘 원칙 망각한 것」. 『신문과 방송』 5월호, 92~96. 서울: 한국언론진흥재단.

박재영(2019b). 「사실 기사와 의견 기사의 구분: 데스크 칼럼, 선진 언론에 없는 돌연변이」. 『신문과 방송』 12월호, 105~110. 서울: 한국언론진흥재단.

박재영(2020). 「언론의 대안 제시: 세상을 바꾸는 원천은 '시민의 분노'」. 『신문과 방송』 6월호, 101~104. 서울: 한국언론진흥재단.

박재영·이완수(2007). 「인용(quotation)과 취재원 적시(attribution)에 대한 한미 신문 비교」. 『한국언론학보』 51권 6호, 439~468.

박재영·이재경·김세은·심석태·남시욱(2013). 『한국 언론의 품격』. 파주: 나남.

방현석(2017). 『이야기를 완성하는 서사 패턴 959』. 서울: 아시아.

최수묵(2011). 『기막힌 이야기 기막힌 글쓰기: 퓰리처상 작가들에게 배우는 놀라운 글쓰기의 비밀』. 서울: 교보문고.

Bakker, P.(2012). Aggregation, content farms and Huffinization: The rise of low-pay and no-pay journalism. Journalism Practice, 6(5/6), 627-637.

Bloom, S. G.(2002). Inside the writer's mind: Writing narrative journalism. Ames, IA: Iowa State Press.

Brooks, B. S., Horvit, B. J., & Moen, D. R.(2020). News reporting and writing. Boston, MA: Bedford/St. Martin's.

Hart, J.(2011). Storycraft: The complete guide to writing narrative nonfiction. Chicago, IL: University of Chicago Press.

Kovach, B., & Rosenstiel, T.(2014). The elements of journalism (3rd Ed.). New York: Three

Rivers Press.

Schudson, M.(1978). Discovering the news: A social history of American newspaper. New York: Basic Books.

Dunham, S.(2014). The editor's companion. Cincinnati, OH: Writer's Digest Books.

Adeshina Emmanuel and Justin Ray(2017). Top journalists reveal the best reporting advice they have received. Columbia Journalism Review,

https://www.cjr.org/special_report/margaret-sullivan-fahrenthold-ioffe-ben-smith-gay-talese-steve-coll.php

Amanda Zamora(2015). Investigative Journalism, Illustrated: A Q&A With Level 14 Creaters. ProPublica,

https://www.propublica.org/article/investigative-journalism-illustrated-a-qa-with-level-14-creators

American Press Institute. Good Stories Have Strong Central Characters. American Press Institute,

https://www.americanpressinstitute.org/journalism-essentials/makes-good-story/good-stories-strong-central-characters/

American Press Institute. Journalism as a discipline of verification. American Press Institute,

https://www.americanpressinstitute.org/journalism-essentials/verification-accuracy/journalism-discipline-verification/

American Press Institute, What is the purpose of journalism? American Press Institute,

https://www.americanpressinstitute.org/journalism-essentials/what-is-journalism/purpose-journalism/

American Press Institute(2013). Why the world needs photojournalists. American Press Institute,

https://www.americanpressinstitute.org/need-to-know/up-for-debate/world-needs-photojournalists/

Andrea Pitzer(2010). Charles Pierce on the future of narrative journalism: "anyone not concerned isn't paying attention." Nieman Storyboard,

https://niemanstoryboard.org/stories/charles-pierce-on-the-future-of-narrative-journalism-anyone-not-concerned-isnt-paying-attention/

Andrea Pitzer(2010). Gary Smith on intimacy and connecting with sugjects: "Any uneasiness you bring is going to cost you dearly." Nieman Storyboard,

https://niemanstoryboard.org/stories/gary-smith-on-intimacy-and-connecting-with-subjects-any-uneasiness-you-bring-is-going-to-cost-you-dearly/

Andrea Pitzer(2010). Roy Peter Clark on "the power of the parts" for storytelling. Nieman Storyboard,

https://niemanstoryboard.org/stories/roy-peter-clark-on-the-power-of-the-parts-for-storytelling/

Andrea Pitzer(2010). Roy Wenzl on abuse narratives and victims' voices: "With a story like this, you just need to say what happened." Nieman Storyboard,

https://niemanstoryboard.org/stories/roy-wenzl-on-abuse-narratives-and-victims-voices/

Andrea Pitzer(2010). Tanja Aitamurto on crowdfunding and the future of narrative journalism. Nieman Storyboard,

https://niemanstoryboard.org/stories/tanja-aitamurto-on-crowdfunding-and-the-future-of-narrative-journalism/

Andrea Pitzer(2011). Evan Ratliff on The Atavist: narrative throwback or the future of nonfiction storytelling? Nieman Storyboard,

https://niemanstoryboard.org/stories/evan-ratliff-on-the-atavist-narrative-throwback-or-the-future-of-nonfiction-storytelling/

Andrea Pitzer(2011). Stephanie McCrummen on bare-bones writing, "working backwards" and editors' good ideas. Nieman Storyboard,

https://niemanstoryboard.org/stories/stephanie-mccrummen-the-washington-post-interview-editors-roundtable/

Andrea Pitzer(2011). The power of place: Robert Caro on setting at the 2011 BIO Conference. Nieman Storyboard,

https://nieman.harvard.edu/stories/the-power-of-place-robert-caro-on-setting-at-the-2011-bio-conference/

Andrea Pitzer(2012). Documentary photographer Lori Waselchuk's "Grace Before Dying" and the ethics of narrative activism. Nieman Storyboard,

https://niemanstoryboard.org/stories/documentary-photographer-lori-waselchuk-grace-before-dying-ethics-of-narrative-activism/

Andrew Pantazi(2012). "I wanted people who were beautifully imperfect" - Isabel Wilkerson on finding characters (Mayborn 2012. Vol.3). Nieman Storyboard, https://niemanstoryboard.org/stories/i-wanted-people-who-were-beautifully-imperfect-isabel-wilkerson-on-finding-characters-mayborn-2012-vol-3/

Andrew Pantazi(2012). "You will always have work, and it will be the best kind of work" - Richard Rhodes on writing (Mayborn 2012, vol.2). Nieman Storyboard,

https://niemanstoryboard.org/stories/you-will-always-have-work-and-it-will-be-the-best-kind-of-work-pulitzer-winning-author-richard-rhodes-on-writing-mayborn-2012-volume-two/

Angilee Shah(2020). Engagement Isn't a Project, It's a Way of Making News. Source,

https://source.opennews.org/articles/engagement-isnt-project-its-way-making-news/

American Press Institute. Journalism as a discipline of verification. American Press Institute,

https://www.americanpressinstitute.org/journalism-essentials/verification-accuracy/journalism-discipline-verification/

Benjamin Mullin(2016). The New York Times of the future is beginning to take shape. Poynter,

https://www.poynter.org/tech-tools/2016/the-new-york-times-of-the-future-is-beginning-to-take-shape/

Bill Kovach, Tom Rosentiel(2001). Journalists Must Make the Significant Interesting and Relevant. NiemanReports,

https://niemanreports.org/articles/journalists-must-make-the-significant-interesting-and-relevant/

Bruce DeSilva(2006). Endings. Nieman Storyboard,

https://niemanstoryboard.org/stories/endings/

Casey Frechette(2013). What journalists need to know about Web design. Poynter,

https://www.poynter.org/reporting-editing/2013/what-journalists-need-to-know-about-web-design/

Catherine D'lgnazio(2018). Why Journalists Need to Think Like Designers. Global Investigative Journalism Network,

https://gijn.org/2018/01/24/design-thinking/

Chip Scanlan(2002). Writers at Work: The Process Approach to Newswriting. Poynter,

https://www.poynter.org/archive/2002/writers-at-work-the-process-approach-to-newswriting/

Chip Scanlan(2003). The Power of Leads. Poynter,

https://www.poynter.org/reporting-editing/2003/the-power-of-leads/

Chip Scanlan(2003). What is Narrative, Anyway? Poynter,

https://www.poynter.org/reporting-editing/2003/what-is-narrative-anyway/

Chip Scanlan(2019). Nut grafs: Overused, misused - or merely misunderstood? Nieman Storyboard,

https://niemanstoryboard.org/stories/nut-grafs-overused-misused-or-merely-misunderstood/

Chip Scanlan(2019). When gun violence visits, a workday mayor - and hard-working journalist - respond. Nieman Storyboard,

https://niemanstoryboard.org/stories/profiling-a-mayor-her-town-and-the-american-curse-of-gun-violence/

Craig Silverman(2014). How to correct website and social media errors effectively. American Press Institute,

https://www.americanpressinstitute.org/publications/reports/strategy-studies/digital-corrections/

Craig Silverman(2014). Offer disclosures and statements of values. American Press Institute,

https://www.americanpressinstitute.org/publications/reports/strategy-studies/disclosures-values/

Craig Silverman(2015). The best practices for innovation within news organizations. American Press Institute,

https://www.americanpressinstitute.org/publications/reports/strategy-studies/best-practices-for-innovation/single-page/

Curtis Brainard(2010). "This is Our Beat." Columbia Journalism Review,

https://archives.cjr.org/the_observatory/this_is_our_beat.php

David Ho(2014). News in motion: six ways to be a good mobile editor. Poynter,

https://www.poynter.org/reporting-editing/2014/news-in-motion-six-ways-to-be-a-good-mobile-editor/

David Ho(2019). Improving digital in the shift away from print. American Press Institute,

https://www.americanpressinstitute.org/publications/reports/strategy-studies/improving-digital-in-the-shift-away-from-print/

Felippe Rodrigues(2017). How the Texas Tribune uses tweetstorms and other social media strategies to drive audience engagement. Storybench,

https://www.storybench.org/how-the-texas-tribune-uses-tweetstorms-to-drive-audience-engagement/

Freia Nahser(2018). How can design processes help your newsroom? Global Editors Network. Medium, https://medium.com/global-editors-network/how-can-design-processes-help-your-newsroom-fddfc4b9e342

Hanaa' Tameez(2020). Maybe greater transparency can increase trust in news — but readers have to find your transparency first. Nieman Lab,

https://www.niemanlab.org/2020/01/maybe-greater-transparency-can-increase-trust-in-news-but-readers-have-to-find-your-transparency-first/?utm_source=Daily+Lab+email+list&utm_campaign=4bf105caf5-dailylabemail3&utm_medium=email&utm_term=0_d68264fd5e-4bf105caf5-396495007

Heather Chaplin(2016). How The New York Times is incorporating design into audience research. Columbia Journalism Review,

https://www.cjr.org/tow_center/new_york_times_design_audience_research.php

Jacqueline Marino(2010). The importance of words in multimedia storytelling. Nieman Storyboard,

https://niemanstoryboard.org/stories/the-importance-of-words-in-multimedia-storytelling/

Jakob Nielsen(2008). Writing Style for Print vs. Web. Nielsen Norman Group,

https://www.nngroup.com/articles/writing-style-for-print-vs-web/

Jack Hart(1998). Building Character in Three Dimensions. Nieman Storyboard,

https://niemanstoryboard.org/stories/building-character-in-three-dimensions/

Jaclyn Peiser(2019). The New York Times Co. Reports $709 Million in Digital Revenue for 2018. The New York Times,

https://www.nytimes.com/2019/02/06/business/media/new-york-times-earnings-digital-subscriptions.html

Jacob L. Nelson(2019). How do audiences really 'engage' with news? Columbia Journalism Review,

https://www.cjr.org/tow_center/audience-engagement-journalism.php

Jane Elizabeth, Lori Kelley, and Julie M. Elman(2017). Improving accountability reporting: How to make the best of journalism better for audiences. American Press Institute,

https://www.americanpressinstitute.org/publications/reports/strategy-studies/improving-accountability-reporting/

Jane Stevens(2014). Tutorial: Multimedia Storytelling: learn the secrets frome experts. Advanced Media Institute,

https://multimedia.journalism.berkeley.edu/tutorials/starttofinish/

Jazz Lyles(2019). An Experiment with AR Technology that Elevates Hidden Stories. NYT Open. Medium,

https://open.nytimes.com/an-experiment-with-ar-technology-that-elevates-hidden-stories-d7c48c84d009

Jeff Howe, Aleszu Bajak, Dina Kraft, and John Wihbey(2017). What we learned from three years of interviews with data journalists, web developers and interactive editors at leading digital newsrooms. Storybench,

https://www.storybench.org/learned-three-years-interviews-data-journalists-web-developers-interactive-editors-leading-digital-newsrooms/

Jennifer brandel(2016). Design Thinking and Journalism Go Together. Here's How. Hearken. Medium,

https://medium.com/we-are-hearken/design-thinking-and-journalism-go-together-here-s-how-e7d286c02b49

Jonathan Olsen and Katherine Schulten(2013). Skills Practice | Using Storyboards to Inspire Close Reading. The New York Times,

https://learning.blogs.nytimes.com/2013/10/18/skills-practice-using-storyboards-to-inspire-close-reading/

Jonathan Stray(2010). Making connections: How major news organizations talk about links. Nieman lab,

https://www.niemanlab.org/2010/06/making-connections-how-major-news-organizations-talk-about-links/

Jon McClure, Lily Mihalik, Lindsay Muscato, and Ryan Pitts(2018). Q&A with Politico: How We Built Our Election Slackchat. Source,

https://source.opennews.org/articles/q-politico-how-we-built-our-open-source-election-s/

Kaina Amaria(2017). Lessons from judging nearly 400 multimedia stories and a Q&A with Steve Duenes. Vox Media,

https://storytelling.voxmedia.com/2017/4/11/15259674/judging-multimedia-stories-interview-steve-duenes

Kira Goldenberg(2012). The genuine article. Columbia Journalism Review,

https://archives.cjr.org/cover_story/the_genuine_article.php

Kristen Hare(2014). Today the South Florida Sun Sentinel, a switch to digital thinking. Poynter, https://www.poynter.org/reporting-editing/2014/today-at-the-south-florida-sun-sentinel-a-switch-to-digital-thinking/

Kristen Hare(2016). At The Dallas Morning News, becoming truly digital means starting over. Poynter,

https://www.poynter.org/tech-tools/2016/at-the-dallas-morning-news-becoming-truly-digital-means-starting-over/

Kristen Hare(2016). We're starting to see a new blueprint for reinventing legacy newsrooms. Poynter,

https://www.poynter.org/tech-tools/2016/were-starting-to-see-a-new-blueprint-for-reinventing-legacy-newsrooms/

Kristen Hare(2018). 5 ways your small newsroom can make big projects manageable. Poynter,

https://www.poynter.org/tech-tools/2018/5-ways-your-small-newsroom-can-make-big-projects-manageable/

Lam Thuy Vo(2017). Playing with Suspense in Data Visualizations. Source,

https://source.opennews.org/articles/playing-suspense-data-visualizations/

Lauren Rabaino, Kainaz Amaria, and Ryan Mark(2016). Introducing the Vox Media Storytelling Studio. Vox Media Storytelling Studio,

https://storytelling.voxmedia.com/2016/7/12/12148256/introducing-the-vox-media-storytelling-studio

Linda Vecvagare(2018). 6 newsroom lessons for addressing challenges with a design mindset. European Journalism Centre. Medium,

https://medium.com/we-are-the-european-journalism-centre/6-newsroom-lessons-for-addressing-challenges-with-a-design-mindset-eeab810f52cd

Lindsay Muscato and Soo Oh(2016). How We Made a Story That Changes Based on Your Birth Year. Source,

https://source.opennews.org/articles/story-changes-based-readers-birth-year-how-we-made/

Mallary Jean Tenore(2013). Inside a serial narrative: A Story is 'a promise that the end is worth waiting for.' Poynter,

https://www.poynter.org/newsletters/2013/theres-no-such-thing-as-first-person-omniscient-when-writing-a-personal-story/

Marcelo Fontoura(2016). The rise of the Journalists Product Manager. Thoughts on Media. Medium, https://medium.com/thoughts-on-media/the-rise-of-the-journalist-product-manager-782332488b55

Marc Tracy(2020). The New York Times Tops 6 Million Subscribers as Ad Revenue Plummets. The New York Times,

https://www.nytimes.com/2020/05/06/business/media/new-york-times-earnings-subscriptions-coronavirus.html

Margaret Sullivan(2017). How do you use an anonymous source? The mysteries of journalism everyone should know. The Washington Post,

https://www.washingtonpost.com/lifestyle/style/how-do-you-use-an-anonymous-source-the-mysteries-of-journalism-everyone-should-know/2017/12/10/fa01863a-d9e4-11e7-a841-2066faf731ef_story.html

Mariana Moura Santos(2020). The future of journalism is collaborative. Nieman Lab,

https://www.niemanlab.org/2020/01/the-future-of-journalism-is-collaborative/?utm_source=Daily+Lab+email+list&utm_campaign=280fe384a2-dailylabemail3&utm_medium=email&utm_term=0_d68264fd5e-280fe384a2-396495007

Mario Garcia(2020). Digital Storytelling: A Marriage Between Journalism and Design. Columbia Journalism School,

https://journalism.columbia.edu/digital-storytelling-marriage-between-journalism-and-design

Mark Katches(2018). Series about Tampa boy with rare medical condition took almost three yeats to report. Tampa Bay Times,

https://www.tampabay.com/news/series-about-tampa-boy-with-rare-medical-condition-took-almost-three-years-to-report-20181216/

Mark Kramer(1995). Breakable Rules for Literary Journalists. Nieman Storyboard,

https://niemanstoryboard.org/stories/breakable-rules-for-literary-journalists/

Margaret Sullivan(2012). Who Controls the Story? The New York Times,

https://www.nytimes.com/2012/09/30/public-editor/30pubed.html?pagewanted=all

Margaret Sullivan(2013). The Story Behind the Racial Profiling Article in The Times. The New York Times,

https://publiceditor.blogs.nytimes.com/2013/10/30/the-story-behind-the-racial-profiling-article-in-the-times/?searchResultPosition=27

Matt Douglas, Kristen Dudish, Elena Gianni, Kellen Henry, Melissa Loder and Dan Sherman(2018). A Faster and More Flexible Home Page that Delivers the News Readers Want.

Medium. The NYT Open Team,

Meg Heckman and John Wihbey(2019). Mobile matters — and publishers must remember that, even when resources are limited. Poynter,

https://www.poynter.org/business-work/2019/mobile-matters-and-publishers-must-remember-that-even-when-resources-are-limited/

Michael Blanding(2018). Can "Extreme Transparency" Fight Fake News and Create More Trust With Readers? Nieman Reports,

https://niemanreports.org/articles/can-extreme-transparency-fight-fake-news-and-create-more-trust-with-readers/

Michael Fitzgerald(2012). Andrew Corsello on authorial empathy, the problem of goodness, the writer-editor relationship, the importance of the rule-breaking, and naps. Nieman Storyboard,

https://niemanstoryboard.org/stories/andrew-corsello-on-authorial-empathy-the-problem-of-goodness-the-writer-editor-relationship-the-importance-of-rule-breaking-and-the-power-of-naps/

Michael O'Connell(2020). Quartz: Everyone in the Company is a Designer. Quartz,

https://www.snd.org/dc2015/everyone-in-the-company-is-a-designer/

Mikhail Klimentov(2020). How to pitch stories to Launcher. The Washington Post,

https://www.washingtonpost.com/video-games/2020/03/24/how-pitch-stories-launcher/

NASA Science Mars Exploration Program(2015). Pluto from New Horizons, July 13. The Mars Exploration Program and the Jet Propulsion Laboratory for NASA's Science Mission Directorate,

https://mars.nasa.gov/resources/7330/pluto-from-new-horizons-july-13/

Natalie Escobar(2018). How Do Young Journalists Get Their Training? ProPublica,

https://www.propublica.org/article/ask-ppil-how-do-young-journalists-get-their-training

Nathaniel Lash and Adam Playford(2015). How We Made "Failure Factories" Source,

https://source.opennews.org/articles/how-we-made-failure-factories/

NPR. Ethics Handbook. NPR,

https://www.npr.org/about-npr/688367308/honesty

Pablo Mercado(2014). The Evolution of News Tech Teams. Source,

https://source.opennews.org/articles/evolution-news-apps-teams/

Paige Williams(2011). Gay Talese has a Coke*: reflections of a narrative legend, in conversation with Esquire's Chris Jones. Nieman Storyboard,

https://niemanstoryboard.org/stories/gay-talese-chris-jones-harvard-writers-at-work/

Paige Williams(2012). Kiera Feldman on investigative narrative, trauma reporting, true believers and tricky description. Nieman Storyboard,

https://niemanstoryboard.org/stories/kiera-feldman-on-investigative-narrative-trauma-reporting-true-believers-and-tricky-description/

Paige Williams(2012). Nora Ephron on writing: 7 tips. Nieman Storyboard,

https://niemanstoryboard.org/stories/nora-ephron-on-writing-seven-tips/

Paige Williams(2012). Notable narrative: "Fear of a Black President." by Ta-Nehisi Coates. Nieman Storyboard,

https://niemanstoryboard.org/stories/notable-narrative-fear-of-a-black-president-by-ta-nehisi-coates/

Paige Williams(2012). Tori Marlan and Josh Neufeld on the webcomics narrative 'Stowaway.' Nieman Storyboard,

https://niemanstoryboard.org/stories/tori-marlan-and-josh-neufeld-on-the-webcomics-narrative-stowaway/

Paige Williams(2013). Inside 40 Towns: literary journalism, Dartmough students and a professor who wanted more. Nieman Storyboard,

https://niemanstoryboard.org/stories/inside-40-towns-literary-journalism-dartmouth-students-and-a-professor-who-wanted-more/

Paul Colford(2013). 'Illegal immigrant' no more. AP,

https://www.apstylebook.com/blog_posts/1

Pedro Monteiro(2011). Story, interrupted: why we need new approaches to digital narrative. Nieman Storyboard,

https://niemanstoryboard.org/stories/story-interrupted-why-we-need-new-approaches-to-digital-narrative/

Peter Manseau(2006). The Four Noble Truths of Religion Writing. Nieman Storyboard,

https://niemanstoryboard.org/stories/the-four-noble-truths-of-religion-writing/

ProPublica(2020). ProPublica Hires Lisa Larson-Walker as Art Director. ProPublica,

https://www.propublica.org/atpropublica/propublica-hires-lisa-larson-walker-as-art-director

Rebecca Allen(2006). News Feature v. Narrative: What's the Difference? Nieman Storyboard,

https://niemanstoryboard.org/stories/news-feature-v-narrative-whats-the-difference/

Rebecca Linke(2017). Design thinking, explained. MIT Sloan School of Management,

https://mitsloan.mit.edu/ideas-made-to-matter/design-thinking-explained

Richard Tofel. Not Shutting Up. Propublica,

https://go.propublica.org/webmail/125411/530122469/5afdbdf17871d0dc7d142babd
861264463487caf093c4004de7d361efe410e31?utm_source=Daily+Lab+email+list&utm_
campaign=658c9e1a71-dailylabemail3&utm_medium=email&utm_term=0_d68264fd5e-
658c9e1a71-396495007

Rick Meyer(2005). 14 Tips for Building Character. Nieman Storyboard,

https://niemanstoryboard.org/stories/14-tips-for-building-character/

Ricki Morell(2016). Design as a Driving Force for Audience Engagement. Nieman Reports,

https://niemanreports.org/articles/design-as-a-driving-force-for-audience-engagement/

Roy Peter Clark(2011). Keeping it real: how round characters grow from the seeds of detail.
Nieman Storyboard,

https://niemanstoryboard.org/stories/keeping-it-real-how-round-characters-grow-from-the-
seeds-of-detail/

Samantha Schmidt(2017). Why hundreds of New York Times employees staged a walkout. The
Washington Post,

https://www.washingtonpost.com/news/morning-mix/wp/2017/06/30/the-new-york-times-is-
eliminating-its-copy-editing-desk-so-hundreds-of-employees-walked-out/

Shan Wang(2016). The who, what, when, where, and why of news products for the future.
Nieman Lab,

https://www.niemanlab.org/2016/02/the-who-what-when-where-and-why-of-news-
products-for-the-future/?utm_source=Weekly+Lab+email+list&utm_campaign=1b5c097d57-
weeklylabemail&utm_medium=email&utm_term=0_8a261fca99-1b5c097d57-380831013

Society of Professional Journalists(2014). SPJ code of Ethics. Society of Professional Journalists,

https://www.spj.org/ethicscode.asp

Stephanie Castellano(2020). How can photojournalists build trust through their work? 7 good
questions with T.J. Thomson. American Press Institute,

https://www.americanpressinstitute.org/publications/good-questions/how-can-
photojournalists-build-trust-through-their-work-7-good-questions-with-t-j-thomson/

Steve Buttry(2009). How News Organizations Can Create a Mobile-First Strategy. Poynter,

https://www.poynter.org/reporting-editing/2009/how-news-organizations-can-create-a-mobile-
first-strategy/

The Atlantic(2018). The Atlantic Hires Renowned Publishing Design Team Peter Mendelsund
and Oliver Munday. The Atlantic,

https://www.theatlantic.com/press-releases/archive/2018/12/atlantic-hires-renowned-publishing-design-team-peter-mendelsund-and-oliver-munday/578665/

The Colorado Sun. Ethics Policy. The Colorado Sun,

https://coloradosun.com/ethics/

The New York Times(2015). Our Path Forward. The New York Times,

https://nytco-assets.nytimes.com/2018/12/Our-Path-Forward.pdf

The New York Times(2020). Hamilton Boardman to Lead Newsroom Product Desk. The New York Times,

https://www.nytco.com/press/hamilton-boardman-to-lead-newsroom-product-desk/

Thomas Wilburn(2019). How We Built White Lies. NPR,

https://blog.apps.npr.org/2019/05/17/white-lies.html

Tina Casagrand(2014). Nailing the Nut Graf. The Open Notebook,

https://www.theopennotebook.com/2014/04/29/nailing-the-nut-graf/#

Tom Hallman(2009). The future of print narratives. Nieman Storyboard,

https://niemanstoryboard.org/stories/the-future-of-print-narratives/

Tom Huang(2011). 6 questions that can help journalists find a focus, tell better stories. Poynter,

https://www.poynter.org/reporting-editing/2011/6-questions-that-can-help-journalists-find-a-focus-tell-better-stories/

Taylyn Washington-Harmon(2016). How Vox Media's new Storytelling Studio thinks of stories as products. Nieman Lab,

https://www.niemanlab.org/2016/07/how-voxs-storytelling-studio-is-redefining-the-story-as-product/

Trevor Pyle(2020). A day-in-the-life profile of a grocery store during the coronavirus shutdown. Nieman Storyboard,

https://niemanstoryboard.org/stories/a-day-in-the-life-profile-of-a-grocery-store-during-the-coronavirus-shut-down/

WashPostPR(2017). The Post announces three new roles to standardize digital responsibilities in the newsroom. The Washington Post,

https://www.washingtonpost.com/pr/wp/2017/08/18/the-post-announces-three-new-roles-to-standardize-digital-responsibilities-in-the-newsroom/

WashPostPR(2018). The Washington Post Updates Audience Team. The Washington Post, https://www.washingtonpost.com/pr/2018/11/14/washington-post-updates-audience-team/

WashPostPR(2019). The Washington Post adds browsable, visual reading experience to Washington Post app. The Washington Post,

https://www.washingtonpost.com/pr/2019/08/21/washington-post-adds-browsable-visual-reading-experience-washington-post-app/

Winston Hearn(2017). Building an Engineering Culture of Sharing and Learning. Vox Media Product,

https://product.voxmedia.com/2017/8/24/16196508/engineering-culture-sharing-learning-hashtag-caring

기사

Allison McCartney and Derek Willis(2018). Reinventing Represent. Propublica,

https://www.propublica.org/nerds/represent-design-renovation

Andrew Alexander(2009). Fewer Copy Editors, More Errors. The Washington Post,

https://www.washingtonpost.com/wp-dyn/content/article/2009/07/03/AR2009070301129_
pf.html

Andrew Beaujon(2019). The Washington Post Doesn't Want to Talk About the Monster
Correction It Published Today. The Washingtonian,

https://www.washingtonian.com/2019/08/07/the-washington-post-doesnt-want-to-talk-about-
the-monster-correction-it-published-today/

Ariana Tobin, Adriana Gallardo, Logan Jaffe and Beena Raghavendran(2019). What
Engagement Reporting Does - and Doesn't - Mean at ProPublica. ProPublica,

https://www.propublica.org/article/what-does-engagement-reporting-mean-propublica

Adrienne Lafrance(2016). Access, Accountability Reporting and Silicon Valley. Nieman
Reports,

https://niemanreports.org/articles/media-company-or-tech-firm/

Alexandria Symonds(2019). The Best Corrections of 2019. The New York Times,

https://www.nytimes.com/2019/12/30/reader-center/corrections-of-the-year-2019.html

Barbara Goldberg, Reuters(2013). Barneys CEO apologizes, petition urges Jay Z to drop
partnership. NBC News,

https://www.nbcnews.com/businessmain/barneys-ceo-apologizes-petition-urges-jay-z-drop-
partnership-8C11459907

Bob Cohn(2009). Round 3: Top Edit. Wired,

https://www.wired.com/2008/09/bc-edits-and-02/

Byron Calame(2005). A Conversation with the Standards Editor. The New York Times,

https://www.nytimes.com/2005/08/28/opinion/a-conversation-with-the-standards-editor.html

Byron Calame(2005). Outside Contributors: In The Times, but Not of The Times. The New
York Times,

https://www.nytimes.com/2005/08/14/opinion/outside-contributors-in-the-times-but-not-of-the-times.html

Baron Calame(2006). Q&A on The Time's Correction Policy. The New York Times, https://publiceditor.blogs.nytimes.com/2006/05/10/qa-on-the-timess-correction-policy/

Carli Teproff(2018). Media companies sue state to release witness interviews from Parkland shooting. Miami Herald,

https://www.miamiherald.com/news/local/community/broward/article222915480.html

Christopher Mele(2019). Should You Take Your Shoes Off at Home? The New York Times, https://www.nytimes.com/2019/08/27/science/shoes-in-house-germs.html

Dan Lamothe(2015). McChrystal on the Rolling Stone scandal: 'You're going to find out who your friends are'. The Washington Post,

https://www.washingtonpost.com/news/checkpoint/wp/2015/05/19/mcchrystal-on-the-rolling-stone-scandal-youre-going-to-find-out-who-your-friends-are/

Dan Rather and Elliot Kirschner(2018). Why a Free Press Matters. The Atlantic, https://www.theatlantic.com/ideas/archive/2018/08/why-a-free-press-matters/567676/

Dana Goldstein(2020). I Read 4,800 Pages of American History Textbooks. The New York Times,

https://www.nytimes.com/2020/01/13/reader-center/american-history-textbooks-journalism.html

David Leonhardt(2014). Navigate news With The Upshot. The New York Times, https://www.nytimes.com/2014/04/23/upshot/navigate-news-with-the-upshot.html

David Sleight(2016). How We Built the New ProPublica Mobile Apps. ProPublica, https://www.propublica.org/article/how-we-built-the-new-propublica-mobile-apps

Deborah Netburn(2019). Behind the story: She was researching an article on witches — and found a path to self-empowerment. Los Angeles Times,

https://www.latimes.com/columnone/la-me-col1-witches-of-los-angeles-behind-the-story-20190611-story.html

Derek Willis(2016). A New Way to Keep an Eye on Who Represents You in Congress. Propublica,

https://www.propublica.org/nerds/a-new-way-to-keep-an-eye-on-who-represents-you-in-congress

Elizabeth Jensen(2017). Doubling Down On Language And Style. NPR, https://www.npr.org/sections/publiceditor/2017/06/09/532107373/doubling-down-onlanguage-and-style

Eric Lipton and Scott Shane(2009). Questions on Why Suspect Wasn't Stopped. The New York Times,

https://www.nytimes.com/2009/12/28/us/28terror.html

Eric Nagourney(2012). The Copy Desk: The End of the Gauntlet (or Is It 'Gantlet?'). The New York Times,

https://www.nytimes.com/times-insider/2014/05/12/the-copy-desk-the-end-of-the-gauntlet-or-is-it-gantlet/?searchResultPosition=185

Eric Nagourney(2014). The Copy Desk: The End of the Gauntlet (or Is It 'Gantlet?'). The New York Times,

https://www.nytimes.com/times-insider/2014/05/12/the-copy-desk-the-end-of-the-gauntlet-or-is-it-gantlet/?searchResultPosition=185

Heming Nelson(1998). A history of newspaper: gutenberg's press started a revolution. The Washington Post,

https://www.washingtonpost.com/archive/1998/02/11/a-history-of-newspaper-gutenbergs-press-started-a-revolution/2e95875c-313e-4b5c-9807-8bcb031257ad/

Insider Staff(2014). What Makes a Great Editor? Part I. The New York Times,

https://www.nytimes.com/times-insider/2014/06/16/what-makes-a-great-editor-part-i/?searchResultPosition=8

Jacqui Banaszynski(2019). A nut graf by any other name might taste sweeter ~ and be more digestible. Nieman Storyboard,

https://niemanstoryboard.org/stories/a-nut-graf-by-any-other-name-might-smell-sweeter-and-be-more-digestible/

Jake Lucas(2019). How Times Journalists Become Experts on a Subject. The New York Times,

https://www.nytimes.com/2019/10/03/reader-center/how-times-journalists-become-experts-on-a-subject.html

James Bennet(2013). Introducing: The Atlantic Weekly. The Atlantic,

https://www.theatlantic.com/business/archive/2013/06/introducing-i-the-atlantic-weekly-i/276895/

James Bennet(2020). What Is an Editorial Board? The New York Times,

https://www.nytimes.com/2020/01/13/reader-center/editorial-board-explainer.html

Jan Ransom(2019). An Inmate Died After a Struggle With Guards. Here's How We Found

Out. The New York Times,

https://www.nytimes.com/2019/10/24/reader-center/prison-guards-reporting-John-McMillon.html

Jennifer Medina and Miriam Jordan(2017). Traveling in the Wake of Immigration Arrests. The New York Times,

https://www.nytimes.com/2017/07/22/insider/traveling-in-the-wake-of-immigration-arrests.html

Joanne Kaufman(2008). Need Press? Repeat: 'Green', 'Sex', 'Cancer', 'Secret', 'Fat.' The New York Times,

https://www.nytimes.com/2008/06/30/business/media/30toxic.html

John E. Mcintyre(2012). Everything old is new again. The Baltimore Sun,

https://www.baltimoresun.com/opinion/columnists/mcintyre/bal-everything-old-is-new-again-20120619-story.html

Julia Marsh(2013). Barneys busted student for 'shopping while black.' New York Post,

https://nypost.com/2013/10/22/barneys-busted-student-for-being-black-suit/?utm_campaign=SocialFlow&utm_source=NYPTwitter&utm_medium=SocialFlow

Julia Moskin(2010). When Is a Free Meal Just Part of a Writer's Job? The New York Times,

https://www.nytimes.com/2010/06/30/dining/30comp.html

Katie Van Syckle(2020). Legal Savvy. Few Lunch Breaks. How Reporters Cover a Trial. The New York Times,

https://www.nytimes.com/2020/02/11/insider/court-reporters-weinstein.html

Kelsey Movsowitz, Eric Lee(2018). Faces of NPR: Design Team. NPR,

https://www.npr.org/sections/npr-extra/2018/03/19/594314741/faces-of-npr-design-tea

Kevin Draper(2020). Yes, the Mets Are Still for Sale. No, the Owners Don't Have to Sell Them. The New York Times,

https://www.nytimes.com/2020/02/13/sports/baseball/Mets-Wilpons-sale.html

Kourtney Bitterly(2020). Transparency isn't just a desire, it's an expectation. Nieman Lab,

https://www.niemanlab.org/2019/12/transparency-isnt-just-a-desire-its-an-expectation/

Krista Kjellman Schmidt(2013). Introducing ProPublica: The Magazine. Propublica,

https://www.propublica.org/atpropublica/introducing-propublica-the-magazine

Kyle Massey(2015). The Old Page 1 Meeting, R.I.P.: Updating a Times Tradition for the Digital Age. The New York Times, https://www.nytimes.com/times-insider/2015/05/12/the-old-page-1-meeting-r-i-p-updating-a-times-tradition-for-the-digital-age/?searchResultPosition=173

Liz Spayd(2016). A V.I.P. Nets Package Offered Free to The Times. The New York Times, https://www.nytimes.com/2016/12/19/public-editor/brooklyn-nets-liz-spayd-public-editor-ethics.html

Liz Spayd(2016). Want to Attract More Readers? Try Listening to Them. The New York Times, https://www.nytimes.com/2016/07/10/public-editor/liz-spayd-new-york-times-public-editor.html?_r=0

Liz Spayd(2017). A Hard Look at Times Editing in the Digital Era. The New York Times, https://www.nytimes.com/2017/02/04/public-editor/a-hard-look-at-times-editing-in-the-digital-era.html

Mark Di Stefano(2018). The Times Has Sacked An Award-Winning Reporter For Running A Fake Review Scam. BuzzFeed News, https://www.buzzfeed.com/markdistefano/the-times-has-sacked-an-award-winning-reporter-for-running

Marc Lacey(2017). Readers Accuse Us of Normalizing a Nazi Sympathizer; We Respond. The New York Times, https://www.nytimes.com/2017/11/26/reader-center/readers-accuse-us-of-normalizing-a-nazi-sympathizer-we-respond.html

Michael D. Shear(2019). White House Tried to 'Lock Down' Ukraine Call Records, Whistle-Blower Says. The New York Times, https://www.nytimes.com/2019/09/26/us/politics/whistleblower-complaint-released.html

Millie Tran(2018). It's Her Job to Get More People to Act Like You Right Now. The New York Times, https://www.nytimes.com/2018/10/10/technology/personaltech/its-her-job-to-get-more-people-to-act-like-you-right-now.html

Natasha Singer(2006). Perks, Graft, Junkets? It's Not Congress, It's Beauty. The New York Times, https://www.nytimes.com/2006/04/13/fashion/thursdaystyles/perks-graft-junkets-its-not-congress-its-beauty.html

Neil Bedi and Kathleen McGrory(2018). How we calculated All children's surgical mortality rates. Tampa Bay Times, https://projects.tampabay.com/projects/2018/investigations/heartbroken/data-methodology/

Nicholas Nehamas(2018). Parkland surveillance footage to be released after Florida Supreme Court ruling. Miami Herald,

https://www.miamiherald.com/news/local/community/broward/article217138685.html

Nikole Hannah-Jones(2016). 'Surreal': A Reporter Is in the Center of a Story She Covered. The New York Times Magazine,

https://www.nytimes.com/2016/06/14/insider/surreal-a-reporter-is-in-the-center-of-a-story-she-covers.html?searchResultPosition=118

Star Tribune(2020). Q&A with Star Tribune copy editor Amy Kuebelbeck. Star Tribune,

http://www.startribune.com/q-a-with-star-tribune-copy-editor-amy-kuebelbeck/567794171/?refresh=true

The New York Times(2008). Meet Our New Home Page. The New York Times,

https://www.nytimes.com/2018/08/08/homepage/meet-our-new-home-page.html

The New York Times(2008). Talk to the Newsroom: Travel Editor Stuart Emmrich. The New York Times,

https://www.nytimes.com/2008/04/07/business/media/07asktheeditors.html

The New York Times(2009). Talk to the Newsroom: Assistant Managing Editor for News. The New York Times,

https://www.nytimes.com/2009/03/02/business/media/16askthetimes.html?searchResultPosition=95

The New York Times(2009). Talk to the Newsroom: Interactive News Collaborative. The New York Times,

https://www.nytimes.com/2009/01/19/business/media/19askthetimes.html

The New York Times(2015). Staging, Manipulation and Truth in Photography. The New York Times,

https://lens.blogs.nytimes.com/2015/10/16/staging-manipulation-ethics-photos/

The New York Times(2017). Dean Baquet Answers Readers' Questions on Editing in the Newsroom. The New York Times,

https://www.nytimes.com/2017/07/06/reader-center/dean-baquet-newsroom-changes.html

The New York Times(2018). Why The Times Is Covering the Caravan. The New York Times,

https://www.nytimes.com/2018/10/26/reader-center/caravan-media-coverage.html

The New York Times(2019). 2019 Democratic Debates, Night 2: Full Transcript. The New

York Times,

https://www.nytimes.com/2019/06/28/us/politics/transcript-debate.html

The New York Times(2019). Lifting Journalism by Knowing What Readers Are Looking For. The New York Times,

https://www.nytimes.com/2019/04/10/technology/personaltech/journalism-seo-internet-search.html

The Wall Street Journal(2018). About The Wall Street Journal Newsroom. The Wall Street Journal,

https://www.wsj.com/articles/about-the-newsroom-1539110913

The Washington Post(2020). The Washington Post design team is expanding. The Washington Post,

https://www.washingtonpost.com/graphics/2020/national/design-team-expansion-jobs/

Therese Bottomly(2019). Letter from the Editor: Public should see video of what happened inside Parkrose High. The Oregonian,

https://www.oregonlive.com/opinion/2019/10/letter-from-the-editor-public-should-see-video-of-what-happened-inside-parkrose-high.html

색인